STUDI SUPERIORI / 995

LINGUISTICA

I lettori che desiderano
informazioni sui volumi
pubblicati dalla casa editrice
possono rivolgersi direttamente a:
Carocci editore
Corso Vittorio Emanuele II, 229
00186 Roma
telefono 06 42 81 84 17
fax 06 42 74 79 31

Siamo su:

www.carocci.it
www.facebook.com/caroccieditore
www.twitter.com/caroccieditore

Pierangela Diadori   Massimo Palermo   Donatella Troncarelli

Insegnare l'italiano come seconda lingua

Carocci editore

Il volume è frutto di una stretta collaborazione fra gli autori in tutte le fasi del lavoro (concezione, discussione, elaborazione). La responsabilità di redazione finale va comunque ripartita nel modo seguente: Pierangela Diadori è autrice dell'introduzione alla *Parte terza* e dei capitoli 1, 2, 10, 11, 12; Massimo Palermo è autore dell'introduzione alla *Parte seconda* e dei capitoli 6, 7, 8; Donatella Troncarelli è autrice dell'introduzione alla *Parte prima* e dei capitoli 3, 4, 5, 9.

Il volume è corredato di materiali
consultabili online sul nostro sito Internet
e segnalati dal simbolo 🖳 all'interno del testo.

6ª ristampa, febbraio 2018
1ª edizione, giugno 2015
© copyright 2015 by Carocci editore S.p.A., Roma

Realizzazione editoriale: Fregi e Majuscole, Torino

Finito di stampare nel febbraio 2018
da Grafiche VD srl, Città di Castello (PG)

ISBN 978-88-430-7732-8

Riproduzione vietata ai sensi di legge
(art. 171 della legge 22 aprile 1941, n. 633)

Senza regolare autorizzazione,
è vietato riprodurre questo volume
anche parzialmente e con qualsiasi mezzo,
compresa la fotocopia, anche per uso interno
o didattico.

Indice

Parte prima
Contesti di insegnamento-apprendimento dell'italiano L2   13

1. L'italiano lingua straniera fuori d'Italia   17

1.1. La promozione della lingua e della cultura italiane all'estero   17
1.2. Caratteristiche degli apprendenti   22

1.2.1. Cenni storici / 1.2.2. Profili di apprendenti / 1.2.3. Motivazioni e bisogni di apprendimento

1.3. Caratteristiche dell'input   35
1.4. Caratteristiche dell'output e tipi di interazione   40

2. L'italiano lingua seconda in Italia   43

2.1. Caratteristiche degli apprendenti   45

2.1.1. Cenni storici / 2.1.2. Profili di apprendenti / 2.1.3. Motivazioni e bisogni di apprendimento

2.2. Caratteristiche dell'input   64
2.3. Caratteristiche dell'output e tipi di interazione   67

3. L'italiano lingua d'origine   69

3.1. Caratteristiche degli apprendenti   70

3.1.1. Le condizioni di emigrazione italiana all'estero / 3.1.2. L'italiano di emigrazione e la differenziazione tra le fasce generazionali / 3.1.3. I profili di apprendenti di origine italiana / 3.1.4. Motivazione e bisogni di apprendimento

3.2. Caratteristiche dell'input   84
3.3. Caratteristiche dell'output e tipi di interazione   87

4. L'italiano lingua di contatto   93

4.1. Caratteristiche degli apprendenti   96

4.1.1. Gli alunni stranieri e la metamorfosi della scuola / 4.1.2. I profili di apprendenti di italiano come lingua di contatto / 4.1.3. Motivazione e bisogni di apprendimento

4.2. Caratteristiche dell'input   110
4.3. Caratteristiche dell'output e tipi di interazione   115

5. Coordinate per l'apprendimento di una lingua non materna   119

5.1. Dalla prospettiva comportamentista a quella cognitivista   120

5.1.1. L'errore linguistico e lo sviluppo dell'interlingua / 5.1.2. La processabilità dell'input

5.2. Il sociointerazionismo   131
5.3. *Second Language Acquisition Theory*   134
5.4. Il costruttivismo   139
5.5. Apprendimento linguistico e fasce d'età   144

5.5.1. Basi neurobiologiche dell'apprendimento linguistico e ipotesi del periodo critico / 5.5.2. Ipotesi psicolinguistica / 5.5.3. Altri fattori connessi all'età dell'apprendente

Parte seconda
Insegnare la lingua, insegnare la grammatica 153

6. Riflessione grammaticale e apprendimento 155

6.1. Due tipi di conoscenza delle regole 156
6.2. Le grammatiche: tipologie, scopi, destinatari 160
6.3. Nei panni dell'apprendente 170
6.4. Metodo deduttivo e induttivo 175
6.5. Grammatica, metodo d'insegnamento, caratteristiche dell'apprendente 178

7. Le competenze per l'apprendimento dell'italiano L2 185

7.1. L'apporto del Consiglio d'Europa 187
7.1.1. I livelli soglia / 7.1.2. Il *Quadro comune europeo di riferimento per le lingue* / 7.1.3. Livelli e descrittori delle competenze nel QCER

7.2. Modelli di competenza linguistica 198
7.3. La competenza fonologico-ortografica 200
7.4. La competenza grammaticale 204
7.4.1. Selezione e progressione dei contenuti grammaticali / 7.4.2. Tecniche didattiche per lo sviluppo della competenza grammaticale

7.5. La competenza lessicale 210
7.6. La competenza sociolinguistica 215
7.7. La competenza pragmatica 219

8. Quale italiano insegnare? 227

8.1. Sistema, norma e uso 229
8.2. Le indicazioni del *Quadro comune europeo di riferimento per le lingue* 232
8.3. La ristandardizzazione in atto nell'italiano contemporaneo 233
8.3.1. Il sistema pronominale / 8.3.2. Il sistema verbale / 8.3.3. La sintassi e l'ordine dei costituenti

Parte terza
Progettazione e realizzazione di percorsi didattici   247

9.   Progettazione e programmazione didattica   249

9.1. Scopi e mete della progettazione didattica   252
9.2. Modelli di progettazione didattica   257
      9.2.1. La progettazione per obiettivi / 9.2.2. La progettazione per sfondi integratori / 9.2.3. La progettazione per compiti (*task-based*)

9.3. Fasi della progettazione didattica   270
      9.3.1. L'analisi della situazione di insegnamento-apprendimento / 9.3.2. L'analisi dei bisogni / 9.3.3. La definizione del sillabo / 9.3.4. La verifica degli apprendimenti

9.4. La progettazione di percorsi di apprendimento online   280

10.   Modelli operativi   285

10.1. Dalla lezione all'unità didattica   286
      10.1.1. L'incontro/lezione / 10.1.2. L'unità didattica / 10.1.3. L'unità didattica centrata sul testo / 10.1.4. L'unità di apprendimento / 10.1.5. I *Learning Object*

10.2. Il modulo   301
10.3. L'unità di lavoro   303
      10.3.1. UDL in più formati / 10.3.2. UDL in tre fasi

11.   Comunicazione didattica e gestione della classe   313

11.1. La densità comunicativa nella classe   314
11.2. L'interazione nella classe di L2 secondo i diversi approcci glottodidattici   316
11.3. Gli studi sull'interazione in classe   319
      11.3.1. Formati didattici e gestione della classe / 11.3.2. L'interazione istituzionale asimmetrica della classe di L2 / 11.3.3. Atti, mosse e scambi interazionali

11.4. Il parlato del docente nella classe di italiano L2   330

11.4.1. Caratteristiche del parlato / 11.4.2. Caratteristiche del parlato del docente di L2 / 11.4.3. Strategie di trasparenza del *foreigner talk* / 11.4.4. Il docente di L2 come modello comunicativo

12. Verifica, (auto)valutazione, certificazione   343

12.1. Definizioni   343

12.2. La verifica e la valutazione delle competenze linguistico-comunicative in L2   343

12.2.1. Vantaggi della verifica e della valutazione linguistica in L2 / 12.2.2. Limiti della verifica e della valutazione linguistica in L2 / 12.2.3. Le diverse modalità di verifica e valutazione linguistica in L2 / 12.2.4. Il concetto di qualità delle prove di verifica

12.3. Le certificazioni linguistiche e glottodidattiche   350

12.3.1. Le certificazioni linguistiche per l'italiano L2 / 12.3.2. Le certificazioni glottodidattiche per l'italiano L2

12.4. L'autovalutazione   354

12.4.1. L'autovalutazione delle competenze linguistico-comunicative: PEL e DIALANG / 12.4.2. L'autovalutazione delle competenze glottodidattiche: dal *Profilo* al PEFIL / 12.4.3. La griglia di descrittori EPG

Bibliografia   365

Parte prima
Contesti di insegnamento-apprendimento dell'italiano L2

Il processo di acquisizione di una lingua è determinato dall'esposizione di un individuo a un ambiente in cui siano presenti dati linguistici. Questa affermazione, che può sembrare scontata, è invece ricca di implicazioni per chi intende intraprendere la professione di insegnante di italiano a stranieri. Dalle caratteristiche di questi due fattori essenziali dipendono infatti le variabili che entrano in gioco nel processo di insegnamento-apprendimento linguistico (Bettoni, 2001), che richiedono al docente conoscenze e competenze metodologico-didattiche specifiche.

L'ambiente in cui ha luogo l'apprendimento può configurarsi come (De Marco, Wetter, 2000, pp. 37-41):
– naturale, così è per l'acquisizione, per esempio, della lingua madre da parte dei bambini o della lingua del paese ospite per gli immigrati, che la imparano senza ricevere alcuna istruzione. In questo caso si parla di apprendimento spontaneo della lingua;
– formale, quando l'apprendimento si realizza con la frequenza di un corso, come nel caso di una lingua straniera prevista nel curricolo scolastico. Questo tipo di apprendimento si definisce guidato;
– una combinazione tra ambiente naturale e formale. È la situazione di apprendimento della lingua nel paese dove essa è impiegata negli scambi comunicativi quotidiani e l'apprendente può imparare sia attraverso la frequenza di un corso sia in ambito extrascolastico, interagendo con i parlanti nativi. In quest'ultimo caso si parla di apprendimento misto.

Dai requisiti dell'ambiente dipendono il tipo di **input** a cui l'apprendente è esposto e le modalità con cui si attua tale esposizione.

> Il termine **input** indica il materiale linguistico con cui l'apprendente viene in contatto, cioè tutte le produzioni orali a cui è esposto e tutti i testi scritti che incontra.

Nell'apprendimento spontaneo l'input non è selezionato e graduato, dato che è prodotto non allo scopo di sviluppare la competenza, bensì di realizzare la comunicazione, e l'apprendente può venire a contatto con varietà non standard della lingua e prevalentemente orali. Nell'apprendimento guidato invece l'input è frutto di ricerca e selezione operate dall'insegnante in relazione agli obiettivi didattici, riguarda sia il canale scritto che quello orale, rientra in varietà generalmente vicine allo standard (cfr. CAP. 8), l'esposizione dell'apprendente è controllata e guidata da attività, appositamente ideate.

Dall'ambiente dipendono anche i processi di apprendimento attivati. In ambiente spontaneo, i dati linguistici sono elaborati induttivamente e analizzati in modo inconsapevole o parzialmente consapevole. In ambiente formale invece l'attività sulle forme e sul funzionamento della lingua è oggetto di riflessione e di spiegazioni esplicite. Inoltre, i processi di apprendimento in gioco dipendono non solo dalle caratteristiche dell'input presentato, ma anche dagli orientamenti pedagogici a cui l'insegnante fa esplicitamente o implicitamente riferimento e quindi dai metodi, dai sussidi e dalle tecniche utilizzati.

Infine, l'apprendimento linguistico ha luogo perché l'ambiente offre all'apprendente occasioni di **output**, cioè di uso e pratica nella lingua oggetto di apprendimento.

> Per **output** si intendono tutte le produzioni realizzate dall'apprendente, attraverso sia il canale orale che quello scritto.

Gli ambienti nei quali si realizza l'apprendimento si collocano in uno scenario sociale, culturale, educativo e storico, cioè in un contesto, da cui dipendono le variabili che concorrono a caratterizzare l'ambiente stesso e i tratti che definiscono diverse tipologie di apprendenti.

Come vedremo nei capitoli che seguono, i contesti di insegnamento-apprendimento dell'italiano sono oggi molteplici. All'espansione dell'italiano come lingua straniera all'estero si è affiancata negli ultimi trent'anni quella interna al territorio nazionale, dovuta all'immigrazione di cittadini stranieri che sempre più numerosi giungono in Italia, dando vita a un'ampia e diversificata domanda di formazione linguistica, rivolta a enti pubblici e privati, associazioni, istituti statali e scuole private.

L'attuale varietà di contesti operativi per l'italiano L2 può essere più facilmente analizzata e descritta se ricondotta a quattro macrocategorie:

- l'italiano appreso all'estero, presso istituzioni e scuole pubbliche e private, da apprendenti di madrelingua diversa. Si parla in questo caso di "italiano come lingua straniera" o "italiano LS" (Balboni, 2002);
- l'italiano appreso in Italia da studenti stranieri, che soggiornano per un periodo nel nostro paese, spinti da diverse motivazioni. Quando l'insegnamento linguistico si realizza nel paese dove la lingua oggetto di studio è la stessa impiegata nelle interazioni comunicative quotidiane si parla di "italiano come seconda lingua" o "italiano L2"[1];
- l'italiano appreso da oriundi italiani residenti all'estero, che hanno avuto la lingua italiana, o una delle sue varietà, come lingua della socializzazione primaria (lingua familiare) oppure che si avvicinano a essa, pur avendone in alcuni casi una competenza molto limitata, per recuperare le proprie origini familiari o etniche. Si fa riferimento a queste situazioni di apprendimento con l'espressione "italiano come lingua d'origine";
- l'italiano appreso in Italia da figli di cittadini stranieri migranti, appartenenti a diverse fasce d'età. Per designare questo ambito di apprendimento si usa l'espressione "italiano come lingua di contatto" (Vedovelli, 2002a; 2010).

Nei vari contesti, l'italiano è appreso da tipologie di apprendenti che presentano caratteristiche diverse. Tra queste l'età, la lingua madre, il retroterra istruttivo, la conoscenza di altre lingue straniere, il livello di competenza in L2, la **motivazione** e l'attitudine a imparare una nuova lingua, lo stile cognitivo adottato, cioè le strategie e le procedure impiegate per apprendere, costituiscono fattori che condizionano il processo e l'esito dell'apprendimento (Villarini, 2000; Bettoni, 2001). L'azione didattica non può dunque rivolgersi a un generico e unico tipo di apprendente, ma deve operare su profili che raggruppano utenti con caratteristiche, motivazioni, bisogni di apprendimento simili (Vedovelli, 2002a).

1. Nella letteratura glottodidattica si intendono per "lingua seconda" o L2 sia la lingua appresa dopo la lingua madre (Vedovelli, 2002a; 2010), enfatizzando con l'impiego dell'aggettivo "seconda" la dimensione temporale dell'apprendimento, ma talvolta anche la secondarietà della competenza nella lingua o nelle lingue acquisite dopo la prima, sia la lingua imparata nell'ambiente in cui tale lingua è il codice impiegato per gli scambi comunicativi ordinari e quotidiani (Balboni, 2002). In questo libro utilizzeremo "lingua seconda" e L2 nel primo significato, tranne quando diversamente specificato (ad es. nel CAP. 2).

> Per **motivazione** si intende lo scopo per il quale un individuo studia la lingua (cfr. PAR. 1.2), si impegna, esercita la sua attenzione e compie degli sforzi per conseguire i propri obiettivi di apprendimento (Pallotti, 1998).

Ciò che accomuna i differenti profili di apprendente sono le modalità attraverso cui si attua l'apprendimento linguistico, dalle quali il docente non può prescindere per progettare e realizzare qualsiasi intervento didattico.

In questa prima parte del volume prenderemo dunque in esame le ipotesi e i modelli relativi all'apprendimento di una lingua seconda e cercheremo di rispondere alle domande che seguono:
- Quali sono gli aspetti che caratterizzano i contesti di insegnamento-apprendimento in cui oggi il docente di italiano L2 si trova a operare?
- Quali profili di apprendenti possono essere rintracciati nei diversi contesti?
- A quale tipo di input ogni contesto permette di essere esposti?
- Quali sono le occasioni e le caratteristiche dell'output?

I
L'italiano lingua straniera fuori d'Italia

L'"italiano lingua straniera" (che d'ora in avanti indicheremo con l'acronimo LS) ha una lunga storia, testimoniata da innumerevoli documenti, fra i quali spiccano i manuali didattici di cui abbiamo notizia fin dal XVI secolo in Europa. Nei secoli scorsi, infatti, l'italiano era una lingua appresa dagli stranieri soprattutto fuori d'Italia e soprattutto in contesti formativi formali, come lingua di cultura legata a una lunga tradizione (letteraria, artistica, musicale, gastronomica, politica, economica, sociale e religiosa). Questa realtà si è trasformata, come vedremo, in tempi più recenti, articolandosi in una complessa rete di offerte formative fuori d'Italia, in parte finanziate e gestite da organismi dello Stato italiano e quindi ispirate anche da una missione per la promozione della lingua e della cultura italiane al di fuori dei confini nazionali.

1.1
La promozione della lingua e della cultura italiane all'estero

Fuori d'Italia l'offerta di corsi di italiano LS è garantita da un'ampia gamma di realtà formative locali, che comprendono scuole pubbliche e private, università, associazioni, aziende. Una rete capillare che offre possibilità di studio dell'italiano LS è anche quella delle università popolari per la formazione degli adulti (di lunga tradizione soprattutto in Nord-Europa: si pensi alle *Volkshochschulen* in Germania o agli *studienförbund* in Svezia), dove i corsi di italiano attraggono anche molte persone anziane per ragioni soprattutto culturali o turistiche. Certo non tutti i paesi inseriscono l'italiano tra le offerte formative obbligatorie, ma nonostante questo si tratta di una materia presente a largo

RIQUADRO 1.1
Le offerte formative finanziate dal governo italiano

Esistono Istituti italiani di cultura (IIC) nelle capitali e nelle principali città degli Stati con i quali l'Italia intrattiene relazioni diplomatiche, dipendono dal MAECI e hanno come obiettivo la promozione e la diffusione della cultura e della lingua italiana attraverso l'organizzazione di corsi di lingua, spettacoli, mostre e concerti. Attualmente sono 90, distribuiti in 61 nazioni.

Le Scuole italiane all'estero (dell'infanzia, primaria, secondaria di primo e di secondo grado), istituite per garantire una formazione in italiano ai figli delle famiglie emigrate all'estero, sono oggi frequentate in buona parte da studenti non italofoni (con picchi fino al 90%) e molte si stanno trasformando in scuole bilingui. Attualmente la rete di Scuole italiane all'estero comprende 8 istituti statali onnicomprensivi e 43 scuole italiane paritarie, con circa 31.000 alunni.

Le Scuole europee sono state istituite nel 1953 al fine di offrire un insegnamento multilingue e multiculturale, dalla scuola dell'infanzia alla secondaria, prioritariamente ai figli dei funzionari delle istituzioni comunitarie, garantendo a tutti gli alunni l'insegnamento della propria lingua materna. Attualmente sono 14 (di cui 7 hanno sezioni in lingua italiana) e sono distribuite in 7 paesi dell'Unione Europea.

Il MAECI seleziona regolarmente fra gli insegnanti di ruolo nella scuola italiana il personale da inviare presso alcuni atenei stranieri per svolgere la funzione di lettori di italiano all'estero e fornisce contributi per attivare cattedre di italiano a livello accademico. Nel 2013-14 erano operativi 176 lettori in 61 paesi, oltre a 457 lettori locali assunti con contributo MAECI, con un totale di circa 90.000 studenti che hanno potuto usufruire in tal modo di un insegnamento da parte di docenti di madrelingua italiana. Ad alcuni lettori viene chiesto anche di collaborare con le rappresentanze diplomatico-consolari di pertinenza, per promuovere attività, eventi culturali e artistici per la diffusione della lingua e della cultura italiane nel mondo.

La Società Dante Alighieri, nata nel 1889, opera per la tutela e la diffusione della lingua e della cultura italiane e per ravvivare nei connazionali all'estero i legami culturali con l'Italia. Il MAECI eroga un contributo annuale alla sede centrale della Società Dante Alighieri, che si trova a Roma e ha un ruolo di coordinamento dei 423 comitati e delle 300 biblioteche disseminate nel mondo. Dal 1993 propone una certificazione di competenza nella lingua italiana (PLIDA) e nel 2014 ha lanciato il progetto *Beatrice – Il social network della lingua italiana* per «seguire, custodire, arricchire la nostra lingua; per contribuire a infonderle, costruirle addosso, rinnovarle un'identità; per valorizzarla e dimostrare di apprezzarla» (http://beatrice.ladante.it).

1. L'ITALIANO LINGUA STRANIERA FUORI D'ITALIA

raggio nel mondo, che risente (in positivo e in negativo) delle mode, dei rapporti istituzionali e privati con l'Italia, della situazione economica nazionale e internazionale.

Oltre alle offerte formative locali, ne esistono anche di finanziate dal governo italiano (riquadro 1.1) che sono promosse e coordinate, dal ministero degli Affari esteri e della cooperazione internazionale italiano (MAECI)[1] attraverso la rete degli Istituti italiani di cultura, delle Scuole italiane all'estero, delle sezioni italiane presso le Scuole europee e altre scuole straniere, dei lettorati di italiano presso le università all'estero. Un'altra forma di coinvolgimento del governo italiano nelle iniziative per la promozione della lingua e della cultura italiane nel mondo riguarda il sostegno che viene dato alla Società Dante Alighieri e ai suoi comitati disseminati nel mondo.

1.1

Questa realtà in costante evoluzione influenza direttamente il settore della formazione, incidendo sulla domanda e sull'offerta di docenti di italiano LS, sul loro ruolo, sulle competenze loro richieste. Se in passato si trattava essenzialmente di italianisti stranieri, formatisi presso i dipartimenti di lingue romanze delle università, con buone o ottime conoscenze della lingua standard e del patrimonio artistico-letterario italiano, in tempi più recenti a questa coorte di insegnanti specializzatisi fuori d'Italia si sono aggiunti non solo i lettori ministeriali (di madrelingua italiana, inviati dal MAECI presso le università all'estero), ma anche gli innumerevoli laureati, dottorandi e ricercatori italiani impegnati in programmi di mobilità a livello sia scolastico che accademico promossi in ambito non solo europeo[2], molti dei quali stanno

---

1. Il ministero degli Affari esteri ha cambiato denominazione del 2014. Per tutti i riferimenti antecedenti a tale data, in questo volume si rimanda al ministero con l'abbreviazione MAE, mentre per quelli successivi al 2014 con l'abbreviazione MAECI.

2. Per quanto riguarda i programmi cofinanziati dalla Comunità Europea, si pensi, per il periodo 2007-13, ai programmi *Comenius*, *Erasmus*, *Leonardo*, *Grundtvig*, *Jean Monnet* ecc. finalizzati all'istruzione nelle sue diverse fasi (scuola, università, professioni, educazione degli adulti), a cui si sono affiancati i programmi *Erasmus Mundus* (per la mobilità a livello mondiale) e *Tempus* (focalizzato sull'aggiornamento dell'istruzione superiore nei paesi membri dell'Est europeo). Nell'ambito del programma *Horizon 2020*, lanciato nel 2013, ricordiamo il nuovo programma *Erasmus+* per la promozione di iniziative e scambi nel settore dell'istruzione, della formazione, dei giovani o dello sport (http://www.erasmusplus.it).

contribuendo non poco ad aggiornare l'immagine dell'Italia e della lingua italiana nel mondo[3].

La figura dei docenti di italiano all'estero è generalmente riconosciuta dai governi locali e regolata da norme per l'assunzione di volta in volta differenti nei vari paesi. Che il loro ruolo professionale sia ben radicato nelle diverse realtà sociali è dimostrato dalle numerose associazioni di professori di italiano all'estero[4], che hanno lo scopo di sostenerli e di promuovere, in tal modo, la lingua e la cultura italiana fuori d'Italia.

Gli IIC, le Scuole italiane all'estero, i comitati della Società Dante Alighieri e gli altri poli di disseminazione della lingua e della cultura italiane possono entrare a far parte di una *rete di enti formativi convenzionati* con istituzioni italiane specialiste del settore. È questo il caso, per esempio, della rete di enti convenzionati:

a) con l'Università per stranieri di Siena per la somministrazione degli esami CILS (Certificazione di italiano come lingua straniera) e DITALS (Certificazione in didattica dell'italiano come lingua straniera) e per l'erogazione di master *post lauream* anche a distanza;

b) con l'Università per stranieri di Perugia per la somministrazione degli esami CELI (Certificato di conoscenza della lingua italiana) e DILS-PG (Certificazione didattica dell'italiano lingua straniera) e per analoghe attività di formazione dei docenti;

c) con il **Consorzio ICON** (*Italian Culture on the Net*) per l'erogazione di corsi online.

3. Dall'indagine *Italiano 2000*, realizzata nel 1999, risultava che il personale docente degli IIC era già allora composto da insegnanti in massima parte di madrelingua italiana, laureati, in una fascia di età compresa fra 30 e 40 anni, con una buona formazione linguistica. Più rare all'epoca le competenze di tipo metodologico (De Mauro *et al.*, 2002, pp. 202 ss.). Dall'indagine successiva (Giovanardi, Trifone, 2012) risulta che fra i circa 1.000 docenti degli IIC nel mondo aumentano quelli di madrelingua non italiana, ma cresce anche il loro livello di specializzazione, l'età media e il numero di coloro che sono in possesso di una laurea (oltre il 90%).

4. Eccone alcune: Associazione di docenti d'italiano in Germania (ADI), American Association of Teachers of Italian (AATI), Associazione brasiliana dei professori di italiano (ABPI), Association pour la Diffusion de la Langue Italienne (ADLI), Associazione internazionale professori di italiano (AIPI), Associazione dei professori d'italiano in Sudafrica (API), Associazione dei professori d'italiano della regione parigina, Associazione dei professori d'italiano del Quebec (APIQ), Canadian Society for Italian Studies (CSIS) e Western Australian Association of Teachers of Italian (WAATI).

RIQUADRO 1.2
La Settimana della lingua italiana nel mondo

È l'evento di promozione dell'italiano come grande lingua di cultura classica e contemporanea, che la rete culturale e diplomatica della Farnesina organizza ogni anno, nella terza settimana di ottobre, intorno a un tema che serve da filo rosso per conferenze, mostre e spettacoli, incontri con scrittori e personalità. Nata nel 2001 da un'intesa tra la Farnesina e l'Accademia della Crusca, sotto l'Alto Patronato del presidente della Repubblica e con il contributo delle ambasciate della Confederazione svizzera, in cui l'italiano è una delle lingue ufficiali, la Settimana si è sviluppata di edizione in edizione, stimolando convegni, seminari e dibattiti presso gli IIC, le rappresentanze diplomatico-consolari, le cattedre di italianistica delle università straniere, i comitati della Società Dante Alighieri, le associazioni di italiani all'estero ecc.

Il **Consorzio interuniversitario ICON**, nato nel 1999, è composto da 19 università italiane e opera in convenzione con il MAE per promuovere e diffondere la lingua e la cultura dell'Italia nel mondo attraverso tecnologie telematiche e specifiche iniziative didattiche. Oltre ai corsi di italiano LS, esistono una laurea triennale a distanza in Lingua e cultura italiana e vari master annuali sulla traduzione specialistica, sulla didattica della lingua e della letteratura, sulla comunicazione pubblica e politica, sulla conservazione dei beni culturali (http://www.italicon.it).

In realtà, nonostante una tendenza globalmente positiva, che vede l'italiano attestarsi come quarta lingua più studiata al mondo[5], esistono ancora forti oscillazioni legate al prestigio dell'identità italiana nel mondo (linguistica, culturale, economica) che si riflettono via via sulle richieste di formazione linguistica. Il compito di rilevare globalmente queste tendenze e di apportare i giusti correttivi spetta al MAECI, che se ne occupa in seno alla Direzione generale per la promozione del sistema paese. Una forma di armonizzazione delle offerte culturali legate all'italiano LS viene realizzata dal 2001 grazie alla Settimana della lingua italiana nel mondo (riquadro 1.2), un'iniziativa dell'Accademia

---

5. Questo dato, riferito al 2014, indica una tendenza positiva, visto che nel 2012 l'italiano si attestava invece solo tra le prime cinque (http://www.esteri.it).

> **RIQUADRO 1.3**
> **L'Accademia della Crusca**
>
> Fondata a Firenze nel 1582-83, è la più prestigiosa istituzione culturale italiana dedicata allo studio e alla salvaguardia della lingua. Il nome "Crusca" richiama lo scopo originario dell'Accademia, cioè quello di separare il fior di farina (la buona lingua) dalla crusca. Intorno al 1590 l'attività dell'Accademia iniziò a essere concentrata sulla preparazione del *Vocabolario* (stampato a Venezia nel 1612), che fu più volte revisionato e ristampato negli anni seguenti e divenne un modello per le altre accademie europee nella redazione dei vocabolari delle rispettive lingue nazionali. Nel corso del XX secolo il ruolo dell'Accademia è mutato radicalmente: nel 1937 è diventata sede di un centro di studi di filologia italiana con lo scopo di promuovere lo studio e l'edizione critica degli antichi testi e degli scrittori classici della letteratura italiana dalle origini al XIX secolo. Oggi l'Accademia è sede di studi e ricerche di filologia, lessicografia e grammatica italiana (http://www.accademia dellacrusca.it).

della Crusca (riquadro 1.3) e del MAECI, con la quale si vuole promuovere all'estero la conoscenza e l'interesse per la lingua italiana, veicolo privilegiato per la diffusione e la promozione anche degli altri aspetti della cultura e della società italiane.

1.2
Caratteristiche degli apprendenti

1.2.1. CENNI STORICI

Come emerge dalla panoramica storica sull'italiano fuori d'Italia, realizzata da Massimo Vedovelli (2002b, pp. 25 ss.), fin dalla nascita delle prime grammatiche descrittive troviamo traccia scritta dei tipici apprendenti di italiano LS a cui si rivolgeva la figura rinascimentale del "maestro di lingua": si trattava di persone colte (nobili, letterati, artisti, studenti universitari), interessate all'italiano anche in vista del "viaggio in Italia" (il mitico *grand tour*) che avrebbe fatto da completamento alla propria istruzione, permettendo loro di venire in contatto con le vestigia della storia e dell'arte del passato. Dai manuali di italiano per stranieri dei secoli scorsi, però, emergono poi altre figure di apprendenti: si tratta di religiosi, militari e commercianti, spinti allo studio

1. L'ITALIANO LINGUA STRANIERA FUORI D'ITALIA

da ragioni pratiche ed economiche[6]. Per tutti il viaggio in Italia imponeva di affrontare anche la lingua orale per poter entrare in contatto con la gente (osti, mercanti, sarti, religiosi, letterati e quant'altro): in un'Italia prevalentemente dialettofona si può immaginare che proprio gli stranieri, con il loro modello di lingua letteraria, creassero occasioni concrete di confronto fra norma e uso, dando inizio a un processo che solo alla metà del XX secolo avrebbe portato definitivamente all'avvicinamento fra scritto e parlato.

Le spinte migratorie dall'Italia verso i paesi del Nord Europa e verso i continenti d'oltreoceano (America e Australia), intensificatesi alla fine del XIX secolo, cambiano la fisionomia della circolazione dell'italiano all'estero, creando contatti linguistici precedentemente inesistenti, soprattutto fra le lingue locali e i dialetti italiani emigrati insieme alle centinaia di uomini, donne e bambini in cerca di un lavoro e di un futuro migliore. Verso questi nostri migranti si incominciano a indirizzare i primi interventi di politica linguistica dedicati all'italiano, una lingua spesso sconosciuta alle prime generazioni dialettofone e analfabete, da insegnare però ai loro figli per non interrompere il legame con la madrepatria e per non impedire un futuro rimpatrio alle successive generazioni. A loro si rivolgevano i primi comitati della Società Dante Alighieri ancora oggi diffusi nel mondo, a loro erano destinati in passato (e lo sono ancora oggi) alcuni degli interventi e dei finanziamenti dello Stato italiano (cfr. CAP. 3).

Dalla metà del XX secolo i grandi cambiamenti sociali dell'Italia e il suo sviluppo economico rallentano fortemente le spinte migratorie verso l'estero. Si invertono le rotte: gli immigrati stranieri si riversano ora in Italia dall'Albania, dall'Africa, dall'Oriente e, dall'inizio degli anni Novanta, anche dall'Est europeo e dalla Cina. L'Italia diventa una paese multiculturale, con maggiori concentrazioni di lavoratori stranieri e dei loro familiari nelle grandi città e nel Nord-Est industrializzato: questa realtà provoca un aumento della richiesta di italiano anche a livello scolastico nei paesi di maggiore provenienza degli immigrati (Romania, Albania, Marocco, Ucraina ecc.).

---

6. Sulla storia dei manuali di italiano per stranieri dal Cinquecento a oggi rimandiamo, cfr. Palermo, Poggiogalli (2010), oltre a Vedovelli (2002b). In particolare, Silvestri (2001) sulle grammatiche per ispanofoni; Mattarucco (2003) sulle grammatiche per francofoni; Gorini (1997) sulle grammatiche per germanofoni; Gamberini (1970) e Pizzoli (2004) sulle grammatiche per anglofoni.

Un nuovo impulso alla circolazione dell'italiano fuori d'Italia viene dato, in tempi recenti, da nuovi eventi di rilevante portata.

Alla fine degli anni Ottanta la caduta del blocco dei paesi dell'Est europeo provoca crescenti flussi di persone da questi paesi verso il resto dell'Europa e del mondo (e viceversa) e l'immediato ridimensionamento dell'insegnamento del russo come LS in quelle aree che avevano fino ad allora subito l'influsso sovietico: oltre all'inglese e alle altre maggiori lingue europee, anche l'italiano è coinvolto in questa ondata di rinnovamento e fa il suo ingresso in molte nuove realtà accademiche di tutto il territorio dell'Europa orientale.

Quasi contemporaneamente esplode la comunicazione via Internet, che trasforma il mondo in un villaggio globale in cui ogni informazione (scritta o audiovisiva) è accessibile ovunque attraverso la rete informatica, con la possibilità di creare contatti interpersonali a distanza e comunità virtuali in grado di interagire in tempo reale, a livello scritto, sonoro e visivo, secondo le nuove modalità di comunicazione del ciberspazio.

Infine, all'inizio del XXI secolo è la Cina che si impone come nuovo partner di imprese economiche e culturali nel mondo: un immenso e popolatissimo territorio, rimasto per lungo tempo chiuso in sé stesso, si apre ai rapporti internazionali per fare fronte alla propria vorticosa crescita economica. L'Occidente industrializzato, la cui economia dà già segni di stagnazione ancora prima di precipitare nell'attuale crisi economica, risponde immediatamente a questa nuova opportunità varando progetti di collaborazione anche sul piano educativo (fra questi il Programma *Marco Polo*, iniziato nel 2006, per accogliere studenti cinesi nelle università italiane, e subito dopo il programma *Turandot*, lanciato nel 2009 e riservato agli studenti cinesi nell'ambito dell'Alta Formazione artistica, musicale e coreutica). Al tempo stesso, aumenta in maniera esponenziale lo studio del cinese a livello accademico in Italia e si progetta un ampliamento dei centri di formazione in italiano LS in Cina, creando rapporti interuniversitari di mobilità.

1.2.2. PROFILI DI APPRENDENTI

In base a quanto descritto sopra a proposito dei contesti di insegnamento dell'italiano fuori d'Italia[7], possiamo individuare attualmente i

---

7. Fra i contributi recenti che esaminano l'italiano in varie regioni del mondo, ricordiamo Lo Cascio (1987; 1990; 2001); Tosi (1991); Bettoni (1993); Bertini Malga-

seguenti **profili di apprendenti** (che non comprendono, come abbiamo già detto, i discendenti dei lavoratori italiani emigrati all'estero, le cui problematiche sono trattate nel capitolo 3 sull'italiano "lingua di origine").

> Gli apprendenti di italiano lingua non materna sono caratterizzati da una grande variabilità, che rappresenta il tratto costitutivo dell'italiano L2/LS. Questo fatto spinge a programmare l'insegnamento secondo i **profili di apprendenti** a cui ci si rivolge. Un profilo si identifica in base all'età, alle motivazioni e ai bisogni di apprendimento, al contesto in cui avviene la formazione, ai livelli di competenza da raggiungere. «La variabilità dei profili degli apprendenti va considerata, per l'italiano L2, la base per azioni formative che gestiscano la variabilità dei bisogni di apprendimento» (Vedovelli, 2010, p. 147).

a) Bambini e adolescenti stranieri che seguono corsi di italiano curricolare nelle scuole dell'obbligo del proprio paese: l'italiano viene offerto come materia di studio obbligatoria oppure opzionale nelle scuole di primo e di secondo grado in molti paesi, secondo l'opportunità e secondo le linee politiche indicate dal governo locale. Può trattarsi dell'italiano obbligatorio nelle scuole di primo grado in America Latina o in alcuni paesi del Mediterraneo, della tradizionale offerta di corsi di italiano opzionale rispetto al latino nelle scuole di secondo grado in Germania, dell'italiano obbligatorio oppure opzionale nei licei francesi e via dicendo.

b) Bambini e adolescenti stranieri (non di origine italiana) che seguono, insieme ai bambini e adolescenti di origine italiana, i corsi di Lingua e cultura italiana integrati o inseriti nei sistemi scolastici locali: a seguito di apposite convenzioni sottoscritte dalla rete diplomatico-consolare con le autorità scolastiche straniere, questi corsi rientrano nel curricolo scolastico locale e pertanto sono frequentati da alunni stranieri di cui quelli di origine italiana costituiscono una minoranza. Sempre più spesso, dunque, in Francia, Gran Bretagna,

---

rini (1994); Lebano (1999); Balboni, Santipolo (2003); De Fina, Bizzoni (2003); Patat (2004); Peluffo, Serianni (2005); Santipolo (2006), Vedovelli (2011). Ricordiamo inoltre i capitoli che vengono regolarmente dedicati a questi approfondimenti nella collana "La DITALS risponde" (Guerra, Perugia).

Germania, Belgio, Stati Uniti, Argentina, Australia, tradizionali mete dell'emigrazione italiana del passato, questi corsi sono frequentati dai ragazzi del posto o da altri di recente immigrazione (russi, polacchi, cinesi ecc.).

c) Bambini e adolescenti stranieri iscritti nelle Scuole italiane all'estero: come abbiamo visto sopra, le Scuole italiane all'estero (che offrono percorsi di studio analoghi a quelli italiani, con docenti disciplinari inviati dall'Italia) sono sempre più spesso frequentate da allievi di madrelingua diversa dall'italiano: il prestigio della lingua e della cultura italiane spinge le famiglie a offrire ai propri figli una formazione linguistico-culturale in una lingua diversa dalla madrelingua, in una situazione di apprendimento integrato lingua-contenuto (*Content and Language Integrated Learning*, CLIL)[8]. Le sezioni italiane presso scuole straniere, invece, offrono percorsi di italiano L2 come materia curricolare, di solito inserita in un'istruzione di tipo bilingue. In altri casi vengono svolte in italiano solo alcune materie (per esempio storia dell'arte nelle scuole secondarie).

> La definizione CLIL si riferisce a una metodologia introdotta nel 1994 in Europa per favorire lo sviluppo di competenze linguistiche e abilità comunicative in lingua straniera insieme allo sviluppo e all'acquisizione di conoscenze disciplinari. L'approccio CLIL ha infatti il duplice obiettivo di focalizzarsi tanto sulla disciplina insegnata che sugli aspetti grammaticali, fonetici e comunicativi della lingua straniera. Ampiamente adottata nelle scuole bilingui, da quella dell'infanzia alla secondaria, e nei programmi "in immersione", questa metodologia è stata recentemente promossa a livello europeo per accelerare lo sviluppo del plurilinguismo delle nuove generazioni di cittadini europei, dando l'avvio ad attività di formazione dei docenti di disciplina non linguistica (DNL) in lingua straniera secondo la metodologia CLIL e promuovendo la realizzazione di nuovi materiali di studio in lingue diverse da quella nazionale.

---

8. Una scelta analoga viene fatta da quei genitori che, in città come Roma o Milano, iscrivono i propri figli, anche se di madrelingua italiana, alla locale scuola tedesca, francese, americana o europea. Un esempio è la scuola italiana a Malta, dove l'italiano ha una lunga tradizione di lingua di prestigio (scuola elementare Dante Alighieri dal 1967; scuola media Luigi Pirandello dal 1981; scuola dell'infanzia Il Grillo Parlante dal 1988).

d) Studenti universitari fuori d'Italia: in tutti i dipartimenti di lingue romanze delle facoltà di lingue del mondo l'italiano è presente, così come è presente in particolare nei conservatori di musica (grazie all'importanza del "bel canto" e dell'opera lirica), nei corsi di laurea in Storia dell'arte (grazie alla rilevanza dei siti archeologici presenti in Italia, dell'architettura e dell'arte italiane), per non parlare dei centri linguistici di ogni ateneo interessato ai programmi di mobilità studentesca[9]. Nell'indagine *Italiano 2000* (De Mauro *et al.*, 2002, p. 87) si forniva il dato di 179 insegnamenti di linguistica italiana nelle università straniere; nella successiva indagine *Italiano 2010* si faceva riferimento agli oltre 50.000 studenti stranieri che hanno seguito i corsi universitari dei lettori italiani nell'anno accademico 2009-10 (Giovanardi, Trifone, 2012, p. 70), ma si tratta di dati relativi a una realtà che presenta fenomeni di regresso e di espansione continui[10].

e) Giovani e adulti con progetto di emigrazione: molti paesi che negli ultimi anni vedono l'Italia come meta preferita di emigrazione hanno cominciato a inserire l'italiano anche nelle proprie offerte formative, per esempio nella scuola dell'obbligo e nell'università o negli enti formativi per gli adulti; in questi casi l'italiano viene richiesto sia in vista di un progetto di emigrazione, sia per parlare con i propri parenti or-

---

9. Ci sono naturalmente delle differenze: alcune facoltà universitarie offrono corsi di italiano opzionali o solo funzionali alle discipline fondamentali dell'ateneo, altre invece hanno percorsi in cui l'italiano può essere una delle discipline fondamentali. Tradizionalmente l'italiano è presente come materia opzionale nelle facoltà di Arte, Musica, Architettura, data l'importanza della cultura italiana in questi settori, ma possiamo trovare corsi di italiano settoriale nelle facoltà di Economia, Legge, Scienze politiche, Medicina ecc. Altre facoltà più orientate verso studi umanistici possono annoverare l'italiano anche fra le lingue in cui è possibile laurearsi (*Master's Degree*) per accedere all'insegnamento di questa disciplina, o in cui è possibile fare un dottorato di ricerca (*PhD*) per accedere alla carriera universitaria. Negli Stati Uniti, per esempio, offrono master in italiano le università di Harvard, Boston, Yale, Columbia, Berkeley, la New York University, UCLA e molte altre.

10. Sul fronte delle restrizioni, si pensi per esempio all'Università italiana di Mogadiscio, in Somalia, retaggio del passato coloniale italiano, che dopo anni di attività è stata chiusa nel 1989 per ragioni politiche, così come si stanno riducendo le cattedre di italiano in Australia, sotto la spinta della preferenza per le lingue orientali. Nell'ambito degli ampliamenti si pensi invece al potenziamento dell'italiano negli atenei in Cina, nei paesi baltici, nei paesi slavi e nell'Africa subsahariana francofona.

mai stabilitisi in Italia (specialmente con i più giovani nati e cresciuti in Italia, per i quali l'italiano è più familiare della lingua di origine).

f) Professionisti, pensionati, appassionati dell'Italia, partner di un italiano o di un'italiana: si tratta di persone con interessi diversi, che si rivolgono di solito alle scuole private, alle università popolari, ai corsi organizzati dagli IIC o dai comitati della Società Dante Alighieri.

g) Funzionari plurilingui di istituzioni comunitarie europee: la Commissione Europea, con sede a Bruxelles, rappresenta il più grande centro di formazione linguistica d'Europa. Ogni anno la Direzione generale del personale e dell'amministrazione organizza corsi di formazione linguistica per oltre 9.000 funzionari. La poliglossia è un carattere che accomuna i diversi profili linguistici dei funzionari della Commissione, dato che il possesso di competenze linguistico-comunicative avanzate in tre lingue comunitarie costituisce un requisito fondamentale per poter fare carriera all'interno dell'istituzione[11].

h) Cibernauti: questo pubblico, poco facile da studiare e censire ma in costante aumento, è costituito da tutti coloro che sono interessati a temi inerenti l'Italia e capaci di affrontare i testi proposti in rete in italiano o in una traduzione (siti informativi, notiziari, film, trasmissioni radio e televisive ecc.). Si tratta di persone che possono anche gestire il proprio autoapprendimento con i materiali o i corsi disponibili online; a questi si aggiungono coloro che mantengono contatti in italiano con altri cibernauti (per esempio nei forum di discussione, nelle chat, mediante e-mail e contatti telefonici con *webcam*) o che seguono corsi disciplinari in italiano in formato e-learning.

1.2.3. MOTIVAZIONI E BISOGNI DI APPRENDIMENTO

L'italiano LS si apprende e si insegna dunque ampiamente fuori d'Italia. Nel *mare magnum* delle offerte formative e degli stimoli con cui

---

11. Nel 2007-08 la Direzione generale dell'istruzione e della cultura (DG EAC) e la Direzione generale ambiente (DG ENV), in collaborazione con la Direzione generale affari economici e finanziari (DG ECFIN), hanno elaborato e messo a punto le *Tavole di conversazione per l'apprendimento linguistico non formale finalizzate*, allo scopo di favorire le interazioni tra colleghi incentivando la creazione di un ambiente di apprendimento collaborativo. Tali iniziative sono state attivate in sette lingue (inglese, francese, spagnolo, tedesco, italiano, neerlandese e greco) presso la DG EAC e in cinque (inglese, francese, tedesco, italiano e greco) presso la DG ENV. Sul *Non-Formal Learning* presso la Commissione Europea, cfr. Vaccarini (2009).

ogni individuo viene quotidianamente in contatto nel proprio paese, emergono, a seconda dei casi, il bisogno, il piacere o l'obbligo di apprendere italiano come lingua straniera, anche se lontano dal luogo fisico a cui è associata questa lingua (la penisola italiana), lontano da quei luoghi simbolici che all'Italia e alla sua cultura del presente e del passato rimandano (economia, arte, letteratura, musica, cinema, gastronomia, design ecc.).

Dal punto di vista statistico sappiamo che l'italiano, pur essendo solo al 21° posto fra le lingue più parlate nel mondo[12], è al 4° posto fra le lingue più studiate, che vedono l'inglese e lo spagnolo in prima linea, seguite da francese, tedesco e italiano in competizione fra loro[13]. Si tratta di un fatto che colpisce nell'attuale panorama di espansione mondiale del "mercato delle lingue"[14], da attribuire alle specificità culturali, storiche, sociali ed economiche del "sistema Italia". Come si spiega altrimenti questa posizione particolarmente positiva dell'italiano rispetto ad altre lingue? Si tratta solo di un retaggio del passato o esistono nuove spinte propulsive capaci di mantenere l'italiano fra le lingue più apprese al mondo? Il caso dell'italiano sembra emblematico per mostrare come i fenomeni di espansione/restrizione di una seconda lingua usata/appresa da stranieri siano influenzati dal suo "potenziale comunicativo", dalla sua "utilità economica", ma anche da altri fattori: psicologico-emotivi, linguistici ed educativo-istituzionali (Diadori, 2007a). Ma quali sono le motivazioni all'apprendimento dell'italiano (riquadro 1.4) nel mondo? Quali sono i maggiori fattori di attrattività di questa lingua? Quali sono i più diffusi bisogni di apprendimento?

---

12. Tale posizione risulta dalle statistiche fornite su http://www.ethnologue.com in riferimento al numero globale dei parlanti nativi (consultato nel 2015) e mostra una retrocessione rispetto al posto che l'italiano occupava dieci anni prima (19°). Nello stesso sito la posizione delle altre lingue più parlate al mondo è molto diversa: spagnolo e inglese rispettivamente al 2° e 3° posto dopo il cinese, il tedesco e il francese rispettivamente al 12° e 14° posto.

13. Esistono naturalmente situazioni diverse a seconda delle aree geografiche: si pensi per esempio al caso dell'Australia, dove l'italiano (tradizionalmente studiato in quanto lingua di origine di molti immigrati dall'Italia), sebbene ampiamente presente soprattutto nelle scuole primarie, sta subendo un graduale regresso rispetto alla crescente domanda di cinese, giapponese e indonesiano, per ragioni economiche e di prossimità geografica.

14. Questa espressione viene oggi usata per mettere in rilievo una nuova concorrenzialità che si fa strada in questo settore, in cui economia e motivazioni all'apprendimento di una lingua straniera vanno spesso di pari passo (cfr. Calvet, 2002).

RIQUADRO 1.4
Le motivazioni all'apprendimento di una lingua non materna

Le motivazioni all'apprendimento di una lingua possono essere di più ordini:
- *strumentali*:
a) di lungo periodo o generali (per esempio migliorare nella carriera);
b) di breve periodo o particolari (per esempio per prendere un buon voto);
- *integrative*:
a) generali (per esempio per viaggiare usando la L2);
b) specifiche (per esempio per integrarsi nella società che parla la L2, per comunicare meglio con il partner o con la famiglia di origine);
- *culturali/intrinseche*:
a) generali (per esempio per interesse per la lingua o per la cultura del paese in cui si parla;
b legate ai testi della L2 (per esempio per interesse per la letteratura);
c) legate alla situazione di apprendimento (per esempio in un gruppo classe collaborativo).
Le motivazioni spesso possono sommarsi e favorire l'apprendimento. Particolarmente favorevoli sono le motivazioni intrinseche legate ai fattori di attrattività della lingua e cultura obiettivo (cfr. Pallotti, 1998, pp. 212-20; Villarini, 2000, pp. 74-6).

Per rispondere a queste domande e realizzare un'adeguata mappatura area per area sono state promosse negli ultimi decenni numerose ricerche, alcune sotto il patrocinio del MAECI, che ha, fra gli altri obiettivi, anche quello di analizzare e monitorare la diffusione della lingua italiana nel mondo.

La prima indagine motivazionale sul pubblico degli apprendenti di italiano LS viene realizzata alla fine degli anni Settanta del secolo scorso, mediante la somministrazione di circa 18.000 questionari ad altrettanti studenti di italiano disseminati in tutto il mondo. Da questa indagine, commissionata dall'Istituto della Enciclopedia Italiana a Ignazio Baldelli (1987), emergeva un profilo motivazionale che vede lo studio dell'italiano legato soprattutto al prestigio della cultura italiana o alle origini italiane della famiglia emigrata all'estero. Si stimava che all'epoca fossero oltre 700.000 gli stranieri che si avvicinavano all'italiano come oggetto di studio fuori d'Italia, di cui due terzi erano donne, sette su dieci erano studenti e dei restanti la maggior parte apparteneva al ceto impiegatizio. L'eco dell'inchiesta portò, all'inizio degli anni Ottanta, a guardare con stupore in Italia questa nuova disciplina, dato l'interesse che l'italiano LS suscitava a livello internazionale, e non solo come lingua di origine per gli emigrati italiani all'estero[15].

Nel 1981 il Consiglio nazionale delle ricerche (CNR) italiano promuove un'indagine sui corsi di italiano fuori di Italia, da cui emerge ancora una motivazione culturale generica fra gli apprendenti, pari al 59,87% delle risposte (Freddi, 1987). Seguono, negli anni successivi, altri studi sull'italiano LS che sembrano confermare le finalità culturali come prevalenti fra gli stranieri e la crescita del numero degli studenti[16], ma cominciano a delinearsi altre motivazioni oltre a quella genericamente culturale, anche a causa di un progressivo ampliamento dei pubblici interessati.

In un rapporto del 1999 la Società Dante Alighieri analizza il profilo degli studenti che aderiscono ai corsi dei comitati Dante Alighieri diffusi nel mondo: questi, per l'82,5% vedono l'Italia come un "paese dal grande patrimonio socioeconomico" (rispetto al 13% che la definisce un "paese dal clima buono e dove si vive bene"), tuttavia anche in questo caso le motivazioni culturali prevalgono su quelle legate al turismo, allo studio e al lavoro (che riceve solo il 28% delle preferenze) (Arcangeli, 2005).

Sempre nel 1999, però, l'indagine realizzata sui candidati della CILS, la certificazione dell'Università per stranieri di Siena (circa 20.000 candidati in oltre 100 sedi in tutto il mondo), mostra una consistente percentuale di studenti, insegnanti, impiegati, liberi professionisti, prevalentemente donne (80%) e in età compresa fra i 19 e i 26 anni (44,8%) (Bandini, Barni, Sprugnoli, 1999).

Nel 1995 il ministero degli Affari esteri rende pubblici i risultati di un'indagine svolta sugli IIC. A questa indagine si richiamerà, nel 1999, il progetto *Italiano 2000*, una ricerca realizzata da Tullio De Mauro insieme a un gruppo di collaboratori dell'Università per stranieri di Siena per raccogliere dati su diffusione, motivazioni e bisogni formativi legati all'italiano LS attraverso un questionario elettronico inviato a tutti gli IIC (De Mauro *et al.*, 2002). L'indagine evidenzia molti aspet-

---

15. Si vedano gli atti del primo convegno su questo tema organizzato a Roma nel 1982 dal ministero degli Affari esteri e dal ministero della Pubblica Istruzione, che aveva quale tema proprio l'italiano come lingua non materna in Italia e all'estero (Presidenza del Consiglio dei ministri, 1983).

16. Ricordiamo gli studi promossi dalla Fondazione Agnelli (AA.VV., 1992), quelli di Lo Cascio sull'italiano in America Latina (Lo Cascio, 1987) e in vari paesi europei (Lo Cascio, 1990), quelli di Lebano sugli Stati Uniti (Lebano, 1999).

ti delle attività degli IIC, ma dedica anche una sezione alle motivazioni allo studio dei loro studenti, inserendo quattro macrocategorie (tempo libero, studio, lavoro, motivi personali). Dall'analisi delle risposte emerge, come prima motivazione degli studenti di italiano degli IIC, la macrocategoria "tempo libero" (32,8%), seguita da "motivi personali" (25,8%), "lavoro" (22,4%) e "studio" (19%). Le sottocategorie del "tempo libero" sono in primo luogo le ragioni culturali (71%), a conferma del prestigio intellettuale dell'italiano, seguite dal turismo e dagli altri aspetti dell'Italia contemporanea. Chi studia l'italiano per "motivi personali" lo fa in primo luogo a causa del partner italiano (62%) e secondariamente per la famiglia di origine (54%; De Mauro *et al.*, 2002). Anche se il recupero delle radici resta rilevante in certe aree, emerge dunque la novità delle famiglie bilingui e biculturali di recente composizione, causa ed effetto della forte circolazione di italiano fuori d'Italia e della crescente mobilità delle persone. Il dato più nuovo dell'indagine *Italiano 2000* riguarda l'emergere di due motivazioni strumentali: il lavoro e lo studio (che risultano al primo posto rispettivamente come seconda e terza scelta). Il motivo lavorativo è legato alla possibilità di avere rapporti con ditte italiane, fare carriera sul posto di lavoro, trovare lavoro in Italia, e solo secondariamente lavorare come traduttori o insegnanti; i motivi di studio segnalano invece l'interesse a proseguire gli studi in Italia o a partecipare a programmi di mobilità accademica.

A dieci anni di distanza da questa indagine il MAE, con il sostegno della Società geografica italiana, vara il progetto *Italiano 2010* (Giovanardi, Trifone, 2012) allo scopo di verificare i cambiamenti avvenuti su scala mondiale nel campo delle motivazioni allo studio dell'italiano e delle offerte didattiche. In questo caso gli informanti sono stati di tre tipi: non solo i responsabili degli IIC, come nell'indagine precedente, ma anche il lettori universitari e un campione significativo dei loro studenti. I questionari (uno completato da 75 IIC su 90 e uno da 198 lettori su 263) più le risposte fornite da 1.700 studenti nella domanda sulle loro motivazioni allo studio, preliminare al test di lingua, hanno permesso di mettere a fuoco alcune costanti e alcune nuove tendenze. Se nei corsi degli IIC la prima motivazione legata al "tempo libero" risulta ancora più consistente rispetto al 2000 (55,8%), i "motivi personali e familiari" scendono all'ultimo posto (10,4%), mentre "studio" e "lavoro" restano sostanzialmente stabili (21 e 12,8%). Il motivo del "lavoro" prevale invece nelle risposte degli studenti universitari (46%), seguito dall'interesse per la "cultura italiana" (29%) e dalle ragioni di "studio" (16%). Secondo gli autori, dunque, l'italiano

> può contare su molti punti di forza, a cominciare dalla grande attrazione che l'Italia esercita sul piano culturale e turistico: l'interesse per questo aspetto rappresenta nel complesso la motivazione più forte allo studio dell'italiano all'estero, non soltanto per gli iscritti ai corsi degli IIC ma anche per gli studenti universitari. [...] Al tempo stesso, dove tende invece a prevalere l'interesse per il lavoro (come in Africa, India ed Estremo Oriente) o per lo studio (come Medio Oriente e in Europa orientale) l'insegnamento linguistico andrebbe orientato su percorsi che tengano conto anche delle specifiche esigenze professionali e dei diversi ambiti settoriali (Giovanardi, Trifone, 2012, p. 108).

L'italiano LS è dunque caratterizzato oggi da una certa disomogeneità motivazionale (rispetto all'interesse genericamente culturale del passato), da cui deriva anche una pluralità di **bisogni formativi** legati in particolare al piacere di apprendere l'italiano (dovuto all'immagine dell'Italia all'estero e ai contesti di apprendimento) e alla sua spendibilità sociale.

> I **bisogni formativi** (un concetto elaborato negli anni Settanta dagli specialisti europei autori dei livelli soglia; cfr. PAR. 7.1.1) sono legati alle motivazioni allo studio della lingua straniera indicate dal soggetto, ma dipendono anche dai contesti d'uso in cui il soggetto si troverà a interagire con questa lingua. Secondo questi bisogni (per esempio "comunicare oralmente con i propri docenti in un contesto universitario in Italia", oppure "leggere testi di argomento settoriale in italiano" ecc.) il docente costruirà il sillabo e le attività da proporre all'apprendente in un percorso articolato in unità di lavoro basate sulle abilità linguistico-comunicative da sviluppare e sui livelli di competenza da raggiungere (cfr. CAPP. 9 e 10).

Queste indicazioni segnalano una stretta interdipendenza fra i bisogni formativi di italiano LS e le varie manifestazioni del "sistema Italia", con le sue complesse relazioni fra le dimensioni economico-produttiva, politica, sociale, culturale. Come si legge in De Mauro *et al.* (2002, p. 38), infatti, «i cambiamenti interni ed esterni che hanno riguardato tali dimensioni negli ultimi venti anni investono la nostra posizione a livello internazionale e si riflettono sull'immagine che il nesso lingua-cultura italiana ha presso gli stranieri».

Quali indicazioni emergono da questa panoramica? Se rileggiamo i dati dell'indagine *Italiano 2000* dal punto di vista delle lingue preferite, notiamo che, come prima lingua scelta, l'italiano è raramente ai primi posti (occupati dall'inglese e, in seconda istanza, dallo spagnolo). Tra le quarte lingue scelte, l'italiano è invece al primo posto (63,9%). Questo dato fa pensare ad apprendenti di italiano LS già con almeno una o due lingue straniere al proprio attivo, quindi con un bagaglio di capacità interlinguistiche e interculturali ormai acquisite: non è un caso che molte interferenze (positive o negative) nell'interlingua di studenti che già conoscono il francese o lo spagnolo derivino proprio da queste lingue romanze. Inoltre, il fatto di non prediligere di solito l'italiano LS come prima lingua straniera è, per i docenti, una garanzia di una scelta di solito ben ponderata e non obbligata.

Altri bisogni di apprendimento possono essere invece collegati alle motivazioni (essenzialmente culturali e strumentali) molto rappresentate fuori d'Italia.

Alcuni dei profili sopra elencati sono mossi da una motivazione di tipo culturale/intrinseco, legata al fascino e al prestigio della lingua e della cultura, che, come abbiamo visto, vengono spesso associate al tempo libero: questo atteggiamento caratterizza gli apprendenti adulti degli IIC, dei comitati della Società Dante Alighieri, delle scuole private sparse per il mondo, o rappresenta la motivazione di sfondo che si associa ad altre di vario tipo. Giudicare l'italiano musicale, apprezzare l'arte dei grandi artisti del passato, ascoltare con piacere dei testi cantati in italiano o guardare film di produzione italiana, parlare in italiano con i colleghi plurilingui: ognuno di questi casi rimanda a un'immagine positiva che abbassa il filtro affettivo e favorisce in ultima istanza l'apprendimento. Tenendo conto di questo, il docente organizzerà le attività, per quanto possibile, intorno a nuclei tematici che ripropongono tali aspetti della cultura italiana, non presenti nel contesto, ma che possono essere rievocati con la lingua, i suoni, gli oggetti, le immagini in movimento che l'insegnante porterà in classe o che solleciterà a rintracciare sul territorio o in rete. Intrinseca è anche la motivazione all'apprendimento dell'italiano per ragioni affettive: sempre di più per amore del partner italiano piuttosto che per adesione alla famiglia e all'origine italiana, a quanto sembra.

La motivazione strumentale è legata all'obiettivo di utilizzare le competenze linguistiche in contesti concreti (lavorativi o accademici, in Italia o all'estero). Non bisogna dimenticare che l'Italia è anche un paese dalla forte vocazione imprenditoriale: esistono dati statistici che provano la correlazione fra la presenza di imprese italiane all'estero e la richiesta di corsi di italiano LS nell'area in cui esse sono insediate, con una conseguente oscillazione legata alle sorti dell'economia nazionale[17]. I bisogni di apprendimento in questo caso saranno strettamente ancorati all'ambito disciplinare o lavorativo che interessa, determinando sillabi di italiano settoriale, per esempio, per studenti universitari (di Legge, di Medicina, di Economia ecc.) o per lavoratori, funzionari e manager (nel settore dei rapporti internazionali, del commercio, del turismo ecc.). Analogamente, le abilità comunicative rimanderanno ai contesti in cui queste figure si troveranno a usare l'italiano: prendere appunti oralmente e per scritto, comprendere e produrre saggi di studio, interagire in un esame orale (per gli studenti universitari che si preparano a venire in Italia); interagire oralmente e per scritto con un superiore o con un inferiore, interagire oralmente fra pari sul posto di lavoro, capire testi scritti relativi al proprio settore di attività (nel caso di interessi professionali). Fra le motivazioni strumentali particolari troviamo anche quelle degli studenti che seguono l'italiano come materia curricolare: superare i test, raggiungere un buon punteggio agli esami sono spinte motivazionali forti, a cui dovranno corrispondere attività didattiche adeguate. Tuttavia, è noto che un apprendimento stabile e duraturo viene favorito da un'adesione profonda al progetto formativo: i docenti possono fare leva sui potenziali di attrattività dell'italiano per ampliare la rosa di opzioni motivazionali (anche ricorrendo alle risorse in rete o proponendo in classe materiali audiovisivi o sonori particolarmente stimolanti per i destinatari).

1.3
Caratteristiche dell'input

L'apprendimento dell'italiano LS si svolge, per definizione, in un contesto non italofono, ma questo non significa che vi sia totale assenza

---

17. Vedovelli (2006b) individua un chiaro parallelismo fra il ritiro di alcune multinazionali italiane all'estero (di cui si parla nel rapporto 2005 dell'Istituto del commercio estero) e la diminuzione di richieste locali di corsi di italiano (sulla base dei dati degli IIC).

di comunicazione in lingua italiana; anzi, gli input in lingua italiana (orale, scritta e trasmessa) a cui sono esposti gli apprendenti di italiano LS sono ampiamente diffusi nel mondo e molto diversificati. Questa lingua, infatti, non è più solo virtualmente presente fra gli emigrati di origine italiana, ormai in bilico fra il dialetto della famiglia di origine, la sua erosione e le interferenze della lingua del paese ospitante; non è più neppure solo l'italiano letterario e colto, in cui erano competenti in passato gli stranieri che potevano permettersi un'istruzione elevata. Oggi nel mondo circolano le varietà dell'italiano contemporaneo (fra cui preponderante è il neostandard di media formalità, con connotazioni regionali nel caso della comunicazione orale), largamente presenti ovunque siano parlanti nativi italiani scolarizzati in Italia (turisti, lavoratori specializzati, studenti in mobilità accademica, tecnici e ricercatori, commercianti, religiosi ecc.) o nei mezzi scritti e audiovisivi di comunicazione di massa (stampa, editoria, TV satellitare, cinema, radio e, in ultima istanza, Internet come contenitore e rete globale di trasmissione).

In molti paesi sono capillarmente diffuse poi forme di italiano scritto o parlato che affiancano i prodotti del *Made in Italy* (vestiario, cibi, bevande, automobili, prodotti artigianali, oltre a film, canzoni ecc.), che raggiungono così indiscriminatamente anche chi non è interessato allo studio della lingua. Un effetto del prestigio dei prodotti italiani si rileva nel fatto che l'italiano è presente in quasi tutti i contesti sociali urbani nel mondo, attraverso i nomi delle insegne di negozi e dei prodotti legati alla moda, alla gastronomia, all'arredamento, in cui la manifattura italiana è tuttora sinonimo di qualità e buon gusto. In qualsiasi paese una persona ha modo di osservare nel panorama urbano la grafia dell'italiano (attraverso il nome di stilisti come Prada, Versace, Valentino, di automobili come la Ferrari, di prodotti come la mozzarella o la rucola, il cappuccino[18] o il latte, per non parlare dei menu dei ristoranti italiani ovunque presenti nel mondo). Le stesse indicazioni in italiano riportate sulle confezioni dei prodotti contribuiscono a offrire

---

18. Con questo termine si intende negli Stati Uniti e nel Nord Europa un bicchiere di latte macchiato con un po' di caffè. Oltre all'"espresso", al "caffè nero", all'"affogato", sono noti all'estero anche altri nomi di bevande di ispirazione italiana, come gli pseudoitalianismi "frappuccino" (un frappè freddo al gusto di cappuccino), "mochalatte" e "caramelatta"(*sic*!), offerti nella catena americana di locali *Starbucks* di tutto il mondo.

a chiunque un contatto con la lingua scritta e (attraverso i prodotti stessi) con le immagini, i sapori e gli odori che vengono associati alla cultura italiana[19].

L'input italiano circola all'estero anche secondo gli itinerari via via tracciati dal turismo italiano nel mondo: laddove si insediano imprese turistiche italiane o vi sono tradizionalmente turisti italiani si registra una presenza maggiore di materiali scritti o servizi locali che parlano italiano (guide, ristoranti, musei ecc.). L'italiano è dunque endemico nelle aree in cui è più consistente il numero di turisti italiani (come nei *resorts* o sulle navi da crociera che propongono il modello di ospitalità italiana) o là dove sono state impiantate imprese italiane o sono frequenti i contatti commerciali con l'Italia.

Un'alta circolazione di italiano parlato, utilizzabile come input anche dagli apprendenti stranieri nel contatto interpersonale, si registra naturalmente nelle aree in cui più forte è stata l'immigrazione di lavoratori italiani, soprattutto in quei paesi in cui non si è perseguita una politica di assimilazione linguistica, come il Canada, o dove l'emigrazione italiana è più recente, meno stanziale e in cui non si siano realizzati ancora i fenomeni di mescolanza linguistica con le lingue del posto o di erosione della madrelingua. In certe regioni i dialetti immigrati sopravvivono a fianco dell'italiano contemporaneo, arrivato con i prodotti di moda, con i mass media, con la recente emigrazione intellettuale di giovani studiosi e professionisti.

Circola l'italiano anche nelle grandi metropoli in cui sono più facili l'aggregazione e l'incontro in base agli interessi comuni, o in cui vi siano rappresentanze diplomatiche italiane, così come è presente nei centri plurilingui per vocazione, quali i poli universitari e di ricerca o i centri di servizi per le organizzazioni internazionali (basti pensare a quelli esistenti a Bruxelles, Strasburgo, Ginevra, New York).

A questi contesti si aggiungono, naturalmente, le zone di frontiera o quelle tradizionalmente interessate da passate frequentazioni con l'Italia (la Savoia, la Provenza, l'arco alpino, l'Austria, l'Istria e la Croazia, e poi l'Albania, la Grecia, Malta, la Corsica e la costa nordafricana, cioè i cosiddetti contesti di circolazione dell'italiano "lingua viciniore").

19. Barbara Turchetta riferisce di una ricerca svolta a Bruxelles su 73 prodotti per analizzare le lingue usate sulle confezioni: anche in questo caso l'italiano si posizionava al quarto posto (dopo inglese, francese e tedesco) su 28 lingue rappresentate (Turchetta, 2005, p. 127).

L'italiano è oggi limitatamente presente fuori dai confini nazionali come lingua ufficiale: nella Repubblica di San Marino e in Svizzera (insieme al tedesco, al francese e al romancio: è infatti la lingua nazionale del Canton Ticino)[20]. Come lingua coloniale l'italiano sopravvive nei paesi del Corno d'Africa (Eritrea, Somalia ed Etiopia), che ne mantengono qualche traccia nella comunicazione interpersonale.

L'italiano fra non italofoni è presente anche in due forme di comunicazione internazionale:
– come "lingua franca" in Svizzera, fra immigrati di madrelingua diversa, anche in assenza di interlocutori italofoni, soprattutto in quei contesti in cui la presenza degli italiani e la conoscenza dell'italiano come lingua non materna è consistente, specialmente nei cantoni di lingua tedesca[21];
– come "lingua ponte" fra i funzionari e gli interpreti di nazionalità diverse, impegnati presso le istituzioni della Commissione Europea[22].

Tuttavia, nonostante questa esposizione endemica all'italiano, è la classe di italiano il luogo in cui si realizza di solito l'apprendimento guidato. Qui l'input primario è quello offerto dal docente (più o meno competente dal punto di vista linguistico e/o metodologico), quello che deriva dal contatto con i propri pari, con i compagni di classe e con le loro interlingue: più le classi sono omogenee (per lingua e cultura), più sarà difficile che gli studenti si evolvano verso modelli di lingua maggiormente avanzati, con errori che si ripetono riecheggiando quelli degli altri, senza sorprese e anzi evitando imbarazzanti allontanamenti dall'*aurea mediocritas* dello studente medio. Il rischio in questi casi è dunque che gli studenti siano esposti a un input povero (a livello di lessico, di variazione pragmatica, di temi), imperfetto (se i

---

20. Una varietà di italiano presente solo in Svizzera è l'"italiano elvetico", cioè «la varietà, prevalentemente scritta, dell'amministrazione e della burocrazia federale» (Turchetta, 2005, p. 21).

21. Una descrizione dell'uso dell'italiano fra i lavoratori di varia nazionalità immigrati nella Svizzera tedesca all'inizio degli anni Novanta (il cosiddetto *Fremdarbeiteritalienisch*, "italiano dei lavoratori stranieri") si trova in Schmid (1994).

22. Sull'italiano lingua ponte in seno alla Commissione Europea e sul suo ruolo cruciale nei servizi di interpretariato, che sempre più spesso passano attraverso l'italiano per evitare combinazioni linguistiche rare o difficoltose, rimandiamo a Benedetti (2003), le cui osservazioni si confermano sempre più attuali, dato il progressivo ampliamento delle lingue che fanno il loro ingresso in Europa insieme ai paesi. Cfr. anche Turchetta (2005) sull'italiano lingua ufficiale e di lavoro nelle istituzioni comunitarie.

testi, i compagni o il docente non di madrelingua intervengono con la loro parziale competenza o con spiegazioni errate o lacunose), costantemente associato o frammisto alla lingua e alla cultura degli studenti, con fenomeni radicati di *code mixing* e *code switching* (cfr. PAR. 3.3)[23].

I modelli di italiano a cui gli studenti sono esposti nella classe di italiano LS possono essere più vari e complessi. Nelle aree più interessate in passato dalla massiccia immigrazione di lavoratori italiani, che hanno mantenuto forti i legami con le regioni di origine (si pensi all'Argentina, al Brasile, all'Australia), i modelli linguistici e culturali offerti dai docenti risentono spesso delle aree dialettofone da cui provengono. In anni più recenti, però, si registra all'estero anche la presenza di giovani forze lavoro italiane: si tratta di giovani istruiti, laureati, in mobilità accademica, assistenti di liceo, tirocinanti, lettori di scambio ecc. Queste figure garantiscono oggi un rinnovamento nei modelli di lingua presenti nelle aule di italiano LS nel mondo, e mostrano i cambiamenti avvenuti in pochi decenni dal punto di vista della neostandardizzazione dell'italiano, che si è via via sovrapposto ai dialetti nella comunicazione interpersonale e nella comunicazione scritta e orale anche di media formalità.

Gli stessi materiali didattici di italiano LS (che in passato erano di solito pubblicati *in loco*, da autori generalmente non italofoni, con istruzioni nella lingua del posto, spesso anche con modelli di lingua desueti o parzialmente errati, con argomenti stereotipati o con un'immagine dell'Italia poco attuale) sono oggi affiancati o sostituiti da manuali molto più moderni. Frequentemente vengono adottati materiali didattici pubblicati in Italia, pensati per un pubblico di apprendenti di italiano L2.

Ma gli studenti di italiano LS possono ugualmente trovare input linguistici in italiano fuori della classe, per esempio nelle numerose comunità italofone all'estero, oppure in Internet, visto che ormai l'Italia contemporanea *in toto* è a portata di mouse ovunque nel mondo, con la sua lingua, i suoi suoni, le sue immagini. Riprendendo i suggerimenti di Paolo Balboni a proposito della necessità di mettere in relazione comunque l'insegnamento in classe con il contesto fuori classe (Balboni, 1994, p. 13), possiamo dire che anche all'estero il docente

---

23. Un modo per riequilibrare almeno in parte questa situazione molto diffusa all'estero consiste nell'utilizzo sistematico di testi sonori e audiovisivi da affiancare al docente per il lavoro in classe, nel laboratorio multimediale o in autoapprendimento.

deve studiare i modi e i mezzi di raccordo tra la realtà linguistica extra-scolastica e il lavoro in classe, in modo da far sì che da un lato si raccolga in aula il prezioso e vivo contributo dell'esterno, aiutando l'allievo ad acquisirlo, sistematizzarlo e interrelarlo con quanto già conosce, e dall'altro che la lezione rimandi a sua volta al mondo esterno, ponga le condizioni per far sì che l'input che gli studenti riceveranno all'esterno risulti comprensibile.

Sebbene l'apprendimento dell'italiano LS sia spesso ancora sinonimo di un apprendimento formale e guidato, confinato nell'aula di lingua (magari addobbata con carte geografiche e immagini dell'Italia), in cui la voce del docente è l'unico input orale che propone le sonorità dell'Italia (sebbene si tratti di solito di una persona di madrelingua non italiana), in realtà oggi è possibile anche fuori d'Italia realizzare forme di apprendimento misto (guidato e spontaneo), utilizzando ogni testo italiano (scritto, visivo o audiovisivo) disponibile in rete, oltre a quelli che, come abbiamo visto, possono offrire sia il contesto scolastico che quello extrascolastico *in loco*.

1.4
Caratteristiche dell'output e tipi di interazione

Se l'italiano appreso in un contesto guidato all'estero è limitato alla classe di lingua e se questa è costituita solo da apprendenti di madrelingua omogenea, le possibilità di sviluppare una competenza linguistica e culturale in italiano dipendono spesso dalla professionalità e dalla buona volontà del docente. Ecco che cosa scrive un giovane laureato italiano, con un titolo di specializzazione *post lauream* in Didattica dell'italiano a stranieri ottenuto in Italia, da poco inserito in un contesto di insegnamento in un college isolato nell'estrema periferia di Melbourne (Australia) per un'esperienza di lavoro all'estero:

Sto lavorando come assistente linguistico al St. Joseph's College di Ferntree Gully (Melbourne), dipartimento di LOTE (Languages Others Than English), cattedra di Italiano per Years 7, 8, 9, 10, e 12 (dai dodici ai diciotto anni), con tre insegnanti (due con genitori italiani dialettofoni, una figlia di egiziani maltesi italofoni). Malgrado i presupposti sembrino allettanti e buoni per le nostre ricerche, l'italiano parlato trova davvero poco spazio (la scuola è rinomata per l'opera sociale che i salesiani fanno accogliendo molti "ragazzi difficili", e questo non favorisce certo le condizioni di insegnamento).

Tuttavia sto piano piano facendo acclimatare le classi alla mia presenza e non ho perso tutte le speranze di poter tirare fuori qualcosa di buono (sebbene continui a sentirmi un po' un gesuita nella selva).

In un apprendimento linguistico che si realizza primariamente in un contesto guidato e isolato (come quello che emerge dalla lettera riportata sopra), è possibile che gli apprendenti siano esposti a un **input** limitato e graduato: anche il loro **output** sarà quindi più ristretto e monitorabile, riflettendo (nei casi migliori) la progressione lineare con cui vengono approfondite e esercitate le varie dimensioni della competenza linguistica.

L'**input** è necessario ma non sufficiente per l'apprendimento. Per trasformarlo in *intake* (cioè in acquisizione duratura) è necessario che venga affiancato dalla pratica, cioè da un **output** (cfr. CAP. 5). Attraverso la produzione orale e scritta nella lingua obiettivo e la pratica esercitativa, i processi mentali si traducono in prodotti, ovvero nelle interlingue di apprendimento degli allievi, e risultano visibili al docente, che può esprimere una valutazione e progettare ulteriori interventi didattici.

Frasi modello, microdialoghi, elenchi di parole associate a immagini: sono di solito questi i primi tasselli intorno ai quali si comincia a costruire la competenza linguistica in classe, specialmente se mancano le occasioni o il desiderio stesso di confrontarsi con compiti più complessi. L'interazione in classe avviene in italiano con il docente o con i compagni, le cui interlingue in evoluzione possono influenzarsi a vicenda. Ma anche nel contesto più sfavorevole, un bravo insegnante può riuscire a orientare l'output degli studenti verso un uso più funzionale della lingua, attraverso la visione di filmati realizzati in contesti italofoni, l'ascolto di dialoghi, la ripetizione di canzoni, i giochi didattici in italiano, la ricerca di informazioni e di testi multimediali in rete ecc.

I.3

2.
L'italiano lingua seconda in Italia

Nella letteratura glottodidattica si può incontrare la definizione di italiano come "lingua seconda" o "seconda lingua" (L2) per indicare genericamente una lingua appresa dopo la madrelingua, cioè come sinonimo di "italiano per stranieri" (Balboni, 1994, p. 12; Diadori, 2001; 2015) o "italiano lingua non materna" (Ciliberti, 1994).

In altri casi si usa "italiano L2" per enfatizzare la dimensione temporale dell'apprendimento (in opposizione alla madrelingua, o L1) o la secondarietà della competenza nella lingua o nelle lingue acquisite dopo la prima (Vedovelli, 2002a, p. 143). In questo senso si può parlare di "italiano L2" anche se si tratta della terza o quarta lingua appresa in ordine di tempo dopo la lingua madre.

Dal punto di vista della linguistica acquisizionale, si utilizza "L2" come iperonimo per indicare la lingua non materna appresa spontaneamente o in maniera guidata nel paese in cui è parlata (cfr. Giacalone Ramat, 1993, p. 341; 2003, p. 13).

In questo capitolo useremo "lingua seconda" (L2) intendendo la lingua appresa nell'ambiente in cui si parla, cioè il contesto in cui tale lingua è il codice impiegato per gli scambi comunicativi ordinari e quotidiani (Balboni, 2002, p. 59): il parametro diatopico (relativo allo spazio) sarà dunque determinante per individuare le caratteristiche dell'insegnamento-apprendimento di questa lingua.

Nei prossimi paragrafi affronteremo pertanto le situazioni in cui il contesto (l'Italia, appunto, con le sue caratteristiche sociali, linguistiche, culturali) può influenzare l'acquisizione della lingua non materna (L2 in senso stretto) attraverso l'impiego di ogni risorsa anche al di fuori dell'ambiente di apprendimento guidato. Ci occuperemo in particolare delle problematiche relative all'italiano appreso in Italia da studenti stranieri con diverse motivazioni, a esclusione di quelle di integrazione sociale nel tessuto locale, che verranno prese in esame nel capitolo 4, dedicato all'italiano come lingua di contatto in contesto migratorio. L'obiettivo di integrarsi nella compagine sociale in cui l'italiano è la lingua veicolare comporta infatti problematiche specifiche (fra cui quelle relative all'apprendimento linguistico degli immigrati inseriti nella scuola italiana, al mantenimento della lingua di origine, alla costruzione di una nuova identità bilingue e biculturale per i più piccoli, ma anche quelle dei giovani adulti arrivati in Italia per migliorare le proprie condizioni di vita).

Fino a pochi anni fa (soprattutto fino alla capillare diffusione di Internet) esisteva davvero una grande differenza fra l'apprendimento di una lingua in situazione di L2 o LS, che permetteva di associare l'apprendimento della LS a un contesto prevalentemente guidato, nel contatto isolato con il docente e la classe, rispetto all'apprendimento della L2, legato soprattutto all'acquisizione spontanea. Oggi i contorni sono molto più sfumati e le distanze (fisiche, virtuali, psicologiche) assumono nuove connotazioni. Resta il fatto che, pur potendo trovare occasioni di apprendimento formale nel contesto stesso in cui la lingua obiettivo è lingua di comunicazione (le università, i Centri linguistici, le scuole private di lingua, i Centri territoriali permanenti, divenuti poi Centri provinciali per l'istruzione degli adulti, di cui parleremo più avanti), è la vita italiana stessa che fa da sfondo prezioso a una *full immersion* linguistica e culturale.

L'apprendimento misto sarà dunque il contesto ideale per una situazione di apprendimento dell'italiano L2 e l'approccio glottodidattico più favorevole ci sembra proprio quello indicato dal *Quadro comune europeo di riferimento per le lingue* (QCER; Consiglio d'Europa, 2002): l'apprendimento orientato all'azione e la didattica per progetti (*Project Work*). Il concetto di azione, piuttosto che quello di comunicazione, rimanda all'interazione verbale, che è finalizzata alla trasmissione di messaggi, persegue determinati scopi e ottiene determinati risultati. La "competenza di azione" consiste quindi nella capacità di interagire linguisticamente con altri individui in modo partecipativo, adeguando le forme del proprio messaggio al raggiungimento dei propri obiettivi.

Modellandosi sulla vita fuori della classe, una didattica orientata all'azione[1]:

---

1. Sul concetto di didattica orientata all'azione, cfr. Ciliberti (1994, pp. 89-92) e Consiglio d'Europa (2002, p. 11).

a) accetta sorprese, incomprensioni, rischi;
b) è una didattica "ecologica", che prende in considerazione l'allievo come individuo completo, proponendogli temi e testi per lui rilevanti (secondo i principi della psicologia umanistica);
c) supera la dicotomia classe/extraclasse: la stessa interazione che avviene in aula ha conseguenze che trascendono il contesto in cui sono proposte (apprendimento ludico, realizzazione di progetti, attività parascolastiche);
d) riconosce l'importanza del contesto non linguistico che aiuta il discente a superare la paura e l'insicurezza durante la produzione linguistica;
e) supera la dicotomia individuo/società (il gruppo è formato dall'io, dal noi, dal tema e dall'ambiente) e instaura un equilibrio dinamico fra individualismo e collettivismo, in cui l'apprendente diventa un attore sociale;
f) propone forme di apprendimento euristico, basate sulla scoperta autonoma delle regole di funzionamento linguistico e pragmatico dei testi.

2.1
Caratteristiche degli apprendenti

2.1.1. CENNI STORICI

L'apprendimento dell'italiano da parte di stranieri in Italia nei secoli passati era essenzialmente riferito ai seguenti tipi di apprendenti, che emergono dai manuali di italiano pubblicati fin dal XVI secolo fuori d'Italia e che ancora oggi, *mutatis mutandis*, sono presenti nel contesto italiano:
– gli studenti universitari in viaggio di studio in Italia per completare la propria formazione accademica (non è un caso che la prima cattedra di "italiana favella" sia stata infatti istituita presso l'Università di Siena nel 1589 ad opera del granduca Ferdinando I e che fosse destinata proprio a un gruppo di studenti tedeschi);
– gli artisti, gli intellettuali e tutti quei viaggiatori per i quali il viaggio in Italia (il *grand tour*) faceva parte integrante della propria formazione culturale, alla scoperta dei tesori dell'arte disseminati nella penisola, ma anche allo scopo di apprendere la lingua in cui erano stati scritti molti capolavori della letteratura e della musica;

- i commercianti che in Italia avevano affari di ogni genere, soprattutto nei settori della produzione italiana più rinomata (gastronomia, artigianato);
- i prelati cattolici che facevano capo a Roma e tutti quei pellegrini (appartenenti al clero ma anche al di fuori di esso) che in Italia visitavano per devozione i luoghi sacri di varie figure di santi (si pensi ai luoghi francescani) o raggiungevano la sede stessa della Chiesa cattolica e del papa, seguendo fin dal X secolo la cosiddetta Via Francigena[2];
- i soldati che per varie ragioni si sono avvicendati nella penisola al seguito del proprio esercito[3].

L'italiano L2 ha dunque una tradizione che affonda le sue radici nel passato, in una serie di motivazioni storiche, geografiche e culturali, nonostante il fatto che nella penisola italiana non sia esistita fino a tempi recenti una lingua nazionale unitaria utilizzata oralmente da tutti gli strati della popolazione. I colti viaggiatori stranieri, educati alla lettura dei classici della letteratura italiana, incontravano in realtà nel loro viaggio in Italia una serie di dialetti spesso mutuamente incomprensibili. Eppure questo non li distoglieva dall'impresa di entrare in contatto con la gente del posto, cercando di mediare fra la dimensione scritta e letteraria della lingua italiana appresa dai libri e dai "maestri di lingua" nel proprio paese, e la dimensione dell'interazione orale nei più disparati contesti sociali della penisola[4]. Solo a Roma, come nota Vedovelli a proposito degli ecclesiastici stranieri, era possibile «usare la lingua italiana in un ambiente il cui dialetto non se ne discostava molto (almeno a partire dal XVI secolo) e che vedeva livelli di analfabetismo non così profondi come in altre aree della penisola, grazie agli interventi di carità della Chiesa» (Vedovelli, 2002b, p. 64). Di questo erano consapevoli anche gli autori di manuali di italiano. Ecco che cosa scriveva nel 1701 Veneroni, autore di un manuale di italiano pubblicato

2. Risalgono all'alto Medioevo i pellegrinaggi lungo la Via Francigena che collegava il Nord Europa a Roma partendo da Canterbury e attraversando, fra le altre città, Reims, Losanna, Aosta, Pavia, Parma, Lucca, Siena e Viterbo (Sigerico, arcivescovo di Canterbury, descrisse questo itinerario nel 994).

3. Traccia di questi destinatari si trova nei manuali di italiano per stranieri pubblicati all'estero nei secoli scorsi, che contenevano liste di vocaboli di ambito militare ("saccheggiare", "ferire", "ammazzare", "montare a cavallo" ecc.) e perfino liste di insulti e parolacce (Vedovelli, 2002b, p. 65).

4. Si pensi al romanzo epistolare *Italienische Reise* scritto da Goethe sulla base di appunti relativi al suo soggiorno italiano degli anni 1786-88.

in Francia: «La lingua Toscana in bocca Romana. *Il est certain que les leux où l'on parle le mieux, c'est à Roma & à Sienne. C'est pourquoi on dit:* Per ben parlar Italiano / Bisogna parlar Romano» ("La lingua Toscana in bocca Romana. È certo che i luoghi in cui si parla meglio sono Roma e Siena. Ecco perché si dice: Per ben parlar Italiano / Bisogna parlar Romano", cit. ivi, pp. 82-3).

Proprio a Siena, nel 1917, nascono, nei confini dell'Italia unita, i primi "corsi di Lingua e cultura italiana per stranieri" (seguiti nel 1921 da quelli di Perugia), a cui si rivolgono inizialmente (come testimoniano le lettere di richieste di informazioni ancora presenti nell'archivio dell'attuale Università per stranieri di Siena) studiosi prevalentemente europei, studenti, artisti e comunque persone già alfabetizzate in italiano nel proprio paese, interessate a un soggiorno di studio in una città simbolo della cultura pittorica e architettonica del Medioevo italiano e di un modello di lingua parlata poco difforme dalla lingua letteraria di matrice toscana.

Pochi anni dopo, nel 1921, anche a Perugia vengono istituiti dei "corsi di Alta Cultura per studenti stranieri" e nel 1925 un decreto del re d'Italia Vittorio Emanuele III istituisce la Regia Università italiana per stranieri di Perugia, anche nell'intento propagandistico di affermare la superiorità della cultura italiana nel mondo, secondo la politica culturale del Ventennio.

Siena e Perugia continuano a offrire, nel secondo dopoguerra, corsi di Lingua e cultura italiana per studenti stranieri, prevalentemente nel periodo estivo, affermando il proprio ruolo di istituzioni dedicate appunto a fornire occasioni di studio in Italia agli stranieri temporaneamente presenti in Italia. La crescente mobilità delle persone e soprattutto l'intensificarsi del numero di studenti e viaggiatori stranieri in Italia portano poi a un nuovo assetto di queste due istituzioni e all'ampliamento delle offerte formative per l'italiano L2 in Italia.

Dopo il boom economico degli anni Sessanta del secolo scorso, con l'aumentare del benessere generale in Europa, l'Italia vive un momento di grande vivacità economica e culturale. Negli anni Settanta-Ottanta fioriscono, nelle principali città d'arte italiane (Firenze e Roma in particolare), varie scuole private di italiano per stranieri, in risposta a una forte domanda di italiano da parte di un pubblico di giovani e meno giovani desiderosi di realizzare un periodo di vacanza studio in Italia, spinti da motivazioni culturali, turistiche o di lavoro. Su questo identikit di apprendente straniero di italiano L2 in Italia viene modellato nel

1981 il "livello soglia" per l'italiano (Galli de' Paratesi, 1981), un documento promosso dal Consiglio d'Europa (realizzato parallelamente ai documenti corrispondenti per le altre grandi lingue europee: l'inglese, il francese, il tedesco e lo spagnolo) per offrire ai docenti e agli autori di materiali didattici un sillabo con i contenuti essenziali (lessicali, grammaticali, nozionali e comunicativi) capaci di garantire lo sviluppo delle competenze necessarie alla sopravvivenza nel contatto con i parlanti nativi in Italia[5].

Sono gli anni in cui si affermano nuove metodologie per l'insegnamento delle lingue moderne e in cui anche in Italia cominciano ad apparire i primi manuali didattici per stranieri ispirati al metodo audio-orale, situazionale e nozionale-funzionale.

Nel 1992 vengono ufficialmente istituite due nuove università pubbliche: l'Università per stranieri di Siena (riquadro 2.1) e l'Università per stranieri di Perugia (riquadro 2.2), entrambe destinate a diventare punti di riferimento per la formazione universitaria e la ricerca in una disciplina (la didattica dell'italiano a stranieri) che tende ad acquisire sempre nuovi spazi in Italia e nel mondo: in pochi anni questi due atenei affiancano ai tradizionali corsi di Lingua e cultura italiana per stranieri lauree di primo e secondo livello e corsi *post lauream* (master, scuole di specializzazione, dottorati) riferiti all'insegnamento dell'italiano L2/LS[6]. La promozione dell'italiano come lingua straniera è affidata, nelle intenzioni dei legislatori, a queste due prestigiose istituzioni accademiche: un *unicum* nel panorama mondiale, se confrontato per esempio a istituzioni come l'Istituto Cervantes per lo spagnolo o al Goethe Institut per il tedesco. Proprio da questi due atenei (e dall'Università Roma Tre) partono nel 1994 le proposte di tre certificazioni di lingua italiana per stranieri (rispettivamente CILS di Siena, CELI di Perugia e IT di Roma) e nel 1995 nascerà una certificazione didattica (DITALS) dell'Università per stranieri di Siena (a cui si affiancheranno la Certificazione in didattica dell'italiano a stranie-

---

5. Si tratta della prima elaborazione di quel livello che verrà poi meglio definito come livello B1 nel QCER del 1996. Sui destinatari individuati dal livello soglia per l'italiano si rimanda al paragrafo 7.1.1.

6. La richiesta di questo tipo di formazione da parte di italofoni (neolaureati, insegnanti in servizio, oltre a insegnanti in pensione) è testimoniata dalla grande affluenza ai numerosi master professionalizzanti in Didattica dell'italiano offerti dalle università italiane anche in formato e-learning.

RIQUADRO 2.1
L'Università per stranieri di Siena

Nata dalla Scuola di lingua e cultura italiana per stranieri attiva fin dal 1916, l'Università per stranieri di Siena dal 1992 è «un Ateneo a vocazione internazionale aperto a studenti stranieri e italiani, specializzato nell'interazione della lingua e della cultura italiane con le altre lingue e culture» (http://www.unistrasi.it). Offre due lauree triennali (in Mediazione linguistica e culturale e in Lingua e cultura italiana/Insegnamento dell'italiano a stranieri), due lauree magistrali (in Scienze linguistiche e Comunicazione interculturale e in Competenze testuali per l'editoria, l'insegnamento e la promozione turistica), una scuola di specializzazione in Didattica dell'italiano e un dottorato di ricerca. Ne fanno parte il Centro di eccellenza della ricerca osservatorio linguistico permanente dell'italiano diffuso fra stranieri e delle lingue immigrate in Italia, il Centro linguistico Università per stranieri di Siena (CLUSS) che offre corsi di italiano per stranieri, il Centro per le lingue straniere (CLASS) che offre corsi di lingue per studenti italiani, il Centro CILS, il Centro DITALS, il Centro Formazione e aggiornamento anche con supporto tecnologico (FAST).

RIQUADRO 2.2
L'Università per stranieri di Perugia

Nata dai corsi di Lingua e cultura italiana istituiti nel 1921, diventa università nel 1992. L'Università per stranieri di Perugia (http://www.unistrapg.it) offre oggi corsi di laurea e laurea magistrale per italiani e stranieri nei settori didattica e promozione della lingua e cultura italiane, comunicazione e relazioni internazionali. Completano l'offerta formativa master di primo e secondo livello, un dottorato di ricerca, corsi di aggiornamento, formazione e specializzazione per insegnanti di italiano L2. Ne fanno parte il Centro per la valutazione e le certificazioni linguistiche (CVCL), che si occupa delle certificazioni CELI – Certificati di italiano generale, CELI Integrazione – Insegnamento e valutazione in contesti migratori e della certificazione didattica DILS-PG.

ri, CEDILS, dell'Università di Venezia e la certificazione in Didattica dell'italiano lingua straniera, DILS-PG, dell'Università per stranieri di Perugia).

L'Italia si propone dunque al mondo con una propria politica di promozione dell'italiano per stranieri, mettendo in gioco nuove dinamiche che collegano (ancor prima dell'esplosione planetaria di Internet) il centro con le periferie (in questo caso i dipartimenti di Italianistica, gli IIC, i comitati della Società Dante Alighieri, le scuole di lingua, le associazioni di italiani nel mondo e via dicendo) con effetti dirompenti sulla formazione dei docenti di italiano L2/LS.

Il settore universitario è uno degli ambiti privilegiati in cui si realizza la formazione linguistica degli stranieri in Italia. Molte università degli Stati Uniti d'America hanno sedi distaccate in Italia (a Roma in particolare) in cui impartiscono i propri insegnamenti in inglese, affiancando a questi dei corsi di italiano L2 per i propri studenti. Ma il più consistente impatto su tutto il territorio italiano è rappresentato dai programmi di studio dell'italiano e delle discipline storico-artistiche per gruppi di studenti statunitensi che soggiornano regolarmente in Italia per completare i propri studi (in parte anche in italiano). Si tratta dei cosiddetti programmi *Italian Study Abroad*, che portano ogni anno centinaia di studenti americani in varie città italiane[7].

> I programmi *Italian Study Abroad* dei college e delle università statunitensi permettono ai loro studenti di frequentare per un periodo di durata variabile, da alcune settimane a un semestre o un anno, uno o più corsi presso centri o università in un altro paese. Il territorio italiano è stato interessato da questa consuetudine fin dagli anni Cinquanta del XX secolo, con numerosi programmi realizzati in varie città d'arte o presso le sedi italiane di università americane, con percorsi di studio specialmente dedicati alla linguistica italiana e alla storia dell'arte.

Altri studenti universitari si riversano regolarmente negli atenei italiani dai vari paesi che via via sono entrati a far parte dell'Europa e anche dai paesi extracomunitari (programmi *Erasmus*, *Erasmus Mundus*, *Erasmus+*), grazie alla possibilità di vedere riconosciuti nei vari atenei europei percorsi di studio svolti all'estero in termini di crediti ECTS (*European Credit Transfer System*). La formazione linguistica anche per le università ospitanti è diventata una componente indispensabile dell'accoglienza, portando all'attivazione di corsi EILC

---

7. Per avere un'idea dell'ampiezza del fenomeno, si vedano i vari siti che offrono servizi agli studenti e alle università americane a questo scopo, fra cui http://www.studyabroad-italy.com, oppure il sito dell'*Association of American College and University Programs in Italy* (AACUPI), http://www.aacupi.org.

(*Erasmus Intensive Language Courses*) orientati a un livello di competenza adeguato alla frequenza dei corsi accademici.

> I programmi ***Erasmus*** si riferiscono alla mobilità studentesca di scambio fra atenei europei ed extraeuropei, iniziata nel 1989, che ha permesso di sperimentare un sistema di trasferimento dei crediti per facilitare il riconoscimento di periodi di studio all'estero.
> Il sistema dei crediti accademici ECTS, utilizzato in tutta Europa, definisce oggi il carico di lavoro di uno studente a tempo pieno in un anno accademico (60 crediti in un anno, con circa 25 ore di lavoro per ogni credito, fra ore di lezione, esercitazione, tirocinio, studio e verifica delle competenze).
> Nel 2013, nell'ambito del nuovo programma *Horizon 2020*, è stato varato il programma *Erasmus+* allo scopo di promuovere opportunità di mobilità per studenti, tirocinanti, insegnanti e altro personale docente e del volontariato e per favorire i partenariati tra istituzioni e organizzazioni nei settori dell'istruzione, della formazione e dei giovani e il mondo del lavoro.

Ormai la mobilità studentesca è un fenomeno costante, che trasforma ogni aula universitaria in un universo di socialità plurilingue e pluriculturale. Ogni docente universitario viene a contatto con apprendenti di lingue diverse: l'italiano L2 si impara dunque insieme alle varie discipline di studio, ma spesso gli studenti arrivano in Italia senza le competenze necessarie per seguire le lezioni. A macchia d'olio si sono aperte negli ultimi anni sezioni di italiano L2 nei centri linguistici delle varie università italiane (tradizionalmente legati alla didattica dell'inglese, del tedesco, del francese e delle altre lingue) per far fronte alle esigenze degli studenti europei ed extraeuropei in mobilità accademica.

Dall'anno accademico 2006-07 le università italiane hanno cominciato ad accogliere anche un numero consistente di studenti cinesi, in seguito all'apertura della Cina al resto del mondo per iniziative di tipo economico, culturale ed educativo. Il boom dell'economia cinese, infatti, ha valicato i confini nazionali e molti Stati, fra cui l'Italia, hanno cercato di stringere i rapporti con questa nazione, tradizionalmente isolata. Come nel nostro paese sono in aumento i percorsi di studio focalizzati sul cinese (per esempio nelle lauree in Mediazione linguistica e culturale), così sempre più studenti cinesi studiano le lingue e si recano all'estero per iniziare o per completare il proprio percorso formativo sfruttando la possibilità di inserirsi nei programmi a loro dedicati: *Marco Polo* e *Turandot*[8].

> Il programma *Marco Polo* nasce da un accordo bilaterale (in vigore dal 2 ottobre 2006) tra la Repubblica Popolare di Cina e la Repubblica italiana, per accogliere un certo numero di studenti cinesi che intendono frequentare corsi di laurea di primo e di secondo livello presso le università italiane. In base a questo accordo gli studenti possono ottenere un visto di ingresso agevolato per studiare in Italia anche senza preconoscenze linguistiche, che saranno raggiunte attraverso la frequenza di corsi di italiano (che si svolgono da marzo ad agosto) presso le sedi prescelte.
> Per incrementare le opportunità di studio in Italia, il ministero dell'Istruzione, dell'università e della ricerca (MIUR) ha lanciato nel 2009 il programma *Turandot*, indirizzato agli studenti cinesi che intendono iscriversi presso le istituzioni accademiche italiane di Alta Formazione artistica, musicale e coreutica (AFAM). I requisiti di accesso sono simili al *Marco Polo*, quindi gli studenti cinesi interessati devono frequentare un corso di lingua italiana in Italia, della durata di sei mesi, al termine del quale, superato l'esame finale del corso, avranno accesso alle prove di ammissione previste dagli istituti in cui si sono preiscritti.

Un altro settore universitario in cui l'italiano L2 ha un ruolo determinante è quello dei seminari, dei collegi e delle **università ecclesiastiche**, che richiamano a Roma costantemente varie figure di religiosi cattolici stranieri che devono perfezionare il proprio percorso formativo in teologia prima di accedere ai vari gradini della gerarchia ecclesiastica.

---

8. Nel 2010 è stata costituita l'associazione Uni-Italia, tra ministero degli Affari esteri, ministero dell'Interno italiano e la Fondazione Italia-Cina, con una sede a Roma e tre in Cina (a Pechino, presso l'ambasciata d'Italia, e a Shanghai e Canton, presso i consolati), con l'intento di sostenere operativamente le istituzioni italiane nella promozione delle offerte formative esistenti in Italia, nel miglioramento dei processi di selezione degli studenti cinesi interessati a partecipare e nella realizzazione di opportunità di studio della lingua italiana in Cina (http://www.uni-italia.it).

2. L'ITALIANO LINGUA SECONDA IN ITALIA

Sebbene nella Chiesa cattolica il latino svolga il ruolo di lingua scritta nei documenti ufficiali, di fatto è l'italiano la lingua veicolare, visto che proprio il soggiorno a Roma per motivi di studio è una caratteristica che accomuna tutti i funzionari della Chiesa cattolica diffusa nel mondo (cfr. Diadori, Ronzitti, 2005; Arcangeli, 2010; Balmas, Gelsomini, Tomassetti, 2014; Diadori, 2015b).

> A Roma sono concentrate numerose **università ecclesiastiche**, cioè istituti universitari fondati o approvati dalla Santa Sede per lo studio delle materie sacre e delle discipline a esse collegate. Questi istituti accolgono un numero crescente di religiosi e chierici stranieri che intendono completare il proprio studio in materia di teologia. In queste università l'italiano non è unica lingua ufficiale. Spesso si utilizzano anche francese, inglese, tedesco, spagnolo e si possono sostenere gli esami in queste lingue. Tuttavia l'italiano L2 ha un posto privilegiato. Corsi di italiano L2 sono organizzati presso centri formativi (in Lazio, Toscana, Umbria) o presso le stesse istituzioni pontificie.

Molti di questi religiosi stranieri si fermano poi in Italia per periodi di tempo anche piuttosto lunghi, per svolgere il proprio servizio apostolico nelle parrocchie italiane: la crisi delle vocazioni tra i cittadini italiani e l'afflusso di religiosi provenienti da paesi in via di sviluppo ha fatto sì che negli ultimi anni i sacerdoti stranieri (sudamericani, messicani, africani, indiani, filippini ecc.) siano diventati una presenza costante nelle Chiese cattoliche italiane, abituando i fedeli a un italiano interferito con altre lingue e facendo entrare queste loro interlingue nello spazio linguistico dell'Italia contemporanea.

Oltre ai sacerdoti cattolici, molti altri stranieri si sono trasferiti in Italia a partire dagli anni Settanta-Ottanta (*in primis* nelle grandi città e nelle regioni del Nord-Est): ci riferiamo ai giovani adulti immigrati in cerca di migliori condizioni di vita. La crescita esponenziale di queste figure nei settori lavorativi più carenti di manodopera ha portato con sé altri fenomeni di scottante attualità: la creazione di comunità linguistico-culturali di nuovo insediamento, l'inserimento dei minori nel sistema scolastico nazionale in seguito al ricongiungimento familiare, l'erosione delle lingue madri nelle generazioni successive alla prima ecc. (cfr. CAP. 4). I primi centri che hanno offerto formazione linguistica in italiano L2 a queste persone sono stati, oltre alle parrocchie, i **Centri provinciali per l'istruzione degli adulti** (CPIA), molto attivi in questo tipo di attività. A questi si aggiungono anche i Centri per il volontariato e i corsi civici delle cosiddette "università popolari".

> **I Centri provinciali per l'istruzione degli adulti** dal settembre 2014 hanno preso il posto dei CTP (Centri territoriali permanenti per l'istruzione e la formazione in età adulta), istituiti nel 1997 dal ministero della Pubblica Istruzione in sostituzione dei Centri di alfabetizzazione creati nel 1973 per aiutare i lavoratori italiani a ottenere un titolo di studio. I CPIA offrono percorsi di istruzione di primo livello per lavoratori italiani e stranieri che non hanno ancora assolto l'obbligo scolastico del primo ciclo e percorsi di alfabetizzazione e apprendimento della lingua italiana riservati agli stranieri. Vi insegnano docenti messi a disposizione dall'Ufficio scolastico provinciale e altri docenti a contratto.

L'Italia e gli italiani, dunque, sono diventati in pochi anni testimoni e partecipi della trasformazione del proprio paese in un contesto multiculturale e multilingue, in cui la competenza non nativa dell'italiano è una dimensione con la quale ognuno entra prima o poi in contatto. Lo stesso repertorio linguistico degli italiani ne viene influenzato, così come tutti contribuiscono in qualche modo a creare le condizioni per promuovere lo sviluppo delle competenze comunicative in italiano da parte degli stranieri soggiornanti (temporaneamente o stabilmente) in Italia: una nuova coscienza collettiva si sta sviluppando in un paese in cui il bilinguismo (italiano/dialetto) è ancora presente in molte regioni, ma che solo da pochi anni vive nella quotidianità l'interazione con parlanti non italofoni.

Per quanto riguarda le scuole private di lingua, alcune anche specializzate in italiano L2, manca un censimento completo delle istituzioni e delle associazioni che offrono corsi di italiano L2 o altre materie per rispondere a una richiesta di formazione linguistica per scopi culturali, artistici o professionali. Esiste tuttavia un'Associazione delle scuole di italiano come lingua seconda (ASILS, http://www.asils.it), a cui molte hanno aderito. È interessante notare che, a parte alcuni istituti "storici"[9]

---

9. Si pensi, per fare solo alcuni esempi, alle scuole Dilit e Torre di Babele, attive a Roma rispettivamente dal 1974 e dal 1984.

RIQUADRO 2.3
L'associazione Intercultura

Nell'autunno del 1914, alla vigilia dello scoppio della Prima guerra mondiale, un gruppo di giovani americani a Parigi decise di organizzare una rete di ambulanze in appoggio all'ospedale americano di Neuilly. Da questo nucleo di intellettuali nascerà l'associazione *American Field Service* (AFS). Nel 1955 nasce l'AFS italiana, nota oggi come Intercultura, con i primi comitati locali a Roma, Milano, Torino, Firenze e Trieste. Oggi Intercultura ha sede a Colle Val d'Elsa (Siena) e conta circa 3.000 famiglie volontarie italiane suddivise in 132 centri locali; altri 200.000 centri fanno parte delle associazioni consorelle in 60 paesi del mondo (http://www.intercultura.it).

fondati negli anni Settanta-Ottanta e pionieri dell'italiano L2 insieme alle Università per stranieri di Siena e Perugia, si registrano anche numerose fondazioni recenti, specialmente nelle città d'arte, nei luoghi di villeggiatura, nell'Italia meridionale e nelle isole.

A differenza di quanto accade per l'italiano all'estero, in Italia l'apprendente tipico di italiano L2 (che non rientri nella categoria degli immigrati) è un adulto, più spesso un giovane adulto (nella fascia di età compresa fra 18 e 30 anni), cioè in quel periodo della vita in cui si svolgono gli studi fondamentali per la propria futura esperienza professionale e umana, si accumulano titoli e certificazioni, si inseguono interessi, passioni e persone significative per la propria crescita personale, si compiono viaggi formativi lontano dal proprio paese, si fanno esperienze di tirocinio o lavoro temporaneo, si cerca un'occupazione che garantisca una nuova possibilità di integrazione sociale e benessere economico. Stanno crescendo anche le opportunità di vacanze studio per bambini e adolescenti, specialmente presso le scuole private di lingua situate nei luoghi montani o marini di villeggiatura. Si diffonde inoltre l'abitudine, fra gli adolescenti stranieri, di frequentare il penultimo anno nei licei italiani aderendo ai programmi Intercultura (riquadro 2.3): questa associazione si occupa di gestire i progetti individuali di mobilità studentesca, per favorire il soggiorno di adolescenti stranieri presso famiglie italiane che li accolgono a titolo gratuito, allo scopo di realizzare una reciproca esperienza interculturale. I ragazzi stranieri che aderiscono a questo programma entrano a far parte della vita della famiglia che li ospita e frequentano per un anno la scuola locale come i loro figli.

Rispetto ai contesti e ai pubblici individuati sopra, un caso a parte è rappresentato dalle comunità alloglotte (cioè di madrelingua diversa dall'italiano) presenti sul territorio nazionale, a cui per legge è garantita la possibilità di mantenere e usare la propria identità linguistico-culturale. Ci riferiamo alle minoranze linguistiche storicamente presenti in Italia, fra cui ricordiamo quelle provenzali e franco-provenzali della Valle d'Aosta e del Piemonte, quelle tedesche lungo la tutta la catena alpina (emigrati trasferitisi a sud delle Alpi in un lontano passato), quelle ladine di alcune valli dolomitiche (Val Gardena, Val Badia, Val di Fassa), quella slovena nei territori di confine (Trieste, Gorizia, Udine), quella algherese (testimonianza di una tradizione catalana in Sardegna), oltre alle isole linguistiche croate di alcuni paesi del Molise, quelle di cultura albanese/arbëreshë disseminate nell'Italia meridionale e in Sicilia, quelle parlanti griko in Calabria e Puglia. Si parla di minoranze anche per la lingua friulana e per quella sarda, a sottolineare che queste varietà sono delle vere e proprie lingue indipendenti, appartenenti al dominio neolatino (cfr. Francescato, 1993; Santipolo, 2002; Consani, Desideri, 2007).

Le lingue originarie di queste e delle molte altre minoranze storiche, presenti sul territorio italiano con insediamenti stabili, convivono da tempo con le varietà dialettali locali, con l'italiano e con le sue varietà regionali. La maggior parte degli appartenenti a queste comunità stanziali sono bilingui o trilingui, con l'italiano e il dialetto locale presenti nel loro repertorio comunicativo. In molti casi, però, queste lingue sono oggi a rischio di estinzione, vista la diffusione dell'italiano e delle sue varietà locali fra le ultime generazioni più scolarizzate. Per contrastare questo fenomeno, è stata promulgata in Italia la legge 15 dicembre 1999, n. 482, *Norme in materia di tutela delle minoranze linguistiche storiche*, che sancisce il diritto di dodici minoranze linguistiche storiche esistenti in Italia a esprimere sé stesse e le proprie culture. Gli enti locali (Regioni, Province, Comuni), le associazioni, la scuola, i mass media hanno messo in atto varie azioni per attuare questa legge, attraverso ricerche, pubblicazioni, traduzioni, apertura di sportelli linguistici nei Comuni e programmi di recupero nelle scuole primarie. Le varietà di lingua prese in considerazione sono:
– tre minoranze di confine (di espressione francese, tedesca e slovena);
– sei nuclei alloglotti sparsi nel paese (parlanti di lingua albanese, catalana, occitana, franco-provenzale, greca e croata);
– tre varietà dotate di spiccata autonomia (sardo, ladino e friulano).

RIQUADRO 2.4
L'italiano L2 in Alto Adige

L'apprendimento dell'italiano in Alto Adige avviene istituzionalmente grazie ai corsi di italiano che affiancano l'insegnamento disciplinare effettuato in tedesco (nelle scuole in lingua tedesca) e in ladino (in quelle in lingua ladina). Analogamente vengono offerti corsi di tedesco nelle scuole dove le discipline sono insegnate in italiano. L'esigenza di ottenere il patentino di bilinguismo italiano-tedesco e di trilinguismo italiano-tedesco-ladino, utile per accedere agli impieghi pubblici, intende essere un'ulteriore garanzia per la promozione di un bilinguismo sociale che in realtà non è stato raggiunto appieno, nonostante quasi un secolo di convivenza.

Non sono invece incluse nel provvedimento di legge né le lingue zingariche (romanés: cfr. Desideri 2007) né le lingue delle nuove minoranze ("lingue immigrate"; cfr. Vedovelli, Villarini, 2001). La Costituzione italiana non prevede, del resto, neppure dei provvedimenti a tutela della lingua nazionale (l'italiano, appunto), ormai inserito in un sistema caratterizzato da una situazione di "neoplurilinguismo" (secondo la definizione usata in Bagna, Barni, Vedovelli, 2007).

Un caso a parte è quello delle comunità germanofone dell'Alto Adige (o Süd Tirol, come viene definito da austriaci e tedeschi il territorio corrispondente alla provincia di Bolzano; cfr. riquadro 2.4). Qui la situazione sociolinguistica attuale non è il risultato di autonome migrazioni, ma di un tentativo deliberato di italianizzare un territorio linguisticamente e culturalmente diverso[10], attuato dal governo italiano nel primo dopoguerra e proseguito durante il periodo fascista. Vari provvedimenti garantiscono da tempo alla minoranza germanofona il pieno diritto al mantenimento della propria lingua di origine (scuole italiane e scuole tedesche di pari valore, realizzazione bilingue italiano-tedesco di tutti i testi pubblici, toponomastica bilingue, mass media locali in lingua tedesca o nei dialetti locali ecc.). Non si è invece realizzato un bilinguismo sociale equilibrato, come da tempo auspicato, ed esistono ancora tensioni politiche che rendono la questione della lingua particolarmente spinosa e collegata a rivendicazioni di tipo politico.

10. In quest'area la maggioranza della popolazione parla un dialetto affine ai dialetti tedeschi della Baviera e viene alfabetizzata in tedesco standard nelle proprie scuole, mentre in alcune vallate ladine l'educazione scolastica trilingue garantisce di fatto una competenza in ladino-tedesco-italiano.

2.1.2. PROFILI DI APPRENDENTI

In base a quanto descritto sopra a proposito dei contesti di insegnamento dell'italiano L2 in Italia, possiamo individuare attualmente i seguenti profili di apprendenti (che non comprendono, come già detto, i figli dei lavoratori immigrati di recente insediamento in Italia, le cui problematiche sono trattate nel CAP. 4).

a) Bambini e adolescenti stranieri in vacanza studio in Italia; anche se non ancora molto diffuso, questo settore è sicuramente in espansione, sia perché è ormai radicata nelle famiglie l'abitudine di favorire l'apprendimento precoce delle lingue nei figli, sia per la naturale vocazione turistica di molte località italiane, sia per le crescenti offerte delle scuole private di lingua o dei campi estivi locali (focalizzati sulla musica, sullo sport, sulle attività all'aperto anche di tipo interculturale) gestiti da enti pubblici e privati in Italia, aperti ai ragazzi stranieri.

b) Bambini e adolescenti stranieri inseriti nelle scuole internazionali e bilingui: alcune grandi città (come Roma, Milano, Firenze, Bologna, Genova) e alcuni centri situati in aree tradizionalmente bilingui (come Bolzano e Aosta) offrono opportunità di educazione bilingue secondo modelli diversi, ma sempre utilizzando più di una lingua (fra cui l'italiano L2 per i ragazzi di madrelingua diversa) in tutti gli insegnamenti disciplinari o solo in alcuni di essi.

c) Adolescenti stranieri dei programmi Intercultura: si tratta di ragazzi provenienti da tutto il mondo, di 17-18 anni di età, che vivono un'esperienza interculturale in Italia in una famiglia che li accoglie gratuitamente e li segue nel loro inserimento nel penultimo anno di una scuola superiore locale. Il loro obiettivo non è integrativo ma "esplorativo": devono apprendere l'italiano e seguire le lezioni per non perdere l'anno al loro rientro in patria, ma al tempo stesso hanno il fine di scoprire altre dimensioni comunicative e pragmatiche della cultura italiana (come si studia in Italia, come si interagisce con i compagni, come si vive in una famiglia italiana ecc.).

d) Studenti universitari stranieri nei progetti di mobilità accademica europea ed extraeuropea: a partire dall'inizio degli anni Novanta i giovani adulti stranieri (di età compresa fra 18 e 25 anni), a seguito di accordi bilaterali sempre più fitti fra atenei italiani ed europei, si sono riversati pian piano in tutte le università della penisola. Le loro esigenze di studio, le loro competenze nell'italiano comune e nell'italiano settoriale, la loro capacità di seguire una lezione universitaria, di sostenere un esame orale o scritto sono oggetto di riflessione e di analisi. Un fatto certo è che l'istruzione accademica europea (a partire dalla Dichiarazione di Bologna[11] del 1999) vede lo studente straniero come parte integrante di un sistema di istruzione plurilingue, capace di favorire la mobilità delle persone e la spendibilità dei titoli e dei saperi.

e) Studenti universitari statunitensi dei programmi *Italian Study Abroad*: gli studenti anglofoni delle università americane che trascorrono un periodo di studio in Italia per completare il proprio percorso, soprattutto inerente l'italianistica o la storia dell'arte, sono tradizionalmente presenti sul territorio italiano, specialmente in certe città (Firenze e Roma), e hanno a disposizione materiali didattici specifici, docenti e tutor specializzati.

f) Studenti universitari cinesi dei programmi *Marco Polo* e *Turandot*: si tratta di giovani che vengono in Italia con fondi propri o con borse di studio per frequentare una facoltà italiana. I primi flussi (dal 2006) hanno evidenziato il problema linguistico, visto che la maggior parte di questi studenti arriva senza conoscere l'italiano (che in Cina si può studiare attualmente solo in poche città). Le università italiane si stanno quindi attivando con corsi intensivi per la prima accoglienza, in cui si affrontano questioni sia linguistiche che interculturali.

g) Studenti e religiosi cattolici stranieri: si tratta di giovani adulti, uomini e donne, che seguono corsi di italiano L2 (presso scuole private o all'interno delle stesse istituzioni cattoliche che li ospitano) per proseguire gli studi di teologia in Italia e/o per prestare temporaneamente la propria opera nelle parrocchie italiane. A questi si aggiungono, per motivazioni in parte simili, gli stranieri che vengono accolti nelle comunità spirituali presenti in Italia (per esempio nella cittadella internazionale di Loppiano, in Toscana): per loro è essenziale apprendere rapidamente l'italiano L2 per condividere un percorso di crescita spirituale con altri ospiti italiani e stranieri della comunità.

h) Giovani adulti e adulti che decidono di trascorrere un periodo di studio dell'italiano in Italia per motivi culturali o personali; si tratta di

---

11. La *Dichiarazione congiunta dei ministri europei dell'istruzione superiore*, siglata a Bologna il 19 giugno 1999, ha dato inizio al cosiddetto "processo di Bologna", un impegno volontario degli Stati membri al fine di sviluppare una dimensione europea dell'istruzione superiore, rendendo i titoli accademici comparabili e favorendo la mobilità.

una categoria molto vasta, che può comprendere, per esempio: l'anziano turista tedesco, innamorato dell'Italia, meta dei suoi regolari viaggi; il docente di italiano LS che torna via via a seguire corsi di approfondimento linguistico e didattico in Italia; la persona che vuole apprendere la lingua del proprio partner italiano e via dicendo.

i) Adulti e anziani in *buen retiro* in Italia; alcune regioni italiane (per esempio Toscana, Umbria, Liguria) sono luoghi in cui molti artisti o anziani facoltosi nord-europei o nord-americani acquistano delle proprietà per trasferirsi in cerca di un clima più mite e di uno stile di vita molto apprezzato. Generalmente cercano di apprendere un italiano essenziale, per gestire la casa, gli acquisti, i rapporti con le persone del luogo[12].

l) Professionisti stranieri inseriti (stabilmente o temporaneamente) in contesti lavorativi in Italia; queste persone (giornalisti, docenti, ingegneri, medici, bancari, funzionari, manager ecc.) vengono di solito in Italia al seguito della propria professione, specialmente quando questa è legata a imprese straniere impiantate in Italia (banche, aziende) o a carattere internazionale (ambasciate, consolati, associazioni culturali ecc.). Sebbene possano in genere comunicare con i loro collaboratori in altre lingue, l'esigenza di conoscere meglio la lingua del posto emerge ben presto anche per migliorare la propria professionalità e i propri rapporti interpersonali[13].

m) Adulti e giovani adulti impegnati in attività di lavoro temporaneo in Italia o con un progetto di inserimento lavorativo stabile; si tratta di uno dei pubblici dell'italiano L2 che sono praticamente "esplosi" in Italia a seguito delle ondate migratorie riversatesi nel nostro paese. In una prima fase (databile intorno agli anni Ottanta-Novanta) mancavano in Italia interventi formativi specifici per loro, che si sono trovati ad acquisire l'italiano prevalentemente in maniera spontanea[14]. Successivamente, però, sono state attivate su tutto il territorio innumerevoli

---

12. Basti ricordare il famoso romanzo *Under the Tuscan Sun: At Home in Italy* di Frances Mayes (Chronicle Books, San Francisco, CA, 1996) che descrive appunto l'acquisto e le operazioni di restauro di una casa a Cortona (Arezzo) da parte di una giornalista americana, con esperienze simili a quelle di molti stranieri che hanno cercato in Italia un'alternativa ad altre regioni tipiche del *buen retiro* nella terza età.

13. In questa categoria possiamo inserire anche i militari statunitensi residenti nelle basi USA in Italia, i calciatori e altri sportivi stranieri inseriti in squadre italiane.

14. A questa fase si riferiscono infatti gli importanti studi sull'acquisizione spontanea dell'italiano da parte di immigrati di madrelingua e provenienza diversa, realiz-

opportunità di apprendimento dell'italiano destinate specificamente ai lavoratori immigrati e si sono sviluppate di conseguenza anche nuove professionalità specifiche (docenti, mediatori linguistici, formatori di docenti ecc.).

n) Carcerati stranieri negli istituti di pena; la percentuale di stranieri ospiti degli istituti di pena ha raggiunto cifre vertiginose e crescenti (oltre il 70% dei carcerati sono oggi di madrelingua diversa dall'italiano), creando le premesse per una situazione di emergenza, dovuta alla forzata convivenza di persone con lingue, abitudini e culture diverse. Recentemente sono stati quindi promossi interventi didattici allo scopo di favorire la comunicazione tra carcerati e carcerati, tra carcerati e personale penitenziario, tra carcerati e mondo esterno: l'italiano L2, parzialmente appreso in modo spontaneo prima dell'internamento, se ripreso in un percorso guidato e condiviso dai destinatari, può diventare un elemento fondamentale del recupero e dell'auspicabile reinserimento nella società (Benucci, 2007a; 2007b).

o) Cittadini italiani di madrelingua diversa, limitatamente alle minoranze storiche presenti in Italia. Sebbene oggi i membri di molte di queste minoranze siano in realtà di madrelingua italiana (specialmente le giovani generazioni) e sebbene il problema per loro sia piuttosto il mantenimento della lingua e della cultura di origine, in altri casi le famiglie e la comunità locale mantengono ben viva la lingua ereditaria. Per questi gruppi etnolinguistici (come i francofoni della Valle d'Aosta, i germanofoni dell'Alto Adige, i ladini delle valli dolomitiche) l'italiano è una L2 appresa a scuola e nei contatti con i turisti, con i concittadini italofoni e con i mass media italiani presenti sul territorio.

2.1.3. MOTIVAZIONI E BISOGNI DI APPRENDIMENTO

Fra le motivazioni che spingono questi apprendenti a inserirsi in un contesto didattico formale di italiano L2, troviamo in primo luogo la scelta di realizzare un periodo di permanenza in Italia. Sia che si tratti del professionista straniero, dell'artista o dell'anziano che ha deciso di trasferirsi in Italia come *buen retiro*, degli studenti universitari o degli adolescenti di Intercultura, così come, a maggior ragione, del lavora-

---

zati dalla scuola di Pavia sotto la guida di Anna Giacalone Ramat (cfr. una sintesi di queste ricerche in Giacalone Ramat, 2003).

tore immigrato, sta di fatto che la decisione di venire in Italia è stata maturata da ciascuno individualmente, nella consapevolezza dell'importanza che avrebbe avuto in questo progetto anche la conoscenza dell'italiano.

Il soggiorno in Italia rappresenta una motivazione molto forte, poi, per i religiosi stranieri che entrano in contatto con i luoghi più sacri per loro (la Città del Vaticano, sede del papato a Roma, i luoghi del culto dei santi cattolici sparsi nel territorio): durante il periodo di studio teologico sarà a maggior ragione indispensabile per loro affinare le proprie conoscenze attraverso l'italiano (sempre più spesso preferito al latino pure dai più colti).

L'Italia come luogo di svago è anche al centro delle ragioni che attraggono i bambini e gli adolescenti stranieri coinvolti in una vacanza studio.

In tutti questi casi la motivazione primaria è di tipo affettivo: si sceglie l'Italia perché piace, perché è associata ai propri interessi, oppure perché era l'opzione migliore fra quelle possibili (si pensi agli immigrati che scelgono l'Italia, magari nella prospettiva di trasferirsi poi in un altro stato europeo o negli Stati Uniti d'America).

Una seconda motivazione è quella strumentale, per raggiungere specifici obiettivi o rimuovere particolari ostacoli (cfr. Pallotti, 1998; Villarini, 2000). Gli studenti *Erasmus* vogliono seguire corsi delle proprie discipline in un contesto diverso, ampliare i propri orizzonti accademici, superare gli esami e vederli accreditati nel proprio percorso di studi in modo da non perdere tempo prezioso in vista del conseguimento del titolo finale. Obiettivi analoghi sono quelli degli studenti americani, dei seminaristi cattolici, degli studenti di Intercultura. Tutti questi apprendenti considerano il soggiorno in Italia un'occasione temporanea ma preziosa. Alcuni di loro resteranno in Italia, ma la maggioranza tornerà nel proprio paese o migrerà altrove. Di questo periodo resterà comunque una traccia forte (nelle loro competenze, nel loro modo di vedere il mondo, nella loro identità nuova e interculturale).

Ancora più pressanti sono gli obiettivi strumentali di chi in Italia lavora o cerca lavoro: è cruciale imparare l'italiano per interagire adeguatamente in ambito professionale, senza subire sanzioni sociali dovute alla lingua e anzi riuscendo a migliorare proprio grazie alla lingua i propri rapporti con gli altri.

Molti di questi apprendenti sono spinti anche da una motivazione integrativa (finalizzata a una rapida e profonda integrazione nella società ospite): è questo il caso degli immigrati con progetti di inserimento stabile in Italia o di adulti e anziani che hanno optato per l'Italia come patria elettiva.

Oltre alle motivazioni individuali, talvolta entrano in gioco anche motivazioni estrinseche: la scelta di una scuola internazionale o bilingue, in cui alcune discipline sono impartite in italiano, può essere imposta dai genitori al bambino o all'adolescente di madrelingua diversa. Questo vale anche per la partecipazione a una vacanza studio in Italia, o un corso di vela al mare insieme ai bambini italiani: non tutti reagiscono bene all'obbligo di studiare una lingua straniera se non c'è un'adesione personale al progetto. Anche i religiosi cattolici che studiano teologia in Italia non sempre intraprendono il progetto migratorio per volontà personale: di solito sono infatti i superiori a operare la selezione in base al giudizio sul lavoro svolto dal soggetto. Questi sicuramente non viene obbligato e può esprimere un parere contrario ma, qualora abbia fatto voto di obbedienza, quasi sicuramente si adeguerà alla decisione dei superiori, che di norma riguarda anche l'apprendimento dell'italiano L2 (cfr. Diadori, 2015a). Per i carcerati stranieri, l'offerta di seguire un corso di italiano L2 in carcere, promossa da associazioni di volontari e non esplicitamente cercata e richiesta dagli interessati, può iniziare con una motivazione estrinseca e trasformarsi in corso d'opera. Il dovere di apprendere l'italiano L2 è infine endemico nelle regioni bilingui come l'Alto Adige (e forse proprio questo fatto è alla base del successo solo parziale di tutta l'operazione che va avanti da quasi cento anni).

A partire da queste motivazioni, i docenti possono cercare di delineare i bisogni comunicativi dei propri apprendenti, tenendo conto delle possibili deviazioni rispetto al progetto originario e della necessità di verifiche mediante questionari o interviste da sottoporre direttamente al gruppo classe all'inizio del corso e *in itinere*[15]. Lo studente *Erasmus*, per esempio, studia l'italiano per poter seguire i corsi universitari della sua disciplina in Italia e superare gli esami (italiano settoriale), ma anche per comunicare con i docenti, con i compagni di studio,

---

15. Indagini sulle motivazioni allo studio dell'italiano L2 e sui bisogni linguistico-comunicativi a esse correlati sono state realizzare negli anni Ottanta sui pubblici di stranieri temporaneamente residenti in Italia per frequentare i corsi di italiano delle Università per stranieri di Siena (Maggini, Parigi, 1985; 1988) e Perugia (Covino Bisaccia, 1989).

con i negozianti, con le agenzie immobiliari, con i proprietari da cui ha preso l'appartamento in affitto ecc. (italiano orale e colloquiale). Lo studente statunitense in Italia studia l'italiano perché è previsto nel programma e perché può (*non* deve) servirsene per muoversi in città, viaggiare, conoscere gente. Gli adolescenti di Intercultura avranno bisogno di apprendere rapidamente anche le varietà locali (perfino dialettali) per integrarsi nella famiglia ospitante, oltre che nella scuola. Il seminarista cattolico non ha l'esigenza di muoversi sul territorio italiano alla ricerca di un alloggio o di un lavoro, ma deve riuscire a interagire sia con i superiori sia fra pari, sia con gli esterni nei momenti di vita in parrocchia. Al contrario, l'adulto immigrato avrà bisogno di interagire con la comunità locale per scopi integrativi: sul lavoro, nel tempo libero, nei contesti educativi dei figli.

2.2
Caratteristiche dell'input

Quello che accomuna i profili di apprendenti delineati nel paragrafo 2.1 è la permanenza in Italia in un periodo della loro vita, durante il quale si trovano (per scelta, per bisogno o per obbligo) a frequentare un corso di lingua italiana per stranieri, in una classe monolingue o plurilingue, integrandolo, quando possibile, con varie modalità di immersione nel contesto italofono: la lettura dei giornali, la visione di spettacoli televisivi e cinematografici, la visita ai musei, i dialoghi con i negozianti, le esperienze negli uffici, la conoscenza di coetanei, l'incontro con l'anima gemella e via dicendo. L'intera società italiana è caratterizzata oggi dall'uso attivo della lingua nazionale (con qualche zona in cui esistono forme di bilinguismo sociale diffuso italiano-dialetto o italiano-lingue immigrate o italiano-lingue minoritarie). Si tratta quindi di un ambiente ideale, quasi obbligato, per un apprendimento misto (guidato e spontaneo), in cui la ricchezza dell'input esterno si presta a uno sfruttamento sapiente da parte del docente esperto.

La specificità dell'apprendimento dell'italiano L2 in Italia è data anche dalla possibilità di disporre di un docente di madrelingua che già in classe esponga gli apprendenti a un input orale (la sua voce, il suo linguaggio non verbale, il suo modo di interagire con gli studenti), che rappresenta di per sé un primo contatto con la cultura italiana. Ogni parlante di madrelingua italiana, anche il più colto e anche quando si esprime in contesti formali, è riconoscibile dal proprio eloquio in termini di provenienza geografica. Non fanno eccezione i docenti di scuole e università, né i docenti di italiano L2 (anche se il loro autocontrollo di solito cresce grazie all'esperienza e al contatto con gli allievi che imitano ogni loro tratto di pronuncia o di intonazione). Il fatto di avere un docente di madrelingua comporta dei vantaggi, se non altro quello di agire da ponte (specialmente per i principianti) fra la classe e il contesto extrascolastico. Il problema, però, riguarda la formazione glottodidattica dei docenti in Italia: fino a pochi anni fa c'era la convinzione (anche in molti dirigenti scolastici o direttori di scuole private) che bastasse conoscere l'italiano per saperlo insegnare. In realtà, senza una formazione specifica, la persona di madrelingua (che pure è sicuramente più fluente nel parlato, più competente e più pragmaticamente convincente di un docente di madrelingua diversa) non sarà in grado di gestire molte delle situazioni più critiche. "Quando si usa 'magari'?", "Come scelgo fra l'imperfetto e il passato remoto?", "Perché in italiano si usa solo il verbo 'mangiare', mentre in tedesco esistono i verbi *essen* e *fressen*?", "Perché non posso dire 'non l'ho saputo' e devo dire 'non lo sapevo'?": queste e altre domande possono lasciare in imbarazzo il docente che non abbia un'adeguata preparazione teorica e/o esperienza sul campo.

L'input a cui gli studenti di italiano L2 sono esposti in Italia è potenzialmente ricco anche a causa dei materiali didattici utilizzati in classe (selezionati fra una gamma ora molto ampia di prodotti realizzati da case editrici italiane specializzate o con settori dedicati all'italiano L2) a cui fanno eco i testi (scritti, visivi, sonori e audiovisivi) dell'ambiente circostante. Questo contesto verbale e pragmatico rimanda a una comune "identità italiana" (Trifone, 2006), anche se commisto a elementi dialettali o regionali più o meno marcati, a parole e mode angloamericane onnipresenti, a messaggi e forme culturali delle minoranze storiche o di nuovo insediamento: non tutti gli apprendenti stranieri sanno orientarsi in questo universo semiotico. Per chi dispone di competenze linguistiche e interculturali più avanzate, però, i testi complessi di cui si compone il sistema Italia rappresentano una risorsa inestimabile. L'apprendimento dell'italiano L2 in Italia, sebbene inserito in un contesto formale, dovrebbe includere dunque una valorizzazione delle possibilità di interazione con il territorio, tenendo conto delle competenze e degli scopi degli apprendenti. Come ricorda Balboni (1994, p. 13), «ciò che caratterizza la situazione di insegnamento della lingua seconda è il fatto che le ore di didattica diretta svolta in classe dall'insegnante sono in interrelazione con la vita extrascolastica dello studente, in cui egli è esposto alla lingua viva, non strutturata e graduata, non spiegata e commentata». Questo però non avviene automaticamente: spesso è compito del docente creare e favorire tali interrelazioni.

È questo il caso, per esempio, delle dinamiche di FICCS (*Full-Immersion: Culture, Content, Service*) adottate dai docenti dei programmi di italiano per i gruppi di studenti delle università americane in Italia (cfr. Kendall *et al.*, 1990; Kolb, 1984; Biagi, Bracci, Filippone, 2009). Il modello tipico che contraddistingue questo tipo di esperienza è da sempre quello di corsi disciplinari insegnati per lo più in inglese, a cui si affiancano corsi nella lingua del posto (l'italiano in questo caso, spesso insegnato rigidamente sulla base del sillabo americano in una condizione più da LS che da L2). Gli studenti arrivano dal proprio college o dalla propria università in gruppi omogenei, accompagnati da un tutor bilingue (italiano-inglese), risiedono nella maggioranza dei casi in appartamenti insieme ad altri studenti dello stesso programma e solo raramente in famiglie italiane o in appartamenti con studenti italiani. Si tratta dei cosiddetti "programmi isola", dove il contatto con la cultura ospitante è del tutto marginale e dove allo studente vengono riproposte condizioni analoghe a quelle delle università e del contesto sociale e culturale di origine, limitando in tal modo al minimo i momenti di contatto con la "cultura seconda" (C2). Nel suo soggiorno all'estero presso queste strutture, lo studente americano è protetto dallo shock culturale anche dallo staff, in prevalenza statunitense, che riduce in modo drammatico le possibilità di incontro/scontro con la C2. In un programma FICCS, oltre al percorso di studi, è prevista invece una profonda esperienza di pragmatica interculturale, basata sulla partecipazione degli studenti alla vita italiana attraverso l'ospitalità in famiglia, l'avvicinamento e la frequentazione delle strutture sociali locali, le esperienze nelle attività sociali e di volontariato (assistenza agli anziani, servizio in ambulanza, attività caritatevoli ecc.), la rielaborazione personale dell'esperienza fatta (realizzata principalmente attraverso la scrittura riflessiva). La competenza interculturale domina ogni azione di studio e servizio degli studenti, che devono imparare a capire le dinamiche collettive della comunità che li ospita, relativizzando i propri comportamenti e preparandosi ad affrontare altre comunità in futuro. In particolare ci si richiama alla filosofia del volontariato, testimoniata anche da storiche esperienze americane come quella dell'American Field Service, che è alla base dei programmi Intercultura precedentemente descritti.

L'adozione di un programma di *full immersion* permette di valorizzare al massimo il soggiorno nel paese ospitante: è quanto avviene anche agli studenti in mobilità accademica che, successivamente o parallelamente ai corsi di italiano L2 offerti di solito dal Centro linguistico dell'università di accoglienza, seguono i corsi universitari della propria disciplina e sostengono gli esami (scritti e orali) che in Italia (a differenza di altri paesi) si tengono generalmente in italiano, con eccezioni presso alcune facoltà scientifiche e nelle zone bilingui.

2.3
Caratteristiche dell'output e tipi di interazione

La complessità e la varietà dell'input a cui sono esposti gli studenti di italiano L2 in Italia sono tali da rappresentare il contesto ideale in cui è possibile che si evolvano delle competenze linguistico-comunicative molto avanzate, anche in tempi di soggiorno relativamente brevi, soprattutto se in un formato di apprendimento misto (guidato e spontaneo) e con una forte motivazione di fondo. I tipi di interazione possibili sono molto vari e affettivamente significativi, spesso modificati e negoziati (se il docente è esperto, se i compagni e gli amici sono aperti e disponibili a collaborare). Varia sarà anche l'esposizione agli accenti e alle intonazioni regionali, a tipi fisici diversi, a gestualità e modi di comunicare che cambiano da zona a zona (si pensi alla tipica costellazione di provenienze regionali diverse delle università italiane): tutto questo favorirà lo sviluppo della comprensione orale e la necessità di selezionare un modello "medio" di pronuncia e di gestualità su cui orientarsi.

In contesto italiano, dunque, gli studenti potranno seguire al massimo le proprie inclinazioni e i propri interessi per interagire sui temi e con gli interlocutori che sono loro più congeniali: solo in certi contesti troppo protetti (come i programmi americani *Italian Study Abroad*) o di estrema marginalità e chiusura (come le prigioni italiane affollate di stranieri) si troveranno delle situazioni paragonabili a un microcosmo

2.1

difficilmente penetrabile (tutto anglofono nel primo caso, quasi tutto popolato da idiomi stranieri nel secondo).

Generalmente, però, gli studenti in Italia non saranno solo spinti a utilizzare la L2 per determinati compiti o abilità, ma potranno spaziare su tutto il repertorio (abilità orali e scritte, di produzione, ricezione, interazione e perfino di mediazione[16]).

Un contesto privilegiato in cui gli stranieri agiscono e comunicano in Italia è quello legato al tempo libero (turismo, sport, cultura, shopping, gastronomia). Un altro settore in cui gli apprendenti di italiano L2 hanno ampie occasioni di output in Italia è quello relativo ai contesti formali e agli argomenti settoriali relativi al proprio ambito di interessi e di attività sul territorio italiano (nel caso di universitari, religiosi, lavoratori, professionisti).

Infine, le maggiori occasioni di output in Italia sono offerte agli stranieri presenti sul territorio nei contesti informali e spontanei di interazione. Immigrati, studenti, turisti possono trovare ovunque (ciascuno secondo i propri spostamenti e interessi) occasioni per praticare la lingua, coprendo un ampio raggio di domini d'uso e servendosi di tutta la gamma di abilità linguistico-comunicative. La consapevolezza linguistica e culturale maturata nella classe di italiano L2 sarà indispensabile per fare tesoro di queste occasioni e proseguire nell'evoluzione della propria interlingua, per evitare fossilizzazioni e attivare la memoria a lungo termine anche attraverso occasioni di apprendimento informale ma emotivamente significativo.

---

16. L'abilità di mediazione, introdotta nel QCER in un'ottica di apprendimento orientato all'azione, consiste in un'abilità molto avanzata e socialmente etica, finalizzata alla comunicazione sociale e all'obiettivo di permettere il contatto fra persone che altrimenti non si comprenderebbero.

3
L'italiano lingua d'origine

All'espansione dell'italiano all'estero contribuiscono le comunità italofone residenti fuori dai confini nazionali che ne promuovono il mantenimento, la diffusione, l'insegnamento e lo studio. La fortuna internazionale dell'italiano è infatti dovuta non solo all'interesse di natura intellettuale e colta che fin dal Cinquecento ha costituito una motivazione allo studio della nostra lingua e a cui, in tempi più recenti, si sono aggiunti l'attrazione esercitata dal *Made in Italy* e gli effetti della mondializzazione (cfr. CAP. 1), ma anche ai riflessi dell'emigrazione italiana in altri paesi.

Tra il pubblico che frequenta corsi di lingua italiana all'estero troviamo dunque oriundi italiani per i quali l'apprendimento si realizza nella prospettiva di quello della lingua di origine (riquadro 3.1), dato che l'italiano costituisce il codice di comunicazione intrafamiliare o in uso nella comunità etnica di appartenenza o, semplicemente, la lingua dei propri progenitori espatriati dall'Italia. Si tratta di apprendenti di diverse fasce d'età che studiano l'italiano per migliorare la propria competenza o, nei casi in cui questa sia assente o molto ridotta, per attuare attraverso la lingua il recupero delle proprie origini familiari e culturali.

Alcuni autori non riconoscono uno status specifico alle situazioni di insegnamento-apprendimento che rientrano in questo contesto, in quanto le assimilano a quelle relative all'italiano L1 (Favaro, 2002). Anche lo Stato italiano non prevede uno specifico profilo professionale per i docenti impegnati nell'insegnamento dell'italiano nell'ambito delle iniziative scolastiche rivolte ai figli dei nostri connazionali all'estero, reclutando gli insegnanti tra quelli di lingua straniera e di lettere di ruolo nella scuola italiana. Appare invece opportuno considerare gli italiani all'estero, appartenenti a generazioni successive alla prima, come apprendenti di italiano L2 (Vedovelli, 2002a; 2010), in quanto la

> **RIQUADRO 3.1**
> **Lingua di origine/lingua etnica/*community language***
>
> Per designare la lingua impiegata e appresa nell'abito familiare e nella comunità di appartenenza da oriundi è usata anche l'espressione "lingua etnica" (Balboni, 2002). In ambito anglosassone è preferita quella di *community language*, al fine di sottolineare che non si tratta di una lingua prima né di una lingua seconda, ma della lingua della comunità di riferimento, la cui competenza si sviluppa in concomitanza con quella della lingua del paese ospite, in una situazione di lingue e culture a contatto (Tosi, 1995). In contesto canadese si usano anche le definizioni di *heritage languages* (in inglese) e *langues patrimoniales* (in francese).

loro competenza si sviluppa in una situazione di contatto linguistico e culturale estranea all'esperienza del connazionale in patria. Inoltre, non per tutti l'italiano è la lingua della socializzazione primaria, come nel caso della L1, e la competenza è generalmente circoscritta ad alcuni **domini** d'uso. Per le ultime generazioni, in particolare, l'italiano può costituire una lingua straniera, da apprendere solo in ambiente formale (Vedovelli, 2011).

> Con **dominio** si intende una sfera di azione o un'area di interesse sociale, nell'ambito della quale si realizzano situazioni comunicative che presentano delle regolarità. Per esempio, il dominio educativo comprende situazioni che implicano relazioni di ruolo insegnante-studente, che si verificano nel luogo scuola, durante l'orario scolastico.

L'azione didattica da proporre non può quindi prendere come riferimento l'insegnamento dell'italiano ai madrelingua in Italia, ma deve adottare soluzioni metodologiche e modelli operativi che possano rispondere alle specifiche esigenze di questo contesto di insegnamento-apprendimento.

3.1
Caratteristiche degli apprendenti

Quando parliamo di italiano come lingua di origine ci riferiamo a una realtà eterogenea e composita dalla quale non emerge un unico profilo di apprendente, ma una gamma di profili, che non possono essere individuati e descritti prescindendo dalle diverse situazioni linguistiche delle comunità italofone all'estero, derivate dalle condizioni di emigrazione che le hanno caratterizzate e dalla differenziazione per fasce generazionali.

3.1.1. LE CONDIZIONI DI EMIGRAZIONE ITALIANA ALL'ESTERO

L'emigrazione è un fenomeno storico complesso e di ampia portata che ha interessato la penisola italiana per molti secoli, ma che ha assunto una notevole consistenza nel periodo che va dalla metà dell'Ottocento alla metà degli anni Settanta del Novecento. Gli studi sull'emigrazione parlano di 27 milioni di italiani che avrebbero lasciato il territorio nazionale tra il 1876 e il 1976 (Rosoli, 1978). Nel periodo antecedente alla Prima guerra mondiale, gli italiani si sono diretti principalmente nel continente americano. Si trattava di un'emigrazione di lungo periodo, proveniente dalle zone economicamente più depresse dell'Italia e con un tasso di analfabetismo e di dialettofonia molto elevato (De Mauro, 1983; Vedovelli, 2011), il cui inserimento e stanziamento nei territori ospiti sono stati favoriti da un atteggiamento aperto nei confronti dell'incremento della popolazione da parte dei paesi d'oltreoceano.

Dopo un rallentamento dovuto ai conflitti mondiali, un altro ciclo consistente di espatri si è aperto nel 1947 ed è durato fino al 1973, anno in cui si è registrato per la prima volta nel XX secolo un saldo migratorio positivo[1], sebbene l'emigrazione italiana all'estero costituisca un fenomeno ancora oggi attivo e in ripresa negli ultimi anni[2]. Le mete di questa seconda ondata di emigrazione sono state soprattutto i paesi europei in crescita, come la Francia, il Belgio, la Germania e la Svizzera, e destinazioni più lontane come il Venezuela, l'Australia e il Canada.

---

1. Quando i rimpatri risultano maggiori degli espatri di parla di "saldo migratorio positivo".

2. Non solo i trasferimenti di connazionali all'estero non sono mai cessati, come attestano i dati del ministero degli Interni e i rapporti annuali sugli italiani nel mondo della Fondazione Migrantes, ma nel 2012 è stato registrato il numero più elevato di espatri dall'inizio del nuovo secolo (Fondazione Migrantes, 2013). Si tratta, secondo i dati ISTAT, di giovani con titolo di studio superiore (il 22,0% è laureato, il 28,7% diplomato) nel pieno dell'età lavorativa (età media 34 anni). A questi si aggiungono i professionisti che si trasferiscono anche temporaneamente in un altro paese per motivi di lavoro.

Dei 7 milioni di connazionali partiti tra il 1945 e il 1975, la metà si è stabilita all'estero, mentre circa 3 milioni e mezzo di persone hanno preferito la via del rientro (Golini, Amato, 2001).

Data la vastità e la complessità del fenomeno, risultano molte le variabili che concorrono a caratterizzare le diverse condizioni di emigrazione, sebbene siano individuabili alcuni fattori che accomunano i paesi d'oltreoceano, distinguendoli da quelli europei. Uno di questi è costituito dall'atteggiamento nei confronti dei neoarrivati, maggiormente volto all'integrazione nei paesi americani e in Australia, che hanno mirato almeno per un periodo a un incremento della popolazione, temuto invece nel continente europeo. Dopo le prime difficoltà, i nostri connazionali si sono integrati in questi paesi e si sono mescolati alla popolazione locale, allontanandosi dall'uso dell'italiano come lingua della comunicazione quotidiana in ambito familiare ed extrafamiliare, pur non dimenticando la propria identità linguistica e culturale. Negli Stati Uniti, dove il repertorio linguistico della comunità italiana ha subìto variazioni a seconda dell'epoca di emigrazione (Machetti, 2011), solo un numero ridotto di oriundi italiani risultava comunque usare abitualmente la lingua d'origine negli anni Ottanta del secolo scorso (Sobrero, Miglietta, 2006)[3]. In Australia, anche a seguito della politica assimilazionista degli anni Cinquanta, solo un terzo della comunità italiana, che conta oggi circa un milione di persone, usa ancora l'italiano (Bettoni, 2006a; Gallina, 2011).

Un altro fattore di differenziazione è la durata attribuita dal migrante al proprio trasferimento all'estero (Vedovelli, 2011). L'emigrazione nei paesi d'oltreoceano si è configurata ed è stata concepita come un progetto di lunga durata, che necessitava, per essere realizzato, di strumenti anche linguistici che consentissero l'inserimento nella nuova realtà sociale. Mentre l'apprendimento della lingua dei paesi ospiti è stato sostenuto da un tale presupposto, l'italiano ha subìto un indebolimento, dovuto al restringersi dei propri domini d'uso, parallelo all'avanzare del processo di integrazione del migrante.

Differentemente i paesi europei, preoccupati dall'aumento demo-

---

3. Sull'indebolimento dell'uso dell'italiano negli Stati Uniti hanno inciso anche la decisione, presa verso la fine dell'Ottocento in alcuni Stati, di impiegare l'inglese come unica lingua di insegnamento e l'esclusione delle lingue d'origine dal percorso educativo, prevista dalla legislazione sull'istruzione nel periodo tra i due conflitti mondiali (Haller, 1993; Tosi, 1995).

grafico, hanno spesso adottato atteggiamenti e misure che non hanno promosso l'effettiva integrazione, spingendo le comunità minoritarie all'isolamento e alla chiusura. I nostri connazionali dal canto loro, concependo l'espatrio come un episodio temporaneo, che si sarebbe concluso non appena fossero state accumulate le risorse economiche necessarie per rientrare in patria, non si sono fortemente impegnati nel proprio inserimento nel tessuto sociale locale.

Sul comportamento linguistico degli emigrati italiani nei paesi europei hanno inoltre influito le possibilità di contatto con la madrepatria. La vicinanza geografica all'Italia e l'emigrazione stagionale, che sommandosi a quella permanente e temporanea incrementa periodicamente la consistenza delle collettività italiane all'estero, hanno permesso infatti continui interscambi con la lingua e la cultura d'origine, favorendo così la conservazione di un buon livello di competenza nella lingua italiana (Barni, 2011).

Anche la prossimità linguistica e culturale con il paese ospite ha svolto un ruolo nella trasformazione degli usi linguistici. In paesi come l'Argentina, dove il grado di tale prossimità è elevato e veniva riconosciuto un certo prestigio alla cultura italiana, l'integrazione è avvenuta in tempi più rapidi, accelerando il processo di perdita della lingua d'origine, dovuto al logorio linguistico a cui sono sottoposte le lingue delle minoranze etniche in contesto migratorio (Bettoni, 1993; Bagna, 2011).

Altri fattori che incidono sul grado di mantenimento dell'italiano sono la consistenza numerica e la densità demografica della comunità di connazionali. In paesi, quale per esempio la Svizzera[4], dove si registra un elevato numero di presenze, concentrate in alcune zone, l'italiano ha conservato lo status di lingua della comunicazione familiare e quotidiana, risultando funzionale agli scambi comunicativi tra un numero consistente di persone in una gamma ampia di domini d'uso. Le più

---

4. In Svizzera sono attualmente residenti, secondo i dati del ministero dell'Interno, 558.545 cittadini italiani. Oltre al fatto che il territorio elvetico si estende per soli 41.300 km^2, occorre considerare la concentrazione dell'emigrazione nelle località che offrono maggiori possibilità di occupazione. Accanto alla densità demografica della comunità, anche lo status dell'italiano come una della quattro lingue nazionali della Confederazione Elvetica, la vicinanza geografica all'Italia, la diffusione di canali televisivi italiani e di fonti giornalistiche, sia nazionali che ticinesi, l'affermazione dell'italiano come lingua veicolare tra i membri delle comunità minoritarie di differenti nazionalità incidono sull'elevato grado di mantenimento della lingua italiana (Troncarelli, 2015).

frequenti occasioni di esposizione alla lingua italiana e di contatti con l'Italia, consentite dalla diffusione della TV satellitare e di Internet e dal miglioramento dei trasporti, rappresentano infine fattori a cui deve essere attribuito il buon livello di mantenimento della lingua d'origine riscontrabile oggi in alcuni paesi europei.

3.1.2. L'ITALIANO DI EMIGRAZIONE E LA DIFFERENZIAZIONE TRA LE FASCE GENERAZIONALI

I comportamenti linguistici delle comunità italiane all'estero sono dunque caratterizzati da un'ampia variabilità dello stato di mantenimento della lingua d'origine, derivata dalle differenti storie e dai diversi periodi di emigrazione. Per delineare un quadro generale delle dinamiche linguistiche che hanno coinvolto l'emigrazione italiana nei diversi luoghi di arrivo, Vedovelli (2011) ricorre a tre prospettive.

La prima considera tali dinamiche parallele a quelle che hanno avuto luogo in Italia dopo l'unificazione. Così come è avvenuto entro i confini nazionali, anche all'estero le esigenze di comunicazione tra parlanti provenienti da diverse regioni d'Italia ha condotto al superamento delle identità linguistiche locali in favore dell'adozione di soluzioni linguistiche comuni. Pertanto, «nei contatti con altri dialetti l'intellegibilità viene garantita dalla spinta a produrre strutture che superino i tratti locali e che prendono una forma corrispondente a quella che viene sentita come la forma dell'italiano, almeno nell'immaginario linguistico dell'emigrato» (Vedovelli, 2002b, p. 134). La lingua utilizzata nelle interazioni con i connazionali dalla prima generazione di immigrazione, che si è allontanata dall'Italia nel corso dei primi flussi migratori, non è infatti l'italiano standard, a cui l'emigrante italiano con basso grado di scolarizzazione non aveva accesso, ma una varietà **substandard**, fortemente interferita dal dialetto e soggetta alle pressioni esercitate dal contatto linguistico con la lingua del paese ospite, definita "italiano di emigrazione".

> Sono considerate varietà **substandard** dell'italiano quelle impiegate da determinate classi socioeconomiche, come l'italiano popolare, o utilizzate in particolari contesti, come l'italiano familiare, che comprendono tratti linguistici marcati diastraticamente e/o diafasicamente (Berruto, 1987).

3. L'ITALIANO LINGUA D'ORIGINE

Si tratta di una varietà coincidente con l'italiano popolare, impiegata all'estero anche da fasce sociali più elevate che in Italia (*ibid.*; Bettoni, 1993) e caratterizzata a livello lessicale dalla presenza sia di parole di origine dialettale sia da **prestiti** e calchi provenienti dalla lingua del paese ospite.

> I **prestiti** più frequenti, cioè le parole provenienti dalla lingua del paese ospite e inserite in uno scambio comunicativo in lingua d'origine, sono quelli che hanno una somiglianza con parole italiane come *firma* (*Firma*, "ditta"), *blocco* (*Block*, "condominio"), *azione* (*Aktion*, "vendita promozionale") usati dagli emigrati nella Svizzera tedesca, *farma* (*farm*, "fattoria"), *corte* (*court*, "tribunale"), *licenza* ([*driving*] *licence*, "patente") usati nei paesi di lingua inglese, *carta* (*carta*, "lettera"), *mentira* (*mentira*, "falsità") usati nei paesi di lingua spagnola.

La seconda prospettiva evidenzia la frattura dovuta alle diverse condizioni culturali, linguistiche e socioeconomiche dei flussi di emigrazione che hanno interessato l'Italia a partire dal secondo dopoguerra. I connazionali stabilitisi all'estero, soprattutto nel periodo degli accordi intergovernativi con altri paesi per l'accoglienza di manodopera, hanno continuato da un lato a convergere verso forme linguistiche comuni, inglobando tratti provenienti dalle varietà locali, dato che la maggioranza era ancora fortemente dialettofona, e dall'altro hanno introdotto nuove modalità espressive, avendo acquisito in patria una maggiore competenza dell'italiano a seguito del conseguimento di un più elevato livello di scolarizzazione e del contributo dato all'italofonia dai mezzi di comunicazione di massa.

La terza prospettiva prende in considerazione il mantenimento dell'italiano presso le comunità di nostri connazionali all'estero attraverso le differenti fasce generazionali. L'italiano di emigrazione, come altri autori hanno evidenziato (Saltarelli, 1984; Tosi, 1991; Bettoni, 2000; 2006a; De Fina, Bizzoni, 2003), subisce infatti un'evoluzione con il passaggio da una generazione all'altra, caratterizzata da una lenta erosione, conseguente al restringersi dei domini d'uso della lingua d'origine in concomitanza con l'integrazione nella società ospite e lo sviluppo della competenza nella lingua locale.

3.1

Il contatto con la lingua del paese ospite trasforma, già nella prima generazione, l'italiano di emigrazione in un sistema in dissolvenza (Saltarelli, 1984), contraddistinto da una riduzione del lessico e da una generale semplificazione morfologica e sintattica. L'italiano della seconda generazione presenta una netta riduzione lessicale e morfologica, accompagnata da una sintassi adatta al sistema della L2. Gli oriundi, essendo esposti principalmente alla varietà di emigrazione, caratterizzata da un basso livello normativo e da una ridotta funzionalità comunicativa nel paese ospite, sviluppano la competenza di un sistema semplificato che ricorda, secondo Saltarelli, quello delle lingue *pidgin*.

> I *pidgin* sono lingue che si sviluppano nel contatto linguistico tra popolazioni che hanno idiomi diversi e che, avendo necessità di disporre di un codice comune di comunicazione, ricorrono a una terza lingua. Le lingue *pidgin* sono varietà semplificate, che consentono di assolvere a una gamma limitata di funzioni comunicative, la cui grammatica è plasmata su quella delle lingue indigene, mentre il lessico è tratto dalla lingua che vi si sovrappone (lingua lessicalizzatrice). Un *pidgin* è quindi una L2 la cui competenza non si evolve a causa dei ridotti ambiti di esposizione. A seconda della lingua lessicalizzatrice, si distinguono *pidgin* a base inglese, francese, portoghese, olandese e spagnola.

Con la terza generazione di emigrazione, la produzione linguistica diventa molto frammentaria e limitata a un numero ridotto di elementi lessicali, morfologici e sintattici, fortemente interferiti dalla lingua del paese ospite. Questo stadio precede lo slittamento dell'italiano fuori dello **spazio linguistico** delle giovanissime generazioni di oriundi italiani, per i quali la lingua di origine diventa una lingua straniera (Vedovelli, 2011).

> Per **spazio linguistico** si intende l'insieme delle possibilità espressive a disposizione del parlante che nella comunicazione effettua scelte linguistiche muovendosi lungo tre assi:
> 1. quello della diffusione delle parole e delle forme, che può essere familiare, locale, regionale, nazionale ecc.;
> 2. quello della formalità-informalità;
> 3. quello del canale di comunicazione, che può essere orale scritto, trasmesso (De Mauro, 1980, pp. 102-12).

3. L'ITALIANO LINGUA D'ORIGINE

Un quadro generale dello spazio linguistico delle comunità italiane residenti all'estero all'inizio del terzo millennio è tracciato in *Italiano 2000* (De Mauro *et al.*, 2002) che, tra altri aspetti, rileva la padronanza del dialetto, dell'italiano e della lingua del paese ospite. I dati raccolti mostrano una certa vitalità del dialetto, utilizzato in modo esclusivo solo dagli anziani della prima generazione di emigrazione (20,9%). L'uso dell'italiano presenta un decremento con il diminuire dell'età dei soggetti, indicando la perdita della lingua d'origine attraverso le generazioni. La competenza nella lingua del paese ospite aumenta invece con l'abbassamento dell'età, essendo maggiore nei bambini e negli adolescenti della terza generazione. Il più alto grado di competenza multipla nei due sistemi linguistici, dell'italiano e del paese di residenza, è posseduto dagli adulti di seconda generazione[5].

Il processo di erosione, a cui è inevitabilmente soggetta la lingua d'origine, si realizza comunque con ritmi diversi, subendo anche forti rallentamenti, nei diversi contesti di emigrazione italiana all'estero, proprio perché caratterizzati da una storia differente, da diverse fasi di insediamento e da fattori che favoriscono oppure ostacolano il mantenimento dell'italiano. In alcune mete europee, per esempio la Svizzera, a causa della vicinanza geografica, del susseguirsi di diverse fasi di emigrazione, della diffusione dei mass media italiani (Barni, 2011), anche presso la terza generazione l'italiano continua a essere la lingua della socializzazione primaria, degli scambi comunicativi nell'ambito della comunità etnica e del dominio lavorativo, coesistendo nel repertorio individuale con la lingua o le varietà linguistiche del paese ospite.

3.1.3. I PROFILI DI APPRENDENTI DI ORIGINE ITALIANA

Risulta molto difficile calcolare l'entità della presenza italiana oggi nel mondo per via della naturalizzazione e dei matrimoni misti. Si stima comunque che siano più di 60 milioni le persone di origine italiana residenti fuori dei confini nazionali (Bevilacqua, De Clementi, Franzina, 2001), considerando i naturalizzati, gli oriundi diretti e i figli di emi-

---

5. Questo dato generale è confermato anche per l'Argentina, meta di un'emigrazione più antica e territorio in cui l'erosione dell'italiano si è realizzata in tempi minori a causa della prossimità linguistica e culturale tra popolazione emigrata e popolazione autoctona (Patat, 2004).

granti che non hanno ancora scelto la propria nazionalità. Buona parte di questa folta schiera di persone costituisce il pubblico potenziale dell'italiano come lingua d'origine, che si articola in una gamma di profili di apprendenti, identificabili in relazione alle diverse situazioni linguistiche delle comunità italofone all'estero e alla stratificazione di queste per fasce generazionali, descritte nei paragrafi precedenti.

Un primo profilo è rappresentato da esponenti della terza o quarta generazione di emigrazione in paesi caratterizzati da un basso grado di mantenimento dell'italiano i quali, pur non possedendo alcuna competenza linguistica nella lingua d'origine, decidono di studiare l'italiano per recuperare e definire la propria identità linguistica e culturale. Questo tipo di apprendenti "non competenti" spesso non differisce dagli studenti stranieri, se non per la motivazione all'apprendimento. Si tratta soprattutto di adulti e giovani adulti che frequentano corsi di italiano presso i comitati della Società Dante Alighieri, scuole di lingua private, università e IIC (cfr. CAP. 1). L'attestazione della presenza di apprendenti di origine italiana presso queste istituzioni è fornita dai dati relativi alle motivazioni allo studio dell'italiano raccolti nell'ambito di indagini sull'italiano nel mondo (De Mauro *et al.*, 2002; Giovanardi, Trifone, 2012). L'origine familiare risulta infatti una delle motivazioni alla base della scelta di seguire un corso di lingua italiana (cfr. PAR. 1.2.3).

Tra coloro che ricevono una formazione linguistica presso le istituzioni sopra menzionate, troviamo anche chi ha una competenza di base nella lingua d'origine ma decide di seguire un corso per approfondire lo studio della lingua e della cultura italiane. Questo secondo profilo di utenti, che potremo definire di "apprendenti parzialmente competenti", è generalmente costituito da persone della stessa fascia d'età del profilo precedente.

Queste prime due tipologie di utenti sono presenti anche nei corsi di italiano offerti da istituzioni pubbliche e private in Italia. L'esperienza di apprendimento in Italia può essere realizzata in alternativa alla frequenza di un corso nella nazione di residenza o successivamente a questa.

Utenti di corsi tenuti da istituzioni pubbliche e private sul territorio nazionale sono anche adolescenti e giovani adulti che usufruiscono di un soggiorno studio in Italia, sovvenzionato dall'associazionismo italiano all'estero. Oltre a essere forme stabili di aggregazione tra connazionali, le associazioni svolgono un'importante ruolo nella diffusione

3. L'ITALIANO LINGUA D'ORIGINE

dell'italofonia, promossa attraverso la pubblicazione e la distribuzione di quotidiani e periodici, e nel mantenimento della lingua e della cultura italiane presso le giovani generazioni, sostenuto anche con l'organizzazione e il finanziamento di soggiorni in Italia[6]. Questa tipologia di utenti differisce da quelle descritte sopra perché comprende anche adolescenti e per il fatto che può essere destinataria di corsi di lingua appositamente organizzati. In questo caso il corso mirerà a soddisfare i bisogni specifici del gruppo di oriundi italiani.

Un altro profilo di apprendenti è costituito da giovani adulti che seguono corsi di italiano nell'ambito del proprio percorso di studio universitario. Può trattarsi di studenti delle facoltà di lingue o di altre facoltà che scelgono l'italiano perché possiedono già una competenza di base in questa lingua, essendo utilizzata in famiglia o nella comunità etnica o, nel caso di mancanza di competenza, perché mossi da ragioni di ordine affettivo o identitario. A differenza degli altri profili, gli studenti universitari costituiscono un pubblico relativamente omogeneo per età, livello di istruzione e bisogno di sviluppare competenze linguistiche anche relative all'ambito disciplinare di studio (cfr. CAP. 1).

Tra le fasce inferiori d'età troviamo adolescenti e bambini che frequentano la scuola nel paese ospite e inseriscono lo studio dell'italiano nell'ambito del proprio curricolo scolastico o decidono di iscriversi a una scuola bilingue. A questo pubblico dell'italiano in ambito scolastico si aggiungono gli alunni delle scuole italiane, distribuite sul globo, il 30% dei quali è costituito da oriundi italiani[7].

La formazione linguistica dei figli degli italiani all'estero può essere realizzata anche attraverso la frequenza di iniziative di tipo scolastico promosse dal MAECI, come i corsi di Lingua e cultura italiana[8]. Si tratta di corsi finanziati dal MAECI e gestiti da enti, associazioni,

---

6. L'associazionismo è molto sviluppato presso le comunità italiane all'estero che organizzano forme di aggregazione di vario livello: nazionale (come l'Associazione nazionale famiglie emigrati o Azzurri nel mondo), regionale (come Veneti nel mondo, Toscani nel mondo o Lucani nel mondo) e locale (come Bergamaschi nel mondo).

7. I dati relativi alle scuole italiane all'estero possono essere trovati sul sito del ministero degli Affari esteri all'indirizzo http://www.esteri.it/MAE/IT/Politica_Estera/Cultura/scuoleitalianeallestero/.

8. I corsi di Lingua e cultura italiana sono previsti dal D.Lgs. 16 aprile 1994, n. 297, art. 636 (*ex* legge 3 marzo 1971, n. 153) e dalla circolare 7 agosto 2003, n. 13.

comitati e scuole locali, che hanno la funzione di mantenere vivo il legame con la lingua e la cultura d'origine, consentendo anche di ottenere l'equiparazione dei titoli di studio esteri a quelli rilasciati dalla scuola dell'obbligo italiana. Nelle diverse mete di emigrazione italiana all'estero i corsi hanno assunto diversi indirizzi e configurazioni a seconda delle caratteristiche e delle esigenze delle comunità. In alcuni paesi, soprattutto quelli extraeuropei, le varie iniziative godono di una larga autonomia di indirizzo, assumendo una fisionomia di tipo sperimentale e accogliendo anche utenti non di origine italiana, mentre in altri luoghi si sono avvicinati alla logica scolastica caratterizzandosi per la tendenza al controllo formale delle frequenze, l'introduzione della valutazione e la ricerca di forme di certificazione finale. Alcuni di questi corsi si svolgono fuori dell'orario scolastico locale e si articolano in incontri settimanali. Molti sono invece inseriti o integrati nel sistema scolastico del paese ospite, grazie a convenzioni sottoscritte dalla rete diplomatico-consolare con le autorità scolastiche dei vari paesi, e hanno un riconoscimento a livello curricolare[9].

Gli alunni che frequentano le diverse tipologie di scuole e i corsi di Lingua e cultura italiana hanno una competenza molto variabile dell'italiano, il cui livello dipende dalla situazione linguistica della comunità italiana in cui sono inseriti. Nel caso specifico dei corsi offerti nei paesi europei in cui l'emigrazione ha mantenuto l'italiano come lingua della comunicazione familiare e comunitaria, possono anche riguardare livelli elevati di competenza, che si avvicinano a quelli dei coetanei residenti in Italia.

Gli adolescenti e i bambini acquisiscono o mantengono la propria lingua d'origine anche con la frequenza di corsi offerti dagli IIC, dai comitati della Società Dante Alighieri o da scuole private. I dati relativi agli IIC mostrano una consistente presenza di bambini e adolescenti, sebbene costituiscano un pubblico numericamente più ridotto rispetto a quello degli adulti (De Mauro *et al.*, 2002).

Riassumendo, nei contesti di insegnamento dell'italiano come lingua d'origine possono essere rintracciati i seguenti profili di apprendenti:

a) esponenti della terza o quarta generazione non competenti in ita-

---

9. Approfondimenti sui corsi di Lingua e cultura italiana si trovano all'indirizzo http://www.esteri.it/mae/it/politica_estera/cultura/promozionelinguaitaliana/corsilinguaculturaitaliana.

liano che frequentano corsi organizzati dagli IIC all'estero, dai comitati della Società Dante Alighieri o da scuole private;
b) esponenti della terza o quarta generazione parzialmente competenti in italiano che frequentano gli stessi tipi di istituzioni;
c) adulti o giovani adulti, con competenza variabile dell'italiano, che scelgono di approfondire la conoscenza della lingua e della cultura italiana facendo un corso di lingua presso istituzioni pubbliche e private in Italia;
d) giovani adulti o adolescenti che frequentano corsi di lingua in Italia, sovvenzionati dall'associazionismo italiano all'estero;
e) studenti universitari che seguono corsi di italiano nell'ambito del proprio percorso di studio accademico;
f) adolescenti e bambini che scelgono come lingua straniera l'italiano nell'ambito del curricolo della scuola del paese ospite;
g) adolescenti e bambini che frequentano scuole bilingue;
h) adolescenti e bambini che frequentano scuole italiane all'estero;
i) adolescenti e bambini che frequentano i corsi di Lingua e cultura Italiana, finanziati dal MAECI;
l) adolescenti e bambini che seguono corsi offerti dagli IIC, dai comitati della Società Dante Alighieri o da scuole private.

3.1.4. MOTIVAZIONE E BISOGNI DI APPRENDIMENTO

Le esigenze che spingono l'oriundo italiano all'apprendimento e al mantenimento della lingua d'origine sono di più ordini e variano non solo in base a fattori individuali, ma anche in relazione alla fascia d'età. Coloro che decidono di frequentare un corso di lingua italiana da adulti (profili *a*, *b*, *c*, *d*, *e* descritti nel PAR. 3.1.3) possono essere indotti a sviluppare o a migliorare la loro competenza in questa lingua da motivazioni affettive e identitarie o strumentali.

Il recupero delle proprie radici culturali e linguistiche è un'esigenza che emerge a seguito del processo di ridefinizione a cui è sottoposta l'identità individuale e sociale nell'esperienza migratoria, che le differenti generazioni vivono in modo diverso. La seconda generazione di emigrazione è quella che maggiormente sperimenta il senso di smarrimento derivato da un'identità incerta. Da un lato, infatti, questa generazione riceve dai genitori un patrimonio linguistico e culturale italiano, dall'altro acquisisce competenza nella nuova lingua e cultura attraverso la scuola, il gruppo dei coetanei, i mass media e la partecipazione alla vita socioculturale locale, trovandosi impegnata nella continua ricerca di un equilibrio, che possa condurre a una sintesi armoniosa tra la propria eredità e la nuova esperienza. Le generazioni successive vivono invece in modo meno conflittuale la definizione della propria identità, tanto che l'italianità affievolita, trasmessa loro dalla seconda generazione, può diventare una spinta verso la costruzione di un'appartenenza multipla, realizzata attraverso il recupero delle proprie radici linguistiche e culturali, che può essere offerto dal corso di lingua italiana o dal soggiorno studio in Italia.

Anche una motivazione strumentale, cioè legata alla spendibilità delle competenze acquisite (cfr. PAR. 1.2.3), può muovere l'adulto e il giovane adulto di origine italiana allo studio della lingua dei suoi progenitori. Tra le motivazioni strumentali di breve periodo possiamo menzionare la facilità di apprendimento per quanti hanno una competenza di base, seppure ridotta. È il caso questo di alcuni studenti universitari che, dovendo inserire nel proprio percorso di studio una lingua straniera, scelgono l'italiano o di adolescenti e bambini che preferiscono optare per questa lingua tra le materie comprese nel proprio curricolo scolastico. Altri utenti possono invece decidere di apprendere l'italiano per conseguire obiettivi più a lungo termine, come migliorare la propria posizione lavorativa, riallacciare relazioni con parenti in Italia o ampliare i propri contatti con la comunità italiana residente all'estero. Ulteriori motivazioni allo studio dell'italiano sono state fornite negli ultimi decenni dalla globalizzazione dei mercati, dalla riduzione delle frontiere e dalla politica linguistica europea che, sostenendo la parità tra le lingue comunitarie e mirando allo sviluppo del plurilinguismo, valorizza la competenza multipla dei discendenti di oriundi italiani.

I bisogni di apprendimento di queste tipologie di apprendenti abbracciano la capacità di esprimersi in contesti d'uso quotidiano, legati al dominio delle relazioni private e anche a quello turistico, e si estendono fino a comprendere lo sviluppo di competenze linguistiche specifiche, inerenti particolari ambiti lavorativi e settori disciplinari di studio[10].

---

10. Si ricorda che, nel caso specifico degli studenti universitari, l'italiano può essere studiato non solo nell'ambito delle facoltà di lingue, ma anche in facoltà scientifiche e umanistiche. In ambito universitario l'apprendimento dell'italiano può dunque configurarsi in termini di insegnamento per scopi specifici, che ha come oggetto le modalità espressive di un particolare ambito disciplinare quali, per esempio, la chimica, la medicina, l'architettura, la giurisprudenza ecc.

Non si può contare su una solida motivazione all'apprendimento nell'insegnamento ai profili di utenti compresi nella fascia di età dei bambini e degli adolescenti (profili *i*, *l* del PAR. 3.1.3). In alcuni casi il bambino e il ragazzo italiani non desiderano affatto frequentare il corso di lingua italiana, perché lo studio della lingua di origine evidenzia la loro appartenenza a un gruppo socialmente minoritario e non ne colgono il valore strumentale ed educativo. Sono i genitori che, spinti dal desiderio di trasmettere ai figli il proprio patrimonio linguistico e culturale o, nel caso delle migrazioni più recenti che caratterizzano i paesi europei, convinti della temporaneità del proprio progetto migratorio, iscrivono i giovanissimi utenti ai corsi di lingua italiana. Obiettivo prioritario dell'azione didattica rivolta a queste tipologie di utenti diventa quindi la promozione di una motivazione intrinseca (Pallotti, 1998), cioè basata sul piacere di frequentare il corso, di incontrare i propri compagni, di fare qualcosa insieme e di migliorare le proprie capacità linguistiche e di studio.

Oltre a essere ostacolata da fattori affettivi, derivati dall'incerta identità individuale e sociale in via di costruzione del bambino e dell'adolescente di origine italiana, la motivazione può essere ridotta anche dalla consapevolezza di possedere un livello linguistico sufficiente per comunicare nel dominio d'uso familiare, nelle situazioni di interazione all'interno della comunità italiana e nei periodi di vacanza da trascorre in Italia. Molti degli alunni dei corsi di Lingua e cultura italiana dei paesi europei, in cui si riscontra un buon grado di mantenimento della lingua di origine, sono poco spinti a migliorare la propria competenza perché ritengono di possedere già strumenti linguistici adeguati a soddisfare i propri bisogni di comunicazione in lingua italiana. Solo ampliando gli ambiti e i contesti d'uso dell'italiano, attraverso la presentazione di nuovi generi testuali e la partecipazione a nuove esperienze di impiego della lingua, possono nascere nuovi bisogni, che richiedono lo sviluppo di capacità e l'acquisizione di ulteriori conoscenze, cioè può essere stimolata la motivazione ad apprendere.

Il soddisfacimento dei bisogni dei giovanissimi discendenti dei nostri connazionali all'estero può comunque essere realizzato solo attraverso un'azione didattica che preveda un raccordo con quanto appreso nella scuola locale e che assuma «le funzioni e gli obiettivi di una educazione linguistica più generale, che veda nel contatto fra le lingue e le culture uno strumento di promozione umana e sociale» (Vedovelli, 2010, p. 192).

3.2
Caratteristiche dell'input

In relazione ai diversi contesti di emigrazione italiana all'estero, lo sviluppo della competenza nella lingua di origine può essere realizzato in situazione prevalente di apprendimento guidato, come nel caso delle terze e quarte generazioni di emigrazione in mete d'oltreoceano, dove l'esposizione linguistica fuori del corso è notevolmente ridotta, o in situazione di apprendimento misto.

Quando l'input è principalmente fornito in ambiente formale, risulta preminente esporre i discenti a un'ampia e diversificata varietà di testi, realizzati attraverso differenti canali di comunicazione e prodotti da parlanti diversi. Inoltre, per una lingua caratterizzata da una forte variazione geografica come l'italiano, lo sviluppo dell'abilità di ascolto non può prescindere dalla presentazione, fin dai primi stadi dell'apprendimento, di più pronunce e di più forme di parlato.

Nell'insegnamento dell'italiano all'estero, il rischio di esposizione a un input ristretto e poco variato, che non favorisce la presentazione di più modalità espressive e lo sviluppo di tutte le abilità linguistiche, può essere ovviato facendo ricorso a sussidi didattici come il lettore di CD-ROM audio, il lettore di DVD, il PC e il laboratorio linguistico. I mezzi tecnici consentono infatti di portare in aula dialoghi, telefonate, interviste, trasmissioni radiofoniche e televisive, documentari, film ecc., di controllare l'esposizione dei discenti a situazioni d'uso della lingua e, nel caso di documenti audiovisivi, di mostrare interazioni comunicative complesse in cui l'informazione linguistica è contestualizzata e completata da informazioni di tipo extralinguistico. Oggi, alle tecnologie più tradizionali e da tempo in uso nell'insegnamento linguistico, si aggiunge Internet, un enorme deposito, continuamente aggiornato, da cui attingere testi scritti, orali e audiovisivi, attraverso i quali presentare usi linguistici e aspetti della cultura italiana.

Se il corso ha luogo in un paese dove l'italiano mantiene lo status di lingua familiare e della comunità etnica, l'apprendimento si realizza in ambiente misto, in cui l'esposizione a un input selezionato, graduato e relativo a varietà vicine allo standard si alterna con quella a varietà substandard e **diatopiche**, utilizzate nella comunicazione quotidiana e interferite dal contatto linguistico con la lingua del paese ospite.

> Sono definite varietà **diatopiche** (dal greco *diá*, "attraverso", e *tópos*, "luogo") le varietà regionali dell'italiano e i dialetti locali. Questi ultimi non sono varietà della lingua nazionale, ma costituiscono varietà a sé stanti, derivate dal latino volgare (Berruto, 1993; D'Achille, 2003).

Sebbene gli studi sul repertorio linguistico delle comunità italiane all'estero abbiano rilevato la relativa marginalità del dialetto, mantenuto come codice di comunicazione quando la sua valenza funzionale non è stata ridotta dall'incontro di connazionali provenienti da luoghi diversi della penisola, le varietà linguistiche diatopiche conservano una certa vitalità presso la prima generazione di emigrazione[11]. L'adolescente di origine italiana, specialmente se appartiene a un gruppo familiare esteso, che include anche i nonni, può quindi approdare all'apprendimento formale della lingua italiana con una competenza già sviluppata in una varietà regionale o locale dell'italiano e nell'italiano popolare. Tale repertorio potrebbe però comprendere forme linguistiche non più attuali, cristallizzatesi con l'isolamento linguistico della comunità o del gruppo familiare, e potrebbe avere un'ampiezza ridotta, tanto da consentire interazioni solo in alcuni domini d'uso.

Diversa è la situazione dei bambini la cui competenza multipla è in larga parte occupata dalla lingua del paese ospite, affiancata solo dall'italiano di emigrazione. Nei paesi in cui è possibile mantenere contatti frequenti con la madrepatria e facilmente raggiungibili dai mezzi di comunicazione di massa di lingua italiana, l'esposizione dell'apprendente non si limita alle varietà diatopiche e substandard, ma si estende all'**italiano neostandard** e all'**italiano colloquiale**, diffusi soprattutto attraverso la televisione e la radio.

> Dall'Unità d'Italia agli anni Settanta del XX secolo una nuova massa di persone, prevalentemente dialettofona, si è avvicinata alla lingua nazionale. L'acquisizione dell'italofonia ha condotto a un allontanamento negli usi comuni dall'italiano normativo, dando origine a una nuova varietà, definita **italiano neostandard** da Berruto (1987).

---

11. I dati raccolti con l'indagine *Italiano 2000* (De Mauro *et al.*, 2002) mostrano una certa vitalità del dialetto, utilizzato però quasi in modo esclusivo dagli anziani (20,9%) della prima generazione di emigrazione italiana all'estero.

> Si tratta del risultato di un processo di ristandardizzazione che tende ad avvicinare lo scritto al parlato e a inglobare tratti substandard (cfr. CAP. 8).
> L'**italiano colloquiale** è invece una varietà orale impiegata dai parlanti, indipendentemente dalla classe sociale di appartenenza, che condivide i tratti morfosintattici con l'italiano popolare e neostandard ed è caratterizzata a livello lessicale e fraseologico dalla presenza di colloquialismi. In altri termini, si tratta della lingua che usiamo nel parlato dialogico quotidiano, in situazioni informali e non impegnate (ivi, p. 19).

Sono dunque queste ultime le varietà che possono diventare oggetto di apprendimento sia spontaneo che guidato, sebbene il primo riguardi principalmente l'oralità e il secondo includa anche gli usi scritti. Pertanto, il corso di lingua dovrebbe centrarsi sulla presentazione di un input linguistico costituito da testi che possano sviluppare tutte le abilità e che stimolino l'interesse e il consolidarsi di una consapevolezza metalinguistica, grazie alla quale lo studente è indotto a riflettere sul funzionamento e sulla variabilità della lingua, a revisionare, aggiornare e ampliare le conoscenze già in suo possesso, in modo da conservare strumenti espressivi funzionali alla comunicazione familiare e da acquisirne di nuovi, impiegabili in una serie di contesti e nell'interazione con interlocutori diversi.

Per quanto riguarda i sussidi attraverso i quali viene più spesso realizzata la presentazione dell'input in ambiente formale, cioè i libri di testo, occorre precisare che sono in circolazione pochissime pubblicazioni specificamente rivolte agli apprendenti di italiano come lingua di origine. Questa carenza è dovuta al fatto che una parte dei discendenti di emigranti italiani nel mondo è costituita da persone che hanno una competenza ridotta o nulla della lingua dei loro progenitori e frequentano corsi rivolti a un pubblico misto, che include anche stranieri. I materiali impiegati in questi casi sono dunque quelli comunemente usati per l'insegnamento dell'italiano LS o L2.

Alcuni tentativi, realizzati negli anni Ottanta, di riprodurre materiali specifici per gli alunni dei corsi di Lingua e cultura italiana finanziati dal MAE, non hanno più avuto seguito, per la trasformazione subita dal pubblico al quale erano destinatari. Al rallentamento dei flussi di emigrazione degli anni Settanta è seguito infatti un mutamento della tipologia dei migranti, costituita da manodopera specializzata con un livello di istruzione medio, che si è allontanata dai confini nazionali solo temporaneamente (Dittmar, Sobrero, 1990). Questo tipo di emigrazione non ha prodotto una generazione successiva, utente dei corsi di Lingua e cultura italiana, i quali negli anni Novanta hanno invece visto l'ingresso di bambini e adolescenti di terza generazione, figli di coloro che erano nati o si erano trasferiti all'estero in età prescolare o scolare[12]. Il livello di competenza di questi alunni, oltre a essere poco elevato per via dell'erosione della lingua di origine attraverso le generazioni, è molto variabile per la presenza più consistente di figli di matrimoni misti, parte dei quali hanno abbandonato l'italiano come lingua della comunicazione familiare. Le classi, già eterogenee per età[13], hanno aumentato la loro complessità per la compresenza di una gamma di livelli di competenza linguistica, che può essere gestita solo tramite un'azione didattica che attinga l'input da più fonti e adotti soluzioni metodologiche in grado di rendere le differenze una risorsa per l'apprendimento.

Un'attenta gestione delle diversità e dei differenti gradi di competenza linguistica è richiesta anche nell'insegnamento dell'italiano nelle scuole bilingui, che in alcuni paesi si stanno negli ultimi anni sostituendo ai corsi di Lingua e cultura italiana come risposta all'esigenza di mantenimento della lingua di origine e di integrazione in un contesto plurilinguistico.

3.3
Caratteristiche dell'output e tipi di interazione

Anche gli stimoli e le occasioni di produzione e di interazione linguistica, che si presentano all'apprendente di italiano come lingua d'origine, variano in relazione alle caratteristiche dell'ambiente in cui si realizza l'apprendimento.

---

12. Negli studi sull'emigrazione, generalmente viene fatto rientrare nella seconda generazione non solo chi è nato nel paese ospite, ma anche chi vi è giunto da bambino e ha frequentato le scuole locali, apprendendo la seconda lingua in ambiente sia formale che spontaneo.

13. Soprattutto nei paesi in cui i corsi di Lingua e cultura italiana si sono avvicinati a una logica scolastica, vengono generalmente attivate delle pluriclassi per rispondere alla richiesta delle comunità italiane, le quali non sono però nei singoli luoghi di residenza così consistenti da permettere la costituzione di classi distinte per età.

Quando la lingua viene appresa essenzialmente in ambiente formale, maggiori opportunità sono offerte allo sviluppo della produzione scritta, che può essere più facilmente esercitata e monitorata, mentre una serie di limitazioni di natura operativa rendono difficoltoso lo sviluppo delle abilità orali, specialmente quella dialogica. In primo luogo, lo spazio dedicato all'interazione dialogica in classe dipende molto da come l'insegnante organizza le attività (cfr. CAP. 11). Se larga parte dell'interazione è costituita da domande poste dal docente all'allievo, non solo risulteranno ridotti i tempi riservati al singolo per la produzione, ma si presenteranno poche occasioni per interventi autonomi, in cui è possibile impiegare strategie conversazionali[14]. Inoltre, anche se sono spesso proposti lavori di gruppo e in coppia, non sempre l'italiano è impiegato come lingua veicolare dagli allievi, che, condividendo la conoscenza di un'altra lingua, possono ricorrervi per comunicare durante l'esecuzione delle attività assegnate. Nell'apprendimento guidato le occasioni di output sono dunque fortemente condizionate dall'approccio scelto dal docente, dai formati in cui si realizzano le attività (cfr. PAR. 11.1), dalle modalità di gestione dell'interazione didattica e dalla motivazione degli allievi a usare la lingua di apprendimento in classe.

Un ausilio può essere ottenuto dal ricorso a mezzi tecnici. I laboratori multimediali o linguistici basati su reti didattiche[15] consentono infatti di esercitare la produzione orale guidata e libera, sia monologica che dialogica, da realizzare individualmente, in coppia o in gruppo, massimizzando i tempi a disposizione del singolo studente e riducendo il disagio di doversi esprimere in lingua straniera davanti all'insegnante e alla classe[16].

14. Come sarà spiegato nel capitolo 11, la classe di lingua si caratterizza per la rilevanza dell'interazione tra i partecipanti alla comunicazione, cioè tra docente, allievi, tirocinante ecc. Attraverso l'interazione possono essere infatti messe in atto strategie di conversazione come aprire e chiudere un contatto, prendere il turno di parola, assegnare il turno successivo, cambiare argomento ecc., su cui si basa la competenza dialogica, che non possono essere invece esercitate nella comunicazione asimmetrica tra insegnante e allievo.

15. Le reti didattiche sono software che permettono di gestire computer o apparecchiature audio (oggi tutte digitali) delle postazioni allievi, in modo da poter creare gruppi di lavoro o coppie di studenti, di gestire le singole postazioni, di inviare programmi audio-video e file dalla postazione docente a quelle degli studenti.

16. I laboratori multimediali e linguistici permettono di far lavorare contemporaneamente gli allievi a compiti comunicativi diversi, senza il rischio di disturbarsi l'un l'altro grazie all'impiego di cuffie e microfoni. Inoltre, il lavoro dei singoli allievi, gruppi e coppie può essere monitorato dall'insegnante e conservato per effettuare successivi interventi correttivi o un'analisi dello sviluppo dell'apprendimento.

3. L'ITALIANO LINGUA D'ORIGINE

Se l'apprendimento ha luogo invece in ambiente misto, gli apprendenti possono trarre vantaggio dalle opportunità che si presentano fuori della classe per utilizzare la lingua italiana. Anche se l'italiano non può essere usato in molte situazioni di vita quotidiana (scuola, lavoro, visite mediche, acquisti, servizi postali e bancari ecc.) in cui è impiegata invece la lingua del posto, numerose sono comunque le occasioni di incontro con i membri della comunità, dovute alle ricorrenze italiane, che molti connazionali continuano a festeggiare all'estero, e alle iniziative, promosse o organizzate dalle varie associazioni. Come è stato più volte sottolineato in questo capitolo, anche l'estensione del gruppo familiare influisce sulle possibilità che gli oriundi italiani hanno di impiegare la lingua d'origine. Occorre comunque tenere presente che non tutte le situazioni costituiscono occasioni di pratica della lingua italiana, perché nella comunicazione l'individuo può ricorrere anche all'impiego di più lingue. Per esempio può ascoltare un membro anziano della famiglia parlare in italiano o in dialetto e può rispondere nella lingua del paese ospite, potendo contare sul fatto che condivide con l'interlocutore una competenza multipla[17].

Avere a disposizione più codici per la comunicazione comporta non solo il fatto che si possa ricorrere per un'abilità a una lingua e per un'altra abilità a un'altra, ma anche che le lingue possano essere mescolate nell'espressione. Oltre a manifestarsi nel corso dell'esecuzione linguistica con la realizzazione di produzioni mistilingue (***code mixing***), la competenza multipla del parlante può rilevarsi attraverso la commutazione di codice (***code switching***; riquadro 3.2), cioè con l'uso alternato delle due lingue.

3.3

> Molti studi distinguono tra enunciazione mistilingue o ***code mixing***, che consiste nell'impiego di parole, sintagmi o singole proposizioni in una lingua all'interno di un discorso realizzato in un'altra (Berruto, 1990), e commutazione di codice o ***code switching***, che consiste invece nella giustapposizione di sezioni appartenenti a lingue diverse nell'ambito dello stesso discorso (Gumperz, 1982).

17. Nella competenza lo spazio occupato dalla lingua di origine e dalla lingua del paese ospite varia in relazione alla generazione di emigrazione. Gli anziani hanno una competenza multipla in larga parte costituita da italiano e dialetto. La seconda generazione, come già detto, è quella che ha il grado più alto di competenza in entrambe le lingue. Le generazioni successive hanno una competenza in larga parte occupata dalla lingua del paese ospite (De Mauro *et al.*, 2002).

RIQUADRO 3.2
La commutazione di codice come strategia pragmatica e indice di tensione sociale

L'alternanza d'impiego dei codici disponibili per la comunicazione, tipica dei parlanti con competenza multipla, può verificarsi per via di una competenza sbilanciata: cioè su un dominio o un argomento il parlante si considera in grado di parlare in modo più fluente in una lingua piuttosto che nell'altra, oppure ritiene che una lingua consenta di esprimere determinati concetti meglio dell'altra.

Il *code switching* non è però solo connesso alle preferenze linguistiche del parlante, ma può costituire anche una strategia pragmatica, utilizzata per assolvere una serie di funzioni, tra le quali:
- mantenere aperta la negoziazione in un gruppo di parlanti in cui le preferenze linguistiche sono divergenti (una parte preferisce l'uso dell'italiano e l'altra l'uso della lingua del paese ospite);
- assegnare il turno successivo di parola, con la funzione sia di ampliare che di limitare il gruppo degli interlocutori;
- creare effetti stilistici, come fa il parlante monolingue quando cambia registro;
- riportare un discorso nella lingua originale in modo da garantire l'autenticità della citazione.

L'impiego della commutazione di codice non è comunque privo di implicazioni sociali e identitarie, rappresentando il segnale di una tensione in atto tra un lingua socialmente dominante e una minoranza linguistica. Come hanno evidenziato studi sull'uso dell'alternanza di codici da parte di figli di emigrati italiani in Germania e in Svizzera (Auer, 1981; Pizzolotto, 1991), il parlante vi fa ricorso poiché rifiuta le possibilità che la società gli offre: il rimpatrio, rappresentato linguisticamente dall'italiano, la lingua del gruppo di appartenenza, o l'assimilazione, rappresentata invece dal tedesco o dallo svizzero, la lingua del gruppo dominante. Il *code switching* assolve dunque alla funzione di indicare, nel corso dell'interazione comunicativa, l'appartenenza o meno a uno dei gruppi previsti dall'assetto sociale:
- la comunità italiana emigrata;
- la comunità degli oriundi che non si sentono più italiani ma neanche tedeschi o svizzeri;
- la comunità del paese ospite.

La commutazione di codice caratterizza soprattutto l'output orale di giovani oriundi di seconda e, in alcuni contesti migratori, di terza generazione nell'interazione tra pari. La mescolanza di codici nel parlare bilingue è stata spesso oggetto (e in ambito scolastico lo è ancora) di giudizi negativi e di rifiuto. In particolare negli anni Sessanta-Settanta, accordando preminenza all'imperfezione delle produzioni basate sul miscuglio linguistico, è stata descritta la condizione linguistica dei figli degli italiani residenti all'estero in termini di semiliguismo, cioè di bilinguismo fallito, per cui la lingua di origine non è più pienamente dominata e la lingua del paese ospite non è posseduta a un livello soddisfacente di padronanza. Questa competenza ridotta non consentirebbe ai parlanti di tenere separate le due lingue nell'esecuzione e li costringerebbe a ricorrere a un codice ibrido che, in ultima analisi, non sarebbe altro che un tipo di codice ristretto.

Alla base del concetto di semilinguismo si colloca una concezione purista della lingua, che non considera la variazione degli usi linguistici in funzione dei contesti e dei bisogni degli utenti. La lingua invece è un sistema non omogeneo, «la variazione linguistica non è un fatto accidentale e il bilinguismo non è una particolarità tra le meno importanti entro i fatti linguistici» (Vedovelli, 2002b, p. 150). Il parlante che possiede una competenza multipla non mescola i codici per l'incapacità di tenerli distinti e di evitarne la sovrapposizione, ma attinge, nella realizzazione dell'output, dall'insieme delle possibilità espressive a propria disposizione, scegliendo se usare una lingua o l'altra o di ricorre all'uso alternato dei due sistemi, in relazione agli interlocutori e alle circostanze della comunicazione, proprio come il parlante monolingue effettua scelte linguistiche, traendole dalla gamma di varietà di una stessa lingua.

Alcui studi, condotti a partire dagli anni Ottanta sull'impiego della commutazione di codice in soggetti bilingui, hanno rivelato una notevole padronanza dei due sistemi e una larga sovrapposizione dei domini d'uso delle lingue conosciute, che smentiscono l'ipotesi di semilinguismo e di ricorso al codice ibrido per mancanza di competenza (Auer, 1981). La correttezza degli enunciati in entrambe le lingue e la rapidità di passaggio da una lingua a un'altra mostrano infatti che i due sistemi linguistici possono essere richiamati simultaneamente, essendo permanentemente a disposizione, poiché integrati nella competenza linguistica del parlante.

In ambito didattico la mescolanza di codici non va evitata e sanzionata, ma compresa alla luce dei risultati degli studi sul bilinguismo e sul plurilinguismo, e ne va orientato l'impiego attraverso lo sviluppo di una competenza metalinguistica, che includa la riflessione sulla variabilità e sulla funzionalità degli usi linguistici. Solo comprendendo che nell'agire linguistico le lingue e le loro varietà sono usate per realizzare diverse funzioni, l'allievo acquisisce consapevolezza delle proprie potenzialità espressive e sarà in grado di impiegarle in modo appropriato alle variabili del contesto di comunicazione.

Le componenti della competenza multipla dell'allievo, che danno origine a diversi tipi di output, possono dunque offrire occasioni per il confronto interlinguistico e per promuovere attività sulla lingua che favoriscano il realizzarsi dell'apprendimento nel quadro dell'educazione linguistica.

4
L'italiano lingua di contatto

A partire dalla seconda metà degli anni Ottanta del XX secolo l'italiano ha conosciuto un'espansione anche all'interno del territorio nazionale per l'arrivo di un numero sempre più cospicuo di cittadini stranieri, che necessitano di apprendere la lingua per soggiornare in Italia e sostenere il proprio progetto migratorio. Con ritmi di crescita che non sono stati arrestati dalla crisi economica[1], l'immigrazione straniera (riquadro 4.1) ha notevolmente diversificato e ampliato la richiesta di formazione linguistica a cui sono chiamati a rispondere enti territoriali, istituti e scuole pubblici e privati, associazioni e, in modo meno diretto, università[2].

Oltre all'incremento numerico, le indagini sui flussi migratori verso il nostro paese evidenziano la crescente tendenza alla stabilità di residenza. Ammonta a 1,6 milioni di persone la popolazione straniera che soggiorna in Italia da più di cinque anni (IDIOS, 2013) e nel 2012 risultavano 65.383 acquisizioni della cittadinanza italiana da parte di stranieri[3].

---

1. La popolazione straniera presente in Italia nel 2012 ha continuato a crescere subendo un incremento del 3,5% rispetto all'anno precedente (IDIOS, 2013). La crisi non ha quindi contenuto i flussi migratori, facendo giungere la soglia dei cittadini stranieri regolarmente soggiornanti in Italia a circa 4 milioni e 400.000 unità.

2. Le università non sono in generale direttamente impegnate nell'erogazione di corsi di lingua rivolti a cittadini immigrati, tuttavia molti atenei hanno istituito master universitari in cui è prevista la formazione del docente di italiano a migranti di varie fasce d'età. Diverse facoltà tengono rapporti con scuole e Centri territoriali permanenti per progetti di tirocinio nell'ambito di corsi di laurea in mediazione o insegnamento. L'Università per stranieri di Siena studia la diversificazione linguistica dovuta a migrazioni attraverso l'attività del Centro di eccellenza della ricerca Osservatorio linguistico permanente dell'italiano diffuso fra stranieri e delle lingue immigrate in Italia.

3. Dati ISTAT (cfr. http://www.istat.it/it/archivio/96694).

RIQUADRO 4.1
Immigrato o migrante?

Se si ricerca la parola "migrante" nel dizionario (De Mauro, 2000), non si trova la voce relativa al sostantivo, ma solo al participio presente e all'aggettivo derivato dal verbo "migrare".

Il termine "migrante" come sostantivo è infatti un neologismo, entrato nell'italiano come calco dall'inglese, dove la parola *migrant* è usata con un'accezione diversa da *immigrant*. Quest'ultima infatti indica una persona che si è stabilita permanentemente in un altro paese, mentre la prima è usata per riferirsi a persone che si spostano in un luogo solo temporaneamente, per trovare lavoro (*Cambridge Essential British English Dictionary*).

In italiano la parola "migrante" si sta progressivamente affermando, poiché le si attribuisce maggiore prestigio in quanto termine tecnico, che compare in documenti ufficiali sia nazionali che internazionali, ed è inoltre percepita come più neutra nelle implicazioni semantiche rispetto a immigrato, associabile a una connotazione non positiva.

Stabilizzandosi sul territorio, l'immigrazione ha modificato la propria composizione, includendo, oltre a individui in età lavorativa, anche bambini e adolescenti[4]. Oggi non sono più dunque solo gli adulti ad avere bisogno di formazione linguistica, ma anche minori (nati in Italia o che si sono ricongiunti ai loro familiari), molti dei quali soggetti all'obbligo scolastico.

Per descrivere la complessità e le peculiarità di questo contesto di insegnamento-apprendimento risulta riduttivo ricorrere all'espressione italiano lingua seconda (L2), che non consente di cogliere l'articolata situazione linguistica in cui si trovano i minori migranti. Molti bambini sono infatti figli di matrimoni misti che hanno appreso l'italiano contemporaneamente a un altro idioma. Altri, sebbene abbiano acquisito per prima la lingua della famiglia, sono venuti precocemente in contatto con l'italiano attraverso la socializzazione con fratelli maggiori e con coetanei in asili nido e scuole dell'infanzia. Altri ancora hanno imparato la lingua italiana dopo il loro arrivo in Italia e l'inserimento nella scuola. Si è preferito quindi riferirsi all'italiano insegnato e appreso dai figli di cittadini immigrati in Italia con la denominazio-

---

4. Nel 2013 risultavano 1 milione i cittadini stranieri tra 0 e 18 anni residenti in Italia, secondo le fonti ISTAT (http://www.istat.it/it/archivio/96694).

RIQUADRO 4.2
Lingue in contatto e lingua di contatto

L'espressione "lingue in contatto" è stata introdotta negli studi sociolinguistici da Weinreich (1974, pp. 3-5) per riferirsi alle lingue parlate alternativamente da uno stesso individuo, che costituisce così il luogo del contratto tra le lingue, in una prospettiva in cui il plurilinguismo è considerato un fatto comune e diffuso.

In ambito glottodidattico l'espressione "italiano come lingua di contatto" compare in Freddi (1987), dove assume un'accezione lontana da quella del filone di studi sociolinguistici sul contatto linguistico, sviluppatosi a partire dalla pubblicazione nel 1953 di *Languages in Contact* di Weinreich (1974). Nel commento dei dati relativi a *L'indagine sulle condizioni dell'insegnamento dell'italiano all'estero*, su cui il volume si incentra, viene infatti definito «insegnamento dell'italiano come lingua di cultura e di contatto», quello realizzato in risposta a motivazioni culturali generiche (Freddi, 1987, pp. 98 e 122).

L'espressione compare successivamente nel documento di sintesi dei lavori di gruppo della Commissione di studio per il programma di riordino dei cicli di istruzione, nominata dal ministro Tullio De Mauro dove, rinviando alla nozione sociolinguistica di contatto, si afferma che «per gli allievi di origine straniera, in particolare i figli degli immigrati stranieri, l'italiano è lingua di contatto, sia nel caso che i figli degli immigrati siano nati in Italia e che abbiano un competenza nativa o quasi nativa in italiano, sia in quanto oggetto di apprendimento per i giovani che arrivano avendo già una competenza nella propria lingua d'origine» (MPI, 2001, in http://http://www.edscuola.it/archivio/norme/programmi/nuovicicli.pdf, pp. 18-9).

Vedovelli (2002a) riporta l'espressione, ormai affermatasi in ambito scolastico, negli studi glottodidattici, chiarendo il significato della compresenza di lingue diverse nella competenza dei giovani immigrati.

ne "italiano lingua di contatto" (riquadro 4.2), con la quale si mira a porre in evidenza la natura composita della competenza individuale di questa tipologia di apprendenti, che comprende l'italiano e la lingua d'origine, producendo attraverso il contatto sollecitazioni relative alla definizione della propria identità linguistica e culturale.

La motivazione dell'adozione di questa denominazione è spiegata con chiarezza da Vedovelli (2005b, pp. 27-8):

Per i giovanissimi cittadini italiani di famiglia straniera o mista (e non *stranieri*, come sono spesso chiamati), l'italiano non è spesso nettamente né lingua madre, cioè lingua dell'identità primaria, né lingua straniera o seconda, cioè oggetto di una sovrapposizione acquisizionale successiva al processo di primario sviluppo della competenza linguistica. Per le giovani generazioni di origine straniera l'italiano entra nella coscienza e nell'identità linguistica a costituire un continuum con altri idiomi: la lingua dell'ambiente familiare, i dialetti. L'italiano, allora, contribuisce a creare un ambiente di contatto, dove l'individuo costruisce e ricostruisce la propria identità innanzitutto linguistica: solo la scuola e una società ancora troppo cieca, sorda e muta nei confronti della diversità linguistica possono non comprendere i fenomeni che si stanno producendo. L'italiano non può essere visto come una lingua straniera, nettamente distinta dalla "lingua madre": l'italiano crea un territorio di confine e di contatto che rende possibili intricate sovrapposizioni, scambi, interferenze che costituiscono le risorse espressive e, soprattutto, di identità dei soggetti. In tale visione il contatto, l'interferenza, il miscuglio sono visti come elementi positivi, fonti di ricchezza identitaria ed espressivo-comunicativa.

Questa prospettiva di osservazione permette dunque di cogliere l'incidenza di fattori psicoaffettivi, identitari e socioculturali nel processo di apprendimento dell'italiano, al fine di progettare un'azione didattica in cui, accordando centralità alle caratteristiche e alle esigenze del discente, siano adottate metodologie e strategie di insegnamento volte allo sviluppo di una competenza linguistico-comunicativa che costituisca un mezzo per l'integrazione e la formazione di nuove identità, derivate dalla conciliazione della storia linguistica e culturale passata dei bambini e degli adolescenti migranti con l'incontro con la cultura e la lingua italiana.

4.1
Caratteristiche degli apprendenti

Ogni anno migliaia di alunni con nazionalità non italiana fanno il loro ingresso nella scuola. Alcuni sono nati in Italia, altri sono arrivati in età prescolare, altri ancora si sono ricongiunti ai propri genitori dopo avere frequentato la scuola nel loro paese d'origine[5]. Differenti per età, provenienza geografica, lingua madre, tradizioni culturali e storie personali, questi alunni sono accomunati dalla necessità di disporre di

---

5. Nel 2012 il 18,9% dei permessi di soggiorno rilasciati ha riguardato minori che si sono ricongiunti alle proprie famiglie.

4. L'ITALIANO LINGUA DI CONTATTO

adeguati mezzi linguistici, che consentano loro di stabilire e mantenere relazioni sociali e di realizzare il proprio percorso scolastico in Italia. Per individuare nel variegato scenario di apprendenti i profili degli utenti di italiano come lingua di contatto, occorre dare uno sguardo ai fattori che caratterizzano la trasformazione subita dalla scuola italiana negli ultimi anni.

4.1.1. GLI ALUNNI STRANIERI E LA METAMORFOSI DELLA SCUOLA

L'inserimento degli alunni stranieri ha avuto un forte impatto sulla scuola italiana, trasformandola in breve tempo in un ambiente multietnico, multiculturale e plurilinguistico (riquadro 4.3). Con l'intensificarsi dei flussi migratori, delle nascite di figli di cittadini stranieri o da matrimoni misti, anche la composizione della popolazione scolastica italiana è profondamente cambiata. Gli alunni stranieri sono passati dalle 50.000 presenze nell'anno scolastico 1995-96 alle quasi 790.000, rilevate nei vari ordini di scuola dal MIUR nell'anno scolastico 2012-13 (2013)[6], raggiungendo un'incidenza media nazionale dell'8,8% (Colombo, Ongini, 2014).

4.1

Riguardo alla distribuzione geografica, la presenza di alunni con cittadinanza non italiana riflette quella della popolazione immigrata[7], con maggiore concentrazione al Nord[8], dove viene superata la media europea di alunni di origine minoritaria che si attesta intorno al 6%. All'insediamento nelle grandi città, che ha caratterizzato i flussi della seconda metà degli anni Novanta, è seguito quello nei piccoli comuni, che ha coinvolto un numero crescente di istituzioni scolastiche, alcune delle quali registrano oggi un tasso di alunni stranieri superiore al 25%.

Per quanto concerne la distribuzione degli alunni con cittadinanza non italiana nei diversi ordini di scuola, il 20% frequenta la scuola

---

6. È da notare che il 47,2% degli alunni stranieri risulta nato in Italia.

7. Occorre precisare che nelle rilevazioni del MIUR sono considerati di cittadinanza non italiana gli alunni che hanno entrambi i genitori di nazionalità diversa da quella italiana, anche se nati in Italia.

8. La popolazione immigrata risiede per più del 60% nelle regioni del Nord, dove le opportunità di lavoro sono maggiori, per circa il 24% al Centro e il 14% al Sud e nelle isole (IDIOS, 2013). Il Meridione costituisce, rispetto ai flussi migratori, una zona di transito, dove gli immigrati si stanziano solo temporaneamente.

> **RIQUADRO 4.3**
> **Il diritto dei minori stranieri all'istruzione in Italia**
>
> Tutti i minori stranieri, anche se privi di permesso di soggiorno, hanno il diritto di frequentare la scuola italiana. L'iscrizione può essere richiesta in qualunque periodo dell'anno. I minori soggetti all'obbligo scolastico vengono iscritti alla classe corrispondente all'età anagrafica, salvo che il collegio dei docenti deliberi diversamente, tenendo conto di una serie di elementi:
> – ordinamento degli studi del paese di provenienza;
> – accertamento di competenze, abilità e livelli di preparazione dell'alunno;
> – corso di studi eventualmente seguito nel paese di provenienza;
> – titolo di studio eventualmente posseduto dall'alunno (D.P.R. 31 agosto 1999, n. 394).

dell'infanzia, il 35% la scuola primaria, il 23% la scuola secondaria di primo grado e il 22% la scuola secondaria di secondo grado (Colombo, Ongini, 2014).

Mentre nel primo periodo del fenomeno migratorio sono state le scuole primarie a dovere far fronte all'arrivo di alunni stranieri, mettendo in atto misure ed elaborando pratiche per l'accoglienza e l'inserimento, negli ultimi anni la questione dell'apprendimento dell'italiano come lingua di contatto ha coinvolto anche gli istituti secondari di secondo grado, che hanno visto raddoppiare le percentuali di alunni stranieri che li frequentano. Nell'ambito di quest'ultimo segmento di istruzione, gli istituti maggiormente interessati sono quelli tecnici e professionali, verso i quali gli stranieri si indirizzano, soprattutto nel Nord Italia, in modo da poter seguire percorsi scolastici più brevi e da ottenere un titolo di studio subito spendibile sul mercato del lavoro, mentre nel Centro-Sud della penisola si registra una presenza più consistente di studenti non italiani nei licei[9].

Gli alunni stranieri iscritti nelle scuole italiane provengono da circa 200 paesi, tra i quali risultano prevalenti quelli europei (MIUR, 2013). Tra le cittadinanze più rappresentate troviamo quella romena, aumentata significativamente dopo l'ingresso della Romania nell'Unione Europea, e quelle albanese, marocchina e cinese.

---

9. Nel Centro-Sud la percentuale di studenti stranieri nei licei è di circa il 24%, mentre nel Nord è del 17% (Colombo, Ongini, 2014).

4. L'ITALIANO LINGUA DI CONTATTO

Al complesso e differenziato pubblico presente nella scuola italiana si aggiungono gli alunni definiti "nomadi", che in larga parte condividono con gli alunni stranieri problematiche relative all'inserimento, all'integrazione e agli esiti scolastici. Presenti nel nostro sistema nazionale di istruzione da molti anni, gli alunni di etnia **rom**, sinti e camminanti, hanno raggiunto nell'anno scolastico 2011-12 le 11.481 unità e si concentrano prevalentemente nella scuola primaria[10].

> I **rom** parlano una lingua orale indoeuropea, il *romané* (o *romanes*). Usato da una comunità vasta e dispersa in diverse parti del mondo, il romané comprende molte varietà e solo da qualche decennio possiede una codificazione scritta, non ancora unificata. Ricco di prestiti da lingue differenti, il romané parlato in Europa mostra influenze delle lingue balcaniche, soprattutto del greco.
> I rom considerano la loro lingua un mezzo di coesione sociale e di definizione identitaria nel contesto plurilinguistico in cui vivono. Infatti, parlano generalmente una varietà di romané – che costituisce la lingua materna –, altre varietà di questa lingua – che consentono la comunicazione con altri gruppi rom – e la lingua del paese di insediamento (Desideri, 2007).

L'elevato tasso di dispersione scolastica che interessa questa tipologia di alunni è evidenziato dal numero fortemente decrescente di presenze nei successivi segmenti istruttivi, in particolare nella scuola secondaria di secondo grado, dove risultavano iscritti solo 107 alunni nell'anno scolastico 2011-12.

In conclusione, la consistenza complessiva della presenza straniera nella scuola italiana, oltre a segnalare un radicamento dell'immigrazione nel paese, è anche indice di una trasformazione difficilmente reversibile, i cui tratti sono ormai diventati elementi strutturali del sistema

---

10. La popolazione nomade nel nostro paese comprende questi tre gruppi etnici e si ritiene, nonostante la difficoltà del reperimento dei dati, ammonti a circa 140.000 unità, due terzi delle quali di antico insediamento, «cioè cittadini italiani che dimorano in civili abitazioni, o in aree di sosta attrezzata, oppure in campi nomadi abusivi» (Desideri, 2007, p. 219), mentre il restante terzo è costituito da rom recentemente entrati in Italia. Sebbene il termine "nomadi" non sia dunque del tutto appropriato per riferirsi a queste minoranze etniche, si è ritenuto opportuno usarlo in questo capitolo per mantenere un riferimento diretto ai dati raccolti e alle pubblicazioni realizzate dal MIUR.

scolastico italiano. All'adozione di misure di primo intervento, che ha caratterizzato le azioni di sostegno promosse in favore degli alunni stranieri negli anni Novanta, si sono dunque sostituite soluzioni di ampio raggio, volte all'elaborazione di azioni didattiche mirate, che valorizzino le diversità e trasformino la pluralità culturale in opportunità formative per tutti, consentendo alla scuola di svolgere in modo efficace il difficile ruolo di luogo dove si attua l'incontro tra lingue e culture diverse e si gettano le basi per l'integrazione sociale.

4.1.2. I PROFILI DI APPRENDENTI DI ITALIANO COME LINGUA DI CONTATTO

Come mostrano le indagini ministeriali, realizzate allo scopo di illustrare la complessità del fenomeno e di individuare le molteplici sfaccettature che caratterizzano la presenza degli alunni stranieri nella scuola italiana, risulta poco aderente alla realtà parlare di un unico profilo di apprendente nell'insegnamento dell'italiano come lingua di contatto.

La semplice e generale definizione di alunni con cittadinanza non italiana non permette infatti di cogliere le diversità delle situazioni di apprendimento, derivate dall'appartenenza a differenti fasce di età, dalla lingua madre, dalla durata del soggiorno in Italia e dai vissuti personali. Sulla base di queste variabili si possono invece individuare diversi profili di utenti dell'italiano come lingua di contatto.

Un primo profilo è rappresentato da bambini e adolescenti nati all'estero, che giungono in Italia con la loro famiglia o da soli per ricongiungersi ai propri genitori, precedentemente immigrati. Alcuni fattori, anche esterni alla scuola, influiscono sull'acquisizione dell'italiano da parte di questi apprendenti. Innanzitutto l'epoca dell'arrivo nel nostro paese. Chi è arrivato nella prima infanzia ed entra precocemente nel sistema scolastico italiano ha maggiori opportunità di apprendimento, non solo perché si ampliano le possibilità di interazione con i bambini nativi, ma anche perché può imparare la lingua senza dover conseguire obiettivi complessi e prestabiliti ed essere sottoposto alla valutazione formale degli apprendimenti, come invece accade nella fascia scolastica dell'obbligo. Per coloro i quali il soggiorno in Italia inizia più tardi, l'inserimento e l'apprendimento diventano più difficoltosi. L'alunno deve infatti sviluppare in breve tempo abilità e capacità per la comunicazione interpersonale, comunque necessarie per stabilire relazioni sociali e comprendere il nuovo contesto educativo, e acquisire competenze ulteriori, dato che l'italiano è anche la lingua da impiegare per studiare le altre discipline. Nel processo di apprendimento linguistico possono intervenire fattori facilitanti, quali frequenti contatti con coetanei italiani nello svolgimento di attività ludiche o sportive extrascolastiche, oppure presentarsi condizioni che favoriscono l'uso della lingua d'origine, come una rete familiare estesa o una comunità consistente e compatta, riducendo le occasioni di esposizione e di impiego della lingua italiana. Importante è inoltre la precedente esperienza di scolarizzazione dalla quale derivano le conoscenze già disponibili e i processi cognitivi già sviluppati, ma anche il modello pedagogico e le modalità di relazione con insegnanti e compagni a cui l'alunno e la sua famiglia fanno riferimento. Infine la distanza tra lingua e cultura d'origine e l'italiano influiscono sul processo di apprendimento. I bambini parlanti di lingue **tipologicamente** lontane e con altri sistemi di notazione grafica, come il cinese, sono più disorientati e incontrano maggiori difficoltà di bambini che hanno come lingua madre un idioma neolatino quale lo spagnolo o il romeno.

> Le lingue possono essere classificate in base alla loro appartenenza a un **tipo** strutturale. Un modo di individuare tipi linguistici è quello adottato dagli studi di tipologia morfologica che, considerando la composizione della parola in morfemi, individuano quattro tipi principali (Comrie, 1983):
> 1. lingue isolanti, come il cinese, caratterizzate da una morfologia molto ridotta o assente;
> 2. lingue agglutinanti, come il turco e lo swahili, in cui la parola consiste in più morfemi, con confini netti, ognuno dei quali porta una sola informazione grammaticale;
> 3. lingue flessive o fusive, come l'italiano e il russo, in cui la parola è formata da una radice lessicale alla quale si aggiungono uno o più morfemi con confini meno netti e più funzioni grammaticali;
> 4. lingue polisintetiche, come il groenlandese, in cui è possibile combinare un elevato numero di radici lessicali e morfemi grammaticali in una sola parola, che può corrispondere a un'intera frase italiana.

In una situazione simile a quella di bambini e adolescenti che si ricongiungono ai propri genitori si trovano anche i minori adottati dopo la prima infanzia attraverso procedure internazionali. Questa tipologia di apprendenti, oltre a sperimentare le difficoltà di apprendimento e adattamento già descritte per gli altri alunni stranieri, affronta quelle affettive derivate dalle dinamiche di accoglienza in una nuova famiglia. Il bambino o l'adolescente straniero adottato, quindi, non solo è impegnato in processi di inserimento scolastico, di contatto con una nuova lingua e cultura e di adattamento sociale senza un gruppo di riferimento che lo indirizzi e lo rassicuri, ma deve anche dedicarsi alla costruzione di relazioni di attaccamento e fiducia con figure genitoriali estranee.

Un terzo profilo di apprendenti è costituito da bambini e adolescenti nati in Italia da genitori stranieri[11]. Sempre più numerosi, sebbene costituiscano ancora una minoranza della popolazione scolastica con cittadinanza straniera, questi alunni possono avere una competenza molto variabile dell'italiano. Alcuni hanno già frequentato dal nido bambini nativi e parlano con fratelli maggiori non solo la lingua della famiglia ma anche l'italiano, sviluppando precocemente un elevato grado di bilinguismo. Altri invece hanno una competenza plurilingue che comprende, oltre all'italiano, più varietà della lingua d'origine o lingue di colonizzazione. Una minoranza infine ha mantenuto la sola lingua d'origine come lingua della comunicazione familiare e delle relazioni sociali, iniziando ad apprendere l'italiano solo con l'ingresso a scuola, che rappresenta il luogo dove fondamentalmente si realizza il contatto con la lingua e la cultura italiane.

Vari livelli di competenza linguistica possono essere posseduti anche da bambini e adolescenti figli di matrimoni misti, in cui uno dei genitori è italiano. Se la nascita del minore è avvenuta in Italia, egli potrà sviluppare una buona competenza dell'italiano, mentre sarà la lingua dell'altro genitore a essere impiegata in un numero ristretto di domini d'uso o a essere conosciuta solo a un livello molto elementare, sebbene una competenza bilingue possa essere ipotizzabile. Se la nascita invece è avvenuta in una altro paese e successivamente la famiglia si è trasferita in Italia, il livello di padronanza della lingua italiana sarà

---

11. Nell'anno scolastico 2011-12 risultavano iscritti nelle scuole italiane più di 755.000 minori stranieri, il 44,2% dei quali nati in Italia: si tratta della seconda generazione di immigrati, le cui fila sono state incrementate nel 2012 da circa 80.000 bambini stranieri nati in Italia, pari al 15% del totale delle nascite di quell'anno (http://www.istat.it/it/archivio/96694).

fortemente dipendente dalle consuetudini comunicative della famiglia e dall'epoca del trasferimento.

Un altro profilo di utenti è costituito da bambini e adolescenti nomadi[12], di nazionalità sia italiana che straniera. Agli aspetti che questi alunni condividono con gli utenti del primo profilo descritto, si aggiungono la distanza tra una cultura a trasmissione orale come quella dei rom e una cultura scritta come quella occidentale. Tale distanza implica diverse modalità non solo di concepire e categorizzare il reale, ma anche di apprendere. Allo sforzo cognitivo richiesto all'alunno nomade dalla scuola, che propone in molti casi metodologie poco conformi alle esigenze di questi utenti, si aggiungono le difficoltà di relazione che possono condurre anche a manifestazioni di esclusione e chiusura da parte dei pari, dovute alla diffidenza nutrita dalle famiglie verso gli "zingari" e di questi ultimi nei confronti di coloro che non lo sono (da loro definiti "gagi"). Inoltre, il difficile percorso di scolarizzazione degli alunni nomadi è ostacolato dalla famiglia e della comunità di appartenenza, il cui atteggiamento verso la frequenza della scuola oscilla tra l'obbligo da assolvere e la minaccia da subire, nel rapporto tra le vecchie e le nuove generazioni che, inserite in un sistema educativo esterno al gruppo, possono acquisire visioni del mondo in opposizione a quella rom (Desideri, 2007).

Un profilo che comprende prevalentemente adolescenti è quello dei minori stranieri non accompagnati (riquadro 4.4), cioè privi di un adulto legalmente responsabile di riferimento. Si tratta di più di 11.000 ragazzi, la maggioranza dei quali di età compresa fra i 15 e i 17 anni, ma anche di preadolescenti fra i 7 e 14 anni (22%), provenienti per lo più da Egitto, Eritrea, Albania Somalia e Gambia[13], che lasciano i loro paesi per trovare lavoro in Italia, a volte anche spinti dagli stessi genitori. Dato che la legislazione italiana non prevede l'espulsione di minori, questi possono ottenere il permesso di soggiorno e rimanere in Italia fino al raggiungimento della maggiore età. Alcuni vivono presso

---

12. Come già segnalato, è stato ritenuto opportuno usare il termine "nomade" per riferirsi agli alunni di etnia rom, sinti e camminanti, allo scopo di mantenere la stessa denominazione usata nei documenti ministeriali, sebbene questa definizione non tenga conto delle differenti condizioni di arrivo e di stanziamento in Italia dei diversi gruppi appartenenti a tali minoranze.

13. Dati del ministero del Lavoro e delle Politiche sociali, settembre 2014, in http://www.programmaintegra.it/wp/wp-content/uploads/2014/10/Report-MSNA_settembre-2014.pdf.

> **RIQUADRO 4.4**
> **La normativa sui minori stranieri non accompagnati**
>
> In Italia valgono tutte le garanzie previste dalla Convenzione di New York del 20 novembre 1989 sui diritti del fanciullo, le cui disposizioni sono state rese esecutive con la legge 27 maggio 1991, n. 176. L'Italia ha anche provveduto a ratificare e rendere esecutiva la Convenzione europea sull'esercizio dei diritti dei minori di Strasburgo del 25 gennaio 1996, con la legge 20 marzo 2003 n. 77.
> La Direttiva del 7 dicembre 2006, emanata dal ministero dell'Interno d'intesa con il ministero della Giustizia, stabilisce che i pubblici ufficiali, gli incaricati di un servizio pubblico, gli enti che vengono a conoscenza dell'arrivo o della presenza sul territorio di un minore non accompagnato sono tenuti a dare subito al minore tutte le informazioni necessarie per richiedere asilo. Se il minore esprime la volontà di fare richiesta di asilo, viene affidato ai servizi sociali del Comune nel quale si trova e viene data comunicazione al Tribunale per i minorenni e al giudice tutelare. Successivamente viene affidato al Sistema nazionale di protezione per richiedenti asilo, impedendo che possa finire nella rete dello sfruttamento o che rimanga senza alcuna tutela giuridica. Una struttura di accoglienza sarà incarica di prendersi cura del minore e di inserirlo in un progetto per l'integrazione.

parenti, altri per strada, la maggioranza in strutture di accoglienza di grandi centri urbani, da cui frequentemente poi scappano per ritornare a vagabondare. I ragazzi che partecipano ai progetti gestiti dalle comunità di accoglienza iniziano percorsi di integrazione che prevedono, a seconda dell'età, corsi di lingua italiana, l'iscrizione a scuola o a corsi di formazione professionale. L'inserimento nella scuola dei ragazzi soggetti all'obbligo scolastico risulta nella maggior parte dei casi problematico, sia per la precedente esperienza di scolarizzazione sia perché poco compatibile con il progetto migratorio che li aveva spinti a lasciare il proprio paese per cercare fortuna in Italia. Diversi enti locali, a cui spetta la tutela del minore, promuovono progetti di formazione professionale e insegnamento della lingua italiana per coloro che sono vicini alla maggiore età, dato che la legge consente di ottenere un permesso di soggiorno ai maggiorenni che hanno un contratto di lavoro o che frequentano un corso di studio.

Parte dei minori non accompagnati è costituita da bambini e adolescenti che sono fuggiti dai loro paesi per guerre e persecuzioni. La legge italiana prevede che questi soggetti possano chiedere asilo ed essere affidati a strutture di accoglienza che curino il loro inserimento in un progetto di integrazione. Anche i minori richiedenti asilo frequentano dunque la scuola o corsi di lingua italiana associati a progetti di formazione professionale.

Intendendo per "dimoranti" i cittadini stranieri[14] appartenenti a particolari categorie professionali (per esempio diplomatici, dipendenti di banche o aziende straniere con sedi in Italia, artisti operanti nei circhi[15]) il cui soggiorno italiano ha una durata prestabilita, è possibile individuare un ultimo profilo di apprendenti di italiano come lingua di contatto: i minori dimoranti. I bambini e gli adolescenti che rientrano in questo profilo differiscono dagli altri alunni stranieri per appartenenza a una diversa classe socioeconomica e perché vivono in modo attenuato i conflitti identitari che caratterizzano l'esperienza di trasferimento in un nuovo paese del migrante (cfr. PAR. 4.1.3). L'inserimento di questa tipologia di utenti nel contesto di insegnamento dell'italiano come lingua di contatto è comunque motivata dal fatto che l'apprendimento formale si realizza, come per gli altri profili descritti, nell'ambito scolastico.

Concludendo, nei contesti di insegnamento dell'italiano come lingua di contatto può essere rintracciata una gamma di profili di apprendenti con caratteristiche molto diverse di cui occorre tenere conto per proporre interventi didattici adeguati ed efficaci.

4.1.3. MOTIVAZIONE E BISOGNI DI APPRENDIMENTO

I bisogni degli apprendenti di italiano come lingua di contatto sono principalmente di due ordini. Da un lato il bambino o l'adolescente straniero necessita di sviluppare un grado di competenza linguistico-comunicativa che gli consenta di socializzare con i pari, di esprimere

---

14. Il termine è improprio da un punto di vista legislativo. Per la legge italiana, infatti, sono considerati dimoranti i cittadini europei che eleggono il proprio domicilio in Italia. L'uso del termine in questo paragrafo è mutuato da altri sistemi legislativi, per esempio quello elvetico, che considerano dimoranti i cittadini stranieri con permesso di soggiorno temporaneo, che risiedono per un tempo definito in un'altra nazione.

15. I minori appartenenti a famiglie che lavorano nei circhi vengono spesso inseriti nel profilo di bambini e adolescenti nomadi. Sebbene conducano una vita contrassegnata da continui spostamenti, questi utenti non condividono con il profilo dei nomadi la stessa appartenenza culturale e linguistica.

le proprie esigenze e di comprendere le situazioni di cui è spettatore o attore partecipe nella quotidianità. Dall'altro, dato che il suo contatto con la lingua italiana si realizza prevalentemente in ambiente scolastico, ha bisogno di conseguire livelli di competenza più elevata per comprendere le lezioni, accedere ai manuali di studio, sostenere un'interrogazione e svolgere un compito scritto.

La differenza tra questi due ordini di competenze è ben spiegata da Cummins (1979) che, studiando le problematiche di apprendimento di apprendenti in età di sviluppo in contesto bilingue, distingue tra un aspetto più superficiale della competenza comunicativa, definito *Basic Interpersonal Communication Skills* (BICS), e uno più complesso rappresentato dalle abilità linguistiche cognitivo-accademiche, *Cognitive Academic Language Proficiency* (CALP). Il primo tipo di competenza, più legata al concreto contesto di comunicazione consente l'interazione in una sfera d'azione personale e può essere conseguita nell'arco di circa due anni, a seconda della distanza tipologica tra la lingua madre e la lingua di apprendimento e dall'esposizione a quest'ultima. La seconda dimensione della competenza, il cui sviluppo richiede un lasso di tempo più lungo, promossa dall'adozione di strategie didattiche che forniscano all'alunno strumenti per orientarsi in forme di comunicazione con un pesante carico cognitivo, come attività di individuazione di connessioni logiche, astrazione, generalizzazione, analisi e sintesi, permette invece di svolgere con profitto gli studi nella L2.

Mentre l'attenzione delle istituzioni, che hanno tentato di rispondere rapidamente alle esigenze dei giovani stranieri entrati nel nostro sistema educativo, si è principalmente rivolta all'accoglienza e allo sviluppo di capacità e conoscenze linguistico-comunicative di base, solo un ridotto numero di azioni didattiche sono state dedicate alla promozione di abilità linguistiche cognitivo-accademiche. Larga parte dei progetti attuati o in corso di attuazione, i materiali didattici prodotti, le misure di sostegno adottate riguardano infatti solo il primo ambito di competenza. Dopo la fase di inserimento in cui i bisogni linguistici dell'apprendente sono tenuti in considerazione, all'alunno non è più consentito contare su supporti specifici, se non quelli derivati dall'iniziativa del singolo docente, nella convinzione che la competenza possa continuare a svilupparsi con l'esposizione linguistica offerta dall'ambiente scolastico e che l'alunno riesca autonomamente a trovare le risorse necessarie per affrontare il curricolo scolastico comune.

I risultati del monitoraggio sugli esiti scolastici degli alunni stranieri, che il MIUR realizza nell'ambito dell'indagine annuale sugli alunni con cittadinanza non italiana, mettono in dubbio questa convinzione. Il successo scolastico di questi studenti risulta infatti minore rispetto a quello dei compagni italiani. Inoltre il divario fra i tassi di promozione degli alunni con cittadinanza non italiana e di quelli nativi aumenta in modo progressivo passando dalla scuola primaria alla scuola secondaria di secondo grado.

Diversi sono i fattori che, secondo l'indagine ministeriale, incidono su tali esiti tra cui il ritardo scolastico dovuto all'inserimento dell'alunno in una classe di età inferiore a quella anagrafica[16] e la difficoltà nell'affrontare lo studio in lingua italiana per mancanza di adeguati strumenti linguistici, che nella scuola secondaria di secondo grado costituisce una delle principali cause di interruzione degli studi. La dispersione che interessa questo ordine di scuola risulta più elevata nel primo anno, quando l'alunno, specialmente se ha alle spalle un periodo breve di scolarizzazione in Italia, ha un impatto più decisivo, rispetto alla scuola secondaria di primo grado, con i linguaggi e lo studio delle discipline.

Nell'insegnamento dell'italiano come lingua di contatto, l'attenzione ai bisogni dei discenti non può dunque limitarsi al periodo di accoglienza e inserimento, ma deve estendersi alla fase successiva durante la quale l'alunno necessita di transitare da uno stadio di sopravvivenza comunicativa a uno di padronanza di modalità espressive più complesse, connesse all'esposizione dei saperi, su cui si fonda l'effettiva parità di opportunità formative e la reale integrazione degli alunni stranieri.

L'acquisizione di un livello più elevato di competenza linguistico-comunicativa, oltre a essere promosso dalla progettazione e dall'attuazione di percorsi didattici volti a sviluppare le abilità e le conoscenze necessarie per lo studio in L2, è sostenuto dalla padronanza della L1, dato che tutte le lingue compresenti nella competenza multipla dell'allievo

---

16. I dati statistici del MIUR e indagini, tra cui quelle condotte in Lombardia dall'Ufficio scolastico regionale e dalla fondazione ISMU, mettono in luce che, oltre a risultare consolidata in Italia la prassi di inserire gli alunni stranieri in ritardo rispetto all'età anagrafica, quelli accolti in classi inferiori, cioè non corrispondenti alla loro età, sono più soggetti a ripetenze di coloro che ricevono un inserimento conforme all'età. Analoghi risultati sono confermati dallo studio di Fragai (2000), in cui il ritardo scolastico risulta correlato con il grado di competenza linguistico-comunicativa, per cui maggiore è il ritardo scolastico, minore è la padronanza dell'italiano negli alunni presi in esame.

FIGURA 4.1
Principio di interdipendenza linguistica

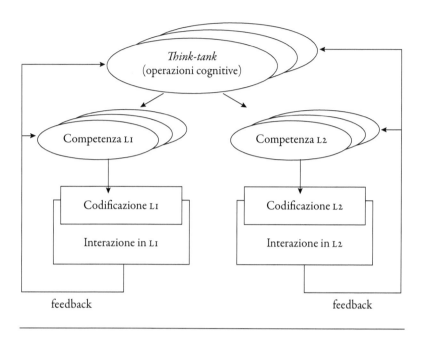

contribuiscono al suo sviluppo cognitivo. Cummins spiega il complesso legame tra sviluppo della L1 e della L2 ricorrendo al "principio di interdipendenza linguistica" (FIG. 4.1), che opera a livello metalinguistico rendendo possibile il trasferimento di capacità basate su strutture cognitive da un idioma all'altro, facilitando l'acquisizione di più codici linguistici in età evolutiva. Per esemplificare questo principio, l'autore si avvale dell'immagine di un magazzino, il *think-tank*, che contiene le idee e le operazioni cognitive e da cui partono due terminali, uno per la codificazione in L1 e l'altro per la codificazione in L2. Le risposte e i feedback che l'apprendente riceve nell'uso e nell'apprendimento linguistico non solo permettono lo sviluppo della padronanza di ciascuna lingua, ma ampliano le conoscenze dichiarative e procedurali contenute nel magazzino, consentendo lo sviluppo cognitivo.

Una volta attivati, i processi cognitivi sono disponibili per la codificazione in entrambe le lingue, dato che un meccanismo comune (*common underlying proficiency*) presiede al funzionamento dei due sistemi linguistici. Continuare a impiegare e ad apprendere la L1, anche in contesto formale, costituisce quindi un bisogno dell'apprendente dell'italiano come lingua di contatto che, se soddisfatto, può condurre a una competenza multipla, in cui la padronanza di più lingue permette di conseguire un elevato livello di alfabetizzazione, un arricchimento delle facoltà cognitive e lo sviluppo di abilità sociali.

Sebbene si fondi su bisogni integrativi e strumentali, legati all'esigenza di entrare in contatto con il mondo circostante e di riuscire nello studio, la motivazione dell'alunno straniero non è sempre forte, intrecciandosi con problematiche affettive, connesse alla sua condizione di migrante.

Un ruolo importante sul piano motivazionale è giocato dalla questione dell'identità individuale e sociale in via di definizione nel bambino e nell'adolescente, che viene messa in discussione con il trasferimento in Italia, ponendo l'individuo di fronte a una realtà estranea, spesso molto diversa da quella del paese di provenienza, come conseguenza di un progetto migratorio di cui non è autore. In età evolutiva è difficile comprendere e condividere le ragioni che hanno spinto i propri genitori a cercare fortuna in Italia, mentre si sperimenta il disagio di sentirsi collocato ai margini della scala sociale, di essere diventato uno dei peggiori alunni della classe per mancanza di competenza linguistica, di perdere i propri compagni di gioco e di scuola, di allontanarsi da legami familiari importanti. Tale disagio passa inevitabilmente attraverso la lingua che, costituendo il principale mezzo di interazione con il nuovo mondo e di decodificazione della nuova realtà socioculturale, rappresenta la chiave in grado di aprire una nuova pagina del proprio diario di vita in cui si stabiliscono relazioni sociali con i coetanei, si comprende il significato dei modelli comportamentali e culturali diversi, evitando il rifiuto della nuova esperienza e il rifugio nella cultura e nella comunità di origine.

La scuola svolge una funzione determinante nella ricerca di questa chiave, non solo perché fornisce strumenti per imparare, ma anche perché è nell'ambiente scolastico che l'alunno fa primariamente esperienza del contatto con la realtà italiana, sviluppa la percezione del livello di accettazione e delle possibilità di integrazione nel nuovo tessuto sociale, definisce la propria identità, consolida o affievolisce la motivazione all'apprendimento della lingua. Occorre dunque tenere conto degli effetti che, sul piano motivazionale, hanno le decisioni prese e i comportamenti assunti in ambito didattico. Il disinteresse, che in molti casi avvolge la storia personale precedente dell'alunno, può essere vissuto come segno di un basso livello di accettazione, di svalorizzazione della persona e della propria cultura di origine, che può trovare conferma nell'inserimento in una classe di qualche anno indietro rispetto all'età anagrafica. L'essere posti di fronte a compiti destinati ai parlanti nativi che non si è in grado di svolgere a causa delle limitate risorse linguistiche di cui si dispone può far crescere la sensazione di inadeguatezza e abbassare il livello di autostima.

Le misure di accoglienza e l'azione didattica rivolta agli alunni stranieri dovrebbero essere quindi tese alla riduzione dell'incidenza della componente affettiva che può inibire o indebolire la motivazione ad apprendere, ostacolando il conseguimento del grado di competenza linguistico-comunicativa necessario per soddisfare i bisogni di socializzazione, autopromozione e cittadinanza dei giovani migranti[17].

4.2
Caratteristiche dell'input

Lo sviluppo dell'italiano come lingua di contatto si realizza prevalentemente in situazione di apprendimento misto, dato che l'apprendente è esposto alla lingua italiana in contesto sia scolastico che extrascolastico.

La quantità e la qualità dell'input esterno alla scuola può variare notevolmente in relazione all'ambiente familiare e sociale in cui è inserito l'apprendente. Ci sono situazioni in cui l'uso dell'italiano è molto ridotto, perché la lingua d'origine assolve una serie di funzioni comunicative in un'ampia gamma di domini d'uso. Un bambino o un adolescente cinese che vive in una comunità etnica numerosa come quella di Prato, per esempio, avrà poche possibilità di impiegare l'italiano fuori della scuola, poiché la maggior parte delle attività e delle interazioni che hanno luogo nell'ambiente extrascolastico saranno svolte in L1. Accanto a questi casi ve ne sono altri in cui l'impiego della lingua madre è affiancato da interazioni, più o meno frequenti, con parlanti nativi nelle transazioni e nelle relazioni sociali quotidiane (acquisti, trasporti, contatti di quartiere, incontri con coetanei ecc.) e da un'esposizione ai mezzi di comunicazione di massa.

---

17. L'indagine di Fragai (2000), condotta su alunni delle scuole dell'obbligo del comune di Cortona (AR), mette in luce l'importanza delle componenti motivazionali, derivate dal desiderio di socializzazione e di appartenenza al gruppo dei pari, per lo sviluppo della competenza linguistico-comunicativa in L2.

4. L'ITALIANO LINGUA DI CONTATTO

Nell'ambiente familiare e sociale l'apprendente può venire in contatto con diverse varietà della lingua italiana: l'italiano neostandard e colloquiale delle trasmissioni televisive e radiofoniche, l'italiano regionale o locale del luogo in cui vive, l'italiano popolare e il *foreigner talk*. Per rilevare la condizione sociolinguistica in cui l'apprendente è immerso, si può ricorrere al Glotto-Kit per stranieri (Vedovelli, 1994; 1996; Villarini, 1995; Fragai, 2003), che costituisce un importante strumento di indagine in questo senso.

> Il *foreigner talk* è una varietà linguistica utilizzata dai parlanti nativi per rivolgersi ai non nativi con ridotta competenza linguistica. Questa varietà è caratterizzata da un certo grado di semplificazione linguistica, attuata con scelte sul piano fonologico, prosodico, lessicale, morfosintattico e pragmatico, volte a rendere il messaggio maggiormente comprensibile. Alcuni parlanti semplificano a tal punto le loro produzioni da realizzare enunciati sgrammaticati (Berruto, 1987; Pallotti, 1998; Sobrero, Miglietta, 2006).

Gli stimoli linguistici ricevuti nel contesto spontaneo di comunicazione, sebbene presentino un'ampia varietà di forme e di modalità espressive, non selezionate e non graduate, sono caratterizzati dal fatto che si tratta di input sempre **contestualizzato**, decodificabile ricorrendo alle componenti extralinguistiche della situazione di comunicazione.

> La **contestualizzazione** dell'input è data dall'insieme delle circostanze particolari (coordinate situazionali) in cui si realizza l'evento comunicativo:
> – scena spazio-temporale, cioè il luogo e il momento in cui si attua l'evento;
> – partecipanti;
> – scopo della comunicazione;
> – argomento della comunicazione (Berruto, 1995).
> Queste informazioni di carattere extralinguistico permettono di comprendere lo scambio comunicativo, in quanto l'ascoltatore può utilizzare le proprie aspettative e la conoscenza di eventi analoghi per compiere inferenze riguardo al contenuto della comunicazione.

La comprensibilità dell'input non dipende infatti solo dal grado di complessità linguistica degli enunciati, ma anche dall'equilibrio tra informazione linguistica ed extralinguistica (Bettoni, 2001). Quanto maggiore è l'apporto di elementi extralinguistici, tanto meno rilevante diventa cogliere il significato delle singole parole per comprendere lo scambio comunicativo.

Inoltre, nella comunicazione in ambiente spontaneo le difficoltà di comprensione possono essere risolte ricorrendo alla negoziazione dei significati, cioè a una collaborazione dialogica tra gli interlocutori che, tramite una serie di aggiustamenti – quali la semplificazione lessicale e strutturale, la ripetizione, la riformulazione, la richiesta di chiarimenti ecc. – rende l'input comprensibile (cfr. PAR. 5.3) e fa procedere l'interazione, nonostante le limitate risorse linguistiche di cui dispone l'apprendente.

I dati linguistici con i quali questi viene in contatto nell'ambiente scolastico differiscono da quelli del contesto spontaneo sia per caratteristiche che per modalità di esposizione. Durante i laboratori di lingua italiana, che in molte istituzioni affiancano l'attività scolastica curricolare per agevolare l'inserimento dell'alunno e l'acquisizione di una competenza linguistica di base, l'input proposto riguarda generalmente situazioni di comunicazione quotidiana e l'esposizione viene sostenuta, controllata e guidata da attività di contestualizzazione, comprensione, riflessione metalinguistica, esercitazione e reimpiego delle forme linguistiche. Anche nell'interazione didattica che ha luogo durante il laboratorio viene attivata la negoziazione di significati che conferisce comprensibilità all'input.

Nelle ore curricolari l'alunno entra invece in contatto con le forme linguistiche e le modalità espressive dell'esposizione didattica, relativa alle discipline oggetto di insegnamento. L'ascolto di una lezione di scienze, la spiegazione di un teorema geometrico, la lettura della presentazione di un brano letterario sull'antologia, o lo studio di un manuale di geografia, sono caratterizzati dall'impiego di testi espositivi, attraverso cui vengono illustrati i concetti inerenti un fenomeno o un argomento e vengono quindi trasmesse le conoscenze (riquadro 4.5). In questa tipologia testuale il discorso, sia orale che scritto, si sviluppa intorno a un argomento che viene presentato ricorrendo a un quadro di riferimento epistemologico, proprio di un settore del sapere, in modo che la concettualizzazione si realizzi all'interno di un sistema di conoscenze condiviso dalla comunità scientifica. Inoltre,

RIQUADRO 4.5
Tipi testuali

I testi, in quanto prodotti della comunicazione, realizzati per assolvere a precise intenzioni comunicative dei parlanti in determinate situazioni discorsive, assolvono funzioni che consentono di classificarli in differenti tipi:
- descrittivo, che illustra fenomeni in relazione alla matrice cognitiva che consente di cogliere percezioni spaziali;
- narrativo, il cui focus è su azioni, persone, oggetti e relazioni ed è associato alla matrice cognitiva che coglie percezioni relative al tempo;
- argomentativo, il cui focus è sulle relazioni tra concetti e la matrice cognitiva richiamata è quella legata al giudizio;
- regolativo, collegato alla matrice cognitiva che pianifica il comportamento futuro;
- espositivo, orientato all'analisi e alla sintesi degli elementi costitutivi dei concetti e la cui matrice cognitiva è rappresenta dalla comprensione;
- rappresentativo, dove il focus è posto su atti ed eventi comunicativi in cui la durata dell'enunciazione coincide con quella dell'enunciato.

Nei testi concretamente realizzati possono convivere più tipi testuali, tra i quali uno risulta dominante e consente di ascrivere quel particolare testo a un determinato tipo. Al tipo espositivo possono essere ricondotti generi testuali come la lezione, il manuale scolastico, il saggio divulgativo, le definizioni dei dizionari e delle enciclopedie, le recensioni, le relazioni (Lavinio, 1990, pp. 72-90).

le varie informazioni sono disposte secondo un ordine logico e formano, nei testi scritti, blocchi che vengono segnalati attraverso partizioni o soluzioni grafiche (paragrafi, sottoparagrafi, schede ecc.). Frequenti sono inoltre i rinvii al paratesto (grafici, immagini, didascalie), che esemplificano i contenuti oggetto della presentazione, e ad altre sezioni del testo, al fine di evidenziare i legami tra concetti (Lavinio, 2004). La lingua utilizzata per l'esposizione è ricca di termini specifici di quel linguaggio disciplinare e di forme linguistiche che caratterizzano l'uso specialistico (costrutti nominali, forme impersonali, impiego di un numero ristretto dei tempi e modi verbali con alta frequenza d'uso ecc.)[18].

---

18. I linguaggi specialistici costituiscono un *continuum* di varietà non discrete, ai cui poli si collocano un linguaggio di tipo divulgativo, destinato a una cerchia

Se l'alunno non conosce come è costruito un testo espositivo, non riconosce le modalità espressive attraverso cui sono codificate le informazioni e segnalati i legami fra concetti, ha difficoltà a decodificare il significato di parole estranee all'uso comune, lo sforzo che deve compiere per la comprensione è notevole, in quanto mancano le condizioni che rendono l'input comprensibile. Trattandosi infatti di testi privi di rilevanza contestuale, cioè in cui la conoscenza delle coordinate situazionali non contribuisce alla comprensione, è l'informazione linguistica ad assumere un ruolo preponderante per la decodificazione. La comprensibilità dell'input non può nemmeno essere facilmente ottenuta con il ricorso alla negoziabilità, dato che le ridotte competenze linguistiche dell'apprendente esigerebbero una continua attenzione da parte dell'insegnante e dei compagni per rendere superabili le difficoltà incontrate (Ghezzi, Grassi, 2002).

Lasciare che l'alunno straniero possa cavarsela da solo nella lingua dello studio, individuando strategie adeguate alla decodificazione e alla processazione delle caratteristiche di questo tipo di input, significa dunque assegnargli un compito particolarmente arduo, con pesante carico cognitivo, che richiede tempi lunghi per dare esiti apprezzabili. L'azione didattica può invece facilitare lo svolgimento di questo compito agendo su più piani. In primo luogo su quello metodologico, con l'adozione di un modello cooperativo di apprendimento che favorisca la collaborazione tra alunni, promuovendo il ricorso alla negoziazione dei significati e ampliando le fonti di supporto alla processione dell'input, e con l'impiego di strumenti multimediali che coinvolgano diversi canali sensoriali nella comprensione, agevolandola. In secondo luogo intervenendo sull'input, sia attraverso lo svolgimento di attività didattiche che guidino l'alunno all'analisi degli aspetti costitutivi e delle scelte linguistiche che caratterizzano il discorso espositivo, sia attraverso la riduzione della complessità realizzata con la rielaborazione e il controllo della lingua utilizzata nei testi e nelle lezioni.

---

non ristretta di utenti, e il linguaggio specialistico vero e proprio, utilizzato dagli addetti ai lavori. Nei manuali di studio e nelle lezioni, che si collocano in una posizione intermedia del *continuum*, si riscontra una presenza ridotta dei tratti caratteristici del linguaggio specialistico, poiché il fine didattico della trattazione richiede di mantenere elevato il grado di esplicitezza necessario per la comprensione dell'argomento.

4.3
Caratteristiche dell'output e tipi di interazione

Dopo l'accoglienza nell'ambiente scolastico, gli alunni stranieri neo-arrivati attraversano una fase di silenzio, durante la quale si limitano ad ascoltare senza azzardare la produzione di frasi in lingua italiana (Chini, 2005). Questa fase può avere una durata variabile in relazione a una serie di fattori quali la personalità e i ritmi individuali del singolo alunno, la precedente esperienza di scolarizzazione, l'impatto con la lingua e la cultura nuove e l'atteggiamento del gruppo classe[19].

Finito il periodo di silenzio, in cui l'alunno tenta di identificare le strutture salienti e ricorrenti nella comunicazione quotidiana, iniziano a emergere le prime produzioni, che consistono in singole parole o in formule non analizzate che l'apprendente impiega per esprimersi. Con l'esposizione alla lingua italiana questo piccolo bagaglio di conoscenze si arricchirà permettendo la formulazione di enunciati sempre più complessi.

Gli studi condotti sull'acquisizione delle lingue seconde hanno evidenziato l'articolazione in fasi del percorso evolutivo, che procede in modo costante in tutti gli apprendenti, indipendentemente dalla L1, dall'età e dal contesto di acquisizione (Chini, 2005). Nella prima fase, definita "prebasica", l'output dell'apprendente è costituito da elementi lessicali, che formano un vocabolario minimo per la sopravvivenza, e da pochi elementi funzionali (Bernini, 2003). Non vengono impiegate regole sintattiche per la costruzione degli enunciati, realizzati con il semplice accostamento degli elementi lessicali. La comunicazione in questo stadio è fortemente dipendente dal contesto, con uso di codici non verbali, e l'esito dell'interazione è affidata all'interlocutore, che con i suoi interventi consente al discorso di progredire. Successivamente l'output inizia a mostrare un'organizzazione delle frasi con un predicato verbale, non flesso, intorno al quale si dispongono gli argomenti. In questa seconda fase, definita "basica", il vocabolario dell'alunno si arricchisce, incomincia a delinearsi l'appartenenza delle parole a classi; compaiono gli avverbi, impiegati per esprimere indicazioni temporali,

---

19. Le caratteristiche individuali degli apprendenti giocano un ruolo importante nella durata del periodo silenzioso. Alcuni alunni sono più estroversi e propensi alla socializzazione, quindi cercano di mettersi abbastanza presto in relazione con i coetanei anche se i loro strumenti espressivi sono molto ridotti. Altri invece preferiscono prolungare il silenzio per concentrarsi sulla costruzione del nuovo sistema linguistico (Favaro, 2002).

mentre rimangono ancora ridotti gli elementi funzionali. Superata la fase in cui la componente pragmatica svolge un ruolo fondamentale nella comunicazione, emerge la modalità sintattica e gli enunciati iniziano ad avere una struttura vicina a quella della lingua italiana. Nella fase di sviluppo definita "postbasica" si amplia la morfologia e si strutturano i vari paradigmi, consentendo la coniugazione dei verbi. Viene inoltre superata la semplice giustapposizione di enunciati e si arriva alla subordinazione, dapprima con la comparsa delle subordinate causali, finali e temporali, poi delle relative e delle oggettive. Infine, anche il testo presenta una strutturazione e l'apprendente mostra di saper gestire meccanismi di coesione testuale.

In relazione a quest'ultimo aspetto, studi realizzati su produzioni di adolescenti con cittadinanza non italiana in ambito scolastico (Petrocelli, 2011) evidenziano che, prima del conseguimento del completo dominio della subordinazione, gli alunni tentano di adeguarsi ai canoni compositivi richiesti dal discorso espositivo, ricorrendo all'impiego di connettivi testuali[20], che consentono di strutturare e segnalare la macrostruttura del testo e confermando la priorità di principi di organizzazione pragmatica nella strutturazione dell'output su quelli sintattici (Givón, 1979). Nelle fasi di sviluppo avanzate, dopo l'acquisizione della modalità sintattica e degli strumenti di organizzazione della frase complessa, compaiono nelle produzioni scritte costruzioni nominali, che costituiscono un ulteriore tentativo di adeguamento degli alunni allo stile espositivo, sollecitato dai compiti scolastici, che in larga parte si basano sulla manipolazione di un testo espositivo di partenza (Palermo, Troncarelli, Petrocelli, 2010)[21].

4.2
Nel percorso evolutivo di acquisizione, la L1 rappresenta un insieme di conoscenze dai cui l'apprendente attinge sia per processare la L2 sia per esprimersi. Nelle produzioni degli alunni sono dunque rintracciabili *transfer* (cfr. PAR. 5.1) dalla L1, che sono più frequenti

---

20. Da un punto di vista funzionale i connettivi possono essere divisi in due classi: i connettivi semantici (congiunzioni, preposizioni, locuzioni congiuntive ecc.), che hanno la funzione di indicare le relazioni logiche tra frasi, e i connettivi testuali, che segnalano invece le relazioni tra due o più parti di testo o collegano le singole unità in modo da esplicitare l'organizzazione del testo (Andorno, 2003).

21. Nell'attività di studio l'alunno è chiamato a comprendere e a produrre testi espositivi più o meno articolati, come appunti, sintesi, relazioni, dimostrando di saper utilizzare un linguaggio e uno stile appropriati a questa tipologia testuale e all'argomento di discorso.

tra lingue tipologicamente o geneticamente vicine, come l'italiano e lo spagnolo.

Il *transfer* si manifesta maggiormente nei livelli iniziali di apprendimento, quando l'apprendente dispone ancora di pochi strumenti espressivi in L2, e tende a decrescere lungo la seguente scala:

fonologia > lessico > sintassi > morfologia

In altri termini, il trasferimento di elementi fonologici risulta più frequente di quello di elementi lessicali, che a loro volta sono più consistenti di quelli sintattici e morfologici (Chini, 2005). La produzione in L2 può subire condizionamenti non solo dalla L1 ma anche da altre lingue conosciute dall'apprendente.

Per quanto riguarda l'interazione, prendere parte alle situazioni comunicative che si realizzano in classe non è ó un compito semplice per l'alunno straniero. Le limitate risorse linguistiche di cui dispone, la differenza tra le norme che regolano la comunicazione extrascolastica e quella didattica (cfr. PAR. 11.1), lo sbilanciamento di competenza rispetto ai compagni nativi rappresentano aspetti che non favoriscono la partecipazione alle attività, in particolare a quelle in cui l'interazione è meno guidata dal docente o da schemi di comportamento come la conversazione in gruppi di lavoro, la discussione e l'esposizione di argomenti precedentemente studiati, che richiedono anche la capacità di sostenere turni relativamente lunghi di parola e di organizzare la propria produzione. L'interazione invece promuove l'acquisizione linguistica, in quanto l'input modificato interattivamente risulta maggiormente comprensibile di quello modificato unilateralmente, per esempio con la semplificazione dei testi di studio, e con lo scambio comunicativo si creano più frequenti opportunità di produzione in L2 (Pallotti, 1998). Inoltre, durante lo svolgimento di attività interattive, l'alunno straniero ha la possibilità di procedere a confronti tra le sue produzioni e quelle dei compagni italiani, prestando così attenzione alle forme linguistiche usate ed esercitandosi nel riformulare realizzazioni poco chiare. Infine, l'interazione contribuisce allo sviluppo delle strutture sintattiche. Nello scambio comunicativo vengono infatti costruite strutture verticali, cioè insiemi articolati di frasi, costituite dalla somma dei diversi turni dei partecipanti, che permettono all'apprendente di superare la frase minima che è in grado di produrre da solo, guidandolo verso la formulazione di frasi complesse.

L'adozione di un modello cooperativo di apprendimento, che come abbiamo visto rappresenta una delle soluzioni metodologiche da tenere presenti per semplificare l'input e sostenerne la processazione (cfr. PAR. 4.2), consente anche di promuovere la partecipazione dell'alunno straniero ad attività interazionali, con ricadute positive sullo sviluppo linguistico.

5
Coordinate per l'apprendimento di una lingua non materna

Per lungo tempo, nella didattica delle lingue l'insegnamento è stato considerato un fattore in grado di determinare l'apprendimento, per cui le scelte di natura linguistica e pedagogica erano considerate prioritarie rispetto alle modalità dell'apprendere. Con il consolidarsi della concezione della lingua come mezzo di interazione sociale, si è assistito al convergere dell'interesse, da parte di più campi di indagine, verso gli utenti che, come attori sociali, impiegano la lingua in domini specifici e in contesti situazionali determinati, svolgendo compiti che consentono di conseguire scopi comunicativi, sulla base di una gamma di competenze acquisite (cfr. PAR. 7.1). L'attenzione si è quindi spostata sul discente, sulle sue motivazioni, sui fattori interni che condizionano gli esiti dell'apprendimento e sui processi mentali messi in atto nell'acquisizione linguistica, che vengono assunti come elementi centrali nella pianificazione dell'azione didattica.

Nella prospettiva attuale non è più l'insegnamento a determinare l'apprendimento, ma sono le modalità di acquisizione linguistica a orientare le scelte metodologiche e le pratiche didattiche.

Per progettare un percorso formativo, selezionare materiali, scegliere procedure operative adeguate, impiegare risorse tecnologiche in modo utile nei diversi contesti di insegnamento-apprendimento delineati nei capitoli precedenti, occorre conoscere e tenere presenti le modalità attraverso cui l'apprendimento si realizza. Le pagine che seguono illustrano dunque le diverse teorie dell'apprendimento[1], sulla

---

1. Una teoria consiste in un insieme organizzato di principi esplicativi, relativi alle diverse componenti di un fenomeno osservato, il quale consente di fare predizioni su ciò che può verificarsi in determinate condizioni. Un'ipotesi riguarda invece un singolo aspetto di un fenomeno e può essere formulata e verificata sulla base di una teoria (Van Patten, Wiiliams, 2007). Per illustrare i diversi modelli di apprendimen-

base delle quali sono state sviluppate soluzioni metodologiche per l'insegnamento delle lingue non materne.

5.1
Dalla prospettiva comportamentista a quella cognitivista

Il comportamentismo costituisce la prima teoria dell'apprendimento alla quale la didattica delle lingue ha fatto esplicitamente riferimento. Formulata nell'ambito degli studi psicologici per spiegare il comportamento umano e animale (Skinner, 1957)[2], tale teoria è stata introdotta nella didattica linguistica da Bloomfield (1942).

Si deve infatti a questo autore e ad altri esponenti dello strutturalismo statunitense (Fries, Brooks e Lado) l'elaborazione a partire dal 1945 di un metodo per l'insegnamento basato su un modello di descrizione teorica della lingua e dell'apprendimento. Il metodo audio-orale, così definito per enfatizzare l'aspetto orale rispetto a quello grafico-visivo che aveva dominato fino ad allora l'insegnamento delle lingue seconde, si fonda infatti su principi dell'analisi tassonomica e sugli assunti della teoria comportamentista, due prospettive di analisi dei fatti linguistici che condividono l'adozione di un metodo induttivo[3].

Nella prospettiva comportamentista l'apprendimento di una lingua, sia prima che seconda, consiste nell'acquisizione di abitudini sensomotorie, di carattere inconscio, derivate dall'associazione di una particolare risposta a un determinato stimolo, proveniente dall'ambiente. L'acquisizione di una abitudine è favorita:

to, a cui la didattica della lingue ha fatto riferimento nel corso della sua evoluzione, sarà utilizzato in questo capitolo il termine "teoria", sebbene negli studi sull'argomento alcuni autori preferiscano utilizzare il termine "ipotesi" e altri impieghino i due termini in modo intercambiabile.

2. Skinner lavorò all'analisi del comportamento verbale per circa 23 anni, a partire dal 1934. Il volume *Verbal Behavior*, pubblicato nel 1957, raccoglie le lezioni tenute in varie università statunitensi nel corso di questo periodo.

3. Per lo strutturalismo statunitense, la teoria linguistica, per avere rigore scientifico, deve basarsi solo sulla descrizione di fatti linguistici empiricamente osservabili, costituiti da un *corpus* di dati effettivamente prodotti. Analogamente il comportamentismo non indaga sui processi mentali messi in atto nell'apprendimento, ma limita la propria analisi ai comportamenti osservabili.

5. COORDINATE PER L'APPRENDIMENTO DI UNA LINGUA NON MATERNA

- dall'imitazione, attraverso cui l'apprendente riproduce suoni e strutture ascoltati nell'ambiente;
- dalla frequenza, per cui quanto più un enunciato è pronunciato e uno stimolo prodotto, tanto più è probabile che l'apprendente consolidi un'abitudine;
- dal **rinforzo**, cioè dal comportamento che, seguendo la risposta, può rafforzare o inibire l'associazione con uno stimolo.

> Il **rinforzo** consiste nel feedback che l'apprendente riceve dall'ambiente quando realizza una risposta a seguito di uno stimolo. Il rinforzo è definito "positivo" quando la risposta corretta è ricompensata, inducendo l'apprendente ad associarla allo stimolo ricevuto. Il rinforzo è definito invece "negativo" quando la risposta errata non viene ricompensata, in modo da inibire l'associazione.

Un bambino impara quindi a parlare perché imita l'uso di una parola, per esempio "pappa" per riferirsi al cibo. Questa associazione è rinforzata dalle reazioni dei genitori e l'acquisizione della parola è favorita dalla frequenza con cui è associata allo stimolo.

Nell'insegnamento di una lingua straniera tali assunti implicano che l'apprendimento può avere successo quando il compito da proporre ai discenti consiste in unità di stimoli e risposte da esercitare sistematicamente e padroneggiare una alla volta. Nella pratica didattica, viene quindi posto l'accento soprattutto sulla discriminazione di suoni e sulle strutture, presentate attraverso *pattern drill*, cioè esercizi in cui le forme linguistiche sono manipolabili con tecniche di sostituzione e trasformazione. Il lessico assume un ruolo di secondo piano e l'attenzione è limitata agli elementi che consentono di operare sulle strutture.

Dato che apprendere significa sviluppare abitudini sensomotorie, l'insieme di quelle acquisite imparando la lingua madre può costituire una fonte di interferenza. Questa è tanto più probabile, quanto più L1 e L2 divergono sul piano strutturale nell'espressione dello stesso significato (Allen, Corder, 1974). Se osserviamo, per esempio, le seguenti frasi, possiamo prevedere che uno studente di madrelingua inglese abbia molte probabilità di produrre una frase errata imparando l'italiano, perché in queste due lingue lo stesso significato è espresso attraverso due costruzioni diverse. Uno studente tedesco invece avrà meno probabilità di sbagliare, perché nella sua lingua madre è disponibile una possibilità strutturalmente isomorfa alla frase italiana[4]:

I am hungry
Ho fame
Ich habe Hunger

L'interferenza è dunque una fonte potenziale di errore, che si verifica quando la lingua madre e la lingua straniera presentano differenze strutturali, poiché il discente è indotto a trasferire le proprie abitudini linguistiche alla lingua che sta apprendendo. Quando invece le due lingue presentano analogie strutturali il *transfer* ha esito positivo.

È possibile prevedere le difficoltà di apprendimento e guidare lo studente al superamento degli effetti negativi provocati dal *transfer* dalla L1, in modo che non possano consolidarsi abitudini sensomotorie sbagliate, mettendo a confronto la lingua madre e la lingua oggetto di apprendimento a vari livelli di analisi linguistica (fonetico, morfologico, sintattico). L'individuazione, tramite l'analisi contrastiva, delle strutture critiche consente di contrastare l'interferenza causata da *transfer* negativo attraverso nuovi condizionamenti, da attuare con l'*overlearning*, cioè con la presentazione allo studente di un grande numero di stimoli-risposta relativi a tali strutture[5].

La teoria comportamentista, concependo la competenza linguistica come un comportamento appreso con l'imitazione e la pratica, riesce a dare solo una descrizione parziale del complesso processo di apprendimento linguistico che, come afferma Chomsky (1959), non può essere ridotto alla mera formazione di abitudini. Secondo questo autore, che a partire dagli anni Sessanta sviluppa un modello alternativo fondato su principi cognitivisti (riquadro 5.1), l'apprendimento è il risultato di un processo mentale creativo dovuto alla predisposizione, specifi-

---

4. L'analisi contrastiva mette a confronto strutture linguistiche esulando da considerazioni relative al loro valore sul piano pragmatico e sociolinguistico.

5. Negli anni di diffusione del metodo audio-orale si afferma l'uso del laboratorio linguistico, tecnologia facilmente impiegabile per sottoporre lo studente a esercizi che presentino un numero molto elevato di stimoli-risposta, permettendo di vincere le abitudini negative della L1.

RIQUADRO 5.1
La psicologia cognitivista

Il cognitivismo non costituisce una scuola psicologica collocabile spazialmente e temporalmente, ma una prospettiva di studio volta a indagare il funzionamento della mente umana, che raccoglie diversi esponenti.
La psicologia cognitivista si oppone all'empirismo comportamentista, di cui non condivide l'impostazione teorica e metodologica, sostenendo lo studio dell'organismo che, costituendo un sistema attivo e complesso, recepisce lo stimolo, lo seleziona, lo elabora, lo mette in rapporto con le strutture conoscitive già costituite per attribuirgli un senso e scegliere la risposta più adeguata (Sternberg, 2000).

---

camente umana, a imparare la lingua[6]. Un meccanismo innato di acquisizione, che Chomsky (1975) definisce LAD (*Language Acquisition Device*), consente infatti all'individuo, a partire dai dati linguistici a cui è esposto, di formulare ipotesi sul funzionamento del sistema linguistico e di verificarle, operando un confronto con l'input ottenuto dall'ambiente.

Nel modello chomskiano, gli influssi ambientali rivestono importanza solo come insieme di opportunità offerte all'apprendimento, che si verifica perché i dati linguistici vengono messi in relazione agli universali, cioè ai principi e ai parametri comuni a tutte le lingue del mondo, che costituiscono la grammatica universale (GU)[7]. L'acquisizione della L2 differisce da quella della L1 perché l'apprendente, oltre alla conoscenza innata, ha a disposizione anche la conoscenza specifica della lingua madre e possiede dunque un esempio di realizzazione

---

6. Nella recensione al volume *Verbal Behaviour* di Skinner, Chomsky (1959) afferma che i risultati degli esperimenti condotti sul comportamento animale non possono essere estesi all'acquisizione della lingua e introduce il concetto di creatività, intesa come capacità di usare il linguaggio in modo non prevedibile da un stimolo e per esprimere significati sempre inediti.

7. Durante l'acquisizione della L1, la GU è presente nella mente del bambino con un sistema di principi e di parametri. I primi sono principi astratti (come quelli di proiezione, legamento, reggenza ecc.) che costituiscono tratti comuni a tutte le lingue, mentre i parametri permettono di individuare le variabilità strutturali delle lingue e quindi di cogliere aspetti di una lingua specifica. In questo modo si crea una grammatica centrale, che viene integrata da informazioni lessicali e informazioni strutturali più periferiche (Chomsky, 1989).

FIGURA 5.1
Modello di acquisizione secondo il comportamentismo

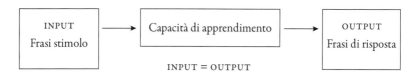

dei principi universali. Inoltre, il rapporto tra linguaggio e cognizione è diverso nell'apprendimento della seconda lingua, poiché questo ha generalmente luogo quando l'individuo è in uno stato di sviluppo cognitivo più avanzato di quello del bambino che acquisisce la lingua materna.

Mettendo a confronto la teoria comportamentista con quella cognitivista, è possibile concludere che la prima, non indagando sui processi mentali e non riconoscendo un'elaborazione dell'input fornito all'apprendente, ritiene che il risultato dell'apprendimento (output) non si discosti dai dati forniti (FIG. 5.1). In altre parole, il discente apprende l'insieme di strutture che gli vengono presentate e su cui può fare pra-

FIGURA 5.2
L'acquisizione linguistica secondo il modello della Grammatica universale

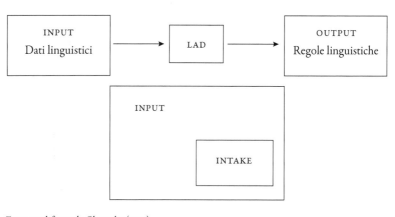

Fonte: modificata da Chomsky (1975).

tica. Il cognitivismo invece prevede un'elaborazione dei dati in input da parte del dispositivo mentale innato, dando come esito dell'apprendimento la conoscenza implicita di un sistema di regole linguistiche. L'input a cui l'apprendente è esposto differisce quindi dall'*intake*, ovvero da ciò che viene ritenuto dalla memoria a lungo termine come risultato dei processi di elaborazione attivati dal LAD (FIG. 5.2).

La teoria della GU, sebbene abbia condotto alla definizione di un metodo di scarsa risonanza e applicazione in ambito didattico (metodo cognitivo), ha dato impulso a studi sugli errori e sulla lingua dell'apprendente, i cui risultati hanno permesso di gettare luce sul processo di apprendimento di una lingua seconda.

5.1.1. L'ERRORE LINGUISTICO E LO SVILUPPO DELL'INTERLINGUA

Nella prospettiva cognitivista la nozione di errore muta e assume una nuova valenza. Da forma deviante, esito di un *transfer* negativo dalla lingua madre, che può essere evitato sulla base del confronto strutturale tra la L1 e la L2, l'errore diventa infatti una manifestazione di apprendimento, un segnale che certe ipotesi sulla natura della lingua sono state formulate e iniziano a essere verificate.

Per esempio un apprendente produce per un certo periodo la forma corretta *vado* e poi emerge nella sua produzione la forma *ando. Ciò non significa che si è verificata una regressione, ma che *vado era impiegato come forma non analizzata, sebbene corretta, mentre *ando*, nonostante costituisca una forma scorretta, segnala che sono in corso di acquisizione le regole di formazione del presente indicativo dei verbi della prima coniugazione.

Si sviluppa così un filone di ricerca, l'analisi degli errori, che, attraverso lo studio delle forme scorrette presenti nelle produzioni degli apprendenti, tenta di risalire al tipo di ipotesi formulate allo scopo di individuare i processi di apprendimento utilizzati e di descrivere le caratteristiche della competenza parziale della L2.

Dato che l'apprendimento di una lingua consiste in un processo di formazione di regole, in ogni stadio di tale processo l'apprendente possiede dunque una propria versione della grammatica della L2, cioè un sistema linguistico a sé stante, definito "interlingua" (riquadro 5.2), che evolve a seguito dell'introduzione di nuove regole, derivate dalle ipotesi verificate e accettate.

> **RIQUADRO 5.2**
> **L'interlingua**
>
> Il termine "interlingua" è stato introdotto da Selinker (1972) per designare la competenza parziale e transitoria di chi apprende una L2. Questo temine si è affermato su etichette proposte da altri autori come "dialetto idiosincratico", competenza di transizione (Corder, 1983) o "sistema approssimativo" (Nemser, 1971). Ciò che accomuna le denominazioni dei diversi autori è il riconoscimento dell'esistenza, dietro le produzioni poco articolate e devianti di coloro che stanno imparando una nuova lingua, di un sistema strutturato, governato da principi provvisori di regolarità, dotato di forte dinamismo e soggetto a complessità crescente. In particolare, Pit Corder considera la lingua dell'apprendente un *continuum* caratterizzato dalla combinazione di ristrutturazione e di ricreazione. La ristrutturazione dell'interlingua è dovuta alla graduale trasformazione del sistema della L1, inizialmente trasferito, ed è segnalato da errori di *transfer*, mentre la ricreazione è connessa alla formulazione di ipotesi sul funzionamento della lingua di arrivo ed è provata dalla presenza di errori di sviluppo.

L'evoluzione del *continuum* interlinguistico può arrestarsi e ipotesi scorrette continuano a governare l'esecuzione, indipendentemente dall'esposizione dell'apprendente ai dati linguistici. Questo processo di arresto, definito "fossilizzazione" (Selinker, Lamendella, 1979), può essere considerato come una perdita della permeabilità dell'interlingua, che impedisce di raggiungere la competenza del parlante nativo ed è attribuita a fattori di natura diversa, tra cui la mancanza di motivazione a modificare il proprio grado di padronanza della lingua poiché, sebbene imperfetto, esso garantisce comunque la comunicazione.

Nella prima fase di studi, dietro all'ampia variabilità individuale dell'interlingua dovuta sia a fattori legati all'apprendente sia a caratteristiche del contesto di acquisizione, vengono rintracciate numerose similitudini tra le diverse varietà di apprendimento.

Andersen, sulla base delle somiglianze emerse nei primi stadi di acquisizione della L1, della L2 e nel *pidgin*, ipotizza che queste varietà siano il risultato di un unico processo indipendente da fattori esterni, la nativizzazione, che si fonda sull'applicazione di principi linguistici e cognitivi generali ai dati in input. Il *pidgin* si differenzia dalle interlingue di apprendimento perché è soggetto a stabilizzazione e istituzionalizzazione. Quando l'apprendimento si svolge invece in condizioni di migliore accesso all'input, si ha un processo di denativizzazione che conduce al conseguimento della norma della L2.

Negli anni Ottanta si sviluppa un'autonoma prospettiva di studio, la linguistica acquisizionale, per la quale diventa oggetto privilegiato di indagine l'apprendimento in contesto spontaneo di una L2[8]. Le ricerche sull'apprendimento di alcune lingue, tra cui l'italiano, hanno evidenziato l'articolazione in fasi del percorso di acquisizione linguistico, attraversate da tutti gli apprendenti, indipendenti dalla L1 e basate sulla ricostruzione di regole sempre più efficaci per la comunicazione (cfr. PAR. 4.3). Tali risultati hanno spinto ad approfondire lo studio longitudinale delle interlingue, conducendo all'individuazione di sequenze di acquisizione, relative ad alcuni sottoinsiemi del sistema linguistico, che descrivono il percorso naturale, seguito dall'apprendente per muoversi lungo il *continuum* interlinguistico di evoluzione[9].

Una delle prime sequenze osservate per l'italiano riguarda l'acquisizione della morfologia verbale, che risulta articolata in quattro stadi (Giacalone Ramat, 1993; 2003):

presente/infinito > (aux) + part. pass. > imperfetto > futuro > condizionale > congiuntivo

Nel primo stadio della sequenza compare una forma simile alla terza persona singolare del presente indicativo, usata come forma basica per esprimere il tempo presente, passato e futuro. Tale forma, probabilmente derivata da una prima analisi dell'input[10], è affiancata o sostituita in alcuni apprendenti dall'infinito.

8. Nella sua prima fase di sviluppo, questo filone di studi ritiene che i dati raccolti in ambiente spontaneo non rischino eventuali distorsioni prodotte dall'istruzione e offrano maggiori possibilità di giungere all'individuazione degli universali linguistici, rispetto a quelli raccolti nell'apprendimento della L1, influenzati invece dalla ridotta conoscenza del mondo e dalla limitata maturità cognitiva dei bambini. Successivamente l'attenzione è stata rivolta anche all'apprendimento in contesto guidato e al confronto tra stadi di sviluppo della L2 e della L1.
9. Una sintesi dei risultati delle ricerche effettuate sulle interlingue di apprendenti di italiano al fine di individuare le sequenze di apprendimento è riportata in Vedovelli (2007). Per un approfondimento dei modelli di apprendimento linguistico cfr. Chini, Bosisio (2014).
10. L'apprendente impiega delle strategie di individuazione delle regolarità linguistiche, che lo inducono a cogliere nelle forme verbali una parte invariabile presen-

Nello stadio successivo emerge il participio passato, per esprimere il valore temporale di passato e quello aspettuale di azione conclusa.

Nel terzo stadio compare l'imperfetto, che riduce lo spazio semantico attribuito precedentemente al presente. Entra dunque nel microsistema dell'interlingua la distinzione tra passato imperfettivo (reso con l'imperfetto) e passato perfettivo (reso col passato prossimo, con o senza ausiliare). Sporadicamente forme di presente con valore di passato imperfettivo continuano per un cento periodo a coesistere con forme dell'imperfetto.

Nell'ultimo stadio si osserva la presenza del futuro, impiegato prevalentemente con valore modale epistemico per esprimere una possibilità o una congettura. Al futuro si aggiungono poi il condizionale, l'imperativo e solo alla fine della sequenza, e non da parte di tutti gli apprendenti, il congiuntivo.

L'ordine in cui le forme emergono è implicazionale, cioè, se il sistema interlinguistico possiede una forma, ne fanno parte anche quelle che la precedono nella sequenza[11]. La presenza di una forma nel sistema non comporta che l'apprendente sia in grado di usarla in modo corretto e sistematico nell'esecuzione e tanto meno di descriverne l'uso attraverso l'esplicitazione di una regola.

Le altre aree del sistema linguistico italiano fino a oggi studiate al fine di rintracciare le sequenze acquisizionali degli apprendenti sono state quelle dei clitici, del genere, della subordinazione, degli ordini sintattici marcati, dei mezzi anaforici, della connessione testuale, della fonologia e della morfologia lessicale[12].

In linea generale, gli studi sulle sequenze di acquisizione in diverse lingue mostrano che, dopo le prime fasi in cui operano principi cognitivi e semantico-pragmatici universali, l'apprendente si dirige verso le strutture particolarmente ricorrenti e salienti della L2. Vengono quindi appresi prima i lessemi più utili e frequenti, le strutture sintattiche e morfologiche dal valore maggiormente chiaro e univoco (Chini, 2000).

---

te in molte persone e tempi, corrispondente alla terza persona singolare del presente indicativo. Per esempio *balla* è presente in *balla*va, *balla*vano, *balla*no, *balla*te ecc.

11. Per esempio, se nell'interlingua emerge l'imperfetto, anche il presente e il passato prossimo costituiscono forme possedute.

12. Le indagini realizzate in queste due aree non hanno condotto all'individuazione di sequenze di acquisizione (Chini, 2005).

Sulla base di simili constatazioni, le sequenze acquisizionali sono state messe in relazione al concetto di **marcatezza**, inteso secondo l'accezione data al termine dagli studi tipologici sul linguaggio. Le strutture più marcate, implicando un carico cognitivo più complesso, vengono apprese successivamente a quelle che esprimono minore marcatezza[13].

> Negli studi tipologici si considerano **marcate** le forme linguistiche che sono meno frequenti, più complesse morfologicamente e meno versatili (Giacalone Ramat, 2003, p. 25).

5.1.2. LA PROCESSABILITÀ DELL'INPUT

Le sequenze evolutive dell'interlingua sono spiegate anche sulla base di abilità procedurali che vengono acquisite dall'apprendente. La teoria della processabilità, proposta da Pienemann (1998), prevede che in ogni stadio di sviluppo l'apprendente possa disporre di procedure di elaborazione cognitiva, che gli consentano di produrre e comprendere solo le forme linguistiche che è in grado di processare in quello stadio. Queste procedure sono acquisite gradualmente, secondo una gerarchia di processabilità (TAB. 5.1), in cui l'ordine è implicazionale, cioè ogni procedura costituisce un prerequisito per l'acquisizione di quella di livello successivo. Inoltre l'ordine di acquisizione rispecchia l'attivazione delle procedure nella produzione linguistica.

Al primo livello della gerarchia l'apprendente non impiega nessuna procedura specifica e si limita a identificare lemmi, che vengono imparati senza essere analizzati[14].

Nella fase successiva, inizia l'analisi delle forme linguistiche e le parole vengono assegnate a categorie. Ciò comporta una modificazione della parola che incomincia a presentare marche morfologiche (libr*o*/ libr*i*). In questa fase l'apprendente continua a considerare le parole se-

---

13. Come osserva Chini (2005), il concetto di marcatezza è inteso in modo diverso nell'ambito degli studi tipologici e nella teoria della GU. In quest'ultimo contesto, infatti, sono ritenute marcate le regole che esulano dalla grammatica centrale e che richiedono una maggiore esposizione ai dati linguistici per essere individuate.

14. Nella descrizione fatta da Pienemann (2007, p. 140), il primo livello della gerarchia è infatti indicato come *no procedure* ("senza procedura"). La definizione "lemmatica", impiegata nella tabella 5.1, è tratta da Bettoni, Di Biase (2005).

TABELLA 5.1
Gerarchia di processabilità

Procedura	Forme linguistiche processate e scambio di informazioni tra gli elementi	Esempi
Lemmatica	Identificazione di lemmi	casa, albero, libro
Categoriale	Assegnazione dei lemmi a una categoria grammaticale	cas*e*, alber*i*, libr*i*
Sintagmatica	Accordo all'interno del sintagma	libr*i* interessant*i* ho mangi*ato*
Frasale	Scambio di informazioni tra sintagmi	Luca *legge* (accordo tra soggetto e verbo)
Subordinativa	Scambio di informazioni tra proposizioni	Lucia spera *di venire* (produzione delle subordinate)

Fonte: Pienemann (2007).

paratamente, cioè senza scambio di informazione tra gli elementi che costituiscono le sue produzioni.

Raggiungendo la fase sintagmatica, l'apprendente comincia ad assemblare le parole e a trovare accordi tra la testa e gli altri costituenti dei sintagmi (libr*i* interessant*i*). Solo a livello successivo si ha uno scambio di comunicazione tra sintagmi che consente la formazione di frasi, in cui l'ordine dato alle parole è quello seguito dalla L2.

Nell'ultima fase l'apprendente acquisisce le procedure per produrre proposizioni subordinate, potendole distinguere da quelle principali.

Sebbene la gerarchia di processabilità descriva un percorso obbligato che l'apprendente deve seguire per acquisire le abilità procedurali in grado di consentire lo sviluppo delle sequenze dell'interlingua, rimane comunque una certa libertà d'azione. Passando da uno stadio all'altro, l'interlingua mostra infatti la compresenza di forme proprie dello stadio precedente e di nuove forme, che tentano di emergere. Oltre che da questo tipo di **variabilità**, l'interlingua è caratterizzata anche da una variazione intrasoggettiva, legata a fattori interni o esterni all'apprendente, e intersoggettiva, cioè sono riscontrabili aspetti diversi in differenti apprendenti. Per spiegare la variabilità a cui l'interlingua è soggetta, Pienemann ricorre alla nozione di "spazio delle ipotesi". Questo consiste nella gamma limitata di soluzioni che si presentano all'apprendente per affrontare problemi di apprendimento. In ogni stadio di sviluppo, le procedure di elaborazione linguistica si configurano infatti come un insieme di opzioni strutturali tra cui l'apprendente è libero di scegliere per realizzare le proprie produzioni.

> L'interlingua è **variabile** perché cambia nel tempo, da individuo a individuo e anche nelle produzioni dello stesso apprendente. L'instabilità dell'interlingua è ritenuta una caratteristica essenziale, senza la quale non ci sarebbe sviluppo della competenza (Ellis, 1994). Per quanto riguarda la variabilità individuale, l'apprendente si comporta nella comunicazione come il parlante nativo, che impiega forme linguistiche attingendole dalle possibilità espressive del proprio repertorio. Le scelte tra le forme dell'interlingua dipendono da fattori come la situazione di discorso, il grado di formalità, lo stile, ma anche dalla pianificazione e dal grado di monitoraggio della produzione, che può comportare l'uso di forme molto avanzate dell'interlingua o solo di quelle ormai stabilizzate e automatizzate.

Le strategie impiegate influiscono sugli esiti evolutivi dell'interlingua, poiché l'accumularsi di scelte in direzione di una soluzione strutturale può precludere il passaggio dell'interlingua allo stadio successivo, determinandone la fossilizzazione.

La teoria della processabilità, prendendo in considerazione aspetti cognitivi di natura universale e coniugandoli con aspetti formali, costituisce una teoria psicolinguistica applicabile all'acquisizione di quasi tutte le L2, in contesto sia spontaneo che guidato[15].

5.2
Il sociointerazionismo

Le indagini realizzate al fine di ricostruire le sequenze acquisizionali mettono in luce che, nonostante le variazioni individuali riscontrabili nelle produzioni di differenti apprendenti, i diversi stadi di acquisizione della lingua si susseguono secondo un ordine più o meno fisso, indipendente dalla sequenza in cui certi elementi linguistici vengono

---

15. Secondo Pallotti (2005), fanno eccezione solo poche lingue che non hanno le procedure per la subordinazione.

presentati, poiché dettato da fattori innati e da caratteristiche connesse al sistema della lingua di arrivo. Ciò sottolinea la scarsa influenza dell'ambiente sul processo di acquisizione della lingua che procede, comunque, seguendo un ordine naturale di sviluppo.

Minimizzando il ruolo dell'ambiente, l'impostazione cognitivista ignora un fattore importante dell'apprendimento linguistico, cioè le caratteristiche dell'input a cui l'apprendente è esposto, che attivano i meccanismi interiori di acquisizione. Da un certo punto di vista il cognitivismo non si distacca dal comportamentismo perché entrambe le teorie considerano l'apprendimento linguistico come fenomeno intraorganico, che riguarda cioè il singolo individuo. La comunicazione linguistica è però un fatto interorganico e sociale, che consente l'interazione tra gli individui.

Al ruolo svolto dall'ambiente, ridimensionato dal cognitivismo, rivolge invece attenzione l'ipotesi sociointerazionista che, muovendosi sempre in un'ottica innatista, considera l'acquisizione della lingua come il risultato degli sforzi collaborativi tra l'apprendente e i suoi interlocutori e della relazione dinamica che si stabilisce tra fattori esterni e meccanismi interni all'individuo.

Bruner, studiando l'acquisizione infantile del linguaggio, afferma che l'apprendimento linguistico ha inizio quando l'adulto (*caregiver*) e il bambino entrano in interazione reciproca, producendo un input che attiva il LAD (Bruner, 1987). L'adulto, considerando attive e intenzionali le manifestazioni espressive del bambino fin dalle prime settimane di vita, sostiene infatti la costruzione di un sistema di comunicazione. Il bambino, rendendosi conto che i suoi atti hanno un effetto sugli adulti, orienta il proprio comportamento in modo da trovare modalità per manifestare le proprie intenzioni comunicative e per interpretare quelle degli adulti. Si viene così a creare una struttura di interazione, che Bruner definisce *format*, in cui procedure ripetitive di comunicazione consentono al bambino di cogliere segnali significativi e procedere alla processazione dell'input.

In altre parole è la cooperazione tra adulto e bambino che rende possibile lo sviluppo della competenza linguistica e influisce sul grado e sulla rapidità di apprendimento. Il dispositivo per l'acquisizione del linguaggio non potrebbe essere infatti attivato senza il contributo dell'adulto, che modella e struttura l'input rendendo possibile la comunicazione, cioè fornisce un sistema di supporto da Bruner definito LASS (*Language Acquisition Support System*).

Analogamente, nell'apprendimento di una lingua straniera, soprattutto in contesto spontaneo, l'apprendente impara la lingua come risultato della partecipazione alla comunicazione, perché la capacità di osservazione e generalizzazione, utilizzata per attribuire significato ai dati a cui è esposto, è attivata dal tipo di input che i suoi interlocutori strutturano, nel tentativo di rendere possibile l'interazione. Nella conversazione tra parlante nativo e apprendente straniero l'input linguistico è infatti caratterizzato da continui aggiustamenti (come la semplificazione a livello sia lessicale che sintattico, richieste di comprensione, spostamento del *topic* ecc.), attuati in base al feedback fornito dall'apprendente (come segnali di comprensione e richieste di chiarimento), in modo da evitare intralci nella comunicazione. In altri termini, i due interlocutori si sforzano congiuntamente per superare le difficoltà derivanti dalle limitate risorse linguistiche dell'apprendente. Questa cooperazione, che viene definita "negoziazione dei significati", dà origine a un input comprensibile in grado di promuovere l'apprendimento linguistico.

Nel corso dell'interazione, l'apprendente ha inoltre la possibilità di verificare le ipotesi formulate sul funzionamento della L2, che costituiscono le regole transitorie dell'interlingua. Tale attività può essere realizzata sulla base del confronto tra la propria produzione e i modelli linguistici offerti dal parlante nativo o a seguito dei feedback prodotti dagli interlocutori (Ellis, 1985).

L'interazione favorisce dunque la focalizzazione dell'attenzione sulle forme linguistiche (*focus on form*) e la riformulazione degli enunciati in modo più comprensibile e più vicino alla norma della L2. Ciò avviene non solo nell'interazione tra apprendente e parlante nativo, ma anche nella comunicazione tra non nativi, poiché la negoziazione di significati problematici induce comunque gli apprendenti ad autocorreggersi e a riformulare i propri enunciati (Pallotti, 1998).

L'ipotesi sociointerazionista, rivalutando il ruolo dell'ambiente e dell'input a cui l'apprendente è esposto, ha promosso lo sviluppo di studi linguistici volti a individuare le caratteristiche e le funzioni svolte nell'apprendimento dalla lingua utilizzata dagli adulti per rivolgersi ai bambini (*motherese*) e da quella impiegata dal parlante nativo nella comunicazione con stranieri (*foreigner talk*). Accanto a questi studi è stata ravvisata poi la necessità di approfondire l'analisi delle interazioni a cui prende parte l'apprendente e di estendere l'indagine anche alla comunicazione didattica (cfr. CAP. 11). Le dinamiche dell'apprendimento linguistico non possono infatti essere comprese solo sulla base dei risultati ottenuti dall'esame di uno dei prodotti dell'interazione, sia esso la produzione dell'apprendente, quella dell'adulto o del parlante nativo, ma l'indagine deve estendersi al processo discorsivo in cui si manifesta la competenza parziale e transitoria dell'apprendente, poiché input e output sono in stretta correlazione.

5.3
Second Language Acquisition Theory

La funzione svolta dall'input nell'apprendimento di una lingua non materna è evidenziata dalla *Second Language Acquisition Theory* (SLAT) formulata da Stephen Krashen, sulla base della quale l'autore ha elaborato con Tracy Terrell il *Natural Approach*[16] (riquadro 5.3).

La SLAT, che accoglie i presupposti teorici del cognitivismo, si fonda sull'asserzione che una L2 viene acquisita solo se vengono compresi messaggi e viene fornito un input comprensibile. La lingua che non è capita non può essere appresa. L'input è ritenuto comprensibile quando si colloca al livello $i + 1$ dell'ordine naturale di acquisizione, cioè allo stadio immediatamente successivo a quello raggiunto dall'apprendente nello sviluppo dell'interlingua. Dato che non è possibile ricostruire interamente tale ordine, in quanto si conoscono solo sequenze acquisizionali relative ad alcune aree della lingua, l'input da proporre deve contenere elesmenti nuovi rispetto a quelli già noti e acquisiti dall'apprendente. La comprensione di tali elementi è resa possibile dal contesto situazionale in cui lo scambio comunicativo è inserito, dalla conoscenza del mondo e dalle informazioni extralinguistiche che accompagnano il messaggio. In un contesto educativo è quindi compito dell'insegnante selezionare l'input e attivare i processi necessari per renderlo comprensibile, in modo che si verifichi acquisizione e non solo apprendimento.

Krashen distingue infatti l'apprendimento dall'acquisizione, considerando il primo un processo consapevole e razionale, basato sulla me-

---

16. Più che di un metodo vero e proprio, si tratta di una serie di principi che orientano l'azione didattica al fine di riprodurre in ambito istruttivo un itinerario simile a quello seguito dall'apprendente in contesto spontaneo.

RIQUADRO 5.3
Natural Approach

Il *Natural Approach* si propone di seguire nell'insegnamento della L2 i ritmi naturali e i principi che guidano l'acquisizione spontanea.
Di importanza centrale è l'esposizione alla lingua, che deve essere curata dal docente al fine di offrire ai discenti un input comprensibile. Nella pratica didattica, largo spazio è quindi dedicato alla presentazione dell'input linguistico, realizzata con l'ausilio di *realia*, come diapositive, filmati o oggetti, e con il ricorso a tecniche ostensivo-descrittive. L'attenzione è focalizzata soprattutto sulla decodificazione del significato, in modo che possano mettersi in moto i meccanismi innati e si verifichi acquisizione, cioè il trasferimento nella memoria a lungo termine di regole implicite, ma disponibili nella comunicazione. Grande importanza è rivestita dal lessico, considerato il principale veicolo di significati.
I contenuti da presentare devono essere selezionati tenendo conto dei bisogni e degli interessi dei discenti e possono essere organizzati secondo criteri funzionali. Nel *Natural Approach* il sillabo consiste quindi nella specificazione di situazioni comunicative e di *topic*, dai quali derivano le funzioni, cioè gli atti linguistici da realizzare.
Le abilità ricettive sono considerate prioritarie rispetto a quelle produttive. Come avviene in ambiente spontaneo, è l'apprendente a decidere quando passare dal silenzio, che caratterizza il primo periodo di esposizione alla nuova lingua, alla realizzazione di enunciati. La produzione non viene sollecitata dall'insegnante e l'acquisizione non è il risultato della pratica didattica, ma della comprensione.
Importante è infine la creazione di un'atmosfera rilassante e stimolante, in modo che l'acquisizione non possa essere ostacolata da forze di carattere psicoaffettivo (Richards, Rogers, 1987).

moria a medio termine, mentre l'acquisizione è un processo subconscio che agisce sulla memoria a lungo termine. Solo ciò che viene acquisito diventa *intake*, cioè entra stabilmente a far parte della competenza. L'acquisizione si verifica durante la comunicazione quando lo studente viene esposto a un input comprensibile e l'attenzione si concentra sul messaggio, mentre l'apprendimento ha luogo quando l'attenzione è focalizzata sulle forme linguistiche, cioè durante le spiegazioni e gli esercizi che hanno come oggetto la grammatica (Krashen, 1981).

L'insegnamento esplicito delle regole grammaticali, che genera apprendimento, ha quindi per Krashen un ruolo marginale, in quanto la conoscenza consapevole di una regola non ha alcun rapporto con la capacità di usarla nella comunicazione spontanea, determinata solo dall'acquisizione. La funzione principale che Krashen riconosce a tale conoscenza è quella di *monitor*, cioè di controllo della produzione. L'attivazione del monitor è però possibile solo quando si dispone dei tempi necessari per la processazione delle regole, come nel caso del discorso pianificato e della produzione scritta. Nella produzione orale invece il parlante non ha il tempo necessario per monitorare l'output e il ricorso alla conoscenza consapevole delle regole può interferire con la comunicazione.

La demarcazione netta tra acquisizione e apprendimento su cui si fonda la SLAT è stata oggetto di numerose critiche (cfr. PAR. 6.5). Pur condividendo la matrice innatista della teoria, molti autori sostengono che processi controllati, basati sulla conoscenza consapevole delle forme linguistiche, possono diventare automatici con la pratica. L'apprendente, quando comunica, ha infatti a disposizione tre tipi di regole:
– regole già automatizzate che costituiscono il risultato dell'acquisizione naturale;
– regole non automatizzate che possono essere usate solo quando si verificano le condizioni favorevoli;
– regole che si sono automatizzate come risultato della pratica e dell'uso.

Le regole possedute dall'apprendente si collocano quindi lungo un *continuum* di automatizzazione che dipende dalla frequenza di utilizzazione. La comunicazione fluente viene raggiunta quando le strutture sono automatizzate e utilizzate nella comunicazione senza riflettere, in modo che l'attenzione possa concentrarsi su livelli superiori di significato.

Sharwood Smith (1985), che condivide questi ultimi assunti, ha elaborato un modello che spiega come la conoscenza appresa possa trasformarsi in conoscenza acquisita con la pratica.

In questo modello l'output dello studente può derivare, come mostrato nella figura 5.3, da:
– uso della conoscenza esplicita (freccia 1);
– uso della conoscenza implicita (freccia 3);
– uso di entrambe le conoscenze (freccia 2).

Enunciati realizzati attraverso la conoscenza esplicita (freccia 1) possono offrire feedback per la conoscenza implicita (percorso tratteggiato). Anche quando entrambi i tipi di conoscenza interagiscono (freccia 2), i risultati sono disponibili all'apprendente come feedback

5. COORDINATE PER L'APPRENDIMENTO DI UNA LINGUA NON MATERNA

FIGURA 5.3
Le fonti di feedback secondo il modello di Sharwood-Smith

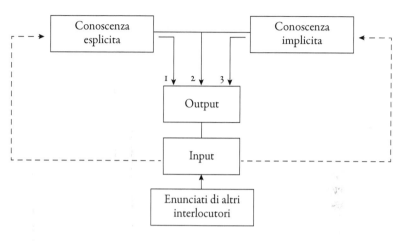

Fonte: modificata da Giunchi (1990).

potenziale sia per la conoscenza acquisita sia per quella appresa (percorso tratteggiato).

Nel modello è quindi l'input, costituito non solo dagli enunciati prodotti dagli interlocutori ma anche dallo studente stesso, a fornire informazioni per la revisione e la ristrutturazione della conoscenza esplicita e implicita. Ne consegue che il flusso dell'informazione da una fonte di conoscenza all'altra è mediato dall'output dell'apprendente, che valuta la propria produzione sulla base dell'impatto cognitivo e affettivo e del feedback fornito dai suoi interlocutori.

Il modello di Sharwood Smith, oltre a dare conto di come processi controllati possono diventare automatici con la pratica, prende in considerazione la dimensione affettiva dell'apprendimento, che costituisce un fattore in grado di influenzare il suo corso.

Anche per Krashen la sfera affettiva svolge un ruolo rilevante nell'acquisizione. Rifacendosi alla psicologia umanistica americana, l'utore ipotizza infatti l'esistenza di un "filtro affettivo", cioè di stati emozionali che possono intervenire nell'elaborazione dell'input impedendo che diventi *intake* (FIG. 5.4). Perché si verifichi l'acquisizione non basta quindi che l'input sia comprensibile, ma è anche necessario che non venga attivato il filtro affettivo (Krashen, 1985).

FIGURA 5.4
Filtro affettivo

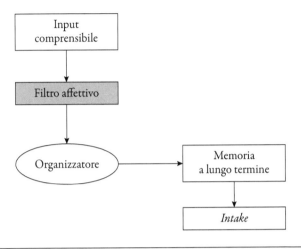

Il filtro rappresenta una rete che i dati linguistici devono attraversare per arrivare all'organizzatore dell'apprendente (un dispositivo innato simile al LAD chomskiano). Se il filtro viene attivato, i dati vengono collocati nella memoria a breve termine e non passano ai centri dell'acquisizione stabile e definitiva.

L'attivazione del **filtro affettivo** è legata a fattori definiti "personali" perché legati al singolo apprendente, come ansia demoralizzante, rapporto competitivo con la classe, blocchi mentali ecc. Le forze di carattere affettivo sono connesse anche ad aspetti motivazionali, tra cui ha un ruolo importante la significatività psicologica dell'apprendimento per il discente.

> Il ruolo svolto dalla **sfera affettiva**, cioè dalle risposte emotive dello studente nell'apprendimento, è diventato oggetto di attenzione in tempi relativamente recenti e caratterizza un filone di approcci all'insegnamento di una lingua non materna, definiti appunto "approcci umanistico-affettivi", tra cui si collocano, oltre al *Natural Approach*, il metodo suggestopedico, il *Total Phisical Response*, il *Silent Way* e il *Community Learning*.

Sembra infatti che venga appreso in modo duraturo ciò che è ritenuto importante per la propria vita e determinante per la costruzione della personalità e della professionalità. Anche l'atteggiamento dell'apprendente verso la comunità della lingua straniera e la consapevolezza della portata comunicativa della lingua (in quanto strumento per stabilire relazioni sociali e penetrare una cultura) costituiscono aspetti affettivi di fattori motivazionali in grado di influenzare il processo di apprendimento.

5.4
Il costruttivismo

Lo spostamento dell'attenzione dal funzionamento dei processi mentali, oggetto di studio del primo cognitivismo, alla dimensione sociale e interattiva dell'apprendimento, attuata dal sociointerazionismo, trova ulteriori sviluppi con il costruttivismo (riquadro 5.4), che considera la conoscenza come il risultato di una costruzione attiva del soggetto, socialmente negoziata e condivisa. Delineatosi nel corso degli anni Ottanta del secolo scorso, sempre in ambito innatista, questo nuovo quadro teorico di riferimento conferisce centralità al discente nel processo di insegnamento-apprendimento e si fonda sul presupposto che il risultato dell'apprendimento sia la conoscenza costruita attivamente dall'apprendente, che integra nuove conoscenze con quelle già disponibili.

Piaget (1981) ha infatti dimostrato che, fin dalla nascita, il bambino ha un ruolo attivo nell'apprendimento ed elabora le proprie conoscenze attraverso la manipolazione, l'esplorazione e l'osservazione. Tramite il processo di "adattamento", basato sull'interazione con l'ambiente, nuovi elementi esperienziali sono infatti "assimilati", cioè integrati nelle strutture cognitive già disponibili, che subiscono un "accomodamento". In altre parole, gli schemi e le strutture mentali si modificano grazie al contributo di nuovi dati, determinando lo sviluppo cognitivo e la costruzione della conoscenza.

Rifacendosi alla nozione di adattamento di Piaget, Jonassen (1994) considera la conoscenza come il risultato di una "negoziazione interna", basata sulla revisione e sul modellamento di strutture mentali, e di una "negoziazione sociale", attraverso cui si condividono con altri individui l'esplorazione e l'attivazione di processi di negoziazione interna. La conoscenza ha inoltre un carattere situato, cioè è strettamente connessa alla situazione in cui ha luogo l'apprendimento, e si realizza anche in relazione a fattori affettivi, oltre a essere legata ai bisogni, agli stili, alle motivazioni, alle attitudini, alle intelligenze del soggetto. Infine, la costruzione della conoscenza da parte dell'apprendente deriva dalla

> **RIQUADRO 5.4**
> **Il costruttivismo**
>
> Il costruttivismo affonda le proprie radici filosofiche nel pensiero di Vico, Kant, Wittgenstein, Goodman e Rorty e trae implicazioni dagli studi di Dewey, Piaget, Vygotskij, Leont'ev e Ausubel.
> Vico è considerato un precursore del costruttivismo contemporaneo perché, contrapponendosi a Cartesio, afferma che la conoscenza non può basarsi solo sull'evidenza dei fatti e sulla loro dimostrazione razionale, ma è originata da un'azione costruttiva dell'uomo. Analogamente Kant, sebbene la sua opera si collochi in pieno Illuminismo, nella *Critica della ragion pura* asserisce che conoscere non consiste nel rilevare dati fenomenici, ma nell'attività di elaborazione realizzata attraverso forme a priori, proprie di tutti gli esseri pensanti.
> È da attribuire alla crisi del pensiero razionalista, positivista e neopositivista dell'inizio del XX secolo lo sviluppo della genesi filosofica del costruttivismo. L'idea che la conoscenza consista nella scoperta e nella descrizione della realtà esterna all'individuo, immutabile, retta da leggi, oggettiva e misurabile viene infatti messa in discussione e si fa progressivamente strada una concezione della conoscenza come costrutto mentale soggettivo, fondato su dati esperienziali, condiviso socialmente e, pertanto, più sfumata e mobile.
> Questo mutamento di prospettiva ha investito anche l'ambito educativo, nel quale l'insoddisfazione verso gli approcci psicometrici e analitico-sequenziali che hanno dominato la didattica degli anni Cinquanta-Settanta (basati su una definizione del percorso di apprendimento in termini di obiettivi operazionali, il cui conseguimento può essere oggettivamente verificato) ha condotto al recupero di alcune componenti delle teorie pedagogiche-didattiche che hanno posto l'accento sulle dimensioni olistica, negoziale, contestuale e sociale dell'apprendimento, inteso come elaborazione di costruzioni mentali soggettive (Varisco, 2002).

comunicazione interpersonale e si attua attraverso particolari forme di collaborazione e negoziazione sociale tra pari, favorita, in un contesto didattico, dal docente che svolge il ruolo di mentore.

L'importanza per l'apprendimento dell'interazione sociale era già stata evidenziata anche da Vygotskij, da cui il costruttivismo riprende alcuni elementi centrali. Per lo psicologo russo infatti lo sviluppo cognitivo è reso possibile da una matrice neurobiologica, da cui dipendono processi psichici elementari, e da una culturale, dalla quale derivano funzioni psichiche e forme di pensiero elaborate e volontarie. Questi processi superiori di cognizione umana si sviluppano attraverso la partecipazione, mediata da sistemi simbolici culturali, tra cui il principale è il linguaggio, all'interazione familiare, al gruppo dei pari e alle relazioni sociali.

Dall'agire sociale dipendono anche le «zone di sviluppo prossimale», cioè «la distanza tra il livello attuale di sviluppo così come è determinato dal *problem solving* autonomo e il livello di sviluppo potenziale così come è determinato attraverso il *problem solving* sotto la guida di un adulto o in collaborazione con propri pari più capaci» (Vygotskij, 1980, p. 127). L'azione collaborativa fornisce infatti all'apprendente il supporto per svolgere compiti che ancora non è in grado di eseguire individualmente, consentendo la transizione a modelli di pensiero più elaborati e l'emergere di capacità autonome di gestione del compito. L'appropriazione di strumenti cognitivi è resa possibile dal sostegno dialogico (*scaffolding*) offerto dai membri del gruppo che, sapendo già risolvere il problema, orientano senza dirigere l'apprendente.

Nell'ottica costruttivista l'apprendimento non consiste nell'acquisizione di particolari contenuti preselezionati e preordinati, ma nel prodursi di rappresentazioni multiple della conoscenza, promosse dall'adozione di una metodologia fondata su collaborazione, autonomia, consapevolezza dei processi conoscitivi messi in atto dal discente e allestimento di ambienti formativi che permettano la manifestazione di zone di sviluppo prossimali e inducano a rivisitare più volte i contenuti, consentendone una visione multiprospettica (Calvani, 2000). Ciò non implica il ricorso a percorsi didattici basati sull'autoapprendimento, bensì l'impiego di strategie e di tecniche che promuovano un apprendimento attivo e partecipativo, sviluppino **abilità metacognitive** e focalizzino l'attenzione sul processo piuttosto che sul prodotto dell'apprendere.

5.2

> La **metacognizione** è un concetto introdotto da Flavell nel 1976 per indicare il controllo e il potenziamento delle prestazioni cognitive, attuati dall'apprendente attraverso l'uso consapevole di conoscenze, comportamenti, strategie, messe in atto nel processo di apprendimento. Il metodo più efficace per sviluppare la metacognizione consiste infatti nel sostenere il riconoscimento, da parte dei discenti, delle abilità necessarie allo svolgimento di compiti di apprendimento, nel migliorare le conoscenze relative all'apprendimento linguistico e nell'incoraggiare la pianificazione, il controllo e l'autovalutazione non solo del prodotto del proprio apprendimento, ma anche del processo stesso dell'apprendere.

Il costruttivismo non ha dato vita a un modello didattico univoco, bensì a una serie di soluzioni basate sull'allestimento di **ambienti formativi**, i cui presupposti comuni sono costituiti da:
- enfasi sulla costruzione della conoscenza piuttosto che sulla riproduzione del sapere;
- incremento della motivazione e dell'interattività;
- presentazione di compiti autentici, connessi al mondo reale, per favorire l'apprendimento esperienziale e la costruzione attiva del soggetto;
- partecipazione del discente alla selezione dei contenuti e alla produzione di materiali;
- importanza di attività basate sulla negoziazione interpersonale e sulla cooperazione;
- valorizzazione delle differenze individuali;
- possibilità di realizzare itinerari didattici personalizzati, che rendono più efficace l'apprendimento.

> Nell'accezione costruttivista, un **ambiente di apprendimento** è uno spazio, reale o virtuale, entro il quale gli studenti interagiscono tra loro o con il docente, dispongono di risorse per l'apprendimento (materiali didattici, CD-ROM, DVD, dizionari, informazioni tratte dalla rete ecc.) e possono impiegare strumenti di lavoro (PC, lettori DVD, tecnologie telematiche ecc.). Le azioni che vi si svolgono sono volte alla realizzazione di obiettivi concordati e realizzate in modo collaborativo dietro la guida del docente, che stimola la partecipazione, fornisce supporto e incoraggia l'apprendimento (Varisco, 2002).

Sebbene il paradigma costruttivista non si focalizzi esplicitamente sull'apprendimento della L2, aspetti dei modelli didattici proposti e i principi di fondo si sono estesi all'insegnamento linguistico, conducendo alla sperimentazione di forme di programmazione didattica che si discostano dalla strutturazione basata sul conseguimento di obiettivi definiti operazionalmente, propria dei modelli curricolari, e che favoriscono la partecipazione attiva dei discenti alla selezione dei contenuti e alla definizione dei percorsi di apprendimento (cfr. CAP. 9). È da attribuire anche alla spinta cotruttivista il crescente interesse verso la classe come ambiente di interazione sociale e comunità di apprendimento[17], in cui

---

17. Dato che l'apprendimento si realizza in una dimensione sociale, uno dei modelli didattici elaborati in ambito costruttivista è quello della comunità di appren-

> **RIQUADRO 5.5**
> **E-learning**
>
> Un sistema di e-learning consiste in un ambiente virtuale di apprendimento, realizzato tramite una piattaforma, cioè un software specifico, all'interno del quale è possibile erogare formazione, gestire e monitorare i percorsi formativi degli utenti e accedere a una serie di strumenti di comunicazione e di servizi, quali forum, chat, tutoring online.
> Nella sua forma più evoluta, l'e-learning consente di realizzare forme delocalizzate di formazione, che affiancano alla fruizione individuale e autonoma di materiale didattico multimediale momenti di interazione sincrona e asincrona tra docente o tutor e il singolo discente o l'intero gruppo, ma anche tra discente e discente, favorendo la creazione di comunità di apprendimento.
> Nell'e-learning assume dunque un ruolo centrale l'interazione tra gli attori del processo formativo, che viene sostenuta dalla realizzazione di contesti multirelazionali di apprendimento, basati sullo svolgimento collaborativo di compiti e in grado di promuovere nuove modalità di apprendere, che rendono la formazione online non sostitutiva, bensì integrativa di quelle in presenza. Oggi non si parla più infatti solo di e-learning, cioè di formazione erogata soltanto attraverso la rete, ma anche di *a-learning* (*assisted learning*), quando il ricorso all'impiego di una piattaforma online integra, completandola e arricchendola, la formazione in aula, e di *b-learning* (*blended learning*), quando il percorso formativo si basa su una combinazione di formazione in presenza e formazione delocalizzata con strumentazione e-learning.

sono sollecitati i flussi di comunicazione ed è promossa la costruzione cooperativa della conoscenza, attraverso attività basate sulla realizzazione di compiti autentici, significativi e orientati al conseguimento di uno scopo.

È però nel campo dell'insegnamento con l'ausilio delle nuove tecnologie educative che il costruttivismo offre il suo maggiore contributo alla didattica delle lingue. La modalità formativa nota come e-learning (riquadro 5.5), che si è andata sviluppando nell'ultimo decennio, si fonda infatti sulla dimensione sociale e collaborativa dell'apprendimento, che consiste nella creazione di un ambiente di ricerca cooperativa in cui si presentano molteplici zone di sviluppo prossimale, grazie alla partecipazione attiva e collaborativa degli studenti alla costruzione della conoscenza, e in cui la metacognizione assume un ruolo strategico (Varisco, 2002).

dimento e su modelli didattici proposti dal costruttivismo, grazie ai quali si aprono nuove frontiere metodologiche per l'insegnamento linguistico e si offrono nuovi modi di apprendere e sviluppare competenze, facendo diventare l'e-learning un mezzo per attuare la formazione permanente, necessaria nella società della comunicazione, dell'informazione e della conoscenza del terzo millennio.

5.5
Apprendimento linguistico e fasce d'età

Le ricerche sullo sviluppo dell'interlingua hanno evidenziato che il percorso di acquisizione linguistica procede attraversando fasi simili per tutti gli apprendenti, indipendentemente dalla loro L1 e dall'età. Mentre, quindi, si riscontrano delle somiglianze nel percorso seguito, molte differenze possono essere osservate relativamente ai tempi, alle modalità e ai risultati conseguiti in fasce d'età diverse (Ellis, 1985).

Gli studi condotti sul ruolo del fattore età nell'apprendimento linguistico concordano nel ritenere che l'acquisizione degli adolescenti e degli adulti proceda in modo relativamente più veloce nelle prime fasi rispetto a quella dei bambini, i quali però conseguono livelli più elevati di competenza in periodi più prolungati di esposizione alla L2 (Krashen, Long, Scarcella, 1982; Singleton, 1989)[18]. I migliori esiti a breve termine degli adolescenti e soprattutto degli adulti sono da attribuire a capacità cognitive complesse ed elaborate, a una maggiore conoscenza del mondo e a una migliore consapevolezza del funzionamento di una lingua (Pallotti, 1998).

Secondo Krashen, l'apprendimento linguistico in età adulta si caratterizza per un uso più esteso del monitor (cfr. PAR. 5.3), poiché, possedendo una maggiore capacità di astrazione e sistematizzazione rispetto ad apprendenti più giovani, l'adulto è indotto a riflettere sul

---

18. Questi studi riguardano soprattutto l'apprendimento della lingua seconda, nell'accezione più restrittiva di questa espressione, mentre ricerche e sperimentazioni nel campo dell'insegnamento della lingua straniera mostrano che i bambini riescono a conseguire buoni risultati quando l'insegnamento offre una grande quantità di input. Nel caso di esposizione a input ristretto l'apprendimento precoce di una lingua straniera non conduce infatti a esiti apprezzabili, rispetto a quelli di coetanei che hanno iniziato l'apprendimento più tardivamente (Singleton, 1989).

5. COORDINATE PER L'APPRENDIMENTO DI UNA LINGUA NON MATERNA

funzionamento della lingua e a utilizzare la conoscenza consapevole delle regole per pianificare, guidare e controllare la propria esecuzione, conseguendo così migliori risultati nelle prime fasi di contatto con la lingua straniera.

L'apprendimento di una L2 da parte di bambini, realizzandosi invece contemporaneamente allo sviluppo cognitivo, non può avvalersi di strutture cognitive o concettuali già acquisite e consolidate. Per esempio, un bambino di 5-6 anni può avere difficoltà ad apprendere avverbi di tempo, espressioni per descrivere periodi di tempo (settimana, mese, anno, secolo ecc.) o la morfologia verbale perché la concettualizzazione della nozione di tempo è ancora in fase di sviluppo. Inoltre, il bambino ha ridotte capacità di riflessione esplicita sulla lingua ed è in grado di gestire interazioni linguistiche solo ancorate al contesto extralinguistico immediato[19].

Relativamente alla diversità dell'apprendimento nelle diverse fasce di età sono state date spiegazioni sul piano cognitivo, come quelle appena esposte che fanno riferimento all'impiego di differenti capacità cognitive e conoscenze, su quello neurobiologico, con l'individuazione di un periodo critico, dopo il quale non sarebbe più possibile conseguire elevati livelli di competenza nella L2, e su quello psicolinguistico, con l'ipotesi dell'accesso al meccanismo innato di acquisizione linguistica.

5.5.1. BASI NEUROBIOLOGICHE DELL'APPRENDIMENTO LINGUISTICO E IPOTESI DEL PERIODO CRITICO

Da un punto di vista neurobiologico, ai due emisferi cerebrali sono attribuite funzioni diverse. Le aree deputate al funzionamento del linguaggio sono localizzate nell'emisfero sinistro, specializzato anche nel pensiero convergente e in funzioni analitiche e logiche, come il calcolo, nonché sequenziali, come l'ordinamento cronologico. L'emisfero destro è invece specializzato in processi di natura olistica, nell'esecuzione di compiti basati sulla gestione simultanea di dati e nell'elaborazione

5.3

---

19. Nell'apprendimento sia della L1 che delle L2, a causa dello sviluppo cognitivo ancora in via di completamento e della ridotta conoscenza del mondo, la comunicazione a cui il bambino prende parte è circoscritta al "qui e ora", cioè a elementi presenti sia nello spazio che nel tempo, che consentono l'immediata referenza delle espressioni linguistiche.

di stimoli non verbali come quelli musicali, ma assolve funzioni anche legate all'uso metaforico del linguaggio e relative agli aspetti prosodici e pragmatici della lingua. Inoltre, i due emisferi svolgono funzioni complementari nell'elaborazione dell'informazione che viene prima percepita e decodificata globalmente dall'emisfero destro, poi passata all'emisfero sinistro, che analizza e organizza gli elementi rilevanti, e infine sintetizzata sulla base dell'integrazione dei dati elaborati da entrambi gli emisferi (Danesi, 1988).

La comprensione e la produzione linguistica costituiscono quindi attività neurobiologicamente complesse, che chiamano in causa una serie di funzioni e coinvolgono strutture cerebrali diverse, situate in entrambi gli emisferi e in aree sia corticali che subcorticali.

Alla specializzazione funzionale degli emisferi cerebrali è stata attribuita la perdita di plasticità che impedirebbe di conseguire livelli di padronanza simili a quelli di un parlante nativo nell'apprendimento di una lingua straniera nella tarda adolescenza[20] e nell'età adulta. L'attribuzione delle diverse funzioni ai due emisferi costituisce infatti un processo, definito "lateralizzazione", che raggiunge il suo completamento con la pubertà, età in cui diminuisce la capacità di apprendimento linguistico. Penfield e Roberts (1959) collocano intorno ai 9 anni la soglia al di sotto della quale si possono apprendere più lingue senza difficoltà. Lenneberg (1967) formula invece l'ipotesi di un periodo critico, collocabile intorno ai 12 anni, oltre il quale si ridurrebbe la plasticità cerebrale, per via della lateralizzazione dei due emisferi[21], e sarebbe più difficile apprendere la lingua a livelli di competenza elevati.

Studi successivi hanno dimostrato che non si può individuare un unico periodo critico per l'apprendimento di una L2, ma sono riscontrabili più periodi sensibili, in relazione a diverse aree delle lingua (Pul-

---

20. L'adolescenza costituisce un periodo ampio, ricco di trasformazioni per l'individuo, i cui punti di inizio e fine non sono determinati secondo criteri univoci e convenzionali. Facendo riferimento alle componenti psicologiche, affettive e cognitive correlate all'età e ai livelli di istruzione previsti in molti sistemi scolastici, è possibile individuare una fase di preadolescenza, che va dai 10 ai 13 anni, e una di adolescenza, che va dai 14 ai 18 anni (Piscopo, 2006).

21. Gli studi sulla base dei quali sono state constatate difficoltà di apprendimento dopo l'età puberale riguardavano l'acquisizione della L1 da parte di soggetti cerebrolesi. Solo successivamente l'ipotesi di un periodo critico è stata estesa anche all'apprendimento di una L2.

vermüller, Schumann, 1994; Singleton, Lengyel, 1995). La fonologia rappresenta il livello maggiormente sensibile, per cui l'età puberale costituirebbe una soglia temporale dopo la quale risulta difficile acquisire la pronuncia nativa di una L2. In alcuni individui, già verso i 6 anni si verifica una riduzione della capacità di apprendimento della fonologia, che si incrementa poi nel tempo. Per la morfologia e la sintassi il periodo sensibile si presenta più tardi, ma sempre nell'adolescenza. Il lessico e la pragmatica costituiscono invece aree che non conoscono periodi sensibili connessi all'età, in quanto l'apprendimento di unità lessicali e di aspetti pragmatici del linguaggio può continuare per tutto l'arco della vita.

Dal punto di vista neurologico, il presentarsi di diversi periodi sensibili nell'apprendimento di una L2 è stato correlato alla mielinizzazione dei neuroni (Pulvermüller, Schumann, 1994). Le connessioni che si stabiliscono nel corso dello sviluppo cognitivo tra i neuroni, e che rappresentano il risultato neurobiologico dell'apprendimento, vengono infatti avvolte da una sostanza di rivestimento, la mielina. La mielinizzazione, sebbene favorisca e velocizzi il passaggio di impulsi nervosi creando una rete di percorsi preferenziali, rallenta lo stabilirsi di nuove connessioni neurali. Le reti di neuroni legate al controllo degli aspetti fonologici e grammaticali della lingua riceverebbero il rivestimento mielinico per prime, prendendo gradualmente plasticità nel corso dell'infanzia e della prima adolescenza. Le reti più diffuse ed estese, residenti anche nell'emisfero destro, connesse alla semantica e alla pragmatica, manterrebbero invece la loro plasticità anche in età adulta.

Questa spiegazione delle differenze di apprendimento legate all'età ha fatto sorgere interrogativi sulla localizzazione cerebrale delle aree che sovrintendono all'uso di lingue apprese successivamente alla prima. Se infatti la mielinizzazione riduce la creazione di nuove connessioni tra neuroni, nell'apprendimento di una L2 dopo l'adolescenza le nuove reti neurali dovrebbero localizzarsi in una zona cerebrale diversa. Paradis (1995) ritiene che ciò non è assodato e che le reti neurali relative alle diverse lingue potrebbero risiedere nelle stesse aree corticali. Gli emisferi cerebrali potrebbero però avere ruoli diversi nei differenti stadi di acquisizione.

Danesi (1994) sostiene infatti che nelle prime fasi si apprendimento di una L2 entri soprattutto in gioco l'emisfero destro, poiché l'apprendente fa ricorso a conoscenze di carattere generale. Successivamente il ruolo di questo emisfero si affievolisce, perché l'apprendimento procede attraverso attività specificamente linguistiche e metalinguistiche, controllate dall'emisfero sinistro.

5.5.2. IPOTESI PSICOLINGUISTICA

L'ipotesi di un periodo critico dopo il quale non sarebbe più possibile apprendere una lingua conseguendo una competenza quasi nativa è stata messa anche in relazione all'accesso diretto alla GU (cfr. PAR. 5.1).

In ambito innatista sono state sostenute infatti tre posizioni sul ruolo della GU nell'apprendimento della L2 (Cook, 1985):
– possibilità di accesso diretto alla GU di cui vengono utilizzati i principi, mentre i parametri sono fissati sulla base dei dati della L2, senza riferimento ai valori che hanno nella L1;
– possibilità di accesso indiretto alla GU, realizzato attraverso i valori dei parametri fissati per la L1, per cui l'apprendente trasferisce inizialmente questi valori dalla sua lingua madre e acquisisce solo successivamente quelli relativi alla L2, impiegando strategie diverse;
– impossibilità di accesso alla GU. L'apprendimento di una seconda lingua non si realizzerebbe quindi utilizzando il LAD, ma facendo ricorso ad altre facoltà cognitive come la capacità generale di risolvere un problema (Bley-Vroman, Felix, Ioup, 1988).

L'accesso diretto alla GU, che consente l'apprendimento della L2 con gli stessi processi attraverso cui si realizza quello della L1, sarebbe correlato all'età. Da adulti, non potendo più l'individuo accedere alla GU se non in modo indiretto attraverso la L1, utilizza per l'apprendimento delle L2 meccanismi cognitivi che non consentono il conseguimento di elevati quadri di padronanza a tutti i livelli della lingua.

5.5.3. ALTRI FATTORI CONNESSI ALL'ETÀ DELL'APPRENDENTE

L'età in cui si realizza l'apprendimento di una L2 non rinvia solo a diverse capacità cognitive e a strutture neurobiologiche, ma anche a differenze motivazionali e psicoaffettive.

I bambini che si trasferiscono in un altro paese, e sono mossi quindi da motivazioni integrative a imparare una nuova lingua, hanno generalmente più facilità degli adulti nell'apprendimento per via della maggiore capacità di adeguarsi al nuovo contesto e del desiderio di interagire nel gruppo dei pari (Chini, 2005). Inoltre, sui bambini intervengono in quantità ridotta forze di tipo psicoaffettivo legate a questioni identitarie, che invece agiscono in modo più rilevante sugli adolescenti, dato che la loro identità linguistica e culturale ha da poco iniziato il proprio percorso di definizione.

Un basso livello motivazionale può invece caratterizzare l'apprendimento infantile dell'italiano come lingua straniera. I bambini non riescono infatti a cogliere né l'utilità né l'importanza di conoscere altre lingue, che spesso imparano per scelta dei genitori o perché previste dal curricolo scolastico. Il conseguimento di esiti positivi può essere in questo caso sostenuto dall'adozione di metodi didattici che lascino largo spazio alla comprensione, ad attività pratiche, alla memorizzazione di formule linguistiche e prestino poca attenzione agli aspetti formali della lingua, come il *Natural Approach* e il *Total Physical Response* (Pallotti, 1998; riquadro 5.6), e dalla creazione di un clima positivo e ludico, che possa costituire una fonte di motivazione intrinseca all'apprendimento della lingua (cfr. CAP. 1).

Nella fase adolescenziale, verificandosi un profondo cambiamento nella socialità dell'individuo (Scaparro, Pietropolli Charmet, 1993), accanto a una più elevata capacità di astrazione e di sistematizzazione dei fatti linguistici si realizza una trasformazione del filtro affettivo, che risulta più sensibile alle dinamiche relazionali tra pari, in quanto anche i compagni di classe diventano un punto di riferimento per l'apprendimento (Balboni, 2002).

Nel tentativo di affrancarsi dall'adulto e di trovare una propria autonomia e una propria identità, aspetti che caratterizzano il periodo adolescenziale, l'apprendente non trova più naturali la correzione e l'intervento assidui del docente, che possono interferire con l'immagine di sé e con la relazione con il gruppo dei pari, in via di costruzione. Assume allora un'importante valenza formativa il ricorso a un approccio didattico basato sull'apprendimento collaborativo, che lasci ampio spazio ad attività da svolgere in gruppo, attraverso cui possa essere sviluppata l'autonomia del discente, sperimentata la capacità di relazionarsi agli altri e di ricercare soluzioni condivise, stimolata l'autocorrezione, promosso il monitoraggio del proprio apprendimento e ridotto l'intervento diretto dell'adulto, che continua comunque a essere presente organizzando l'azione didattica e fornendo il sostegno richiesto. Oltre a evitare che forze di carattere psicoaffettivo intervengano negativamente sul processo di apprendimento, l'adozione di un simile approccio consente di superare i limiti di concentrazione dell'adolescente che, indotto dal clima partecipativo e stimolante, si

RIQUADRO 5.6
Total Physical Response

Il *Total Physical Response* è un metodo sviluppato negli anni Sessanta dallo statunitense James Asher. Rifacendosi alla psicologia e alla pedagogia umanistica, Asher considera fondamentale il coinvolgimento sia mentale che fisico del soggetto nell'apprendimento di una L2, che segue un percorso simile a quello della L1 nell'infanzia. Come il bambino che acquisisce la lingua materna elabora inizialmente una risposta fisica alle frasi pronunciate dai genitori, così l'apprendente di una L2 è esposto a sequenze di comandi che richiedono l'esecuzione di azioni non verbali.

La lezione, realizzata secondo i principi di questo metodo, consiste quindi in una breve revisione degli argomenti relativi alle lezioni precedenti, seguita dall'introduzione di sequenze di nuovi comandi, che vengono realizzati dai discenti dietro la guida dell'insegnante.

Come nell'acquisizione della L1 l'ascolto precede la produzione, anche nell'apprendimento della L2 la comprensione orale rappresenta la prima abilità da sviluppare e il discente è libero di iniziare a parlare quando si sente pronto, senza che venga spinto a farlo dall'insegnante.

Infine Asher, condividendo con la psicologia umanistica l'attenzione ai fattori psicoaffettivi, ritiene che una metodologia basata su movimenti giocosi riduca lo stress e faciliti l'apprendimento (Visciola, 1998).

impegna per elevare i propri tempi di attenzione[22], mantenendosi attivo nell'apprendimento.

In età adulta l'apprendimento linguistico è generalmente contraddistinto da una solida motivazione, dato che la scelta di frequentare un corso di lingua è operata dall'apprendente stesso per ragioni ben precise, da una più elevata capacità di superare gli ostacoli derivati dalle difficoltà di imparare una seconda lingua (Pallotti, 1998), ma anche da una maggiore possibilità che stati d'ansia, meccanismi di difesa e resistenze psicologiche intervengano nel processo (Maffei, 2006). L'adulto infatti ha una propria identità e un'immagine sociale, che non è disposto a mettere in discussione e a vedere sminuite dagli in-

---

22. Studi sull'attenzione in età adolescenziale affermano che il tempo globale in cui il discente riesce a concentrarsi su nuovi apprendimenti ammonta a un massimo di 15 minuti su un'ora di lezione. L'informazione che eccede i limiti attenzionali, oltre a non essere elaborata e a produrre apprendimento, diminuisce la motivazione (Aprile, 2002).

successi o da manifestazioni di incapacità legate alla frequenza di un corso di lingua straniera. I compiti di apprendimento sono quindi affrontati con un atteggiamento meno spontaneo e disteso di quello di apprendenti più giovani, soprattutto se basati sulla produzione orale, che consente un minore ricorso al monitor, di cui gli adulti fanno largo uso (cfr. PAR. 5.5).

Inoltre, l'adulto può presentare delle resistenze riguardo alle scelte metodologiche, derivate dalla sua precedente esperienza di apprendimento, sulla base della quale ha elaborato un'idea di come si apprende e si insegna una lingua straniera e di quali competenze e caratteristiche dovrebbe possedere il buon insegnante di lingua.

L'approccio da impiegare con apprendenti adulti, qualunque sia la sua matrice, deve pertanto tenere conto delle componenti psicoaffettive che caratterizzano l'apprendimento di questo tipo di pubblico e fondarsi sul rispetto dell'esigenza di sistematizzazione e astrazione, sul coinvolgimento degli studenti nelle scelte relative ai contenuti e alle soluzioni metodologiche, sull'esplicitazione degli obiettivi e delle tecniche didattiche che ne consentono il conseguimento[23]. Il ricorso a uno stile didattico troppo direttivo può infatti provocare reazioni di rifiuto da parte dell'adulto che, sebbene riconosca l'asimmetria dei ruoli nell'interazione didattica (cfr. CAPP. 10 e 11), è disposto ad accettare lo status di superiorità del docente solo nella sua funzione di guida e di dispensatore di risorse per l'apprendimento.

---

23. Gli adulti sono spesso restii all'impiego di alcune tecniche didattiche di cui non ne colgono l'efficacia e che mettono a rischio la loro immagine sociale, come per esempio il *role play*. Esplicitando gli scopi dell'impiego di questa tecnica didattica e creando un clima disteso e giocoso, in cui l'apprendimento dell'italiano è considerato anche una sfida con sé stessi, che non intacca l'autostima o quella nutrita dagli altri, anche lo svolgimento di attività basate su tecniche di drammatizzazione può essere accettato con piacere dallo studente adulto (Maffei, 2006).

Parte seconda
Insegnare la lingua, insegnare la grammatica

Al lettore ignaro del dibattito che ha attraversato la glottodidattica negli ultimi decenni, il fatto che l'insegnamento della grammatica sia in qualche misura utile per apprendere una lingua straniera sembrerebbe un dato pacifico. Eppure alcuni approcci e metodi sviluppatisi nel secolo scorso presuppongono la pressoché completa marginalizzazione dell'insegnamento grammaticale, oppure negano che la conoscenza consapevole delle regole serva a migliorare la competenza comunicativa (cfr. CAP. 5). Si tratta in apparenza di un paradosso. In altri campi del sapere o dell'agire sociale nessuno penserebbe di mettere in dubbio che, poniamo, per imparare a decorare la ceramica o a sciare sia utile sottoporsi a un'istruzione specifica in cui le nozioni teoriche e l'applicazione pratica siano opportunamente integrate; né d'altra parte avremmo molta fiducia in un maestro di sci che, senza averci insegnato a curvare e a frenare, dopo averci condotto in cima a una vetta ci dicesse: "Ora scendi nel modo più naturale possibile".

Fra le ragioni che hanno indotto psicologi, linguisti e glottodidatti a dubitare dell'utilità dell'insegnamento della grammatica ricordiamo le seguenti:
– all'apprendimento di una lingua, a differenza di quanto avviene per una tecnica o una disciplina sportiva, sono deputate con ogni probabilità strutture mentali innate;
– per comunicare efficacemente le competenze (o le conoscenze procedurali) sono più importanti delle conoscenze dichiarative[1].

Torneremo su tali questioni nei capitoli seguenti. Per ora possia-

---

1. La conoscenza dichiarativa consiste nel "sapere che": per esempio, sapere che in Italia ci sono 20 regioni, che un ciclo lunare si compie in 28 giorni, che in italiano esistono 5 diversi tempi dell'indicativo per esprimere un'azione passata. La conoscenza procedurale consiste invece nel "sapere come": per esempio, sapere come si guida

mo anticipare che il dibattito non è stato infruttuoso: ha costretto da un lato gli assertori acritici del ruolo portante dell'insegnamento della grammatica a porsi il problema della congruenza tra le nozioni presentate (le strutture e gli usi della lingua) e gli obiettivi didattici (la capacità di comunicare accuratamente, fluentemente ed efficacemente). Per fabbricare un vaso di ceramica non serve possedere nozioni di fisica meccanica sul funzionamento del tornio, per sciare è importante sapere come distribuire il peso del corpo prima di affrontare una curva, ma non è di molto giovamento la consapevolezza delle leggi che regolano l'attrito o la caduta dei gravi. È dunque ragionevole dubitare che alcune nozioni di grammatica generale (che cos'è il soggetto di una frase? Quali sono le sue proprietà?) o alcune tipologie di esercizi (l'analisi logica, ma anche le più moderne metodologie di analisi della frase in costituenti) siano d'ausilio nel percorso di apprendimento di una lingua[2]. Un po' più difficile è sostenere che avere un'idea di che cosa sia la flessione nominale nel sistema morfologico dell'italiano non sia d'aiuto all'apprendente straniero per padroneggiare meglio la comunicazione orale e scritta. D'altro canto, i sostenitori aprioristici dell'inutilità della grammatica in classe, che vedono nel tentativo di attivare una qualsiasi forma di riflessione metalinguistica il riemergere di pratiche funeste condannate dal tribunale della storia, sono stati costretti a riflettere sul fatto che nel percorso di apprendimento di una lingua straniera la fluenza nella comunicazione non deve necessariamente svilupparsi a detrimento dell'accuratezza formale; anzi, le due componenti possono svilupparsi armonicamente.

Tenendo presenti queste considerazioni preliminari, nella *Parte seconda* cercheremo di rispondere alle seguenti domande:
– Che ruolo ha l'insegnamento della grammatica nella didattica dell'italiano L2?
– Quali sono le competenze necessarie per apprendere una lingua seconda?
– Quando insegniamo la grammatica dell'italiano, a quale varietà di lingua facciamo riferimento?

---

un'automobile, come si cucinano le melanzane alla parmigiana, come si usano i tempi passati dell'indicativo.

2. Per dirla con la similitudine un po' irriverente ma sicuramente efficace di Muriel Barbery, sostenere che lo studio della grammatica serva a parlare e scrivere bene «è come dire a qualcuno che per fare bene la cacca e la pipì bisogna leggersi la storia del water attraverso i secoli» (Barbery, 2008, p. 151).

6
Riflessione grammaticale e apprendimento

Insegnare la grammatica e insegnare a riflettere sulla lingua sono la stessa cosa? Il tema non ha appassionato molto i linguisti, per i quali il termine "grammatica", sostanzialmente privo di connotazioni negative, va inteso come insieme delle regole che determinano il funzionamento di un sistema linguistico e non come insieme di norme storico-sociali regolanti il "buon uso" del sistema stesso (sulla differenza tra norma e sistema si tornerà nel prossimo capitolo), mentre ha assunto notevole rilevanza nel dibattito sull'educazione linguistica[1]. Le ragioni che hanno condotto a contrapporre la riflessione metalinguistica alla grammatica non sono state dettate da banali esigenze di riverniciatura lessicale di un oggetto diventato ingombrante e desueto, ma avevano alla base un complessivo ripensamento degli obiettivi del docente e dei suoi rapporti con il discente. Il primo, visto non più come il somministratore della norma corretta, ma come un aiutante dell'allievo nel processo di scoperta delle regole e dei molteplici usi e varietà della lingua; il secondo, non più soggetto passivo coinvolto in attività di memorizzazione di regole, ma protagonista di attività cognitive complesse quali compiere inferenze, ipotesi, astrazioni e generalizzazioni sulla lingua e sulle sue strutture (cfr. PAR. 6.3). L'obiettivo è in definitiva quello di mettere l'apprendente in grado di ricorrere a tali capacità non solo su stimolo del docente e in un momento circoscritto (la lezione di lingua), ma come abito mentale attivabile ogniqualvolta ci si confronti con la comunicazione, nella propria lingua o in una lingua straniera. Questo cambio di prospettiva ha imposto decisi mutamenti di rotta rispetto all'insegnamento

---

[1]. Va tuttavia ricordato che in Italia il dibattito sul rinnovamento dei metodi per l'insegnamento della lingua ha avuto come animatori proprio dei linguisti sensibili ai problemi educativi come Tullio De Mauro e Raffaele Simone.

tradizionale, con positive ricadute sia sull'insegnamento dell'italiano ai nativi sia nella didattica dell'italiano a stranieri.

L'utilità dei momenti dedicati ad attività di riflessione sulle strutture formali della lingua, calati in un orizzonte più ampio che abbracci l'intero processo di comunicazione e i suoi attori, è stata più volte ribadita:

> Il testo da solo non può garantire che la competenza interlinguistica si strutturi in modo funzionale, equilibrato, rispondendo ai bisogni e alle sollecitazioni comunicative di cui l'apprendente può essere oggetto. Tutte le attività vanno accompagnate da una costante fase di monitoraggio, di riflessione sulle strutture degli usi linguistico-comunicativi, sulle strategie di comunicazione messe in atto, sugli atteggiamenti e comportamenti degli attori del processo di comunicazione ecc. Questa fase, che potremmo chiamare di **riflessione metalinguistica e metacomunicativa** [...] rappresenta un momento ineludibile in ogni equilibrato processo di comunicazione didattica, cioè di comunicazione finalizzata allo sviluppo di una competenza linguistico comunicativa (Vedovelli, 2010, p. 144, grassetto nel testo).

La riflessione metalinguistica diviene così parte di una più ampia riflessione metacomunicativa. Queste osservazioni sembrano suggerire l'opportunità di un'attività di riflessione sulla lingua "diffusa" nell'intero processo di comunicazione didattica e non il suo confinamento entro momenti specifici.

Va infine ricordato che la riflessione sulla lingua, oltre a facilitare e ad accelerare il processo di apprendimento, riveste un valore formativo, ossia consente di attivare abilità cognitive più generali, utili per migliorare le capacità di apprendimento generale[2].

6.1
Due tipi di conoscenza delle regole

Il fatto che la lingua sia governata da regole non significa che il parlante ne sia consapevole. Un bambino in età prescolare e un adulto non sco-

---

2. Nel dibattito sul ruolo dell'educazione linguistica nella L1 il valore formativo della riflessione metalinguistica è stato più volte evidenziato: cfr. al riguardo Lo Duca (2003, pp. 163-9) e Ciliberti (1991). Il ruolo formativo della riflessione metalinguistica è ribadito nelle indicazioni del QCER in merito al "saper apprendere" inteso come abilità che guida il formarsi di una competenza plurilingue (cfr. PAR. 7.1.2).

6. RIFLESSIONE GRAMMATICALE E APPRENDIMENTO

larizzato sanno comunicare nella propria lingua pur senza essersi mai interrogati sulle sue regole grammaticali. Anche un adulto scolarizzato, in grado di comunicare oralmente e per iscritto in maniera efficace, possiede una consapevolezza solo parziale delle regole che è in grado di usare. Per esempio un italiano di media istruzione è in grado di selezionare adeguatamente la forma del pronome relativo in espressioni come *il film che ho visto* e *il film di cui ho letto la recensione*, ma non necessariamente, sollecitato in tal senso, riesce a spiegare quale criterio regoli l'alternanza. È ancora più difficile che lo stesso individuo sia in grado di spiegare la regola che determina l'ordine di successione dei pronomi atoni combinati, pur non avendo alcuna difficoltà nel formare frasi come *te lo dico dopo* (sequenza complemento di termine + complemento oggetto) oppure *ho sentito il bisogno di parlartene* (sequenza complemento di termine + argomento).

Possiamo quindi operare una prima distinzione tra conoscenza implicita e conoscenza esplicita delle regole: un bambino riesce a produrre enunciati grammaticali ed è in grado di fornire giudizi sulla correttezza degli enunciati prodotti da altri, anche se non sa spiegare perché una parola o una frase da lui giudica scorretta lo sia effettivamente. Eppure a quel bambino non sono mai state insegnate quelle regole che sa così bene applicare e riconoscere nell'uso. Gli psicologi distinguono al riguardo tra una conoscenza implicita (inconsapevole) e una conoscenza esplicita (consapevole) delle regole. La prima si conquista in modo procedurale, non diversamente da come si impara ad andare in bicicletta. La seconda, frutto della naturale propensione a sistematizzare le proprie conoscenze e a elaborare strategie di apprendimento, si ottiene normalmente attraverso un percorso di istruzione scolastica. La distinzione tra conoscenze implicita ed esplicita delle regole è per molti aspetti simile a quella tra conoscenza dichiarativa e conoscenza procedurale cui si faceva riferimento nel testo introduttivo alla *Parte seconda*. Studi recenti dimostrano che dal punto di vista neurocognitivo i due ambiti sembrano far capo a sistemi di memoria distinti: la memoria dichiarativa e la memoria procedurale. Nell'apprendimento linguistico «questi due sistemi per alcuni aspetti si integrano, mentre per altri sono alternativi» (Nuzzo, Rastelli, 2011, p. 58). Sembrano esistere tuttavia delle differenze tra parlanti nativi e non nativi per quel che riguarda la distribuzione dei compiti affidati a ciascun sistema di memoria: nella L1 la memoria procedurale gestisce e organizza le informazioni grammaticali, mentre alla memoria dichiarativa è attribuita la gestione delle informazioni lessicali; nella L2 (a eccezione del caso dei bilingui precoci) la memoria dichiarativa può gestire anche le informazioni grammaticali.

A proposito del grado di consapevolezza delle regole, la psicolinguista Ellen Bialystok (1988) ha osservato che non si può pensare a una netta dicotomia che oppone la totale inconsapevolezza alla piena consapevolezza, quanto piuttosto a un *continuum* in cui si possono individuare tre stadi fondamentali:

– conoscenza non analizzata. A questo livello gli elementi linguistici vengono passivamente memorizzati come blocchi unici, di cui non si colgono il valore e la funzione nel sistema;

– conoscenza analizzata. Gli elementi linguistici sono analizzati nei loro componenti e il soggetto è in grado di coglierne il valore e la funzione nel sistema, ma la conoscenza è ancora implicita, cioè il soggetto non ne è consapevole; sono spia di questo stadio la capacità di uso creativo del linguaggio (in senso chomskiano, cioè riuscire a formulare enunciati grammaticali mai ascoltati in precedenza) e la capacità di formulare giudizi sulla grammaticalità di un enunciato, senza però essere in grado di spiegare il perché. In altri termini, in questo stadio il soggetto è in possesso della conoscenza procedurale ma non ancora di quella dichiarativa;

– piena consapevolezza. È data dalla capacità di riconoscere le regole negli elementi linguistici e di verbalizzarle. Se uno studente è capace di usare correttamente le forme dell'articolo determinativo e indeterminativo e riesce a risolvere un esercizio in cui si chiede di inserire in alcune frasi le forme appropriate dell'articolo, siamo sicuri che egli abbia sviluppato la conoscenza procedurale della regola sottostante. Non necessariamente però quello studente è in grado di verbalizzare la regola. La funzione dell'educazione linguistica in L1 si concentra principalmente in un lavoro che porti l'alunno a trasformare la conoscenza analizzata, che già possiede, in piena coscienza delle regole della propria lingua. A un apprendente di italiano L2 possono essere sufficienti la consapevolezza procedurale e una parziale (nel senso di limitata ad alcuni settori) conoscenza dichiarativa delle regole della lingua che sta apprendendo; a un aspirante docente di italiano L2 occorre invece elaborare la piena consapevolezza[3].

---

3. Sull'utilità del percorso di consapevolizzazione delle regole grammaticali, cfr. Rutheford (1987) e Lo Duca (1997, pp. 30-2).

RIQUADRO 6.1
Una vecchia questione

Sulla differenza tra regole grammaticali esplicite e implicite ci si era interrogati già nei secoli scorsi. La convinzione che il latino fosse la sola lingua grammaticale, cioè riconducibile a regole, mentre i volgari da esso derivati fossero degli idiomi agrammaticali, perdurò sino alla fine del Medioevo. A conferma di tale pregiudizio si può ricordare il fatto che nel latino medievale il termine *gramatica* era usato come sinonimo di latino. In età umanistica, a sostegno della tesi dell'agrammaticalità del volgare si schierarono Leonardo Bruni e altri autorevoli studiosi. A metterla in dubbio fu Leon Battista Alberti, per il quale affermare la regolarità del volgare significava rivendicarne la dignità, anche letteraria.

Dal nostro punto di vista è di particolare interesse uno degli argomenti che Alberti usa nel *Proemio* al terzo dei *Libri de familia* per confutare le idee di Bruni: questi aveva osservato che nella Roma antica la plebe non era in grado di declinare correttamente i nomi e di coniugare correttamente i verbi. Riallacciandosi a tale spunto, Alberti replica che le difficoltà che incontrano oggi i "servi" alloglotti (cioè non fiorentini) per apprendere la flessione dei nomi e la coniugazione dei verbi in fiorentino sono più o meno le stesse che incontrarono la plebe e gli schiavi provenienti da remote regioni dell'impero romano per apprendere la lingua latina. Questa analogia dimostrava ai suoi occhi che entrambi gli idiomi erano dotati di regole. L'unica differenza è che le regole del latino erano evidenti a tutti perché esplicitate da una lunga tradizione grammaticografica, mentre quelle del volgare non erano ancora state scritte. Per dimostrare questa sua tesi tra il 1435 e il 1441 compose la *Grammatichetta* della lingua volgare, la prima grammatica di una lingua romanza.

D'altro canto, è fin troppo evidente che la piena consapevolezza delle regole grammaticali in una lingua diversa dalla nostra non è condizione sufficiente per acquisire la capacità di usare quelle strutture: possiamo immaginare il caso di un linguista che, per i suoi interessi di ricerca, conosca la morfologia in un gran numero di lingue del mondo senza per questo essere in grado di produrre frasi in cui gestire i complessi fenomeni di accordo nominale in quelle stesse lingue. Torneremo più diffusamente sul problema nel paragrafo 6.3. Per ora registriamo che il dibattito degli ultimi decenni si è concentrato proprio sulla valutazione di quanto le conoscenze esplicite della lingua oggetto di apprendimento siano convertibili in conoscenze procedurali, utili per migliorare la competenza d'uso. Negli ultimi anni la questione sembra essersi svincolata dalle posizioni più radicali, in un senso o nell'altro, e si ribadisce con diversi accenti l'utilità di momenti dedicati alla riflessione sulle strutture della lingua nel percorso di insegnamento-apprendimento. Facendo nostre le osservazioni di Pallotti, che affronta il problema dal punto di vista dell'efficacia dei risultati, possiamo dire che, mentre esistono vari studi che dimostrano come il giusto dosaggio di attività di riflessione grammaticale all'interno di un corso basato su un approccio comunicativo porti vantaggi nell'accuratezza della produzione senza per questo sacrificare il parametro della fluenza, non esistono ricerche che dimostrino il contrario, «cioè che l'esplicitazione, la spiegazione delle regole porta a risultati peggiori rispetto alla totale non esplicitazione» (Pallotti, 1998, p. 321)[4]. Tornando all'esempio dello sciatore citato nel testo introduttivo alla *Parte seconda*, può anche darsi che il nostro amico impari a curvare, a regolare la velocità e la direzione e a frenare frequentando assiduamente le piste, esercitandosi e guardando gli altri sciatori all'opera, ma non siamo sicuri che sia il modo più rapido ed efficace per arrivare al risultato.

In questo volume partiremo dal presupposto che l'attenzione per le strutture formali della lingua sia importante per facilitare l'apprendimento e che la misura di tale importanza muti in relazione alle variabili del contesto di insegnamento-apprendimento, come avremo modo di approfondire nei prossimi paragrafi. Il docente di italiano L2, nel progettare la propria azione didattica, deve essere quindi consapevole dei limiti entro cui può dispiegarsi la riflessione grammaticale nell'ambito del percorso curricolare, delle varie modalità in cui essa può realizzarsi e del peso specifico diverso che è opportuno di volta in volta attribuirle.

6.2
Le grammatiche: tipologie, scopi, destinatari

Il termine "grammatica", che deriva dal greco *grammatiké tékhne*, ossia "arte, tecnica della scrittura" – nel senso di capacità di tracciare corret-

---

4. Per maggiori ragguagli sui risultati di studi finalizzati a misurare l'utilità dell'apprendimento di una seconda lingua basato anche sulla riflessione formale, cfr. Ellis (1990; 1997; 2004); Willis, Willis (1996b). Questi autori approfondiscono il tema dell'utilità delle conoscenze grammaticali esplicite e dello sviluppo di un processo di consapevolizzazione (*consciousness raising*) come facilitatori del processo di apprendimento. Per sintesi aggiornate del dibattito a favore o contro l'insegnamento della grammatica, cfr. Nassaji, Fotos (2004) ed Ellis (2005).

6. RIFLESSIONE GRAMMATICALE E APPRENDIMENTO

tamente i caratteri alfabetici –, sviluppò già in età classica il significato più esteso di "insieme di regole che governano l'uso corretto della lingua" (intesa per lo più come lingua scritta). Attualmente il termine è usato prevalentemente in due accezioni: può indicare un oggetto – il libro di grammatica – che contiene una descrizione delle regole di una lingua[5], oppure può designare il sistema astratto di regole che è alla base del funzionamento di una lingua, indipendentemente dal fatto che qualcuno abbia pensato a trasferirle in un libro. Se tutte le lingue possiedono una grammatica in quest'ultimo senso, solo alcune hanno elaborato una tradizione di studi che ha portato alla messa per iscritto di tali regole.

In questo paragrafo cercheremo di offrire una classificazione delle grammatiche sincroniche di una lingua, con particolare riferimento all'italiano, e di individuare per ciascun tipo gli scopi e i principali destinatari[6].

Le grammatiche teoriche cercano di descrivere, e in alcuni casi di spiegare, i fatti linguistici alla luce di una teoria di riferimento. Possiamo dire che lo scopo fondamentale è quello di dimostrare la validità della teoria sottostante. Per quel che riguarda l'italiano, possiamo attribuire a questa categoria alcuni tentativi di applicare alla nostra lingua la metodologia di descrizione formale del generativismo[7]. Si tratta di opere destinate in primo luogo agli specialisti, di solito non esaustive (si concentrano sui fenomeni che quella particolare teoria è in grado di trattare adeguatamente), e di conseguenza non fanno parte degli strumenti di lavoro del docente di lingua.

Le grammatiche descrittive sono strumenti di consultazione per il linguista e per il lettore non specialista. A differenza di quanto avviene per una grammatica teorica, a una grammatica descrittiva è richiesta l'esaustività; può appoggiarsi a una o più teorie linguistiche (in questo caso la teoria è lo strumento, non il fine, dell'analisi dei fatti lingui-

---

5. Serianni (2006, p. 25) osserva che al termine grammatica spetta l'inusuale privilegio di indicare allo stesso tempo una disciplina di studio e l'oggetto fisico che ne contiene i risultati; in altre parole, mentre posso dire a qualcuno "Prendi la grammatica!", non posso dire "Prendi la geografia!". Sui vari significati del termine grammatica, cfr. anche Chini, Bosisio (2014, pp. 114-9).

6. Escludiamo dalla nostra analisi le grammatiche storiche, che descrivono il processo di evoluzione nel tempo di una lingua, e le grammatiche comparate, che si occupano di mettere a confronto uno o più sottosistemi di lingue diverse.

7. Cfr. per esempio Costabile (1967) e Puglielli (1970).

stici) e si propone di descrivere anche quei settori che nessuna teoria riesce a spiegare. Gli esempi più autorevoli di grammatiche descrittive dell'italiano contemporaneo sono la *Grande grammatica italiana di consultazione*, in tre volumi, realizzata a partire dal 1988 da un gruppo di studiosi coordinati da Lorenzo Renzi (Renzi, Salvi, Cardinaletti, 1988-95) e la *Grammatica italiana. Italiano comune e lingua letteraria*, realizzata da Luca Serianni (1988). Dedichiamo qualche cenno all'impostazione delle due opere, che costituiscono strumenti di consultazione indispensabili per un docente di italiano L2.

I tre volumi della grammatica coordinata da Renzi sono fondati sul modello teorico generativo, depurato degli aspetti più tecnici per consentirne l'utilizzabilità a un pubblico non specialista, e integrato quando necessario dagli apporti di altre correnti della linguistica novecentesca, dalla linguistica pragmatica alla sociolinguistica, alla grammatica delle dipendenze. Nella presentazione dell'opera Renzi chiarisce la differenza tra approccio descrittivo e normativo (Renzi, Salvi, Cardinaletti, 1988-95, vol. I, p. 20):

Le forme considerate "scorrette" dalla sensibilità grammaticale di tutti o di alcuni sono forme effettivamente usate, o altrimenti nessuno si penserebbe di giudicarle tali. Queste forme, in quanto esistenti, non potevano non venir registrate in questa grammatica, naturalmente in modo ben distinto da quelle agrammaticali, le sole che si fregiano di asterisco. Queste ultime sono delle pure costruzioni del ricercatore a scopo euristico. Così le forme "scorrette", ma realmente usate, *A me mi piace*, *A me mi sembra* vengono esaminate nella loro struttura, e l'autrice Paola Benincà riesce anche a spiegare il perché della vitalità di queste forme pur combattute dalla norma.

Il modello teorico impone una scansione inusuale dell'ordine degli argomenti. Diamo anche in questo caso la parola a Renzi: un'altra conseguenza dell'impostazione data è l'andamento discendente, cioè dal tutto alle parti. La *Grande Grammatica* comincia dalla Frase, e scende un po' alla volta alle "parti del discorso". L'ordine rispecchia quello dell'indicatore sintagmatico, com'è stato presentato da Chomsky già nel 1957 (*Syntactic Structures*), e che è ritenuto valido anche per l'italiano. La modalità di presentazione degli argomenti rende a volte non semplicissima la consultazione, anche se l'ottimo indice analitico presente alla fine del terzo volume consente di individuare i luoghi della grammatica in cui si tratta un certo argomento.

La grammatica di Serianni (1988) si propone come strumento di

> **RIQUADRO 6.2**
> **Scorretto o agrammaticale?**
>
> Per il grammatico-linguista individuare il confine tra costruzioni grammaticali e agrammaticali è di maggior interesse che riflettere sui concetti di correttezza e scorrettezza. Espressioni come *A me mi piace*, sono considerate scorrette in alcune grammatiche eppure sono grammaticali e in una grammatica descrittiva, per il fatto stesso di esistere nell'uso, devono trovar posto. Si tratta di dislocazioni a sinistra, del tutto analoghe a frasi come *A Giorgio gli ho regalato un libro* (sulle dislocazioni a sinistra e sulla loro funzione pragmatica torneremo nel PAR. 8.3.3). Diverso è il caso delle espressioni agrammaticali. Vediamone due esempi. In italiano il soggetto grammaticale si accorda con il verbo, quindi posso dire *Marco adora la lirica* e *Marco e Chiara adorano la lirica*, ma non **Marco e Chiara adora la lirica*. Sempre in italiano l'aggettivo qualificativo si trova di solito dopo il nome, ma può essere anticipato per ragioni stilistiche o pragmatiche: sono dunque possibili sia *un cavallo bianco* sia *un bianco cavallo*. L'aggettivo di relazione invece deve obbligatoriamente seguire il nome: *l'energia eolica*, ma non **l'eolica energia*. Le espressioni contrassegnate dall'asterisco sono agrammaticali non perché siano estranee alla norma, ma perché violano regole di sistema, quindi sono estranee alla grammatica dell'italiano nella seconda delle accezioni esaminate all'inizio del paragrafo. L'importanza di questa distinzione per il grammatico-linguista risiede nel fatto che egli ha l'esigenza di tracciare un confine tra ciò che appartiene al sistema della lingua e ciò che le è estraneo: «Non si può dire che cosa c'è nella lingua senza dire nel dettaglio anche cosa non c'è, così come dire quali oggetti possano volare o galleggiare vorrà certo anche saper dire quali non possono volare o galleggiare» (Renzi, Salvi, Cardinaletti, 1988-95, vol. 1, p. 19).

consultazione ampio e tendenzialmente esaustivo, senza un ancoraggio a particolari teorie linguistiche: «L'impianto descrittivo e il sistema terminologico da noi adottati sono sostanzialmente quelli tradizionali. Non ci siamo nascosti i limiti che derivano dall'utilizzazione di categorie come "complemento" o come "verbo transitivo-intransitivo"; tuttavia il nostro scopo non era quello di teorizzare una nuova classificazione grammaticale, ma quello, empirico (vorremmo dire sanamente empirico) di descrivere più compiutamente di quanto si fosse fatto finora il funzionamento della lingua nazionale» (ivi, p. VII). Questa scelta di campo determina il ricorso a un ordinamento usuale degli argomenti, secondo uno schema "ascendente", dal piccolo al grande (grafia e fonetica, morfologia, sintassi). Quanto al tipo di lingua oggetto della descrizione, si afferma che «il modello di italiano che è alla base della nostra trattazione è l'italiano comune: quello che chiunque scrive (o dovrebbe, o vorrebbe scrivere) e che non è solo scritto ma anche parlato dalle persone colte in circostanze non troppo informali» (*ibid.*). Da questa affermazione possiamo intuire che, a differenza della descrittività più marcata che caratterizza l'opera del Renzi, per Serianni il grammatico non deve rinunciare a una blanda normatività, a interpretare cioè il "sentimento della lingua" percepito dalla comunità dei parlanti (per maggiori dettagli al riguardo cfr. PAR. 8.1) e quindi non si astiene dal dare, quando necessario, indicazioni sul "buon uso".

Non si tratta però di un atteggiamento **normativo** *stricto sensu*, in quanto i giudizi sull'accettabilità di un costrutto sono sempre accompagnati da considerazioni "descrittive" sugli ambiti d'impiego possibili. Un esempio: a proposito dell'uso della forma atona *gli* di terza persona plurale in luogo di *loro* (*gli ho detto* invece di *ho detto loro*) si dice: «L'atono *gli* (*gli dico* = dico a essi o a esse) – largamente attestato in tutti i secoli di storia della nostra lingua – appartiene al registro familiare; il parlato formale e la massima parte dello scritto (tecnico-scientifico, letterario e anche giornalistico) preferiscono la forma *loro*» (Serianni, 1988, p. 213). È sempre evidente l'attenzione per la variabilità sociale, contestuale e geografica della lingua e il tentativo di evidenziare, attraverso inserti di approfondimento di carattere diacronico, il fatto che l'italiano contemporaneo, pur nella vitalità delle sue dinamiche evolutive, è saldamente ancorato nelle sue strutture a una secolare tradizione di uso scritto e letterario della lingua, e che quindi «ciò che unifica tutte le varie modalità di italiano è molto più forte, consistente e significativo di ciò che le distingue» (ivi, p. VI).

> Le **grammatiche normative** in senso stretto hanno come obiettivo primario discriminare le forme e gli usi corretti della lingua da quelli scorretti. Buona parte delle grammatiche pubblicate in Italia fino agli anni Settanta del Novecento si sono poste principalmente questo obiettivo. Quello che si può notare, osservando il panorama dell'editoria a partire dagli anni Ottanta, è che il tasso di normatività delle grammatiche è progressivamente diminuito a favore di un approccio più descrittivo e attento alle varietà della lingua.

6. RIFLESSIONE GRAMMATICALE E APPRENDIMENTO

Le grammatiche didattiche o pedagogiche[8] hanno lo scopo di facilitare l'apprendimento della propria lingua o di una lingua seconda: a queste ultime dedicheremo qualche osservazione nelle righe che seguono. Caratteristiche di questo genere di grammatiche sono la non esaustività, ossia una selezione preliminare dei fatti linguistici oggetto di analisi in relazione ai bisogni del destinatario, e l'ecletticità, ossia la libertà dell'autore di attingere a più teorie[9]. A tale proposito ci sembrano interamente condivisibili le osservazioni di Ciliberti (1991, pp. 17-8) contro l'atteggiamento critico assai diffuso in alcuni ambienti circa la scientificità di qualsiasi approccio eclettico:

Con eclettismo si intende spesso una disordinata mescolanza di concetti, nozioni, metalinguaggi, insomma un *pastiche*. Alcuni sostengono che è, debba essere, prassi comune del linguista applicato quella di *pick and choose*, cioè di scegliere, tra le generalizzazioni che reperisce nelle grammatiche scientifiche, quelle che, in base alla sua conoscenza dei problemi dell'apprendimento, ritiene pedagogicamente più idonee. Ma qualsiasi scienziato sceglie e deriva i primitivi delle sua teoria dalle fonti più svariate. L'importante non è il punto di partenza, che può essere eclettico, bensì la coerenza e l'omogeneità del punto di arrivo, l'amalgama finale che ne deriva.

Inoltre le regole di una grammatica per apprendenti non dovrebbero essere avulse dalla realtà, anzi dovrebbero aspirare a essere «il depositato della naturale grammaticalità delle lingue, e una buona grammatica pedagogica dovrebbe proprio partire, quale che sia il livello degli allievi, dal chiarire che le regole non nascono dalla testa del grammatico, ma che la nozione stessa di lingua è intrinsecamente dipendente da quella di grammatica» (Laudanna, Voghera, 2011, p. 30).

In senso estensivo si possono considerare grammatiche didattiche anche le sezioni grammaticali inserite in un manuale di italiano; in quest'ultimo caso la selezione e l'ordinamento dei contenuti sono il risultato della progettazione curricolare e assume particolare rilevanza la coerenza tra la scansione di argomenti e obiettivi e i bisogni di un

---

8. In queste pagine tratteremo i due termini come sinonimi. Ricordiamo tuttavia che per alcuni autori le grammatiche didattiche e quelle pedagogiche sono da considerarsi strumenti differenti per impostazione e scopi. Cfr., in merito, Ciliberti (1991, pp. 10-2).

9. Sulle caratteristiche e sugli scopi delle grammatiche pedagogiche, cfr. Noblitt (1973); Corder (1983); Ciliberti (1991); Salvaderi (1998a); Giunchi (1995; 2000).

TABELLA 6.1
Tipologie, scopi e destinatari delle grammatiche

Tipo	Scopi	Destinatari
Teorica	Validare una teoria linguistica	Linguisti
Descrittiva	Descrivere compiutamente una lingua per mezzo di una o più teorie	Linguisti, lettori non specialisti, docenti L1 e L2
Didattica	Facilitare l'apprendimento di una lingua	Apprendenti L1 e L2

particolare profilo di discenti. Fra le grammatiche didattiche di consultazione possiamo distinguere fra testi scritti in lingue diverse dall'italiano e concepiti per un tipo particolare di pubblico (anglofono, ispanofono, sinofono ecc.), corredati in genere di notazioni contrastive, e testi scritti in italiano e destinati a un pubblico generico. Nel loro insieme le grammatiche didattiche costituiscono, a differenza di quelle descrittive, strumenti di consultazione per l'apprendente. La tabella 6.1 offre un quadro riassuntivo che dà conto degli scopi e dei destinatari dei tre tipi di grammatiche esaminati.

I particolari scopi di praticità e operatività rendono accettabili nelle grammatiche didattiche anche spiegazioni non motivate teoricamente e non del tutto adeguate descrittivamente. Cicurel (1991, p. 205) ricorda il caso di un'insegnante che per spiegare la funzione della congiunzione *que* in francese ricorre alla metafora di una porta (*le "que" c'est la porte necessaire pour entrer dans cette phrase*). Nel tentativo di fornire un'immagine didatticamente efficace l'insegnante ricorre a un temine che difficilmente troveremmo in una grammatica descrittiva, ma che, nel contesto della comunicazione didattica, può essere legittimato dalla sua iconicità.

Che ruolo occupano in questa classificazione le grammatiche di italiano per stranieri? Va innanzitutto precisato che questo titolo è stato spesso utilizzato, dal Cinquecento fino al recente passato, per designare manuali per l'apprendimento della lingua italiana[10]. La recente pubblicazione di grammatiche scritte in italiano e indirizzate a

---

10. Sulla storia dei manuali e delle grammatiche di italiano per stranieri cfr. Vedovelli (2002b) e Palermo, Poggiogalli (2010). Alle singole realtà nazionali sono dedicati: Gorini (1997) (area tedesca); Silvestri (2001) (Spagna); Mattarucco (2003) (Francia); Pizzoli (2004) (Inghilterra).

un pubblico di stranieri, concepite come strumenti di consultazione autonomi rispetto al manuale, consente di avanzare alcune riflessioni sulle caratteristiche di questo genere di testi[11]. Si tratta, rispetto alla classificazione da noi operata, di strumenti che condividono alcune caratteristiche delle grammatiche descrittive (per esempio l'esaustività, visto che non sono collegate a un particolare livello di competenza dell'apprendente) e altre delle grammatiche didattiche (la funzione pratica e operativa, la chiarezza del linguaggio, l'importanza riservata all'individuazione di regole facilmente utilizzabili dall'apprendente).

Vediamo ora quali sono – o dovrebbero essere – le caratteristiche di una grammatica di italiano per stranieri (GIS)[12].

In primo luogo una GIS dovrebbe rinunciare il più possibile alle nozioni di grammatica generale. Questa scelta consente di sfoltire vigorosamente l'apparato di tecnicismi[13] e di aumentare la leggibilità del testo. Solo alcune di queste nozioni sono effettivamente utili all'apprendente per individuare delle regolarità nella lingua; il loro inserimento si giustifica quindi a patto che il loro potere euristico sopravanzi lo sforzo richiesto al lettore per la comprensione. Vediamo un esempio. È risaputo che un problema piuttosto spinoso per chi apprende l'italiano L2 riguarda la corretta selezione dell'ausiliare. A tale proposito l'introduzione della distinzione tra verbi transitivi e intransitivi può essere utile per individuare alcune aree di regolarità. Come è noto, però, la distinzione non spiega perché alcuni verbi intransitivi (come *andare* e *riuscire*) richiedano *essere*, altri (quali *correre* e *giocare*) richiedano *avere*[14]. Ancor più valida euristicamente potrebbe essere una spiegazione

---

11. Cfr. in particolare Patota (2003) e Trifone, Palermo (2014).
12. Spunti di riflessione sulle caratteristiche di una GIS sono presenti in: Rovere (1991), da cui traggo alcuni esempi di questo paragrafo; Salvaderi (1998b); Mazzotta (2004). Cfr. inoltre Patota (2005); Vanelli (2008); Troncarelli (2011a).
13. Spesso questo apparato non è condiviso da lettori provenienti da tradizioni di insegnamento della grammatica diverse dalla nostra. Osserva a questo proposito Ciliberti (1991, p. 18): «Ci sono altre tradizioni grammaticali oltre alla nostra e fare grammatica non significa necessariamente adottare la nostra terminologia. Per noi è ovvio parlare di "soggetto" e non ci rendiamo conto dell'ambiguità del termine. Ci riferiamo ad un ruolo semantico – colui che fa un'azione – o ad un ruolo formale – quella parola con cui il verbo si accorda? Sarebbe meglio poterci riferire alle nozioni che non alle categorie tradizionali».
14. Alcuni insegnanti, per facilitare ulteriormente il compito degli apprendenti, ricorrono a una regola che può essere enunciata più o meno così: richiedono *essere* i verbi intransitivi che indicano un movimento verso una meta reale (*accorrere, andare,*

fondata sulla distinzione tra verbi accusativi e inaccusativi, in grado di dar conto anche del diverso ausiliare richiesto dai verbi intransitivi, ma una regola di questo genere risulterebbe difficilmente utilizzabile didatticamente per la quantità di prerequisiti teorici richiesti per la sua comprensione.

In secondo luogo, almeno in alcuni ambiti, una GIS non dovrebbe dare nulla per scontato. Contrariamente a quanto si potrebbe pensare, la compendiosità non è una buona ricetta per confezionare una grammatica per stranieri. Infatti, non potendo contare su una piena competenza del lettore, l'autore deve fornire spiegazioni a volte minuziose, forse superflue per il lettore madrelingua. Vediamo quattro esempi:
- le regole che determinano l'elisione prevedono delle restrizioni in caso di frasi idiomatiche: per esempio il numerale *quattro* e l'aggettivo *buono* normalmente non si elidono (*quattr'amici; *buon'idea), tuttavia possono dar luogo a elisione in caso di frasi cristallizzate come *parlare di qualcosa a quattr'occhi; alzarsi di buon'ora* e simili;
- le regole che determinano l'elisione sono sensibili alla funzione grammaticale della parola; l'articolo indeterminativo *una* si elide davanti a nome cominciante per vocale (UN*'elegante camicia di seta*), la stessa cosa non vale per il pronome indefinito: *non voglio una camicia sportiva: dammene* UNA *elegante*;
- l'infinito di un verbo, se a esso si aggiunge un pronome enclitico, perde la vocale finale: *fare → farlo; parlare → parlarne*;
- una frase subordinata completiva dipendente da un verbo di volontà o di desiderio espresso al condizionale presente richiede il congiuntivo imperfetto (*vorrei che tu fossi qui; mi piacerebbe che l'università funzionasse meglio* ecc.), non vuole il presente (**vorrei che tu sia qui* ecc.). Si tratta di una concordanza eseguita in maniera automatica da un parlante nativo (sebbene si trovino casi di uso del presente congiuntivo anche nella lingua scritta), non adeguatamente esplicitata nelle

arrivare, cadere, procedere, entrare, scappare, scivolare, uscire, venire) o figurata (*diventare*). Verbi come *ballare, barcollare, vagare*, che esprimono un movimento generico o comunque non immediatamente riconducibile a una meta, richiedono invece *avere*. Una regola così formulata, oltre a non avere basi teoriche, è parziale, perché riguarda solo i verbi di movimento e non tutti i verbi intransitivi, e inoltre presenta eccezioni: per esempio *camminare, navigare, viaggiare* richiedono *avere*. Ciononostante essa può avere utilità in sede didattica. Se ne trova traccia anche in corsi di italiano in rete, per esempio nelle pagine del sito dell'Università di Toronto, all'indirizzo http://lab.chass.utoronto.ca/italian/verbi/cosa.html.

grammatiche di consultazione per italiani. Un apprendente straniero potrebbe essere indotto a usare il congiuntivo presente, sovraestendendo la regola di concordanza che prevede in casi analoghi, quando il verbo della principale è all'indicativo, l'uso del presente congiuntivo nella subordinata (*penso/voglio/immagino che tu sia qui*).

In terzo luogo, l'approccio di una GIS dovrebbe variare a seconda del tipo di fenomeni trattati. Come è noto, in una lingua è possibile individuare settori caratterizzati da regole «rigide e non negoziabili»[15] (la fonologia, l'ortografia, la morfologia, parte della sintassi) e altri in cui l'utente si muove entro una regolarità meno rigida, che consente di scegliere tra un ventaglio di opzioni quelle più adatte al contesto e alle proprie intenzioni comunicative (parte della sintassi, il testo, le regole pragmatiche e sociolinguistiche[16]). Di conseguenza, nei capitoli dedicati ai settori più vincolanti sarebbe opportuno che una GIS mirasse al massimo grado di analiticità, non solo nella descrizione delle regole ma anche nella trattazione di alcuni aspetti di regolarità debole del sistema, tradizionalmente delegati alla penna del lessicografo. Per esempio, per quel che riguarda i casi di eccezione alle regole per la determinazione del genere del nome (i maschili in -*a* come *il clima, il tema*; i femminili in -*o* come *la mano, la moto*), una grammatica per italiani può limitarsi a indicare pochi esempi; una grammatica per stranieri dovrebbe contenere invece liste più ampie. Anche le reggenze verbali (*pensare a qualcosa, riflettere su qualcosa, convincersi di qualcosa* ecc.), fortemente variabili da lingua a lingua e fonte di dubbio ed errore anche per gli apprendenti più avanzati, dovrebbero ricevere un'adeguata trattazione[17]. Nei capitoli dedicati alla sintassi della frase e del periodo una GIS dovrebbe rinunciare all'esaustività e adottare un approccio nozionale e sociopragmatico; invece di porsi l'obiettivo di stilare liste di strutture frasali corredate della relativa nomenclautra, dovrebbe fornire una

---

15. Su questo tema, un vero e proprio "classico" della riflessione sul linguaggio, cfr. Prandi (2006, p. XVI), che osserva: «Una lingua contiene un nucleo di strutture rigide e non negoziabili, circondato da un ampio repertorio di opzioni, a disposizione del parlante. [...] I suoni, la struttura e il significato delle parole sono quello che sono, e così le strutture nucleari della sintassi».

16. Ciliberti (1991) auspicava un'interpretazione più ampia, nelle grammatiche pedagogiche, del concetto di regola grammaticale, da estendere anche ad altri livelli di organizzazione del discorso, dalla semantica alla pragmatica, alla testualità.

17. Il volume di Trifone, Palermo (2014) contiene in appendice un quadro riassuntivo delle reggenze di oltre 500 verbi di largo uso.

risposta, fra le altre, alle seguenti questioni[18]: come si esprime nei vari contesti una domanda, un dubbio, un'ipotesi, un rapporto di causa effetto. Come si collegano due azioni legate da un rapporto temporale di contemporaneità, anteriorità, posteriorità?

6.3
Nei panni dell'apprendente

Il dibattito sull'utilità della riflessione grammaticale per l'apprendimento di una lingua seconda ruota fondamentalmente intorno alla seguente domanda: la consapevolezza delle regole favorisce, e in che misura, la competenza d'uso della lingua che si vuole apprendere? Un argomento fondamentale a favore dei detrattori dell'insegnamento della grammatica è che, pur imparando a memoria la grammatica di una lingua, non se ne acquisisce *ipso facto* la competenza d'uso. Questa osservazione è senza dubbio fondata, e dipende anche dallo sfasamento tra il modo in cui è formulata la regola sul libro di grammatica, indipendentemente dal background teorico dell'autore, e il percorso cognitivo seguito dall'apprendente per impadronirsi della regola stessa. In altre parole, la regola proposta sui libri (grammatica di carta) segue un tragitto radicalmente diverso da quello dell'apprendente nel suo percorso di scoperta della regola (grammatica mentale). Solo tenendo conto di questa diversità il docente potrà utilizzare in maniera didatticamente efficace gli stimoli di riflessione sulla lingua che proporrà ai discenti.

Come abbiamo visto nel capitolo 5, lo sviluppo dell'interlingua è fondamentalmente il risultato di un processo di elaborazione dell'input e della sua progressiva trasformazione in regole. Per capire come si sviluppi la grammatica mentale occorre calarsi nei panni dell'apprendente e analizzare più da vicino in che modo riesca a trasformare l'input in regole.

Per far ciò usciremo dalla realtà della classe, per assumere quale punto di osservazione privilegiato il percorso di sviluppo della competenza negli apprendenti spontanei. Come è stato messo in luce dagli studi acquisizionali, proprio in questo particolare contesto di apprendimento si verificano alcune condizioni "ideali" per studiare lo sviluppo dell'in-

---

18. Questa soluzione è adottata da Patota (2003).

6. RIFLESSIONE GRAMMATICALE E APPRENDIMENTO

terlingua, riducendo al minimo i condizionamenti esterni. Allo scopo di eliminare ulteriori elementi di potenziale disturbo, immaginiamo che il nostro ipotetico apprendente abbia come L1 una lingua tipologicamente molto distante dall'italiano. In tali condizioni – in una prima fase di immersione nella realtà comunicativa della lingua target –, la L2 con cui l'apprendente si confronta è sostanzialmente un flusso indistinto di suoni. Lo sviluppo dell'interlingua è descrivibile come un graduale percorso di trasformazione di questo flusso indistinto in unità discrete (dall'enunciato in giù, passando per le unità di analisi minori). Inizialmente l'alto sforzo cognitivo richiesto per questa operazione è in parte affiancato da un apprendimento formulare: «Le formule sono pezzi di lingua memorizzati tali e quali senza che vengano scomposti nelle parti che li compongono. Senza l'analisi, il carico dell'apprendimento è ridotto a memorizzazione. Questo permette di usare strutture complesse prima di capirne il funzionamento, massimizzando così il rendimento comunicativo» (Bettoni, 2001, pp. 54-5).

Schematizzando possiamo dire che l'apprendente, superata questa prima fase, compie un lungo lavoro di analisi dell'input per giungere alla trasformazione dei mattoni (*chunks*) lessicali in unità discrete, attribuendo loro un valore via via più simile a quello della lingua target. Secondo tale ottica – valorizzata in particolare nell'ambito del *Lexical Approach* – si tende a rappresentare lo sviluppo della competenza globale come una progressiva grammaticalizzazione di informazioni che in fasi precedenti erano gestite a livello lessicale.

Come ci ricorda il QCER, per comunicare si ha bisogno in primo luogo di saper portare a termine dei compiti: salutare, presentarsi, porre una domanda, dare un ordine, chiedere un permesso ecc. Per svolgere queste funzioni linguistiche abbiamo bisogno di forme linguistiche adeguate. L'apprendente, dunque, per arrivare alla regola parte dalla funzione (a che cosa serve questa espressione? Quale compito comunicativo permette di svolgere?), per abbinare poi gradualmente alle funzioni delle forme linguistiche. La regola proposta dalla grammatica segue il percorso inverso: si parte dalla forma, a cui precedentemente è stato dato un nome (aggettivo, verbo, complemento oggetto ecc.), per arrivare solo in un secondo momento a dare informazioni sulle funzioni svolte dalla forma precedentemente presentata. In altre parole, il lavorio dell'apprendente parte dall'input per arrivare a creare dei paradigmi (seppur provvisori, quali sono quelli dell'interlingua), mentre la regola grammaticale parte dalla descrizione del paradigma (schema, quadro si-

FIGURA 6.1
Grammatica cartacea e grammatica mentale

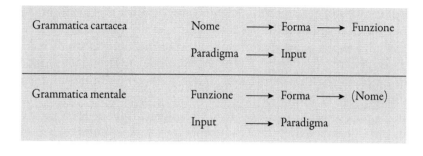

nottico o quant'altro) per poi verificare la tenuta della regola nell'input (per una rappresentazione della diversità del percorso cfr. FIG. 6.1).

Per l'apprendente la formazione di un paradigma, cioè di uno schema di flessione (per esempio quello che regola il singolare e il plurale del nome), è il punto di arrivo di un lungo processo di elaborazione, mentre nella grammatica il paradigma è la prima informazione offerta all'utente: dalla rappresentazione schematica delle forme si passa a considerazioni sull'uso (dunque sulle funzioni) e, se si tratta di una grammatica concepita per scopi didattici, anche alla verifica della validità del paradigma in testi concreti (gli esercizi). Si sarà notato nella figura 6.1 che, nel percorso dell'apprendente, il nome delle entità grammaticali è posto tra parentesi, perché non strettamente necessario per impossessarsi della competenza d'uso: si può applicare la regola che determina la posizione dei clitici in italiano senza sapere che quelle particelle si chiamano così.

Torniamo ora nei panni del nostro apprendente e proviamo a simulare il suo percorso di scoperta della classe morfologica dotata di maggiore variabilità: il verbo. Naturalmente, nella nostra finzione da laboratorio esaminiamo solo una delle varabili isolandola dalle altre: nella realtà il percorso di scoperta è reso più complicato dal fatto che l'apprendente è immerso in un flusso comunicativo e non può permettersi il lusso di analizzare separatamente i vari piani della grammatica.

Che tra le classi morfologiche il verbo sia quella soggetta a maggiore variabilità colpisce ancora di più gli apprendenti di lingue isolanti, come i cinesi, che non sono abituati al fatto che su un medesimo morfema ricadano più valori (persona, numero, tempo, modo, aspetto ecc.). Ecco come un'apprendente cinese, in Italia già da alcuni anni, mette a confronto la relativa semplicità della variazione del verbo in cinese con la complessità del verbo italiano:

\IT\ E il verbo?
\TU\ verbo + no cambia niente ++ solo metrono n picolo come italiano articolo sempre a/ uguale
\IT\ Sì.
\TU\ huo su, pasato no? io-ho futuro + adesso scien-tze + sempre metrono steso articolo + più facile
\IT\ Per cui il verbo non cambia
\TU\ no cambiare niente + metono natro ++ rticolo + sempre uguale + no come qua, cambiare tropo + de l'ultima sempre cambiare + hu uo icà + io tu lui loro noi voi + sempre cambiare, no? nvece in cina no cambiato niente, solo metrono n rticolo come questo + sempre ugu/ più facile (TU.09)[19].

Con maggiore o minor fatica a seconda della distanza tipologica della LI, il nostro apprendente, grazie all'elaborazione dell'input, scopre gradualmente alcune cose, per esempio che il verbo italiano è una categoria variabile, che alla variabilità sono associabili molteplici funzioni (tempo/aspetto/modo), che – come avviene per altre classi di parole variabili – l'informazione lessicale è a sinistra e quella grammaticale a destra.

A un certo punto l'apprendente si accorge che esistono forme verbali semplici, formate da una sola parola, e forme verbali composte, formate da due o più parole. L'individuazione di questa variazione non è così ovvia per chi sia esposto prevalentemente a un input orale. I tempi composti costituiscono infatti una sola parola dal punto di vista fonologico (ausiliare e participio passato non sono separati da una pausa). Soltanto prove indirette, come per esempio la separabilità dell'ausiliare dal participio (*non ho MAI detto questo*) o l'accesso alla parola scritta, evidenziano che si tratta di due componenti distinti. Nello scoprire che esistono queste forme composte l'apprendente deve riformulare la regola precedentemente individuata, integrandola con un'altra: nei verbi composti la maggior quantità di informazione

---

19. Tratto dal Corpus di Pavia. Altri passi dell'intervista sono citati in Andorno (2011).

morfologica non è a destra della forma verbale nel suo complesso, ma a destra del primo componente.

In contemporanea con questo lavorio di processazione dell'input, il nostro apprendente inizia a cercare di abbinare le funzioni (come si esprime un'azione passata?) alle forme (*cantavo, ho cantato* ecc.). La relativa trasparenza della morfologia italiana viene in suo aiuto, tuttavia deve superare alcuni ostacoli di percorso, scoprendo per esempio che:
– una funzione può essere svolta da più forme, per esempio nella terza persona singolare dell'indicativo presente (*canta/dice*);
– una forma può svolgere più funzioni, per esempio la desinenza -*a* può marcare l'indicativo o il congiuntivo presenti (*parla/prenda*; *parlano/prendano*);
– esistono forme ambigue (*io/loro sono*; *io/tu/lui dica*; *io/tu dicessi*);
– esistono forme irregolari.

Il percorso di scoperta delle regole fin qui esaminato si accompagna all'elaborazione di strategie di apprendimento utili per ricondurre a regole provvisorie ciò che l'apprendente ha metabolizzato dell'input o, diversamente, a evitare quegli elementi di regolarità che non si è ancora pronti a processare. Le principali strategie sono:
– la lessicalizzazione (*anno passato faccio lavoro ristorante* = *l'anno scorso ho lavorato in un ristorante*), attraverso la quale si usa il lessico per fornire l'informazione sul tempo verbale che non si è per il momento in grado di gestire morfologicamente;
– la sovraestensione di paradigmi (*corruto, venito, una piccola problema*);
– l'evitamento, cioè la cancellazione provvisoria di elementi strutturalmente difficili (fra i casi più frequenti ricordiamo l'omissione dell'ausiliare nel passato prossimo e quella dei clitici);
– l'elaborazione autonoma. Questa strategia è in qualche misura sovraordinata alle altre, in quanto «la dinamica dei processi di acquisizione è caratterizzata principalmente da elaborazioni autonome dell'apprendente a partire dagli elementi della L2 a sua disposizione e indipendentemente dalla L1» (Bernini, 2010, p. 20). Noi la intenderemo qui in un senso più ristretto, riferendoci a forme ed espressioni prodotte dagli apprendenti che non possono essere state ascoltate in precedenza in quanto assenti dall'input. Un esempio può essere offerto da forme come *sono andatiamo*, "siamo andati", in cui l'ausiliare è in forma generica e inanalizzata, mentre le informazioni personali e temporali sono apposte alla forma lessicale invece che all'ausiliare.

Preso atto che non è possibile stravolgere la direzione del percorso (dalle funzioni alle forme) e le tappe naturali dell'apprendimento, l'insegnante deve concentrarsi su alcune operazioni fondamentali utili a fluidificare e a velocizzare le tappe stesse: selezionare, graduare e ordinare l'input; velocizzare il padroneggiamento delle funzioni; velocizzare l'abbinamento forme-funzioni; ridurre i tempi di sovraestensione delle regole; stimolare l'apprendente a utilizzare pienamente il ventaglio di possibilità offerte dal sistema; gestire opportunamente il feedback correttivo. In altre parole, il buon insegnamento ha il compito di accelerare lo sviluppo dell'interlingua e di aiutare a trasformare più efficacemente l'input in *intake*.

Il discorso fin qui fatto ha evidenziato un problema, e cioè che il paradigma, che nella grammatica cartacea è il punto di partenza, mentre per l'apprendente è il punto d'arrivo di un percorso di scoperta. Per il docente la soluzione può essere rappresentata dal ricorso, là dove possibile, al metodo d'insegnamento della grammatica che più si avvicina (è omologo) al percorso dell'apprendente, cioè quello induttivo. Ce ne occuperemo nel paragrafo seguente.

6.4
Metodo deduttivo e induttivo

Alla distinzione tra conoscenza implicita ed esplicita delle regole possiamo affiancarne un'altra: l'insegnamento può avvenire attraverso un percorso induttivo o deduttivo. L'insegnamento tradizionale avviene secondo un percorso deduttivo, che va dal generale al particolare e prevede *grosso modo* le seguenti fasi: presentazione della regola da parte dell'insegnante, memorizzazione della regola, verifica della validità della regola e degli eventuali margini di non applicabilità della stessa (le eccezioni) attraverso lo svolgimento di opportuni esercizi. A seguito del dibattito sul rinnovamento della pedagogia linguistica avviatosi in Italia alla metà degli anni Settanta del Novecento[20], anche nella didattica dell'italiano si sono proposte

---

20. Un'efficace sintesi si trova in Lo Duca (2003). Un bilancio storico sull'ultimo trentennio, insieme a riflessioni sul presente e sul futuro dell'educazione linguistica nella scuola italiana, si può trovare nei vari contributi pubblicati in GISCEL (2007).

sperimentazioni volte a impostare la riflessione metalinguistica secondo un procedimento induttivo, che vada cioè dal particolare (le parole, le frasi, i testi) al generale (le regole e le eventuali eccezioni). Si tratta di un metodo che rende l'apprendente, opportunamente guidato dal docente, il protagonista di un percorso di scoperta della regola a partire dagli usi e offre degli indubbi vantaggi: innanzitutto egli assume un ruolo attivo nel percorso didattico; secondariamente le regole individuate sono più facilmente memorizzabili; in terzo luogo riveste un'utilità formativa più generale, in quanto stimola l'attitudine all'osservazione, alla scoperta di regolarità, alla capacità di formulare ipotesi. Insomma, questo metodo attiva quelle strategie autonome di apprendimento utili in generale e nello specifico per l'apprendimento delle lingue straniere. Inoltre, come abbiamo visto nel paragrafo 6.3, crea nell'ambiente della classe una condizione più simile a quella dell'apprendimento spontaneo in quanto i dati (l'input) precedono l'elaborazione delle ipotesi e l'individuazione delle regole. Ricorrendo a un'immagine piuttosto efficace, possiamo dire che con il metodo deduttivo partiamo da schemi "pieni" forniti dall'insegnante o dal manuale di cui dobbiamo testare la validità negli usi concreti della lingua, con il metodo induttivo (riquadro 6.3) riempire lo schema rappresenta invece l'ultimo passaggio del percorso di scoperta della regola da parte della classe.

Il metodo induttivo è molto in voga, e perciò più "dichiarato" nelle prefazioni dei manuali che effettivamente praticato nella realizzazione delle sezioni metalinguistiche delle unità di lavoro: basta dare uno sguardo al panorama editoriale di materiali per lo studio dell'italiano L2 – che pure negli ultimi anni si caratterizza per la sua vivacità e per singole proposte di buon livello – per rendersene conto. Ricordiamo che non basta anteporre il testo alla regola per praticare il metodo induttivo e forse vale anche la pena di aggiungere, visto che spesso nella bibliografia di riferimento c'è un po' di confusione al riguardo, che ricorrendo a percorsi di insegnamento induttivo ci si muove pur sempre nell'ambito della riflessione metalinguistica esplicita.

Pur con innegabili vantaggi, il percorso induttivo non è tuttavia applicabile a 360 gradi nell'insegnamento. Per esempio può essere difficoltoso lavorare con bambini che per la loro età non siano ancora pronti ad affrontare l'osservazione e la riflessione su alcuni fatti linguistici o che, pur in grado di affrontare un certo argomento, non siano già stati abituati a intraprendere percorsi di scoperta nella propria L1.

RIQUADRO 6.3
Maschile e femminile

Un esempio di percorso induttivo può riguardare l'individuazione delle tre principali classi di flessione del nome in italiano. Dopo avere esplicitato l'obiettivo didattico, preferibilmente in forma di domanda (per esempio come terminano i nomi maschili e femminili in italiano?), l'insegnante dovrà avere cura di presentare brevi testi invitando gli allievi a individuare i nomi e a trascriverli su due colonne del quaderno (o della lavagna): da una parte i maschili, dall'altra i femminili. Come si diceva, il compito dell'insegnante, apparentemente più defilato, è in realtà fondamentale in un percorso del genere, perché egli svolge il ruolo di regista e facilitatore dell'apprendimento. Il compito degli allievi sarà enormemente più facile se gli esempi su cui li fa riflettere sono proposti in un ordine coerente. Nel nostro caso sarà preferibile concentrarsi dapprima su nomi di genere animato con maschile in -o e femminile in -a (*maestro, bambino, maestra, bambina* ecc.), per arrivare a individuare una prima regolarità. Successivamente l'introduzione di nomi animati maschili e femminili in -e (*il prete, lo studente, la dirigente*) può portare a raffinare la regola precedente, introducendo una terza classe che accoglie nomi ambigeneri. A questo punto l'insegnante può complicare ulteriormente il quadro sottoponendo testi in cui le stesse desinenze si riferiscono anche a nomi inanimati (*il libro, la penna, il seme, la neve*), per riflettere sul fatto che in questi casi l'attribuzione del genere è arbitraria. Formulata a questo punto una regola definitiva, ci si potrà concentrare sulle principali eccezioni (*la mano, il problema, la crisi, il computer* ecc.).

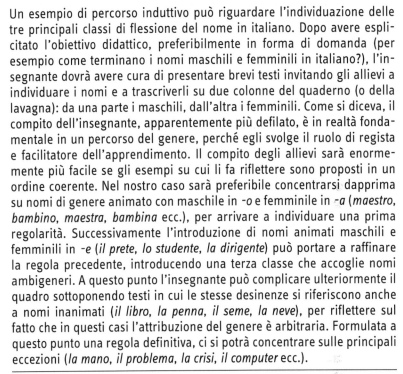
6.1

Per ragioni diverse, il percorso di scoperta delle regole può dare scarsi risultati con gruppi di apprendenti adulti che per abitudini pregresse, stili di apprendimento e motivazioni allo studio della lingua siano poco disponibili ad affrontare percorsi di riflessione "attiva". In secondo luogo, il metodo induttivo non è estensibile a tutta l'attività di riflessione metalinguistica, sia per banali ragioni economiche (richiede tempo ed energie maggiori), sia perché non tutti i settori della grammatica si prestano altrettanto bene a essere affrontati induttivamente. Tanto la morfologia flessiva quanto quella lessicale sono terreni di sperimentazione piuttosto fecondi, perché gli elementi linguistici portatori di significato (un morfema, un suffisso) sono individuabili abbastanza agevolmente e perché spesso (non sempre) esiste una relazione chiara tra forma e significato (in un nome e in un aggettivo il morfema -*o* marca il maschile singolare; in un verbo di tempo presente la stesso morfema indica la prima persona singolare ecc.). L'applicazione del metodo induttivo diventa più complessa laddove il rapporto forma-funzione non sia biunivoco. Per esempio, se si provasse a far individuare ad apprendenti stranieri i significati e le funzioni della preposizione *a*, il lavoro si presenterebbe più complicato. La stessa cosa si può dire per i rapporti che vincolano i costituenti di un sintagma o di una frase (semplice o complessa), che si basano su relazioni non sempre visibili in superficie[21] o, per ragioni diverse, di alcune regole conversazionali riferibili alle competenze sociolinguistiche e pragmatiche.

6.5
Grammatica, metodo d'insegnamento, caratteristiche dell'apprendente

Secondo una fortunata metafora di Porcelli (1994), il vorticoso succedersi di approcci e metodi ha generato nell'ultimo secolo una "sindrome del pendolo", che ha portato i docenti e gli addetti ai lavori a percepire le varie proposte come una perenne oscillazione tra metodi in cui l'attenzione per l'insegnamento delle forme linguistiche svolgeva un ruolo centrale e metodi che escludevano o marginalizzavano fortemente tale ruolo. In realtà si è trattato di una percezione fuorviante: «La metafora del pendolo è particolarmente pericolosa perché porta a giustificare l'immobilismo e impedisce di notare che se la direzione del pendolo sembra essere quella del ritorno rispetto al movimento precedente, tuttavia nel frattempo l'intero orologio è stato collocato in una posizione più avanzata, per cui il punto di arrivo dell'oscillazione non coincide col punto di partenza» (ivi, p. 46; cfr. anche le osservazioni di Balboni, 2002). Nel metodo grammaticale traduttivo la riflessione grammaticale costituiva il perno e in qualche modo l'obiettivo stesso dell'insegnamento. Un primo colpo alla centralità della grammatica fu inferto sul finire dell'Ottocento dalla diffusione del metodo naturale e dei metodi diretti, che si basavano sul primato della lingua parlata e della comunicazione (obiettivi da realizzarsi

---

21. Più ottimista al riguardo Lo Duca (1997, p. 40), che osserva: «Non mi sentirei di escludere a priori alcun livello e alcuna varietà, alcun fenomeno purché, è ovvio, sia stato descritto». Va però precisato che l'autrice si riferiva a proposte didattiche da realizzare nell'ambito della didattica dell'italiano L1.

attraverso la *full immersion* dell'apprendente), escludendo di fatto la riflessione sulle forme linguistiche. Analogamente marginalizzata risulta l'attività di riflessione metalinguistica nel metodo audio-orale, di impronta comportamentista, diffusosi nell'immediato dopoguerra negli Stati Uniti, in cui l'attività di insegnamento era fondata sul principio dell'apprendimento della L2 come sulla base della pratica e realizzata prevalentemente mediante esercizi effettuati con l'ausilio di tecnologie (il laboratorio linguistico), che avevano come obiettivo la fissazione mnemonica di abitudini linguistiche, non di regole. L'idea comportamentista di insegnare la lingua alla stregua di un qualsiasi altro comportamento fu messa in crisi dallo sviluppo della teoria generativista e della psicologia cognitiva le quali, per vie diverse (cfr. PAR. 5.1), giungevano a negare la possibilità di un apprendimento linguistico (sia della L1 che della L2) di tipo automatico e meccanicistico. Una riaffermazione su basi rinnovate del ruolo della grammatica si ebbe con i tentativi di applicare alla didattica i principi della linguistica contrastiva di Robert Lado, secondo cui, sulla base di un confronto tra la L1 e la lingua oggetto di studio, si possono enucleare aree di sovrapponibilità, che generano un *transfer* positivo e facilitano l'apprendimento, e aree di diversità, che generano un *transfer* negativo e sono di ostacolo all'apprendimento. In questa prospettiva il ruolo della comparazione tra i sistemi linguistici spetta al linguista, mentre il glottodidatta deve tradurre in opportune attività didattiche i risultati della comparazione (cfr. PAR. 5.1).

Lo sviluppo degli approcci comunicativi, dopo una fase di insofferenza verso la riflessione formale, ha contribuito, in particolare con il metodo nozional-funzionale, a fissare alcuni criteri che determinano il ruolo della riflessione metalinguistica nel processo di insegnamento-apprendimento della lingua[22]. Si tratta di principi ancora accettabili e condivisi da buona parte della comunità scientifica, che si basano in estrema sintesi sui seguenti concetti cardine: ridefinizione del modello di competenza linguistica, che finalmente include gli aspetti sociolinguistici e pragmatici; programmazione improntata allo sviluppo delle quattro abilità fondamentali; subordinazione delle forme linguistiche agli obiettivi funzionali; necessità di disaggregare il cor-

6.2

---

22. Sul metodo nozional-funzionale torneremo nel paragrafo 7.1.1. Indicazioni sul ruolo della riflessione grammaticale negli approcci comunicativi si ritrovano in Terrell (1991).

pus di nozioni grammaticali e riaggregarlo tenendo conto di esigenze extralinguistiche.

Nel *Natural Approach*, fondato sulle teorie di Krashen e Terrell e basato sulla distinzione tra acquisizione e apprendimento, la riflessione sulle forme grammaticali può manifestarsi sotto due aspetti, entrambi relativamente marginali rispetto all'obiettivo didattico prioritario (agevolare l'acquisizione), in quanto per Krashen lo sviluppo della competenza metalinguistica agisce e ha effetti esclusivamente sull'apprendimento (per maggiori dettagli cfr. PAR. 5.3). In particolare, la verifica dell'apprendente sulle forme della propria produzione si concretizza attraverso il *monitor*, cioè la capacità di controllo e di eventuale autocorrezione, che però è attivata solo in situazioni che consentono la possibilità di progettare distesamente il messaggio – ossia, sostanzialmente, la produzione scritta e alcune forme di oralità molto sorvegliata. La riflessione esplicita in aula sulle forme linguistiche riveste di conseguenza un'utilità molto circoscritta, avvertibile soprattutto nel caso in cui «un apprendente di L2 verifichi con l'esistenza di una regola qualcosa da lui acquisito in precedenza. L'apprendente [in tal caso] guadagnerà maggior fiducia nel fenomeno dell'acquisizione e abbasserà il livello del filtro affettivo» (Longo, 1998, p. 261). Le più recenti tendenze della linguistica educativa[23], che si soffermano sui processi necessari per sviluppare in modo pedagogicamente efficace la consapevolizzazione delle regole grammaticali, integrano le acquisizioni del metodo nozional-funzionale, riaffermando su nuove basi l'importanza della riflessione metalinguistica. Si tratta di considerazioni maturate soprattutto in seguito alla pubblicazione del QCER, che analizzeremo più dettagliatamente nel capitolo 7. In estrema sintesi si sottolinea l'importanza di sviluppare nell'utente la capacità di attivare strategie autonome di apprendimento e l'opportunità di stimolare una riflessione metacomunicativa diffusa, superando così la tendenza del metodo nozional-funzionale a confinare la riflessione metalinguistica in particolari momenti dell'unità di lavoro[24].

---

23. Sul significato di "linguistica educativa", proposto in sostituzione del più consolidato "glottodidattica" per designare nel loro complesso i vari filoni di studio connessi con l'apprendimento, l'acquisizione e l'insegnamento della lingua madre e delle lingue straniere, cfr. De Mauro, Ferreri (2005).

24. Ulteriori informazioni sul ruolo della grammatica nei diversi approcci e metodi d'insegnamento in Benucci (1994) e Giunchi (2000). Per la riflessione in margine alle indicazioni del QCER cfr. Vedovelli (2002a) e Mezzadri (2006).

RIQUADRO 6.4
Vale più la pratica o la grammatica?

Il dibattito sull'utilità della grammatica nell'insegnamento delle lingue vanta autorevoli precedenti. Pierre Soulas, maestro di italiano nella Francia del Seicento, nella prefazione alla sua *Grammaire et instruction pour comprendre en bref la langue italienne* (1616), confessa di non aver mai messo piede in Italia. E in un'audace autodifesa nei confronti dei colleghi – che in virtù dei loro soggiorni in Italia sostenevano di essere in grado di trasmettere agli allievi una maggiore fluidità del discorso –, arriva a invertire il ben noto adagio, sostenendo che «vale di più la grammatica che la pratica» (Mattarucco, 2003, pp. 59-60).

Di maggior spessore una riflessione di Giuseppe Baretti, che si guadagnò da vivere insegnando l'italiano a Londra nella seconda metà del Settecento. In una delle sue *Lettere familiari* (Baretti, 1837) egli immagina di essere trasportato in sogno nei Campi Elisi, «dove i grammatici s'hanno il loro domicilio», e di assistere a una disputa tra un gesuita portoghese sostenitore del metodo grammaticale e il fiorentino Benedetto Buommattei. Pur "reo" di avere scritto una grammatica, il Buommattei non si sentirebbe di consigliarla come primo strumento per uno straniero desideroso di apprendere l'italiano: «Conciosiacosaché, padri coscritti io m'abbia scorbiccherata a' miei dì una grammatica toscana, la quale ha pur reso il mio nome un briciolino illustre nel mondo lassuso; nulladimanco, s'io v'ho a dire con ischiettezza l'animo mio, io tengo opinione, coscritti e riveritissimi padri, che molto male farebbe, esempligrazia, quello straniero il quale, volendo apparare la nostra vaga e sonante favella, o toscana o fiorentina che ve la vogliate chiamare, cominciasse a limbiccarsi il cervello e a porsi coll'arco dell'ossa in sullo studio di quella mia grammatica. Egli fa di mestieri, penso io, che quello straniero, nello accingersi all'ardua e scabrosissima intrapresa, si faccia primamente e con ogni più possibile chiarezza spiegare nella sua propia lingua dal suo valoroso maestro alcuno de' nostri autori più facili e piani, e che procacci in cotal foggia d'ammucchiarsi in capo un mediocre capitale di triti vocaboli e di frasi comunali, anzi che buttarsi così dapprima nel vasto pelago delle difficoltà e delle minuzie grammaticali; poiché altrimente e' sarà un voler ire innanzi come la sciancata mula di ser Fioramonte, che a furia di sproni e di fiancate faceva un buon miglio in tre ore ed anco in quattro».

Le reali fondamenta dell'edificio linguistico, conclude il Buommattei, sono piuttosto il lessico e la fraseologia, mentre «la grammatica debbe servire [...] come la calce a' muratori, onde legar bene insieme le pietre e i mattoni, vale a dire i triti vocaboli e le frasi comunali» (cit. in Pizzoli, 2004, pp. 5-6).

TABELLA 6.2
Importanza della riflessione formale e caratteristiche dell'apprendente

Caratteristiche dell'apprendente	Importanza dell'attenzione alla forma		
	Meno importante	Importanza moderata	Più importante
Stile di apprendimento	Globale	Misto	Analitico
Età	Bambini	Adolescenti	Adulti
Livello	Principianti	Intermedi	Avanzati
Grado di istruzione	Prealfabetizzati, non istruiti	Semialfabetizzati, scolarizzati	Alfabetizzati, buona istruzione
Abilità	Ascoltare, leggere	Parlare	Scrivere
Registro	Informale	Semiformale	Formale
Bisogni/usi	Sopravvivenza	Tecnico-pratici	Professionali

Fonte: Pallotti (1998, p. 323).

Può infine essere utile riflettere sul diverso peso specifico della riflessione metalinguistica in relazione alle caratteristiche dell'apprendente e ad altre variabili legate al contesto di apprendimento. Un ottimo punto di partenza è offerto dalla tabella 6.2.

A integrazione della tabella aggiungiamo qualche riflessione. Lo stile di apprendimento gioca sicuramente un ruolo fondamentale[25]. Sottolineerei che un apprendente con prevalente stile analitico può essere facilitato da un insegnamento deduttivo, in quanto ha maggior bisogno di aiutarsi nella segmentazione e nell'interpretazione dell'input per mezzo di regolarità predeterminate. Circa la correlazione con il registro rappresentata nella tabella avremmo qualche perplessità: ipotizzando che i registri informali abbiano meno bisogno di riflessione sulle forme, si rischia di perpetrare l'antico equivoco tra regolarità esplicita e implicita del codice linguistico (cfr. riquadro 6.1) e di ammettere che i registri informali siano caratterizzati da un tasso di elaborazione e di regolarità interna inferiore rispetto a quelli più formali. Inoltre, poiché il QCER, come vedremo meglio nel paragrafo 7.6, consiglia di rendere oggetto di riflessione i registri marcati di

---

25. Per maggiori ragguagli in merito, cfr. Antonietti, Cantoia (2000).

lingua (tanto quelli alti quanto quelli bassi) solo ai livelli medio-alti di competenza, l'indicazione che emerge dalla tabella entrerebbe in conflitto con quanto affermato a proposito della correlazione con il livello di competenza. Come è stato dimostrato, anche nell'apprendimento spontaneo dell'italiano da parte di immigrati adulti emerge il bisogno di sistematizzare le proprie competenze attraverso itinerari di riflessione metalinguistica (Vedovelli, Villarini, 1995), quindi andrebbe problematizzata anche la correlazione con i bisogni e gli usi degli apprendenti. Infine, potrebbe essere utile tenere conto del contesto di insegnamento. Dal momento che la riflessione metalinguistica agisce essenzialmente come elemento di sistematizzazione delle conoscenze e facilitatore dell'apprendimento in un contesto che per ragioni di quantità di esposizione all'input non può nemmeno lontanamente simulare quello dell'acquisizione naturale, possiamo affermare che la riflessione grammaticale risulta più utile nell'insegnamento dell'italiano come lingua straniera. In tale contesto, a differenza di quanto avviene per l'insegnamento dell'italiano come lingua seconda, il docente è costretto a comprimere la propria attività in poche ore settimanali, senza poter contare sull'ausilio offerto dall'immersione degli apprendenti nel contesto comunicativo appropriato al di fuori dell'ambiente scolastico.

7
Le competenze per l'apprendimento dell'italiano L2

A partire dagli anni Settanta del secolo scorso lo sviluppo degli approcci comunicativi, conseguenti alla feconda osmosi avvenuta fra pedagogia linguistica, sociolinguistica e linguistica pragmatica, ha determinato un duplice spostamento del centro di interesse educativo.

In primo luogo, il baricentro dell'insegnamento ha progressivamente virato dalla padronanza delle forme linguistiche alla padronanza degli usi. Nel primo caso l'insegnamento è focalizzato sulla conoscenza delle regole e sulla capacità di applicarle correttamente all'atto della produzione, nel secondo sulla capacità di dominare non più una sola varietà di lingua, ma un repertorio di varietà e di registri e di gestirli appropriatamente al fine di produrre atti comunicativi adeguati alle situazioni. Tale riassestamento implica una ridefinizione del concetto di correttezza e dei parametri per la sua valutazione: diventa corretto non un enunciato che lo è in astratto, ma quello che – in date circostanze – è adatto al contesto, quindi appropriato ed efficace.

In secondo luogo, si è avuto lo spostamento di interesse dal prodotto della comunicazione (le forme linguistiche) al processo, ossia al percorso e alle strategie necessarie per comunicare efficacemente[1].

Questo duplice mutamento di prospettiva, che per quanto riguarda l'Italia ha visto coinvolti in un percorso comune di rinnovamento sia i metodi per l'insegnamento della lingua nella scuola sia quelli per l'insegnamento dell'italiano L2, ha imposto tra l'altro una ricalibratura delle attività e delle metodologie: da esercizi concentrati soprattutto sullo sviluppo delle abilità di lettura e di scrittura si è passati ad attività

---

1. Sui concetti di competenza comunicativa e di competenza d'azione all'interno degli approcci comunicativi, cfr. Scalzo (1998).

FIGURA 7.1
Modello di competenza secondo gli approcci comunicativi

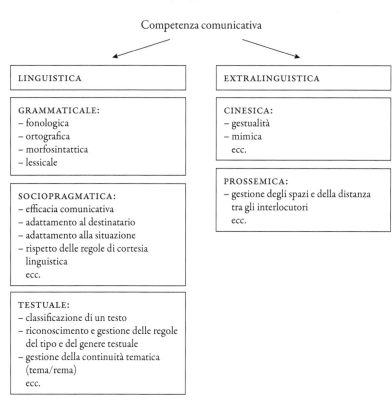

finalizzate allo sviluppo integrato delle quattro abilità fondamentali. In tale quadro, alla conoscenza delle strutture della lingua dovevano accompagnarsi le competenze relative al comunicare appropriatamente in relazione all'interlocutore, all'argomento, alla situazione.

Possiamo rappresentare con lo schema riportato nella figura 7.1 un modello di competenza comune agli approcci comunicativi.

Nei prossimi paragrafi cercheremo di ripercorrere le tappe che hanno determinato questa evoluzione esaminando il ruolo svolto dal Consiglio d'Europa e cercando di analizzare, anche alla luce delle indicazioni del QCER, le competenze necessarie per l'apprendimento dell'italiano L2.

7.1
L'apporto del Consiglio d'Europa

Fin dagli esordi, l'attività del **Consiglio d'Europa** ha avuto come obiettivi l'integrazione fra i cittadini degli Stati membri e la diffusione delle lingue come strumento per promuovere la coesione e il dialogo fra i popoli.

> L'art. 1 dello Statuto del **Consiglio d'Europa**, redatto nel 1949, recita: «Il Consiglio d'Europa ha lo scopo d'attuare un'unione più stretta fra i Membri per tutelare e promuovere gli ideali e i principi che sono loro comune patrimonio e per favorire il loro progresso economico e sociale».

Negli anni successivi queste generali affermazioni di principio si tradussero gradualmente in più precise indicazioni di politica linguistica, fino a trovare un'importante applicazione operativa nel 1971, con la nascita del *Progetto lingue moderne* (*Modern Languages Project*). A una commissione di esperti fu affidato il compito di dare nuovo impulso alla diffusione e all'insegnamento delle lingue comunitarie attraverso l'individuazione di obiettivi e metodi condivisi.

7.1.1. I LIVELLI SOGLIA

Fra gli obiettivi del gruppo di lavoro, coordinato dal linguista inglese John Trim, vi è la definizione del livello minimo – da allora noto come "livello soglia" – di conoscenze linguistiche necessarie a un particolare tipo di **destinatario** (il cittadino europeo adulto) per sopravvivere,

> Ecco l'elenco dei **destinatari** dei livelli soglia, individuati in Galli de' Paratesi (1981, p. 37): «1) visitatori temporanei in veste non professionale che vengono in Italia per brevi visite [...] senza un preciso scopo di lavoro o di studio; 2) studenti stranieri che studiano l'italiano in Università estere e che vengono in Italia per brevi visite e vacanze, e studenti stranieri di italiano in università italiane; 3) studenti stranieri non di italiano in università italiane; 4) tecnici e lavoratori che vengono in Italia per corsi di addestramento; 5) commercianti che vengono in Italia per affari; 6) studiosi stranieri che vengono a fare ricerca».

stabilire e mantenere contatti sociali con i parlanti di un paese straniero. La sopravvivenza era intesa non solo in senso minimale (ordinare un pasto, fare un acquisto, trovare un alloggio), ma come l'insieme delle capacità linguistiche – prevalentemente orali – che garantiscano di «accrescere la propria conoscenza e comprensione del paese straniero» (ivi, p. 14) attraverso scambi di informazioni su sé stessi e sugli altri.

Per individuare i contenuti necessari al raggiungimento del livello soglia nelle singole lingue si scelse di procedere alla realizzazione di una collana di volumi, omogenei per impostazione e riferimenti teorico-metodologici, specifici per quel che riguarda i contenuti linguistici. Fece da apripista la pubblicazione, a metà degli anni Settanta, del *Threshold Level in a European Unit/Credit System for Modern Language Learning by Adults* per l'inglese (Van Ek, 1975), cui seguirono negli anni successivi *Un niveau-seuil* per il francese (Coste *et al.*, 1976), *Un nivel umbral* per lo spagnolo (Slagter, 1979), il *Kontaktschwelle Deutsch als Fremdsprache* per il tedesco (Baldegger, 1980) e il *Livello soglia per l'insegnamento dell'italiano come lingua straniera* (Galli de' Paratesi, 1981).

L'uscita di questi volumi costituì un'importante occasione per definire coordinate condivise e per rinnovare i metodi e gli obiettivi dell'insegnamento alla luce delle nuove suggestioni provenienti sia dalle metodologie didattiche sia dalle teorie linguistiche, e contribuì alla diffusione e al radicamento di concetti come l'attenzione al discente e a suoi bisogni comunicativi e la necessità di una programmazione per obiettivi. Riuscì in sostanza a tradurre in un metodo glottodidattico coerente (il metodo nozional-funzionale), tutt'oggi sostanzialmente valido, le recenti teorie socio e pragmalinguistiche.

Esaminiamo ora alcuni concetti chiave necessari per comprendere l'impostazione dei volumi pubblicati a cura del Consiglio d'Europa[2]. In primo luogo osserviamo l'estensione della competenza linguistica, che dal modello fortemente incardinato sulla correttezza formale degli enunciati, tipico del metodo grammaticale traduttivo, si allarga a includere la capacità di comunicare efficacemente nella lingua di studio attraverso lo sviluppo armonico delle quattro abilità primarie. Fondamentale a tale riguardo è la preliminare analisi dei bisogni comunica-

---

2. Su alcune differenze di impostazione tra il *Threshold Level* e il *niveau-seuil*, cfr. Galli de' Paratesi (1981, pp. 14-9).

tivi del discente come punto di partenza per la programmazione e la loro traduzione in opportuni obiettivi di apprendimento, intesi come unità discrete e capitalizzabili. Ecco una definizione degli obiettivi di apprendimento presente nel livello soglia dell'italiano (ivi, p. 10, sottolineature nel testo):

> Gli obiettivi di apprendimento sono perciò obiettivi comunicativi in cui le forme linguistiche da insegnare vengono scelte sulla base della loro utilità ai fini dei bisogni comunicativi che il discente o un gruppo di discenti si troveranno a dover affrontare. La scelta delle forme linguistiche quindi non è basata su criteri <u>interni</u> alla materia come nell'approccio tradizionale dell'insegnamento linguistico, ma soprattutto su criteri <u>esterni</u> o extralinguistici che ci vengono dalle situazioni in cui i discenti si troveranno a interagire linguisticamente e dai ruoli e dal tipo di azione che vorranno esercitare all'interno delle situazioni stesse.

In primo luogo sono da evidenziare i richiami alla linguistica pragmatica, nella sottolineatura che la comunicazione si svolge soprattutto attraverso l'agire linguistico, e alla sociolinguistica, nell'affermazione del ruolo fondamentale svolto dalla situazione comunicativa e dai rapporti di ruolo tra gli interlocutori. Quanto agli obiettivi di apprendimento, si dice che sono definibili a partire da coordinate extralinguistiche: come vedremo meglio più avanti, ciò ha determinato un vero e proprio sconvolgimento delle gerarchie tradizionali, subordinando l'insegnamento dei contenuti grammaticali a quello degli atti linguistici necessari per raggiungere degli scopi e comunicare in determinate situazioni.

A partire dall'analisi dei bisogni dei discenti si possono individuare le situazioni e gli atti comunicativi più rilevanti e a essi è possibile correlare le forme linguistiche adatte a esprimerli (cfr. CAP. 9). Per esempio, nell'area delle convenzioni sociali rientrano diversi atti comunicativi (salutare, rispondere al saluto, presentarsi, presentare qualcuno ecc.). A ciascun atto sono abbinate più forme linguistiche: per esempio per "salutare" abbiamo, a seconda del livello di formalità, forme quali *buongiorno signor* + COGNOME, *buongiorno* + TITOLO + COGNOME, *ciao* + NOME ecc. Nell'area delle tecniche della comunicazione sono elencati gli atti comunicativi relativi a chiedere e dare la parola, spiegarsi con esempi, riassumere, correggersi ecc., anch'essi abbinati a forme linguistiche (*permetti/e una parola, dica pure, voglio dire, allora, insomma, in breve, cioè, anzi* ecc.). Le situazioni comunicative possono essere raggruppate

FIGURA 7.2
Un modello di programmazione multifattoriale

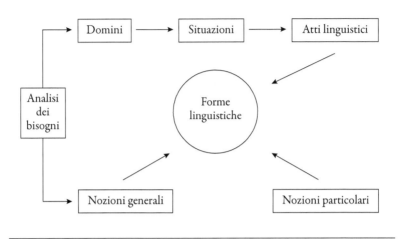

in una categoria sovraordinata: i domini, intesi come sfere d'azione o ambiti d'interesse relativi alla vita sociale. In relazione ai destinatari dei livelli soglia, i domini individuati come fondamentali sono quattro: il gruppo dei pari, l'istruzione, le trattative commerciali, l'uso dei servizi pubblici[3]. Come si vede, rimangono esclusi i domini relativi alla vita familiare, alla fruizione dei media, ai rapporti professionali, che sono fondamentali in sé, tuttavia marginali rispetto bisogni dei destinatari del progetto.

Sempre a partire dall'analisi dei bisogni si possono individuare le nozioni più comuni che l'apprendente avrà necessità di utilizzare. Si distingue tra nozioni generali, di ordine astratto, ai confini tra categorie cognitive e categorie grammaticali, utili per esprimere relazioni di quantità, qualità, tempo, spazio ecc., e nozioni specifiche, di ordine semantico, relative a settori specifici (casa, tempo libero, cibi e bevande, parti del corpo ecc.). L'insieme delle forme linguistiche abbinate agli atti comunicativi e alle nozioni determina il carico di lavoro: nel livello soglia italiano tale carico è di circa 1.500 unità,

---

3. Come vedremo (cfr. PAR. 7.1.2), il concetto di dominio sarà conservato nella successiva elaborazione del QCER, anche se l'elenco dei domini sarà parzialmente rimodulato.

intese sia come lessemi sia come liste di espressioni e frasi. Due appendici consentono di recuperare, in ordine alfabetico, l'inventario delle forme lessicali e delle strutture grammaticali disseminate nelle sezioni precedenti.

Il modello di programmazione proposto dai livelli soglia si presenta come multifattoriale. Nella figura 7.2 rappresentiamo graficamente la posizione riservata alle forme linguistiche e la loro interazione con gli altri fattori che intervengono nella definizione del percorso di insegnamento.

Come si accennava, notiamo un ribaltamento dell'impianto didattico tradizionale, secondo cui l'insegnamento ordinato delle forme linguistiche (la grammatica e il lessico) è il fulcro dell'azione didattica e consente all'apprendente di comunicare efficacemente nella lingua oggetto di studio: le forme linguistiche rimangono centrali nel percorso di apprendimento, ma assumono lo status di variabili dipendenti, definibili a partire da parametri esterni (i bisogni, i domini, le nozioni, le situazioni comunicative e i corrispondenti atti linguistici). Questo ribaltamento, grazie al quale le situazioni e gli scopi dell'agire linguistico diventano il perno della programmazione e le unità grammaticali e lessicali corrispondenti sono subordinate a essi, è tuttora alla base della programmazione di impianto nozional-funzionale[4].

Trascorso ormai un quarantennio, l'esperienza della stesura dei livelli soglia «ci appare ancora oggi come il tentativo più coerente che sia stato compiuto per trasferire nell'insegnamento le convinzioni maturate all'epoca nell'ambito dell'insegnamento delle lingue seconde in generale, dell'italiano L2 in particolare» (Lo Duca, 2003, p. 252). Appare invece inevitabilmente datato – di fronte al complesso quadro dei flussi migratori e all'incremento di mobilità delle persone e delle informazioni che caratterizzano la società globalizzata del XXI secolo – il profilo di apprendente individuato. Inoltre, le particolari finalità del progetto e dei destinatari portarono a enfatizzare, nello sviluppo delle abilità linguistiche, quelle orientate verso l'uso orale della lingua (ascolto/parlato). Assenti infine i riferimen-

---

4. Ellis (2005) sottolinea che la capacità dell'apprendente di stabilire correlazioni tra una particolare forma linguistica e i suoi valori funzionali e pragmatici nell'atto comunicativo (la cosiddetta attività di *form-function mapping*) è alla base dell'apprendimento formale di una seconda lingua.

ti alla gradualità del percorso di apprendimento, che costituiscono invece l'aspetto qualificante dei descrittori di competenza adottati nel QCER. Dobbiamo però ricordare che la definizione in termini dinamico-evolutivi della competenza linguistica non figurava tra gli obiettivi del *Progetto lingue moderne* (Galli de' Paratesi, 1981, p. 72, sottolineature nel testo):

> Ciò che abbiamo specificato finora è quello che i discenti saranno capaci di fare al livello di soglia. Non abbiamo ancora specificato tuttavia con quanta correttezza, con quanta facilità, ecc. essi dovranno essere in grado di farlo. Sfortunatamente, questo componente non può essere specificato affatto con il grado di esattezza e esplicitezza con cui siamo stati in grado di definire gli altri componenti, a meno che noi non decidessimo di specificarlo in termini di un punteggio minimo su un qualche test oggettivo.

7.1.2. IL *QUADRO COMUNE EUROPEO DI RIFERIMENTO PER LE LINGUE*

Dopo la pubblicazione dei livelli soglia, l'azione di politica linguistica del Consiglio d'Europa continua nel segno della condivisione tra gli Stati membri dei metodi e delle strategie di intervento per l'insegnamento delle lingue. Il gruppo di lavoro del *Progetto lingue moderne*, trasformato in una sezione del Consiglio per la cooperazione culturale, promuove vari convegni internazionali nel corso dei quali, a partire dai primi anni Novanta, inizia a emergere l'esigenza di un «Quadro comune europeo (*Common European Framework*) di riferimento per l'apprendimento linguistico, che agevoli la cooperazione internazionale nell'ambito dell'educazione linguistica, fornisca basi solide e condivise per la certificazione delle competenze, coordini il lavoro di docenti, studenti, autori di corsi di lingue e responsabili delle istituzioni educative» (Mazzotta, 2006, p. 10). Una prima versione del QCER circola in Internet a partire dal 1996; una seconda versione è stata pubblicata in forma cartacea nel 2001 in inglese e in francese e tradotta in italiano nel 2002[5].

La continuità con la prima fase è assicurata dal coordinamento del gruppo di lavoro da parte di John Trim, che era già stato a capo del

---

5. Le citazioni dal QCER in questo volume sono tratte, salvo diversa indicazione, dall'edizione italiana del 2002. Il testo inglese è consultabile in rete all'indirizzo http://www.coe.int/t/dg4/Linguistic/Source/Framework_EN.pdf.

Progetto lingue moderne. Le innovazioni e i mutamenti di prospettiva emergono tuttavia con evidenza. Mentre quest'ultimo si fece portatore di un metodo coerente, che imponeva precise scelte di campo sia in relazione ai metodi di insegnamento sia alle teorie linguistiche di riferimento e che pertanto poteva non essere condiviso dall'intera platea degli utenti, gli estensori del QCER hanno operato una scelta di tipo eclettico:

> In accordo con i principi fondamentali di una democrazia pluralista, il *Quadro di riferimento* si pone l'obiettivo di essere non solo esaustivo, trasparente e coerente, ma anche aperto, dinamico e non dogmatico. Per questo motivo non può schierarsi da una parte o dall'altra nelle attuali dispute teoriche sulla natura dell'acquisizione linguistica e sui relativi rapporti con l'apprendimento; né può abbracciare un determinato metodo di insegnamento, escludendo tutti gli altri. Il suo ruolo è di incoraggiare tutti coloro che sono coinvolti nel processo di apprendimento/insegnamento linguistico a esporre nel modo più esplicito e chiaro possibile i fondamenti teorici e le procedure che mettono in pratica (Consiglio d'Europa, 2002, p. 23).

Un'altra innovazione fondamentale nell'impianto del QCER riguarda l'estensione delle competenze considerate necessarie per apprendere una lingua. Consapevoli della difficoltà di «affrontare l'enorme complessità del linguaggio umano scomponendo la competenza linguistica nelle sue variabili» (ivi, p. 2), gli estensori partono dal presupposto che esista un nesso inscindibile tra l'apprendimento di una lingua e quello della cultura della comunità che la parla, intendendo naturalmente cultura non solo nell'accezione umanistico-scolastica del termine, ma in senso ampio, antropologico, come l'insieme dei costumi, delle credenze dei sistemi di valori, delle abitudini e delle tradizioni di un gruppo sociale. In tale quadro «tutte le competenze proprie dell'essere umano contribuiscono, in un modo o nell'altro, alla capacità di comunicazione del soggetto» (ivi, p. 125). Pertanto nel processo di apprendimento di una lingua-cultura sono coinvolte, oltre alle competenze linguistico comunicative, le competenze generali, ossia conoscenze e abilità non riferibili specificamente al dominio del linguaggio, indispensabili tuttavia per gestire al meglio i compiti comunicativi.

Leggiamo ancora nel QCER: «Tutti i soggetti adulti hanno una rappresentazione altamente sviluppata e finemente articolata del mondo e del suo funzionamento, strettamente legata al lessico e alla grammatica della lingua madre. La lingua e la rappresentazione del mondo si sviluppano infatti in stretta relazione reciproca» (*ibid.*). Con l'affermazione del legame inscindibile tra apprendimento di una lingua e della relativa cultura si manifesta una precisa scelta di campo degli estensori del QCER in merito alla *vexata quaestio* circa il rapporto tra lingua e rappresentazione del mondo. Si tratta di un tema che ha da sempre animato il dibattito filosofico-linguistico con il contrapporsi di posizioni deterministiche (la lingua influenza e determina la nostra capacità di "leggere" la realtà; le strutture grammaticali e lessicali della nostra lingua condizionano pertanto la nostra visione del mondo) e posizioni universalistiche (la nostra conoscenza e la nostra rappresentazione del mondo si fondano su basi universali, poco o nulla sensibili alle differenze interlinguistiche). La più nota formulazione novecentesca del determinismo linguistico si deve al linguista e antropologo statunitense Edward Sapir e al suo allievo Benjamin Whorf (ed è nota, appunto, come ipotesi Sapir-Whorf). Lo studio dei rapporti lingua-cultura è poi proseguito nel filone di studi etnolinguistici.

Le competenze generali (sapere, saper fare, saper essere, saper apprendere) fanno riferimento alla competenza culturale, che si realizza attraverso conoscenze dichiarative (sapere), le quali possono essere apprese tramite l'esperienza (conoscenze empiriche) o in seguito ad apprendimento formale-scolastico (conoscenze accademiche). Tali nozioni riguardano sia l'organizzazione della vita materiale (mezzi di trasporto, condizioni di vita, orari e abitudini, organizzazione dei trasporti) sia, a un livello più astratto, le credenze della comunità ospite, da quelle religiose ai valori etico-sociali condivisi. Della competenza culturale fanno parte anche conoscenze procedurali di singole abilità (saper fare) relative ad attività sociali, abitudini, organizzazione del tempo libero, che consentono di svolgere i vari compiti connessi con la necessaria sicurezza e naturalezza. Sia le conoscenze dichiarative che quelle procedurali possono essere in parte comuni alla cultura dell'apprendente, in parte specifiche della lingua-cultura oggetto di studio. La capacità di integrare, sistematizzare e far interagire la propria competenza culturale con quella della comunità ospite determina il formarsi di una competenza multiculturale e la conseguente capacità del soggetto plurilingue di operare efficacemente una mediazione interculturale.

La competenza esistenziale (saper essere) riguarda le variabili relative alla personalità e al carattere dell'apprendente. In particolare, ha a che fare con atteggiamenti quali l'apertura e l'interesse verso nuove esperienze, la curiosità verso altre culture, la disponibilità a relativizzare il proprio punto di vista e il proprio sistema di valori. Tali atteggiamenti, la cui configurazione finisce per delineare le caratteristiche del "buon apprendente linguistico" (con tutti i rischi derivanti da semplicistiche applicazioni operative di questo assunto) sono visti come soggettivi, ma non necessariamente immutabili, in quanto derivano in parte dall'esperienza e dal processo di acculturazione. Tali fattori, soprattutto nella componente acquisita, possono essere oggetto di trasformazione e in ogni caso debbono relazionarsi con i corrispettivi atteggiamenti predominanti nella comunità di arrivo.

Infine, sono prese in considerazione le capacità euristiche e di studio (saper apprendere), un insieme di abilità cognitive e metacognitive che consentono all'apprendente di sfruttare al meglio le occasioni offerte dalle diverse situazioni e di sviluppare al tempo stesso strategie autonome di apprendimento.

Le competenze linguistico-comunicative sono così suddivise nel QCER:
– competenza linguistica:
- lessicale;
- grammaticale;
- semantica;
- fonologica;
- ortografica;
- ortoepica;
– competenza sociolinguistica:
- elementi che segnalano i rapporti sociali;
- regole di cortesia;
- espressioni di saggezza popolare;
- differenze di registro;
- varietà linguistiche;
– competenza pragmatica:
- discorsiva;
- funzionale;
- pianificazione del testo.

Nei prossimi paragrafi, partendo da questa suddivisione, ci soffermeremo sulle competenze più rilevanti per l'apprendimento dell'italiano come L2.

7.1.3. LIVELLI E DESCRITTORI DELLE COMPETENZE NEL QCER

Fra gli obiettivi del QCER figura l'individuazione di livelli comuni di riferimento determinabili oggettivamente e riconducibili a descrittori delle singole competenze.

Di fronte all'enorme variabilità delle soluzioni proposte da università, scuole e altre istituzioni deputate all'insegnamento delle lingue straniere, gli estensori del QCER scelgono di suddividere lo spazio di apprendimento delle lingue in tre livelli generali (elementare, intermedio, avanzato), ciascuno articolabile in due fasce, secondo lo schema riportato nella figura 7.3.

Per ciascuno dei sei livelli sono disponibili i descrittori delle singole competenze e abilità. Torneremo su alcuni di essi nelle prossime pagine. Nel riquadro 7.1, a titolo esemplificativo, sono riportati i descrittori globali della competenza.

FIGURA 7.3
I livelli di competenza del QCER

A = elementare	A1 → Contatto (*Breakthrough*) A2 → Sopravvivenza (*Waystage*)
B = intermedio	B1 → Soglia (*Threshold*) B2 → Progresso (*Vantage*)
C = avanzato	C1 → Efficacia (*Effective Operational Proficiency*) C2 → Padronanza (*Mastery*)

RIQUADRO 7.1
Livelli comuni di riferimento: scala globale

C2 È in grado di comprendere senza sforzo praticamente tutto ciò che ascolta o legge. Sa riassumere informazioni tratte da diverse fonti, orali e scritte, ristrutturando in un testo coerente le argomentazioni e le parti informative. Si esprime spontaneamente, in modo molto scorrevole e preciso e rende distintamente sottili sfumature di significato anche in situazioni piuttosto complesse.
C1 È in grado di comprendere un'ampia gamma di testi complessi e piuttosto lunghi e ne sa ricavare anche il significato implicito. Si esprime in modo scorrevole e spontaneo, senza un eccessivo sforzo per cercare le

parole. Usa la lingua in modo flessibile ed efficace per scopi sociali, accademici e professionali. Sa produrre testi chiari, ben strutturati e articolati su argomenti complessi, mostrando di saper controllare le strutture discorsive, i connettivi e i meccanismi di coesione.

B2 È in grado di comprendere le idee fondamentali di testi complessi su argomenti sia concreti sia astratti, comprese le discussioni tecniche nel proprio settore di specializzazione. È in grado di interagire con relativa scioltezza e spontaneità, tanto che l'interazione con un parlante nativo si sviluppa senza eccessiva fatica e tensione. Sa produrre testi chiari e articolati su un'ampia gamma di argomenti ed esprimere un'opinione su un argomento d'attualità, esponendo i pro e i contro delle diverse opzioni.

B1 È in grado di comprendere i punti essenziali di messaggi chiari in lingua standard su argomenti familiari che affronta normalmente al lavoro, a scuola, nel tempo libero ecc. Se la cava in molte situazioni che si possono presentare viaggiando in una regione dove si parla la lingua in questione. Sa produrre testi semplici e coerenti su argomenti che gli siano familiari o siano di suo interesse. È in grado di descrivere esperienze e avvenimenti, sogni, speranze, ambizioni, di esporre brevemente ragioni e dare spiegazioni su opinioni e progetti.

A2 Riesce a comprendere frasi isolate ed espressioni di uso frequente relative ad ambiti di immediata rilevanza (ad es. informazioni di base sulla persona e sulla famiglia, acquisti, geografia locale, lavoro). Riesce a comunicare in attività semplici e di routine che richiedono solo uno scambio di informazioni semplice e diretto su argomenti familiari e abituali. Riesce a descrivere in termini semplici aspetti del proprio vissuto e del proprio ambiente ed elementi che si riferiscono a bisogni immediati.

A1 Riesce a comprendere e utilizzare espressioni familiari di uso quotidiano e formule molto comuni per soddisfare bisogni di tipo concreto. Sa presentare sé stesso/a e altri ed è in grado di porre domande su dati personali e di rispondere a domande analoghe (il luogo dove abita, le persone che conosce, le cose che possiede). È in grado di interagire in modo semplice purché l'interlocutore parli lentamente e chiaramente e sia disposto a collaborare.

Fonte: Consiglio d'Europa (2002, p. 32).

Come si vede, i descrittori sono formulati in termini di competenze e abilità dell'apprendente (*sa, è in grado di, riesce a*) e derivano dall'interazione tra le abilità primarie, esaminate in particolare nelle dimensioni della ricezione e della produzione (*comprendere, produrre, interagire* ecc.), le situazioni comunicative e i relativi **domini**, gli atti linguistici correlati.

Il termine "**dominio**" è ripreso dai livelli soglia. Precisato che il numero dei domini teoricamente possibili è indeterminato, per gli scopi generali dell'apprendimento nel QCER sono individuati quattro domini fondamentali:
- il dominio personale, in cui l'individuo vive come soggetto privato, è centrato sulla vita domestica con la famiglia e gli amici ed è impegnato in pratiche individuali quali leggere, tenere un diario personale, dedicarsi a un proprio piacere o a un hobby ecc.;
- il dominio pubblico, in cui l'individuo agisce come membro della società o di qualche organizzazione ed è impegnato in transazioni di vario tipo con scopi diversi;
- il dominio professionale, in cui l'individuo è impegnato nel lavoro o nella professione;
- il dominio educativo, in cui l'individuo è impegnato in attività di apprendimento organizzato, soprattutto (ma non esclusivamente) in un'istituzione educativa (Consiglio d'Europa, 2002, p. 58).

7.2
Modelli di competenza linguistica

Riferendoci alle correnti metodologiche che hanno maggiormente caratterizzato l'ultimo secolo (il metodo grammaticale traduttivo, gli approcci comunicativi, la prospettiva di integrazione tra lingua e cultura delineata nel QCER), proviamo a rappresentare, con l'aiuto della figura 7.4, l'evoluzione della nozione di competenza linguistica.

I tre modelli sono immaginati come sottoinsiemi inclusivi e interdipendenti, nel senso che la competenza comunicativa include quella grammaticale e le competenze generali e quella culturale affiancano e integrano quella comunicativa[6]. Quello che cambia, anche radicalmente, fra i tre modelli è il peso specifico dei contenuti linguistici in rapporto alle altre componenti: con il paradigma proprio del metodo nozional-funzionale si ha la subordinazione dei contenuti linguistici agli obiettivi funzionali; con il modello proposto dal QCER si assiste a una complessiva rivisitazione del concetto di competenza che vede

---

6. Per maggiori dettagli sul rapporto tra competenza linguistica e competenza comunicativa, cfr. Berruto (1995, pp. 79-85).

FIGURA 7.4
Modelli di competenza linguistica

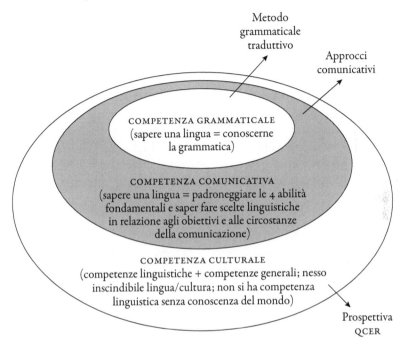

nelle abilità linguistico-comunicative solo una delle componenti in gioco nel processo di apprendimento linguistico. D'altro canto, come abbiamo già visto, nelle competenze generali viene rivalutata la capacità di apprendere, di compiere inferenze e ipotesi sulla lingua oggetto di studio, capacità che sembra restituire per altra via un ruolo di primo piano alla riflessione metalinguistica nel processo di insegnamento-apprendimento di una lingua[7].

Nei prossimi paragrafi ci occuperemo delle competenze linguistico-

---

7. Il modello di competenza comunicativa proposto da Balboni (2002, p. 73) rimanda a quattro dimensioni fondamentali: "sapere la lingua" (conoscere e sapere usare le regole grammaticali, fonologiche, ortografiche ecc.), "saper fare con la lingua" (capacità di usare la lingua come strumento di azione per realizzare degli scopi), "saper fare lingua" (padroneggiare le abilità linguistiche), "saper integrare la lingua con i linguaggi non verbali" (gestualità, prossemica ecc.).

comunicative seguendo la suddivisione del QCER (cfr. PAR. 7.1.2). Lo scopo sarà quello di analizzare nel dettaglio i suggerimenti del QCER e di integrarli con altri spunti emersi nella recente riflessione sull'insegnamento dell'italiano L2.

7.3
La competenza fonologico-ortografica

Premesso che qualsiasi attività di ricezione e produzione orale contribuisce allo sviluppo della **competenza fonologica** dell'apprendente, è tuttavia possibile immaginare attività esercitative specifiche. Esse consistono generalmente nel lavoro su parole o brevi frasi decontestualizzate.

> I descrittori della **competenza fonologica** del QCER fanno riferimento ai parametri della comprensibilità da parte dei parlanti nativi e della naturalezza della pronuncia. Al livello A2 la pronuncia è «abbastanza chiara da poter essere capita malgrado il forte accento straniero, ma gli interlocutori potrebbero dover richiedere qualche ripetizione» (Consiglio d'Europa, 2002, p. 144), al B1 la produzione orale risulta «chiaramente comprensibile, anche se è evidente a tratti l'accento straniero» (ivi, p. 144). La capacità di veicolare «sottili sfumature di significato» (ivi, p. 36) attraverso l'intonazione e l'accento enfatico/contrastivo compare solo al livello C1. Non ci sono differenze di competenza fonologica e prosodica fra C1 e C2.

La necessità di isolare la parola o la frase dal contesto si spiega con il tentativo di eliminare tutti i possibili fattori di disturbo (di "rumore" nel senso della teoria della comunicazione), consentendo così all'apprendente di concentrarsi sull'effettiva realizzazione dei suoni. Le attività per il rinforzo della competenza fonologica e prosodica si basano principalmente sull'ascolto e sul riconoscimento di coppie di parole o brevi frasi scelte per richiamare l'attenzione su specifici suoni, accenti, intonazioni. Ne deriva la necessità di disporre in aula di sussidi tecnologici, per gestire sia normali esercizi di ascolto sia più complesse operazioni di confronto della pronuncia modello con quella dell'apprendente. La decontestualizzazione è anche in una certa misura il limite di questo genere di attività, che possono apparire come un corpo estraneo nello sviluppo dell'unità didattica o di apprendimento; probabilmente a causa di ciò alcuni autori di manuali preferiscono non inserire affatto attività didattiche sulla fonologia.

Le attività sulla pronuncia sono di norma centrate sugli aspetti fonologici, non su quelli fonetici della lingua di studio. Per illustrare la distinzione tra fatti di rilevanza fonetica e fonologica possiamo far riferimento all'opposizione relativa all'intensità (o durata) delle consonanti e delle vocali. In italiano la distinzione tra consonanti semplici e doppie ha valore fonologico, in quanto consente di individuare coppie minime, come *fato/fatto, caro/carro* ecc. A causa della sua rilevanza "sistemica", un'errata realizzazione di questo tratto è possibile fonte di fraintendimenti. La stessa opposizione in altre lingue o non esiste o non dà luogo a confusioni. I parlanti di tali lingue che studiano l'italiano saranno perciò meno abituati a riconoscere e a riprodurre correttamente questo fenomeno e andranno opportunamente sensibilizzati. Analogamente i parlanti italiani non sono abituati a percepire la distinzione tra vocali brevi e lunghe, che pure esiste nella realtà fonetica (per esempio la *a* di *caro* è lunga /'kaːro/, quella di *carro* è breve /'karro/), ma trattandosi di un'alternanza prodotta automaticamente (la vocale è breve quando la sillaba è chiusa, è lunga quando la sillaba è aperta) tende a passare inosservata: in effetti ogni italiano scolarizzato è consapevole della distinzione tra consonanti semplici e doppie, se non altro perché la vede rappresentata nella grafia, mentre solo persone che hanno compiuto studi linguistici sono consapevoli della presenza in italiano di vocali brevi e lunghe. Specularmente, gli italiani che studiano altre lingue in cui la lunghezza vocalica è rilevante (per esempio l'inglese o il tedesco) dovranno essere addestrati a riprodurla correttamente.

La raccomandazione a concentrare le attività di riflessione sulla pronuncia solo sui fatti di sistema, valida in generale, è ancora più necessaria in riferimento a una realtà linguistica come quella italiana, caratterizzata da forti variazioni regionali, massimamente percepibili proprio a livello fonologico e prosodico. Possiamo dire che l'obiettivo di un insegnante di italiano per stranieri non è quello di offrire un modello di pronuncia standard, che del resto sarebbe problematico individuare, quanto soffermarsi:
– sulle principali opposizioni fonologiche che caratterizzano il sistema dell'italiano al netto delle differenze regionali (per esempio quella tra consonanti sorde e sonore);

– su opposizioni che, pur soggette a variazione regionale, sono di difficile realizzazione per molti parlanti stranieri. È il caso dell'intensità consonantica, su cui ci siamo già soffermati, o della realizzazione di fonemi "marcati" come le consonanti palatali (la nasale, /ʃ/ di *campagna*, la laterale /ʎ/ di *aglio* e la fricativa /ʃ/ di *scimmia*).

Non occorre prestare particolare attenzione, a meno che non si sia sollecitati in tal senso dagli apprendenti, ad alcune particolarità di pronuncia che in astratto hanno rilevanza fonologica, ma in concreto conoscono una realizzazione non sistematica e non uniforme nelle varie regioni d'Italia. Si tratta delle cosiddette opposizioni a basso rendimento funzionale, tra cui ricordiamo:
– la distinzione tra vocali toniche aperte e chiuse, anteriori (/ɛ ~ e/) e posteriori (/ɔ ~ o/);
– la distinzione tra fricativa alveolare sorda e sonora in posizione intervocalica (/s ~ z/);
– la distinzione tra affricata dentale sorda e sonora iniziale e intervocalica (/ts ~ dz/).

Tra le ragioni del basso rendimento funzionale di queste distinzioni ricordiamo le seguenti:
– danno luogo a poche coppie minime (per esempio /pɛsca/ "frutto" *vs* /pesca/ "atto del pescare"; /attʃetta/ "scure, ascia" *vs* /attʃɛtta/ indic. presente del verbo *accettare*; /kolto/ "istruito" *vs* /kɔlto/ part. passato del verbo *cogliere*; /foro/ "buco" *vs* /fɔro/ 'tribunale';
– sono occultate dalla trascrizione grafica: i simboli grafici non consentono di distinguere l'apertura della vocale in *bello*, *forte*, la sonorità o sordità della consonante in *casa*, *chiesa*, *riso*, *zio*, *zappa*, *zucchero*;
– non è possibile ricondurre l'oscillazione a regole: in altre parole, non abbiamo nessuno strumento didatticamente utile per spiegare che la *e* di *bello* è aperta mentre quella di *fresco* è chiusa, che la *s* di esame è sonora, che la *z* di *zuppa* è sorda;
– la loro pronuncia è caratterizzata da forte differenziazione regionale. Per le vocali aperte e chiuse, al di fuori della Toscana valgono diversi sistemi regionali di pronuncia che a seconda dei casi realizzano la distinzione sulla base di altri criteri (per esempio nella varietà romana o in quella milanese) o addirittura neutralizzano l'opposizione fra vocali aperte e chiuse: è il caso del siciliano, in cui le vocali toniche sono solo aperte, o del sardo, in cui sono solo chiuse. Per la *s* esiste una differenziazione regionale piuttosto precisa: nei dialetti centromeridionali è realizzata sempre sorda, in quelli settentrionali sempre sonora (riquadro 7.2).

RIQUADRO 7.2
E le pronunce regionali?

Anche in questo caso è necessario operare una distinzione tra esposizione a testi orali che rappresentano le principali varietà regionali e tematizzazione didattica di tale argomento.

L'esposizione è sicuramente utile nell'insegnamento dell'italiano come L2 e ancor più nell'insegnamento dell'italiano come lingua straniera, per offrire agli apprendenti un quadro verosimile della lingua effettivamente in uso nel nostro paese. Peraltro, se si lavora su testi autentici, la scelta è obbligata, in quanto questi manifestano, in misura più o meno marcata, modelli regionali di pronuncia. Anche i supporti multimediali di manuali basati su testi non autentici ricorrono a volte alla simulazione delle pronunce regionali, con risultati più o meno felici. L'obiettivo è di abituare l'apprendente ai principali marcatori sociolinguistici (cfr. PAR. 7.6) della provenienza regionale del parlante.

Altra questione è se trattare analiticamente o no le caratteristiche di una o più varietà regionali. Sono tematiche a cui si può riservare qualche cenno a livelli di competenza medio-avanzati, in genere se c'è una sollecitazione in tal senso degli apprendenti. Per esempio i frequentanti di un corso di italiano L2 all'Università per stranieri di Siena potrebbero essere incuriositi dalle caratteristiche della pronuncia locale e chiederne conto al docente, che in tal caso potrà far riferimento, senza eccessivo impiego di tecnicismi, ai fenomeni più evidenti, come il fatto che l'affricata prepalatale sonora scempia [dʒ] è resa in posizione intervocalica con la corrispondente fricativa [ʒ] (*stagione* [staʒone]), o che le occlusive intervocaliche sono pronunciate "aspirate", ossia sono realizzate con le fricative corrispondenti: [t] → [θ] (*dito* [diθo]); [p] → [ɸ] (*capo* [kaɸo]); [k] → [h] (*poca* [pɔha]).

La componente prosodica è di solito piuttosto trascurata, anche nell'educazione linguistica in italiano L1. In quest'ambito il docente di italiano L2 dovrà curare la distinzione fra le tre tonie fondamentali (conclusiva, sospensiva, interrogativa) e la padronanza prima passiva poi attiva delle principali tonie enfatiche (di gioia, rabbia, sorpresa, perplessità ecc.). Per quanto riguarda l'accento, curerà la capacità dell'apprendente di utilizzare in modo appropriato:
– la corretta collocazione dell'accento fonetico, settore problematico per l'impossibilità di predeterminare tale collocazione, con i conseguenti errori di regolarizzazione che portano, per esempio, a pronunciare come piane delle parole sdrucciole (*giovàne* per *gióvane* e simili);

- le caratteristiche e i contesti d'uso dell'accento enfatico e contrastivo, in connessione con le relative caratteristiche intonative (*tocca sempre A ME riordinare la stanza!* ecc.);
- l'accento ortografico e le norme che ne disciplinano l'uso in italiano.

La competenza ortografica si riferisce alla capacità di tradurre nel sistema della lingua di studio le convenzioni che regolano la resa scritta dei suoni. La velocità di acquisizione della competenza ortografica può variare notevolmente a seconda che ci si trovi di fronte ad apprendenti che già nella L1 sono stati scolarizzati in una lingua alfabetica (e ancor di più se si prendono in considerazione parlanti di lingue in cui è in uso l'alfabeto latino rispetto ad altri alfabeti) e apprendenti che conoscono solo sistemi di scrittura non alfabetica.

Della competenza ortografica fanno parte anche le regole relative alla punteggiatura, le convenzioni relative alle abbreviazioni più diffuse e ai simboli grafici di più largo impiego sia nell'uso tipografico sia in quello manoscritto. Si tratta dei cosiddetti "logogrammi" e delle rispettive denominazioni in italiano: per esempio @ → *chiocciola*, # → *cancelletto* ecc.

7.4
La competenza grammaticale

Data la decisione di trattare autonomamente altre competenze strutturali (fonologia, lessico, testo), il dominio della grammatica per il QCER viene a coincidere in buona sostanza con la morfologia e la sintassi, ossia con le risorse di cui una lingua dispone per formare le parole, per variarne alcuni tratti (genere, numero, tempo, aspetto ecc.), per combinare le parole in sintagmi e frasi. Come in altri casi, coerentemente con la professione di ecletticità dichiarata in apertura dagli estensori (cfr. PAR. 7.1.3) non si prende posizione sulla validità delle diverse teorie linguistiche.

Si afferma inoltre che «la sintassi di un parlante nativo adulto è estremamente complessa e in buona parte inconscia» (Consiglio d'Europa, 2002, p. 141). Tale indicazione può essere letta come un invito a concentrare l'apprendimento grammaticale esplicito più sugli aspetti morfologici (classi di parole, meccanismi di flessione e di derivazione) che su quelli sintattici, non perché questi ultimi siano meno importanti (poco oltre gli autori affermano che la sintassi costituisce «un aspetto centrale della competenza comunicativa», *ibid.*), ma perché in quest'ambito è forse più efficace lavorare sulla competenza d'uso che sulla conoscenza formale dei contenuti.

I descrittori della correttezza grammaticale, che riportiamo nel riquadro 7.3, distinguono tra la capacità dell'apprendente di dominare un repertorio memorizzato di frasi e formule – caratteristico delle competenze iniziali – e il loro graduale trasformarsi in conoscenze sistematiche. Si utilizza inoltre come criterio dirimente la frequenza delle strutture apprese (al B1 si chiede di dominare le strutture d'uso più frequente), la capacità di farsi comprendere (sempre al B1 «nonostante gli errori ciò che cerca di esprimere è chiaro», ivi, p. 140). A fare la differenza tra efficacia (C1) e padronanza (C2) è la capacità di controllo grammaticale della propria produzione, indipendentemente dalle situazioni e dal livello di stress comunicativo.

RIQUADRO 7.3
Descrittori della correttezza grammaticale

C2 Mantiene costantemente il controllo grammaticale di forme linguistiche complesse, anche quando la sua attenzione è rivolta altrove (per esempio nella pianificazione di quanto intende dire e nell'osservazione delle reazioni altrui).
C1 Mantiene costantemente un livello elevato di correttezza grammaticale; gli errori sono rari e poco evidenti.
B2 Ha una buona padronanza grammaticale; nella struttura delle frasi possono ancora verificarsi sbagli occasionali, errori non sistematici e difetti minori, che sono però rari e vengono per lo più corretti a posteriori. Mostra una padronanza grammaticale piuttosto buona. Non fa errori che possano provocare fraintendimenti.
B1 Comunica con ragionevole correttezza in contesti familiari; la padronanza grammaticale è generalmente buona anche se si nota l'influenza della lingua madre. Nonostante gli errori, ciò che cerca di esprimere è chiaro. Usa in modo ragionevolmente corretto un repertorio di formule di routine e strutture d'uso frequente, relative alle situazioni più prevedibili.
A2 Usa correttamente alcune strutture semplici, ma continua sistematicamente a fare errori di base, per esempio tende a confondere i tempi verbali e a dimenticare di segnalare gli accordi; ciononostante ciò che cerca di dire è solitamente chiaro.
A1 Ha solo una padronanza limitata di qualche semplice struttura grammaticale e di semplici modelli sintattici, in un repertorio memorizzato.

Fonte: Consiglio d'Europa (2002, p. 140).

7.4.1. SELEZIONE E PROGRESSIONE DEI CONTENUTI GRAMMATICALI

Gli autori del QCER ammettono che il problema della progressione delle conoscenze grammaticali non è affrontabile in una prospettiva generale: «Non ci è sembrato possibile elaborare una scala di progressione delle strutture grammaticali che sia applicabile a tutte le lingue» (Consiglio d'Europa, 2002, p. 139). Si tratta di un'indicazione un po' deludente per il docente, desideroso di concrete proposte di sequenziazione dei contenuti grammaticali. Il compito del docente è però semplificato dalla recente pubblicazione di sillabi direttamente o indirettamente riconducibili all'esperienza di istituzioni che si occupano di insegnamento e di certificazione dell'italiano L2[8]. Senza alcuna pretesa di esaustività proviamo quindi a fornire alcune coordinate per la costruzione di un sillabo[9].

1. L'ordine di presentazione delle strutture dev'essere correlato agli obiettivi comunicativi e funzionali. Per esempio, in un'unità didattica dedicata a "chiedere e dare informazioni stradali" sarà opportuno concentrarsi su alcuni avverbi interrogativi (*come, dove, quando, quanto* ecc.), su espressioni che indicano rapporti spaziali (*prima, dopo, a fianco, sinistra, destra* ecc.) e sul presente dei verbi modali *volere* e *dovere* (*vorrei sapere come arrivare alla stazione; per andare alla stazione devi arrivare al semaforo e poi girare a destra* ecc.).

---

8. Ricordiamo il sillabo del Centro linguistico dell'Università per stranieri di Siena (Benucci, 2007c), quello dell'Università per stranieri di Perugia (Comodi, Minciarelli, 2005) e del Centro linguistico d'ateneo dell'Università di Padova (Lo Duca, 2006). Per i sillabi collegati alle certificazioni si vedano le *Linee guida CILS* dell'Università per stranieri di Siena, scaricabili dal sito http://cils.unistrasi.it/public/articoli/12/Files/linee_guida_cils_pdf(2).pdf; per quelli legati alla certificazione PLIDA, cfr. le linee guida della Società Dante Alighieri (Patota, Pizzoli, 2004).

9. Si tenga presente che è possibile fornire indicazioni sulla progressione dei contenuti indipendentemente dalla concreta realtà del gruppo classe che si ha di fronte solo se si fa riferimento a un sillabo formale. Chi utilizza metodi di insegnamento come il *Project Learning* fa riferimento a sillabi processuali i cui contenuti linguistici non sono predeterminabili, anzi possono/devono essere negoziati con gli allievi o addirittura essere suggeriti dagli allievi all'insegnante in corso d'opera in relazione allo sviluppo delle attività didattiche. Sulla distinzione tra sillabi formali e processuali, cfr. Ciliberti (1994). Per una difesa dell'utilità di un sillabo formale si rimanda alle considerazioni presenti in Lo Duca (2006), che condividiamo pienamente.

2. Occorre costruire un sillabo a spirale, che dia la possibilità di ritornare in momenti diversi su differenti aspetti delle medesime strutture (cfr. PAR. 9.3.3). Ecco, a titolo d'esempio, una scelta degli argomenti concernenti l'articolo relativi ai primi due livelli del QCER elencati in Lo Duca (2006): A1 – posizione, usi e funzioni degli articoli determinativi singolari e plurali; accordo in genere e numero con il nome; posizione, usi e funzioni dell'articolo indeterminativo; uso dell'articolo davanti al possessivo; A2 – l'articolo determinativo con i nomi di origine straniera; con i nomi geografici; omissione e uso dell'articolo davanti a nomi di parentela; alternanza articolo determinativo/indeterminativo nei testi; uso dell'articolo con le espressioni di tempo.

3. È necessario armonizzare le tappe dell'apprendimento formale a quelle dell'apprendimento spontaneo. La pubblicazione nell'ultimo ventennio di un buon numero di studi sull'apprendimento spontaneo della nostra lingua da parte di immigrati adulti ha consentito di definire con sufficiente precisione alcune sequenze acquisizionali dell'italiano, in particolare per quel che riguarda lo sviluppo dell'espressione della temporalità e della modalità del verbo, lo sviluppo dell'accordo nominale, la sintassi della frase complessa, alcuni aspetti della testualità. Gli studi sullo sviluppo dell'interlingua hanno indotto i docenti ad adottare una nuova prospettiva nella valutazione degli errori dell'apprendente[10] e gli studiosi a riflettere sui metodi più adatti per assecondare in un corso le modalità dell'acquisizione naturale (cfr. PAR. 5.1.1). In sostanza, «capire come avvenga l'apprendimento spontaneo è prioritario alla scelta del metodo di insegnamento che più efficacemente lo possa assecondare» (Bettoni, 2001, p. 5). Conseguentemente si è sviluppato un filone di ricerca dedicato ad approfondire il rapporto tra sequenze acquisizionali e sequenze didattiche. Di quest'ultimo tema si è occupato in particolare Manfred Pienemann, elaborando la cosiddetta "ipotesi dell'insegnabilità" (cfr. PAR. 5.1.2). In estrema sintesi, tale ipotesi prevede che l'ordine di acquisizione naturale non può

---

10. L'analisi degli errori dell'apprendente nella prospettiva degli studi sull'interlingua è utile per comprendere non tanto quello che l'apprendente non sa fare, quanto ciò che egli, a quello stadio di apprendimento, è in grado di fare. In tale ottica l'analisi dell'errore assume una funzione diagnostica. Osserva al proposito Giacalone Ramat (1993, p. 345): «L'effetto di maggior portata che ci si può attendere dalla conoscenza delle ricerche sull'acquisizione è un cambiamento nell'atteggiamento degli insegnanti, un ripensamento del modo in cui essi sono abituati a considerare le produzioni dei loro allievi».

essere modificato dal percorso di apprendimento; quello che può fare l'istruzione formale è accelerare il passaggio da una fase della sequenza di apprendimento a quella successiva. Inoltre, poiché i vari stadi di una sequenza acquisizionale sono legati dal principio logico dell'implicazione, bisogna far sì che l'apprendente abbia maturato i prerequisiti cognitivi e linguistici che lo rendano pronto a recepire la struttura nuova, pena l'insuccesso didattico. Recentemente anche in Italia sono state avanzate proposte di didattica acquisizionale (Rastelli, 2009; Rastelli, Nuzzo, 2011).

4. Eventuali dissimmetrie tra ordine di acquisizione naturale e sequenza nel sillabo possono verificarsi nel caso in cui si debba fornire agli apprendenti strutture complesse che per la loro rilevanza funzionale siano necessarie in una fase precoce del corso, prima che l'apprendente sia pronto a riflettere sulla loro funzione interna al sistema linguistico. Occorre però distinguere tra la presentazione di una struttura come item inanalizzato e la sua analisi linguistica. Per esempio, in quasi tutti i manuali per principianti una delle prime unità ha come obiettivo l'atto comunicativo del *presentarsi*. La realizzazione linguistica di tale atto richiede la coniugazione dei verbi pronominali (*io MI CHIAMO Andrea, e tu come TI CHIAMI?*), che in italiano è piuttosto complessa. In questo caso si presenta la struttura come elemento unico, da memorizzare, come se si trattasse di un'unità lessicale (*mi chiamo X, ti chiami Y* ecc.), riservando a una fase successiva l'analisi delle sue componenti e le peculiarità dell'uso dei pronomi atoni per la coniugazione pronominale e riflessiva.

7.4.2. TECNICHE DIDATTICHE PER LO SVILUPPO DELLA COMPETENZA GRAMMATICALE

Nel modello classico di unità didattica la riflessione sulle strutture grammaticali si colloca dopo la fase di sintesi (cfr. PAR. 10.1.2). Si tenga comunque presente che non è sempre opportuno separare nettamente le attività di riflessione metalinguistica dalle attività propriamente comunicative e che è possibile – entro certi limiti – fare una riflessione metalinguistica "diffusa" lungo tutto l'arco della lezione (Balboni, 1998, p. 104).

Più utile di una classificazione formale degli esercizi per "fare grammatica" (un'attività di completamento può servire tanto per verificare la comprensione di un testo quanto per lavorare su una regola) sembra essere una loro suddivisione su base funzionale. Adattando all'italiano la classificazione generale proposta da Corder (1983), si muove su tale linea Andorno (2003), a cui ci rifaremo per gli esempi e i suggerimenti proposti in questo paragrafo.

Innanzitutto possiamo osservare che le funzioni degli esercizi per la riflessione grammaticale sono quattro e che a ciascuna fase possono essere abbinate specifiche attività:
1. scoprire le regole;
2. verificare i limiti di applicabilità di una regola;
3. interiorizzare le regole;
4. riutilizzare le regole in fase produttiva.

Il momento di scoperta della regola riguarda solo i docenti intenzionati a utilizzare il metodo induttivo. In questa fase, come abbiamo osservato (cfr. PAR. 6.3), si ricorre soprattutto all'analisi, guidata dal docente, di testi che contengano in un ordine di progressiva complessità le strutture oggetto di riflessione, e alla verifica della comprensione della regola attraverso il completamento di schemi e tabelle.

Per verificare entro quali limiti sia applicabile la regola appresa, sono utilizzabili sia esercizi a scelta multipla sia esercizi di sostituzione e di completamento. Negli esercizi a scelta multipla si richiede di riconoscere la forma giusta in un certo insieme, in quelli di sostituzione e di completamento di ricordarla e riprodurla[11].

Per interiorizzare le regole si può ricorrere ai tanto vituperati *pattern drill* portati in auge dal metodo comportamentista, perché permettono la fissazione della regola non attraverso un processo di comprensione ma come abitudine automatica e irriflessa. Vari sono i limiti insiti in questo tipo di attività (Andorno, 2003, p. 87), che comunque continua a essere impiegata, limitatamente agli scopi sopra enunciati e con opportuni ritocchi e ammodernamenti, in molti manuali.

Per riutilizzare le regole l'insegnante deve lavorare principalmente con esercizi di produzione guidata, orale e scritta, che dovrebbero

---

11. Negli esercizi di sostituzione la ricostruzione della forma appropriata avviene sulla base dell'aiuto fornito dalla forma non flessa, in quelli di completamento senza tale aiuto. Per fare un esempio, la consegna di un esercizio di sostituzione può essere "Completa le seguenti frasi con la forma del passato prossimo del verbo indicato tra parentesi", e un esempio *Maria* _____ *(partire) la settimana scorsa*. Un esercizio di completamento può essere costituito da un testo in cui siano state tolte forme verbali ricostruibili dal contesto o da un'attività sui pronomi che chieda di inserire la forma appropriata del pronome possessivo in una serie di frasi da completare.

muovere da attività più controllate come gli esercizi di accoppiamento e la drammatizzazione ad altre più libere, come il *role play*, il *role taking*, il *role making*. Per quello che riguarda la produzione scritta, si può partire dalla trasformazione di una sequenza di vignette in un testo narrativo per giungere alla produzione libera di un testo (per esempio una lettera, un articolo di giornale) su un determinato argomento, facendo in modo di focalizzare, attraverso le consegne, la produzione sulle forme linguistiche oggetto di riflessione.

7.5
La competenza lessicale

Secondo una frase attribuita a Krashen, la migliore prova dell'importanza del lessico nell'apprendimento di una lingua è offerta da questa semplice constatazione: chi si reca in un paese straniero di solito mette in valigia un vocabolario, non una grammatica della lingua che vi si parla. Eppure, come ci ricorda Bettoni (2001, p. 62), «finora gli studi sul lessico sono relativamente pochi[12]. Soprattutto per un motivo fondamentale, che ne spiega l'emarginazione sia in linguistica generale sia nel nostro campo dell'apprendimento della L2: il lessico è un sistema molto più aperto della grammatica o della fonologia, e le sue numerosissime unità di base, le parole, si prestano più difficilmente alla regolarizzazione». In effetti, anche negli studi linguistici il lessico è spesso stato considerato un livello di analisi un po' esterno rispetto al "cuore" della grammatica, individuato nelle strutture morfosintattiche.

Nell'impostazione didattica tradizionale, lessico e grammatica sono perlopiù concepiti come entità separate, da studiare indipendentemente l'una dall'altra. Nelle recenti tendenze della linguistica educativa si arriva però a superare questa contrapposizione tra insegnamento della grammatica e insegnamento del lessico. Se si pensa alla competenza lessicale non solo come lista di parole memorizzate dall'apprendente, ma come capacità di padroneggiare le combinazioni di parole e le solidarietà semantico-sintagmatiche tra esse che si realizzano nella lingua di studio, i due piani si integrano vicendevol-

---

12. Ma si veda, per molti approfondimenti relativi all'insegnamento-apprendimento del lessico, il ricco Barni, Troncarelli, Bagna (2008).

mente nel processo di apprendimento. Per dirla con una formula cara ai sostenitori del *Lexical Approach*, sviluppato in anni recenti da Michael Lewis, il linguaggio consiste in lessico grammaticalizzato, non in grammatica lessicalizzata[13]. Inoltre, gli studi acquisizionali hanno mostrato che nello stadio iniziale del processo di apprendimento spontaneo di una lingua si evidenzia la primarietà della componente lessicale, in quanto l'apprendente tende a processare tutto l'input a lui comprensibile come lista di elementi lessicali inanalizzati.

Nel *Lexical Approach* si insiste sull'importanza dei *chunks* (pezzi) *lessicali*, veri e propri mattoni attraverso i quali edifichiamo la nostra competenza linguistica. I mattoni lessicali possono avere differenti dimensioni, dalla singola parola a espressioni fisse (*dare nell'occhio, a furia di*) o idiomatiche (*stare fresco, di punto in bianco*). Possono essere costituiti da coppie di parole (verbo + nome, sostantivo + aggettivo ecc.) che co-occorrono stabilmente nella lingua di studio: per esempio, in italiano si dice *prendere una decisione* o *avere fame*, mentre in inglese *make a decision* o *be hungry*. I mattoni lessicali possono anche essere espressioni più o meno ampie, usate come demarcativi testuali: *in primo luogo, a questo punto, ci dedicheremo ora all'analisi di* ecc.

Dunque, la disputa tra "grammaticalisti" e "lessicalisti" e la conseguente discussione sulla priorità dell'una o dell'altra componente non hanno oggi molto senso, trattandosi di sottocompetenze fortemente interdipendenti: non a caso nell'impianto del QCER la competenza lessicale (riquadro 7.4) e quella grammaticale sono considerate parti della competenza linguistica.

I due parametri fondamentali individuati nel QCER per valutare la competenza lessicale sono l'*ampiezza* (aspetto quantitativo) e la *padronanza* (aspetto qualitativo). I descrittori di competenza del lessico non forniscono indicazioni numeriche, ma fanno riferimento alla padronanza nelle varie aree di interesse: per esempio si dice che al livello B1 l'apprendente «dispone di lessico sufficiente per esprimersi con qualche circonlocuzione su quasi tutti gli argomenti che si riferiscono alla vita di tutti i giorni, quali la famiglia, gli hobby e gli interessi, il lavoro, i viaggi e l'attualità» (Consiglio d'Europa, 2002, p. 137).

Un primo punto di vista da cui affrontare il problema del potenzia-

---

13. Per maggiori ragguagli sul tema, cfr. Serra Borneto (1998a) e Cardona (2004).

RIQUADRO 7.4
La competenza lessicale nel QCER

I compilatori del QCER hanno fatto propria una concezione allargata del lessico. Nell'analizzare la competenza lessicale (Consiglio d'Europa, 2002, pp. 136-7), si sottolinea che essa comprende:
a) elementi lessicali: parole isolate, ma anche espressioni fisse (formule ricorrenti, espressioni idiomatiche ecc.);
b) elementi grammaticali, ossia parole appartenenti a classi chiuse.
La competenza lessicale non include pertanto solo singole parole, ma anche espressioni cristallizzate che vengono apprese come un insieme unico. Relativamente alle parole isolate è opportuno distinguere fra termini lessicalmente pieni, che costituiscono classi aperte (i nomi, gli aggettivi qualificativi, i verbi ecc.), e parole grammaticali, appartenenti a classi chiuse (i pronomi e gli aggettivi determinativi, gli articoli, le preposizioni, le congiunzioni ecc.).

mento della competenza lessicale è dunque quello quantitativo. Facciamo partire il nostro ragionamento con alcuni numeri significativi. Un vocabolario dell'uso della lingua italiana contiene dai 100.000 ai 250.000 lemmi. Tuttavia, è esperienza comune che anche il parlante più colto conosce il significato solo di una porzione di questo ampio lemmario (per esempio ci sono normalmente oscure le serie terminologiche relative a discipline, tecniche o attività estranee ai nostri ambiti di interesse professionale o personale): si stima che il vocabolario mentale di una persona adulta colta oscilli tra le 25.000 e le 50.000 unità[14]. Studi sul lessico di frequenza della lingua italiana scritta e parlata hanno reso possibile individuare all'interno di quest'insieme più ampio un vocabolario di base, di circa 7.000 parole, che consente di comprendere adeguatamente la maggior parte dei testi d'uso comune.

7.3

Il vocabolario di base è ulteriormente scomponibile. Il vocabolario fondamentale, che accoglie le 2.000 parole più frequenti, contiene le parole grammaticali (articoli, preposizioni, pronomi personali ecc.), i verbi ausiliari e quelli di più largo uso (*andare, dare, dire, fare, stare*

14. Nel GRADIT sono registrate come parole d'uso comune i circa 40.000 «vocaboli che sono usati e compresi indipendentemente dalla professione o mestiere che esercitiamo o dalla collocazione regionale e che sono generalmente noti a chiunque abbia un livello mediosuperiore di istruzione» (GRADIT, 1999, *Prefazione*, p. XX).

ecc.) e parole legate alla vita quotidiana (*abitare, casa, scuola* ecc.). Il vocabolario di alto uso contiene le successive 2.700 parole in ordine di frequenza (per esempio *cartello, cassa, crema*). Queste prime due categorie sono individuate oggettivamente su base statistica, la terza, il vocabolario di alta disponibilità, include una lista di ulteriori 2.000 vocaboli che per ragioni varie non si collocano a livelli di frequenza molto elevati, ma che sono rilevanti dal punto di vista semantico-nozionale (per esempio *calendario, forbice, frigorifero*). Questa lista, a differenza delle precedenti, è frutto di una scelta soggettiva del lessicografo.

Un secondo angolo visuale da cui esaminare la competenza lessicale è quello qualitativo. Prendiamo per esempio la parola *legno*. Per averne una piena padronanza non basta conoscerne la pronuncia /leɲɲo/, la trascrizione ortografica, con il digramma <gn> che corrisponde alla nasale palatale intensa /ɲɲ/, il significato principale, le proprietà flessive (al plurale fa *legni*), gli eventuali alterati (*legnetto, legnaccio,* ma non per esempio **legnino, *legnone*). Occorre anche tenere presenti le diverse accezioni specialistiche (nel linguaggio calcistico *legno* può significare "palo della porta", mentre in quello musicale, al plurale, indica un gruppo di strumenti a fiato), gli usi traslati e figurati (per esempio *testa di legno*, "testa dura") ecc. La competenza di una parola include quindi anche altre proprietà, di tipo:

a) semantico:
– le varie accezioni: *penna*, oltre a designare lo strumento per scrivere, può indicare un elemento del piumaggio dell'uccello o un tipo di pasta alimentare;
– gli usi figurati: *finestra*, accanto al significato fondamentale, ha sviluppato quello di "area di lavoro visualizzabile sullo schermo di un PC" e quello di "intervallo di tempo" (*a gennaio si aprirà una finestra di sei mesi per andare in pensione*);
– gli usi connotativi: alcuni nomi sviluppano un significato connotativo, positivo o negativo, che si affianca al significato denotativo di base. Nella cultura tradizionale è il caso di molti nomi di animali (per esempio *cane* può avere una connotazione positiva, come simbolo di fedeltà e attaccamento, o negativa, se riferito a persona malvagia, perfida). Nel lessico intellettuale molti derivati in *-ismo* indicanti atteggiamenti (*perbenismo, moralismo*), dottrine o correnti di pensiero (*liberismo, laicismo* ecc.) hanno una connotazione negativa;
– le relazioni di significato con altre parole. Per esempio l'aggettivo *integro* ha come sinonimi *intatto, intero* se riferito a cose, *incorruttibile,*

onesto se riferito a persone; l'opposto di *dolce* è *amaro* in relazione al caffè, *salato* in relazione a una torta, *piccante* in relazione a un formaggio, *secco* in relazione a un vino, *ripido* in relazione a un pendio ecc. *Mora* è iponimo rispetto a *frutto di bosco*, *mammifero* è iperonimo rispetto a *gatto* ecc.;
b) morfologico-derivativo:
– la capacità di creare le parole derivate a partire da una parola di base (per esempio da *pane*: *panificio, panettiere, impanare* ecc.) e di distinguere i processi di derivazione teoricamente possibili da quelli effettivamente praticati (per esempio da *abolire* e *disperdere* si ottengono i sostantivi *abolizione* e *dispersione* ma non **abolimento* e **disperdimento*, al contrario da *cedere* e *festeggiare* si ottengono *cedimento* e *festeggiamento* ma non **cedizione* e **festeggiazione*);
c) sintattico:
– per esempio *regalare* è un verbo che richiede tre argomenti, un soggetto, un oggetto e un oggetto indiretto (*Maria ha regalato un libro alla zia Rosa*), *innamorarsi* regge la preposizione *di* (*innamorarsi di qualcuno*), l'aggettivo *contrario* la preposizione *a* (*sono contrario agli acquisti a rate*) ecc.

Quanto detto finora può aiutarci a rispondere alla seguente domanda: quante parole deve conoscere, ai vari livelli di competenza, un apprendente di italiano L2? Premesso che il criterio quantitativo aiuta a formulare solo una parte del sillabo lessicale di un corso, in quanto una porzione sarà specificabile solo contestualmente in relazione ai bisogni dei discenti e alla situazione di apprendimento, si ritiene che la conoscenza di 2.000-3.000 parole corrisponda a un buon livello di competenza (Bettoni, 2001, p. 67; Marello, Corda, 2004). Un volume di qualche anno fa (Spinelli, Parizzi, 2010), complemento all'italiano delle indicazioni del QCER, ha provato a individuare il vocabolario minimo necessario a raggiungere il livello B2 (precisamente 500 parole per l'A1, 1.000 per l'A2, 1.500 per il B1, 2.000 per il B2). In ogni caso, con il progredire della competenza generale la dimensione qualitativa (padronanza, dominio degli impieghi metaforici e connotativi ecc.) assume un peso via via maggiore rispetto alla componente quantitativa[15].

---

15. Su acquisizione e apprendimento del lessico cfr. Bettoni (2001, pp. 61-78); Cardona (2004); Marello, Corda (2004); Bernini (2005); Barni, Bagna, Troncarelli (2008). Sullo sviluppo del vocabolario di base in italiano L2, cfr. anche Vedovelli, Carloni (2005).

Per quanto riguarda le tecniche didattiche per lo sviluppo della competenza lessicale, il problema essenziale è quello della fissazione mnemonica, che è agevolata dalla contestualizzazione delle unità lessicali: si usano con un certo successo visualizzazioni accompagnate da immagini di campi lessicali omogenei (le parti del corpo, gli oggetti d'arredamento di una casa, gli alimenti) o di riproduzioni (disegni o fotografie) che raffigurano una scena (una stazione, un mercato, una piazza) con l'indicazione degli elementi lessicali caratteristici di quel contesto. Quando si esce dal dominio delle parole isolate bisogna prestare particolare attenzione alla spiegazione del significato e ad approntare opportune attività di riuso delle espressioni idiomatiche, che possono essere di difficile comprensione per l'apprendente straniero poiché il significato complessivo non è ricavabile dalla somma dei significati delle parole che le compongono. Le solidarietà lessicali possono creare problemi di *transfer* negativo con la L1 dell'apprendente. Per esempio un parlante anglofono potrebbe dire di qualcuno che ha i capelli *marroni* (*brown hair*), mentre in italiano si usa questo aggettivo in relazione al colore degli occhi, ma non dei capelli, che si definiscono *castani*. Può essere utile, sia nella fase preparatoria che in quella riassuntiva del lavoro di analisi di un testo, l'elaborazione di diagrammi che evidenzino i rapporti associativi fra le parole salienti. Si può anche ricorrere a vari esercizi ludico-enigmistici che stimolino il passaggio dalla definizione alla parola (cruciverba, indovinelli), la capacità di parafrasare un termine o l'arricchimento del lessico a partire da attività concentrate sul significante (anagrammi, scarti, cambi, zeppe). Dovrebbe infine essere parte integrante del percorso di sviluppo della competenza lessicale l'addestramento all'uso autonomo del dizionario, sia bilingue sia, non appena possibile, monolingue[16].

7.6
La competenza sociolinguistica

Consiste nella capacità di gestire la comunicazione in relazione alla dimensione sociale, quindi manifesta l'abilità del parlante di adattare il messaggio a diversi fattori contestuali, quali il grado di confidenza

---

16. Per maggiori dettagli cfr. Balboni (1998, pp. 111-5) e Vedovelli, Carloni (2005).

> **RIQUADRO 7.5**
> **Scelte di registro**
>
> Il registro indica, in sociolinguistica, una particolare modalità di realizzazione del codice in relazione alla situazione. In sostanza, grazie ai registri abbiamo a disposizione «modi diversi di dire quella che referenzialmente è una stessa cosa» (Berruto, 1995, p. 149). La suddivisione dei registri in scale più o meno analitiche è un fatto convenzionale. Il QCER individua sei registri, (molto formale, formale, neutro, informale, familiare, intimo). Proviamo ad adattare questa scala all'italiano mediante opportuni esempi:
> - molto formale: *La S. V. è pregata di non turbare la mia serenità!*
> - formale: *La prego di non infastidirmi!*
> - neutro: *La prego di non disturbarmi!*
> - informale: *Per cortesia, non disturbarmi!*
> - familiare: *Piantala, non seccarmi!*
> - intimo: *Non rompere!*
>
> Il registro è quindi in ampia misura correlabile alla variazione diafasica. Tuttavia, a dimostrazione del fatto che le dimensioni della variazione sociolinguistica non sono mai analizzabili in isolamento, notiamo che a sua volta la marcatezza diatopica è strettamente correlata alla dimensione diamesica: in un testo orale si manifesta anche ai livelli medio-alti e alti di formalità, poiché in italiano non esiste di fatto un modello di parlato standard. Al livello scritto, invece, la coloritura regionale è ammessa soltanto dai registri informali "in giù" e si manifesta perlopiù mediante scelte lessicali differenziate.

tra gli interlocutori, le reciproche relazioni di status, la formalità della situazione.

Più in particolare, la competenza sociolinguistica si realizza nella capacità di padroneggiare specifiche aree dell'interazione linguistica come le formule di saluto, le espressioni idiomatiche e i proverbi, l'uso degli allocutivi, le convenzioni per la presa del turno di parola e altri indicatori del registro (cfr. riquadro 7.5) adottato dal parlante.

Un'importante indicazione del QCER, su cui torneremo nel paragrafo 8.1 per le sue implicazioni sulla scelta del modello di lingua da insegnare, consiste nel sottolineare che ai livelli iniziali dell'insegnamento (fino al B1) è opportuno concentrarsi sul registro neutro, quello cioè che i parlanti nativi usano tra loro in condizioni diafasiche non marcate e quello che si aspettano di udire da un parlante straniero. L'uso dei registri marcati, sia in senso alto (formale) sia in senso basso (familiare, colloquiale), va riservato ai livelli più avanzati allo scopo di stimolarne

7. LE COMPETENZE PER L'APPRENDIMENTO DELL'ITALIANO L2

la competenza in primo luogo ricettiva, solo marginalmente attiva. È necessaria al riguardo la massima cautela, in quanto le differenze di registro sono difficili da dominare anche per i parlanti nativi.

Coerentemente con tale affermazione, nei descrittori di appropriatezza sociolinguistica sono considerati ai livelli bassi della scala (fino al B1) solo gli indicatori delle relazioni sociali e quelli relativi alle regole di cortesia. Solo dal B2 interviene la competenza di registro. Per esempio al B2 l'utente «è in grado di esprimersi in modo sicuro, chiaro e cortese in un registro formale o informale, a seconda della situazione o della persona implicata» (Consiglio d'Europa, 2002, p. 149; cfr. riquadro 7.6), al C1 «è in grado di riconoscere un'ampia gamma di espressioni idiomatiche e colloquiali e coglie i cambiamenti di registro [...] è in grado di usare la lingua per scopi speciali in modo flessibile ed efficace, includendo anche le dimensioni affettive, allusive ed umoristiche» (*ibid.*).

Nella selezione dei testi da utilizzare in classe sarà opportuno tenere conto della differenza tra esposizione a esempi di registro marcato, diatopicamente o diafasicamente, che può avvenire già ai livelli iniziali, e tematizzazione curricolare di tali differenze. Ciò significa che in relazione agli obiettivi comunicativi individuati è possibile utilizzare a livelli non avanzati un dialogo o una sequenza di un film in cui compaiono espressioni tipiche del registro informale o familiare, senza tuttavia riservare a esse una spiegazione analitica in fase di riflessione metalinguistica.

La competenza sociolinguistica comprende anche la capacità di riconoscere i principali marcatori linguistici, cioè quegli usi che consentono di identificare la provenienza regionale, la classe sociale e l'ambito lavorativo del parlante. Tra questi si segnalano:
– elementi prosodici come l'intonazione e l'accento tipici di una varietà regionale;
– elementi morfologici, quali per esempio l'uso non connotato come aulicismo del dimostrativo *codesto* in Toscana, la tendenza ad apocopare gli infiniti nel romanesco (*parlà*, "parlare"; *dormì*, "dormire") ecc.;
– elementi sintattici, per esempio l'uso del passato prossimo in sostituzione del passato remoto da parte dei parlanti settentrionali e, al contrario, l'uso quasi esclusivo del passato remoto da parte dei siciliani; l'uso dell'oggetto preposizionale nelle parlate meridionali: *ho chiamato a Paolo* per *ho chiamato Paolo* ecc.;
– elementi lessicali, come i geosinonimi e i geo-omonimi. I geosino-

RIQUADRO 7.6
Cortesia (e scortesia) linguistica

Fra le regole di cortesia hanno particolare importanza quelle che servono per la modulazione degli atti di richiesta. In italiano, per esprimere un comando, posso combinare diverse strategie per graduare la perentorietà della richiesta e adattarla al contesto situazionale (familiarità con l'interlocutore, rapporti di ruolo, situazione pubblica/familiare ecc.). Per esempio, per chiedere a qualcuno di aprire la finestra posso agire su:
- uso del pronome allocutivo e della corrispondente forma dell'imperativo (*Apri!/Apra la finestra!*);
- uso di formule introduttive attenuative (*Per favore/Per cortesia, apri/apra la finestra*);
- uso di verbi modali (*può/puoi/potresti*);
- riformulazione della richiesta come domanda diretta (*Apri la finestra?; Le/Ti dispiace aprire la finestra?*);
- riformulazione della richiesta come atto linguistico indiretto (*Oggi fa un gran caldo...*).

Le regole per l'accettabilità pragmatica delle formule di richiesta variano da lingua a lingua. Per esempio l'inglese, per ragioni socioculturali (difesa quasi sacra della *privacy* a tutela dell'invasione degli spazi e dei diritti dell'individuo) e grammaticali (la mancanza dell'opposizione tra pronome allocutivo di familiarità e di rispetto), pone vincoli molto più forti all'accettabilità pragmatica di richieste dirette all'imperativo come *Open the window!*

Le trasgressioni alle regole della cortesia possono essere intenzionali, se utilizzate per ottenere un particolare effetto su chi ascolta (far capire che sono arrabbiato, deluso, sorpreso, indurre in un particolare stato d'animo l'interlocutore ecc.) o involontarie, se causate dall'ignoranza delle regole di cortesia della comunità sociale di riferimento (riflessioni sulla pragmatica interculturale si possono trovare in Wierzbicka, 1991, e Bettoni, 2006c).

---

nimi sono parole diverse usate nelle varie regioni d'Italia per indicare lo stesso referente: è il caso di *anguria*, che nel Settentrione indica il *cocomero*, o di *babbo*, che in Toscana e in altre zone sostituisce *papà*. I geo-omonimi invece sono parole che mantengono la stessa forma di un termine italiano, ma assumono un significato diverso in alcune aree geografiche: tornando all'esempio del *cocomero*, osserviamo che in alcune regioni del Nord indica il cetriolo. Un altro esempio di geo-omonimo è *tovaglia*, che in alcune regioni del Sud indica l'asciugamano.

7.7
La competenza pragmatica

A dispetto del termine adottato dagli estensori del QCER, ciò che viene detto a proposito della competenza pragmatica coincide in buona misura con la dimensione testuale. Al di là dalla scelta lessicale poco felice, un approccio alla didattica della lingua orientato sulla centralità dei testi deve dare il giusto spazio non solo alla struttura formale di un testo, ma anche al processo della sua elaborazione e alle modalità della sua realizzazione, che avviene in un preciso contesto e in relazione a determinati obiettivi comunicativi[17].

Nel definire il suo approccio, che vede negli utenti della lingua degli "attori sociali" che operano all'interno di una comunità, il QCER ribadisce l'assoluta centralità della capacità dell'utente di usare testi per portare a termine i compiti linguistici[18] attraverso opportune strategie:

La comunicazione e l'apprendimento implicano l'esecuzione di **compiti** che non sono esclusivamente linguistici, anche se implicano attività linguistiche e mettono in gioco la competenza comunicativa dell'individuo. Questi compiti, quando non costituiscono una routine e non sono eseguiti in modo automatico, richiedono l'impiego di **strategie** di comunicazione e di ap-

---

17. Per una chiarificazione dell'opposizione testo/discorso ricorriamo ad Andorno (2003, p. 20): «Normalmente la dicitura *discorso* è riferita ad un oggetto più vasto rispetto alla dicitura *testo*: mentre il primo termine riguarda in senso lato il linguaggio in uso, potendo quindi riferirsi sia al processo comunicativo sia al suo prodotto, col secondo si fa riferimento più precisamente al prodotto linguistico che dall'attività comunicativa scaturisce. Il *testo* è quindi un oggetto statico, mente il *discorso* è un oggetto più dinamico e processuale». Cfr. anche Palermo (2013) e Ferrari (2014).

18. Naturalmente i diversi compiti richiedono un diverso coinvolgimento delle abilità linguistiche: «Il rapporto tra strategie, compito e testo dipende dalla natura del compito, che può essere prevalentemente linguistico, cioè può richiedere soprattutto attività linguistiche, alle quali innanzitutto si riferiscono le strategie usate (ad es. leggere e commentare un testo, fare un esercizio di completamento, tenere una conferenza, prendere appunti durante una relazione). Il compito può, d'altra parte, avere una componente linguistica: in questo caso le attività linguistiche costituiscono solo parte di ciò che è richiesto e le strategie usate si riferiscono anche o prevalentemente ad altre attività (ad es. cucinare attenendosi a una ricetta). Molti compiti possono essere portati a termine senza ricorrere ad attività linguistiche. [...] Per esempio, delle persone che sanno come fare possono montare una tenda in silenzio» (Consiglio d'Europa, 2002, p. 19).

prendimento. Nella misura in cui, per portarli a termine, si ricorre ad attività linguistiche, è necessario un trattamento dei **testi**, orali o scritti (Consiglio d'Europa, 2002, p. 19, grassetto nel testo).

I descrittori della competenza pragmatica si riferiscono alla capacità dell'utente di concepire, strutturare e adattare al contesto i propri messaggi (*competenza discorsiva*), i quali sono usati per realizzare funzioni comunicative (*competenza funzionale*) e sono progettati tenendo conto di copioni interazionali codificati (*competenza di pianificazione*). La competenza discorsiva riguarda la capacità di formulare testi che rispettino le regole della coesione e della coerenza, che perseguano in modo efficace la progressione tematica e propongano in modo equilibrato gli elementi nuovi rispetto a quelli noti, che siano adatti agli scopi, che impieghino il registro e lo stile richiesti. La competenza di pianificazione prevede che l'utente sia in grado di far interagire le microfunzioni con le macrofunzioni all'interno di copioni interazionali di diversa complessità.

Poiché il testo è un'attività comunicativa complessa, che coinvolge più fattori, anche la classificazione dei tipi testuali può essere plurivoca. Le tipologie testuali proposte sono varie, dipendenti sostanzialmente dalla caratteristica su cui si focalizza l'attenzione dello studioso. Se si prende in considerazione il canale di trasmissione, la classificazione distinguerà fra testi orali e scritti; se si considerano le modalità dello scambio, sarà essenziale la distinzione fra testi monologici e dialogici. Se si tiene conto degli scopi per cui viene prodotto un testo, avremo una classificazione funzionale (la più nota, che si deve allo studioso tedesco Egon Wehrlich, prevede cinque tipi di testi: descrittivi, narrativi, argomentativi, regolativi, espositivi). Se ci si concentra sulle attività cognitive principalmente coinvolte nella sua produzione, le categorie fondamentali saranno l'espressione, la rappresentazione, la riflessione, l'immaginazione e la regolazione interpersonale (cfr. Wehrlich, 1975)[19].

6.2
7.4

Al di là della classificazione adottata (quella funzionale ha sicuramente avuto maggiore fortuna, soprattutto nella didattica delle lingue), è fondamentale la distinzione tra tipi e generi testuali. I *tipi* testuali sono entità astratte e poco soggette alla variazione interlinguistica, «sembrano essere universali, o almeno generali, presenti

---

19. Per ulteriori criteri di classificazione dei testi, cfr. Palermo (2013, pp. 235-8).

cioè in ogni codice linguistico» (Vedovelli, 2002a, p. 85). I *generi* testuali sono invece le realizzazioni concrete dei tipi testuali nelle varie epoche e nelle diverse tradizioni culturali e, in quanto tali, possono essere soggetti a differenze tra lingua e lingua. Facciamo alcuni esempi: l'attività del narrare è certamente presente in tutte le culture, mentre i modi di realizzare la narrazione possono variare nei periodi storici e nelle differenti culture; la novella, il romanzo giallo, la cronaca giornalistica possono non trovare corrispondenti o essere realizzati con modalità differenti nella cultura di un particolare gruppo di apprendenti.

Nel modello proposto dal QCER la capacità di concepire, strutturare e realizzare i testi si fonda sull'integrazione di abilità riferibili a tre livelli: le microfunzioni, le **macrofunzioni**, gli schemi interazionali. Le microfunzioni sono gli atti comunicativi così come erano stati definiti nei livelli soglia (cfr. PAR. 7.1.1).

> Le **macrofunzioni** individuate nel QCER sono le seguenti: descrizione, narrazione, commento, esposizione, interpretazione, spiegazione, dimostrazione, istruzioni, argomentazione, persuasione ecc.

Le forme linguistiche associate a tali entità di norma non superano la dimensione dell'enunciato e servono a realizzare un obiettivo comunicativo (chiedere un'informazione, presentarsi, dare un ordine ecc.). Nella conversazione le microfunzioni si innestano in scambi comunicativi di portata più ampia, orientati verso uno scopo (cfr. PAR. 11.3.3). La categoria che dà conto della dimensione superiore all'enunciato, quindi propriamente testuale, è quella della macrofunzione, definita come «categori*a* che serv*e* per definire l'uso funzionale di discorsi orali o testi scritti consistenti in sequenze (a volte ampie) di frasi» (Consiglio d'Europa, 2002, p. 155).

Come si vede, si tratta di una lista aperta che riprende, ampliandola, la classificazione dei tipi testuali su base funzionale[20]. La competenza pragmatica prevede anche la capacità di usare appropriatamente gli

---

20. Osservazioni critiche sul fondamento di tale classificazione, che non esplicita a quale tipologia testuale fa riferimento e mette sullo stesso piano tipi testuali fondamentali come la narrazione, la descrizione e l'argomentazione con altri che possono essere considerati dei "sottotipi" (per esempio la persuasione nei confronti dell'argomentazione) si trovano in Vedovelli (2002a, p. 85) e Lo Duca (2006, p. 28).

schemi interazionali sottesi alle diverse modalità di scambio comunicativo codificate in una lingua/cultura. Tali schemi interazionali costituiscono una sorta di "copioni" che pongono l'utente in grado di gestire efficacemente le interazioni comunicative, da quelle più semplici (domanda e risposta per chiedere/dare informazioni) alle più complesse (dibattito, intervista, tavola rotonda, progettazione comune).

Di carattere eminentemente operativo è invece l'elenco dei tipi testuali (anche qui si nota un'incongruenza terminologica: si tratta in realtà di quelli che nella letteratura di riferimento sono definiti generi testuali). Essi comprendono (ivi, pp. 117-9):
a) *testi orali*, per esempio:
- annunci pubblici e istruzioni;
- discorsi pubblici, lezioni, esposizioni, prediche;
- riti (cerimonie, servizi religiosi);
- testi per l'intrattenimento (teatro, spettacoli, letture pubbliche, canzoni ecc.);
- commenti a eventi sportivi (calcio, pugilato, atletica, corsa equestre);
- notizie radio;
- dibattiti e discussioni pubbliche;
- dialoghi e conversazioni interpersonali;
- conversazioni telefoniche;
- colloqui di lavoro;

b) *testi scritti*, per esempio:
- libri, di carattere informativo o *di fiction*;
- giornali;
- manuali di istruzioni (bricolage, libri di ricette ecc.);
- libri di testo;
- fumetti;
- opuscoli, prospetti;
- volantini;
- materiale pubblicitario;
- cartelli e avvisi pubblici;
- insegne di supermercati, negozi, chioschi;
- confezioni ed etichette su prodotti;
- biglietti ecc.;
- moduli e questionari;
- dizionari (monolingui e bilingui), repertori;
- lettere e fax commerciali e professionali;
- lettere personali;

- saggi ed esercizi;
- promemoria, relazioni e ricerche;
- appunti e messaggi;
- database (notizie, letteratura, informazioni generali ecc.).

L'analisi dei testi e le relative applicazioni didattiche si fondano su due piani che è opportuno tenere concettualmente distinti:
- le caratteristiche costitutive di un testo, che sono indipendenti dal tipo a cui esso appartiene; per esempio le regole che governano la coerenza e la coesione, le modalità di rinvio a elementi interni ed esterni al testo (anafora e deissi), la progressione tematica ecc.[21];
- le caratteristiche di un determinato tipo di testo; per esempio l'uso dei tempi e dei modi verbali varia profondamente in un testo descrittivo, narrativo o regolativo; la densità e le funzioni dei connettivi utilizzati cambia in relazione al tipo testuale ecc.

Vediamo come questi due piani di analisi si ritrovano in alcuni dei descrittori della competenza pragmatica e testuale del QCER. Le scale relative alla coerenza e alla coesione testuale sono del tutto indipendenti dalla variabilità dei tipi testuali:
- C2: è in grado di realizzare un discorso coerente e coeso usando in modo appropriato una grande varietà di schemi organizzativi e un'ampia gamma di connettivi e di meccanismi coesivi di altro tipo;
- C1: è in grado di realizzare un discorso chiaro, sciolto e ben strutturato, mostrando un uso controllato degli schemi organizzativi, di connettivi ed espressioni coesive;
- B2: è in grado di usare in modo efficace diversi connettivi per esplicitare i rapporti tra i concetti. È in grado di usare un numero limitato di elementi di coesione per collegare i propri enunciati in un discorso chiaro e coerente. In un intervento lungo possono presentarsi dei "salti" logici;
- B1: è in grado di collegare una serie di elementi relativamente brevi e semplici in una sequenza lineare per punti;
- A2: è in grado di collegare frasi semplici usando i connettivi più usuali per raccontare una storia o descrivere qualcosa, realizzando un semplice elenco di punti. È in grado di collegare gruppi di parole con connettivi semplici quali "e", "ma" e "perché";
- A1: è in grado di collegare parole o gruppi di parole con connettivi molto elementari quali "e" o "allora".

21. Per un approfondimento di queste tematiche si rimanda a Palermo (2013).

RIQUADRO 7.7
Testo autentico o non autentico?

La *querelle* sull'uso dei testi autentici nella didattica delle lingue ha segnato il dibattito degli ultimi decenni. La proposta di una didattica fondata esclusivamente sull'uso di testi autentici fu accolta negli anni Settanta del secolo scorso come una reazione salutare portata dai nuovi approcci comunicativi e contribuì a svecchiare la farraginosità di alcuni testi proposti nei manuali, spesso lontani dalla realtà e dai bisogni degli apprendenti. Nella realtà sociolinguistica italiana, caratterizzata da una distanza piuttosto marcata tra norma grammaticale e usi effettivi della lingua, il bisogno di testi vicini alla realtà comunicativa era particolarmente avvertito. Tuttavia questa ventata di novità finì per sclerotizzarsi in una lettura "ideologica" del problema, che portava a prediligere aprioristicamente il testo autentico rispetto a quello creato per la comunicazione didattica, indipendentemente da considerazioni sulla sua "buona fattura". Il QCER ha contribuito a riportare la questione in termini meno rigidi: «Testi autentici o testi specificamente costruiti per fini didattici, testi nei libri di testo o testi prodotti dagli apprendenti sono solo testi fra altri» (Consiglio d'Europa, 2002, p. 20). Con ciò, da un lato si ribadisce che tutti i testi, in quanto prodotti e fruiti in una situazione comunicativa reale, sono autentici, dall'altro che il metro di misura da adottare non è più l'autenticità, ma la "bontà" del testo, vale a dire la sua coerenza e appropriatezza in relazione al percorso didattico e agli obiettivi della programmazione (Vedovelli, 2010).

I descrittori relativi allo sviluppo tematico integrano abilità relative alle caratteristiche costitutive del testo e considerazioni riferibili a tipologie specifiche, come la narrazione e la descrizione:
- C2: come per C1;
- C1: è in grado di fornire descrizioni e narrazioni elaborate e precise, integrandovi temi secondari, sviluppando determinati punti e concludendo il tutto in modo appropriato;
- B2: è in grado di sviluppare una descrizione o una narrazione chiara, espandendone o sviluppandone i punti salienti con l'aggiunta di elementi ed esempi pertinenti;
- B1: è in grado di produrre, in modo ragionevolmente scorrevole, una narrazione e descrizione semplici, strutturandole in una sequenza lineare di punti;
- A2: è in grado di raccontare una storia o descrivere qualcosa semplicemente elencandone i punti;
- A1: nessun descrittore.

7. LE COMPETENZE PER L'APPRENDIMENTO DELL'ITALIANO L2

Infine, la scala di progressione relativa alla capacità di lavorare su un testo fa principalmente riferimento ai tipi e ai generi testuali:
- C2: è in grado di sintetizzare informazioni tratte da diverse fonti, ricostruendo argomentazioni e dati in un'esposizione globale coerente;
- C1: è in grado di riassumere testi lunghi e difficili;
- B2: è in grado di riassumere un'ampia gamma di testi informativi e di *fiction*, commentando e analizzando punti di vista contrastanti e temi salienti. È in grado di redigere estratti da notiziari, interviste o documentari che contengano opinioni, argomentazioni e valutazioni. È in grado di riassumere la trama e le sequenze di un film o di una rappresentazione teatrale;
- B1: è in grado di mettere insieme brevi informazioni tratte da svariate fonti e riassumerle per un'altra persona. È in grado di parafrasare in modo semplice brevi brani scritti, usando parole e struttura del testo originale;
- A2: è in grado di riprodurre parole chiave, espressioni o brevi frasi, estraendole da un breve testo che abbia attinenza con le sue limitate competenze ed esperienze. È in grado di copiare brevi testi stampati o scritti a mano in modo chiaro;
- A1: è in grado di copiare singole parole e brevi testi stampati in forma standard.

8
Quale italiano insegnare?

Come deve comportarsi il docente di italiano L2 di fronte alla stratificazione della lingua che insegna? Su quali varietà e registri deve focalizzare il proprio insegnamento? Il raccordo tra le varietà di un sistema linguistico e i modelli di lingua su cui centrare il percorso d'insegnamento è fondamentale nella riflessione glottodidattica generale, ma ancor più urgente per l'insegnamento della nostra lingua, vista la complessità sociolinguistica dell'italiano. In questo capitolo compiremo alcune riflessioni sulle dinamiche in atto nella definizione di una norma dell'italiano contemporaneo e cercheremo di farle dialogare, come di consueto, con le indicazioni del QCER.

Per il docente di italiano L2 il problema fondamentale è quello di evitare l'eccessivo scollamento tra la lingua utilizzata in aula e quella effettivamente presente nelle situazioni comunicative quotidiane. Per rispondere alle domande iniziali è pertanto opportuno inquadrare la questione in quella più generale della dialettica tra norma e uso, sempre presente nelle lingue sottoposte a codificazione grammaticale (riquadro 8.1).

RIQUADRO 8.1
Un po' di storia

Il processo di standardizzazione dell'italiano ha dovuto fare i conti, fin dagli esordi cinquecenteschi, con un forte divario tra modelli ideali e usi concreti. Nell'Italia preunitaria la stragrande maggioranza degli italiani non poteva essere a rigore considerata italofona: in tale contesto storico, in un certo senso, anche le grammatiche per il pubblico nazionale finivano per svolgere, al di fuori dei confini della Toscana, il ruolo di grammatiche di una lingua straniera. Non fu un caso che le opere fondative della nostra tradizione grammaticale – le *Regole grammaticali della volgar lingua* di Gianfrancesco Fortunio, le *Prose della volgar lingua* di

Pietro Bembo, la *Grammatichetta* di Giovan Giorgio Trissino - siano state scritte da autori non toscani, i quali sentivano maggiormente il bisogno di definire regole per dominare l'uso di un idioma che non coincideva con la propria lingua materna. Solo qualche decennio più tardi, quando Pierfrancesco Giambullari pubblicò a Firenze le sue *Regole della lingua fiorentina* (1552), fu un autore toscano a cimentarsi con la redazione di una grammatica*.

L'insegnamento dell'italiano nella scuola postunitaria, che pure ha costituito un potente strumento di diffusione della lingua comune, è stato a lungo imperniato sull'addestramento alla lingua scritta, o meglio a una sua varietà artificialmente distillata sulla base dell'uso di alcuni scrittori e in genere distante dalle esigenze comunicative concrete dei discenti. Nelle indicazioni ministeriali prevalse una linea marcatamente dialettofoba, fondata sull'obiettivo di diffondere la lingua comune estirpando dalle abitudini degli allievi la "malapianta" del dialetto. Tale linea non poteva che risultare scarsamente efficace in una realtà in cui non solo la quasi totalità degli alunni, ma anche la gran parte dei maestri era in difficoltà nell'uso dell'italiano. Rimasero invece isolate le voci di coloro i quali ricordavano l'importanza culturale della salvaguardia dei dialetti e suggerivano piuttosto di usare il dialetto come "ponte" per condurre gli alunni a una migliore competenza della lingua nazionale#. L'orientamento sostanzialmente antidialettale, pur con lodevoli eccezioni, ha continuato a costituire il *mainstream* nelle pratiche dei docenti ben oltre la metà del secolo scorso.

Nel dibattito linguistico sviluppatosi a partire dai primi anni Settanta, animato da linguisti che avevano a cuore anche gli aspetti educativi della loro disciplina, si pone in modo ineludibile l'esigenza di un rinnovamento degli obiettivi e delle pratiche di insegnamento. Iniziano a farsi strada concetti oggi entrati nel sapere comune, a partire dalla fortunata formula "educazione linguistica" mutuata dal pedagogista siciliano Giuseppe Lombardo Radice (1879-1939)† e polemicamente contrapposta alla pedagogia linguistica tradizionale. Il nuovo approccio all'insegnamento della lingua doveva essere fondato sull'armonico sviluppo delle quattro abilità fondamentali e sull'attenzione alle diverse varietà del repertorio.

Tale dibattito, concretizzatosi con la pubblicazione nel 1975 delle *Dieci tesi* del GISCEL e accolto nei programmi delle scuole medie del 1979, delle elementari del 1985 e delle superiori nei primi anni Novanta (proposte della Commissione Brocca), è stato recentemente oggetto di un bilancio critico in occasione del trentennale della loro pubblicazione‡. Le dinamiche sociolinguistiche innescatesi negli ultimi tre decenni del secolo, l'italianizzazione di fasce sempre crescenti di popolazione, il venir meno della funzione di modello linguistico da parte dei mass media, l'avvicinamento della lingua scritta in generale e di quella della narrativa in particolare a usi e cadenze tipiche del parlato, la presenza sempre più rilevante di immigrati nella società e dei loro figli nella scuola hanno radicalmente mutato il quadro da cui erano scaturite le riflessioni contenute nelle *Dieci tesi*. In particolare, la caotica compresenza di varietà e registri nell'input ha di fatto reso l'utente medio incapace di gestire adeguatamente l'alternanza delle varietà in rapporto alla situazione comunicativa§. Circostanza che ha indotto alcuni studiosi a suggerire che lo sforzo didattico dei docenti della scuola debba oggi concentrarsi ancora una volta, naturalmente su rinnovate basi metodologiche, sull'insegnamento delle varietà formali, orali e scritte, non avendo lo studente molte occasioni di confrontarsi con modelli elaborati di lingua al di fuori dell'istituzione scolastica.

* In realtà la prima grammatica della lingua volgare – la cosiddetta *Grammatichetta vaticana* – fu scritta dal toscanissimo Leon Battista Alberti. Non ne abbiamo tenuto conto in questo contesto perché l'opera rimase a lungo manoscritta e non ebbe circolazione tra i contemporanei.
\# Fondamentali al riguardo le osservazioni di De Mauro (1983, pp. 88-105) e gli approfondimenti sul tema della dialettofobia nei programmi scolastici e nel clima culturale postunitario in Gensini (2005).
† Per un'ulteriore retrodatazione dell'espressione cfr. De Mauro (2007).
‡ Cfr. GISCEL (2007). Precedenti riflessioni critiche sull'esperienza del GISCEL in Ferreri, Guerriero (1998) e i vari contributi apparsi nel numero monografico (XIV, 1999) della rivista "Italiano & Oltre".
§ Cfr. Sobrero (1992). Berruto (1993, p. 82) rileva la tendenza «a mescolare nel parlato e in un singolo testo alla rinfusa registri e sottocodici diversi, con frammistioni e intrusioni di parlato informale nel discorso formale, di burocraticismi nel registro informale, di gergalismi o tecnicismi nel parlato colloquiale».

8.1
Sistema, norma e uso

Secondo il linguista rumeno Eugenio Coseriu, nella descrizione di una lingua occorre tenere distinti tre livelli di analisi: il sistema, la norma, l'uso. La tripartizione può essere letta come un ampliamento della dicotomia saussuriana *langue/parole*, in cui tra il piano astratto del sistema e quello concreto degli usi individuali si colloca un livello intermedio, che chiama in gioco la percezione dei parlanti riguardo ai confini entro i quali può essere dilatato il sistema nelle sue realizzazioni concrete (Coseriu, 1952; 1971). La norma, in questo senso, è

8.2

intesa come *norma degli utenti* o *norma sociale*, in quanto racchiude «la media delle realizzazioni accettate in una data comunità» (*Norma*, in Cardona, 1988, *s.v.*) e la sua definizione non è necessariamente delegata ad autorità esterne. Luca Serianni, a cui si devono importanti riflessioni sul rapporto tra norma e uso nell'italiano contemporaneo, osserva al proposito che, mentre il sistema ha una sua validità potenziale, da intendersi come «insieme delle possibilità astratte garantite dai meccanismi formativi della lingua» (Serianni, 2006, p. 36), la norma può essere individuata solo concretamente, «nelle attualizzazioni del sistema di volta in volta realizzate nel corso della storia» (*ibid.*)[1]. In questa direzione si collocano anche le osservazioni di Giovanni Nencioni che, contestando l'astratto razionalismo di alcuni grammatici, ricorda che la norma non vive in una dimensione metafisica, ma «è dentro i testi degli scrittori e i discorsi dei parlanti» (Nencioni, 1989b, p. 227).

Quanto detto ci consente di precisare le osservazioni fatte al paragrafo 6.2. In quel paragrafo, opponendo l'atteggiamento descrittivo del grammatico-linguista a quello prescrittivo del grammatico-normativo, non avevamo considerato che la comunità dei parlanti esercita un'azione normativa pur in assenza di un controllo "dall'alto" e, accettando alcune innovazioni e rifiutandone altre, finisce con l'orientare il cambiamento linguistico. L'esigenza – ineludibile per il parlante – di una norma di riferimento, cacciata dalla porta nella vecchia concezione della "buona" lingua intesa come un tempio di cui sono custodi e sacerdoti esclusivi gli scrittori, i lessicografi e i grammatici, in qualche modo rientra dalla finestra come norma sociale, condivisa dalla maggioranza dei parlanti e modellata sugli usi di gruppi socioprofessionali che per vari motivi assumono in un dato momento il ruolo di punto di riferimento per le abitudini linguistiche dell'intera comunità[2]. Come vedremo nel paragrafo 8.3, l'orientamento della norma sociale sta giocando un ruolo nel processo di ristandardizzazione dell'italiano d'oggi.

Come circoscrivere più precisamente le oscillazioni interne all'uso e i loro rapporti con la norma? Esaminiamo i seguenti gruppi di frasi:

1. Cfr. inoltre Serianni (1986; 1991; 2004). Per interventi sul tema di altri autori si rimanda a Marazzini (2006) e Cortelazzo (2007).
2. Per maggiori informazioni sul concetto di prestigio sociolinguistico e il rimando a studi sulla realtà italiana, cfr. da ultimo D'Agostino (2007, pp. 136-41).

8. QUALE ITALIANO INSEGNARE?

a) 1. *Io mangia una mela.*
2. *Il fratello Carlo di ha vinto un premio.*
b) 1. *Faceva caldo e ho aperto la finestra.*
2. *Non credo che ti facci molto onore dire questa cosa.*

Se le sottoponessimo al giudizio di un gruppo di parlanti, tanto quelle in *a* quanto quelle in *b* sarebbero etichettate come "scorrette", "sbagliate" o simili. Il linguista è in grado di raffinare l'analisi, riconducendo i due tipi a diversi livelli di violazione delle regole: nel primo caso abbiamo delle violazioni di sistema: in *a*1 viene meno la regola che prevede l'accordo tra verbo e soggetto, in *a*2 quella che impone che la preposizione preceda l'elemento che modifica; abbiamo visto al paragrafo 6.2 che si tratta di espressioni agrammaticali. Nel secondo abbiamo delle violazioni della norma dell'italiano contemporaneo (nella fattispecie le forme del participio passato in *b*1, del congiuntivo presente in *b*2). Le forme rappresentate in *b* non sono agrammaticali ma scorrette, sono ancora possibili in produzioni substandard e sono documentate in testi del passato; la recente sanzione dei congiuntivi in *-i*, stigmatizzati nella coscienza linguistica comune in seguito alla saga fantozziana, ci rende molto sensibili e reattivi riguardo a forme come *vadi, facci, prendi*, sebbene nel passato siano state usate da scrittori come Ariosto, Machiavelli e Leopardi (Antonelli, 2007, p. 39). Le violazioni di sistema e di norma possono interessare il docente di italiano L2 per quello che riguarda la valutazione della produzione degli apprendenti: tanto *a*1 quanto *b*1 e *b*2 possono scaturire da fenomeni di generalizzazione e regolarizzazione, comuni nelle produzioni di apprendenti stranieri. Tuttavia, essendo praticamente assenti dall'input, non coinvolgono il docente nella selezione dei testi e nell'individuazione di modelli di lingua per la didattica.

Esaminiamo ora le seguenti coppie di frasi:

c) 1. *Oggi ha piovuto intensamente.* / *Oggi è piovuto intensamente.*
2. *Avrei dovuto andare a prenderlo, ma non ho fatto in tempo.* / *Sarei dovuto andare a prenderlo, ma non ho fatto in tempo.*

Questa volta la stessa platea di parlanti sentita per *a* e *b* esprimerebbe giudizi difformi: alcuni considererebbero accettabili tutte le frasi, altri traccerebbero una linea di demarcazione tra quelle considerate corrette e quelle scorrette, altri ancora sosterrebbero che in ciascuna coppia la frase a sinistra è più adatta a contesti informali, quella a destra a contesti formali. Ciò accade perché le frasi in *c* rappresentano alternative possibili nell'italiano contemporaneo: si tratta cioè di oscillazioni nell'uso.

I fenomeni registrati in *c*, a differenza di quelli in *a* e in *b*, coinvolgono direttamente il docente, poiché sono in genere correlabili a scelte di registro e di stile. Con tali oscillazioni, presenti nell'input dell'apprendente, si devono fare i conti. È pertanto necessario che una solida conoscenza delle regole e degli usi della lingua italiana e delle principali dinamiche di variazione sociolinguistica facciano parte del bagaglio formativo del docente di italiano L2. Torneremo sul problema delle oscillazioni nell'uso nel paragrafo 8.3, esaminando i principali fenomeni di evoluzione che caratterizzano l'italiano contemporaneo.

8.2
Le indicazioni del *Quadro comune europeo di riferimento per le lingue*

Nei descrittori dell'appropriatezza sociolinguistica del QCER (Consiglio d'Europa, 2002, p. 149), la progressiva padronanza dei registri in relazione al contesto della comunicazione viene presa in considerazione a partire dal livello B2. Ancora al B1 si sottolinea che l'apprendente «è in grado di realizzare un'ampia gamma di atti linguistici e di rispondervi usando le espressioni più comuni in registro "neutro"». Solo al B2 egli «è in grado di esprimersi in modo sicuro, chiaro e cortese in registro formale o informale, a seconda della situazione e della persona implicata», per giungere a «riconoscere un'ampia gamma di espressioni idiomatiche e colloquiali e coglie[re] i cambiamenti di registro» in C1 e «coglie[re] pienamente le implicazioni sociolinguistiche e socioculturali del linguaggio di un parlante nativo e reagi[re] in modo adeguato» in C2. L'indicazione operativa che se ne può trarre è che la didattica di una lingua straniera, fino al raggiungimento del livello soglia, deve essere incardinata su input testuali che rappresentino una varietà di lingua il più possibile neutra, non marcata, centrale nello spazio di variazione della lingua. Si può dedicare attenzione alle varietà marcate, in senso sia alto-formale (lingua letteraria, lingua burocratica, linguaggi tecnici) sia basso-colloquiale (varietà regionali, italiano substandard, gerghi ecc.), a partire dai livelli di competenza medio-alti, privilegiando la competenza passiva su quella attiva. Quanto appena detto non significa naturalmente che ai livelli precedenti non possano essere presentati testi che contengano elementi di registri marcati, ma semplicemente che tali fenomeni non saranno in questo caso oggetto di riflessione metalinguistica esplicita.

Questa prima indicazione del QCER sulla padronanza dei registri va letta insieme a un'altra, che ripropone, fornendo una soluzione, l'annoso problema della dialettica fra norma e uso, ricordando che «le lingue dovrebbero essere descritte come esistono nell'uso piuttosto che come dovrebbero essere secondo le "autorità"» (ivi, p. 134). L'applicazione di questa seconda indicazione alla realtà dell'italiano d'oggi può risultare problematica, in quanto, come si diceva in apertura di capitolo, non è del tutto agevole individuare una varietà di lingua neutra, priva di connotazioni regionali, sociali o situazionali, insomma un italiano standard "senza aggettivi".

8.3
La ristandardizzazione in atto nell'italiano contemporaneo

Alla fine degli anni Ottanta il linguista e dialettologo Tullio Telmon reputava l'italiano privo di una varietà standard[3] (riquadro 8.2). L'affermazione, in apparenza provocatoria per una lingua così ricca di tradizione grammaticale e lessicografica, ci fa riflettere di nuovo sulla differenza tra lo standard codificato dalle grammatiche, che deriva in genere da un processo di idealizzazione e astrazione di modelli linguistici (un periodo storico, un autore, una varietà geografica), e la sua effettiva esistenza nelle abitudini linguistiche dei parlanti. Evidentemente all'italiano manca ancora questo secondo tipo di varietà condivisa. Se esaminiamo la questione in prospettiva storica ciò appare la conseguenza del fatto che l'italiano, a causa della sua tardiva affermazione come lingua di comunicazione orale, sta percorrendo con una certa fretta, e quindi con un po' di ritardo e qualche sussulto, quel cammino

---

3. «In tale prospettiva lo s[tandard] dovrà definirsi per la sua non marcatezza [...] il che porta anche a concludere che possono darsi lingue (l'italiano sembra attualmente essere una di queste) prive di una varietà s[tandard]». Cfr. *Standard*, in Beccaria (1989, pp. 691-2).

> **RIQUADRO 8.2**
> **Caratteristiche di una varietà standard**
>
> Dal punto di vista storico l'elaborazione di una varietà standard deriva in prima battuta da un processo di selezione; si può sviluppare il modello comune a partire da una tra le varietà usate in un preciso momento storico (per l'italiano il modello è stato il fiorentino del Trecento) o costruire una *koiné* frutto della commistione di varietà diverse (il caso più noto è quello della Grecia classica, in cui una varietà comune su base attica si impose sulle parlate locali). Alla selezione del modello seguono la codificazione grammaticale a opera di singoli autori o istituzioni a ciò deputate, l'allargamento a una più ampia base di utenti (*manu militari*, attraverso conquiste e annessioni o, come nel caso dell'italiano, a causa del maggiore prestigio culturale) e l'estensione delle funzioni (ampliamento della varietà standard a tutti gli usi orali e scritti).
> Con riferimento all'una o all'altra delle caratteristiche sopra elencate, la nozione di standard può quindi essere usata in almeno tre accezioni:
> – standard normativo: varietà di lingua considerata di prestigio, codificata dalle grammatiche e dai dizionari e diffusa da varie istituzioni (la scuola, gli apparati della pubblica amministrazione ecc.);
> – standard statistico: varietà di lingua più diffusa in una comunità di parlanti;
> – standard sociologico: modello interiorizzato, anche se non concretamente realizzato, dalla maggioranza dei componenti di una comunità.

che altre lingue europee, con alle spalle una più lunga storia unitaria, hanno compiuto in maniera più lenta e graduale.

Qualche anno prima Francesco Sabatini aveva introdotto, dandone esemplificazione attraverso una lista di tratti fonologici, morfosintattici e lessicali, il concetto di italiano dell'uso medio, ossia una varietà di lingua comune, sempre più utilizzata «nell'uso parlato e scritto di media formalità» (Sabatini, 1985, p. 155) e sempre più accolta nell'opinione comune come varietà di lingua che «si candida ad occupare, dopo secoli di ostracismo, il baricentro dell'intero sistema linguistico italiano» (ivi, p. 175)[4]. Più o meno negli stessi anni Berruto (1987), nel definire il repertorio dell'italiano, contrapponeva allo standard nor-

---

4. All'autore spetta anche il merito di avere richiamato l'attenzione sul fatto che i fenomeni dell'italiano dell'uso medio non sono affatto innovazioni recenti, ma affondano le proprie radici in una plurisecolare tradizione scritta, letteraria e non. Ampia documentazione sul tema in D'Achille (1990).

mativo un italiano neostandard e sottolineava come nella dialettica tra queste varietà, centrali nell'architettura dell'italiano contemporaneo, si stesse giocando la partita per la definizione di uno standard senza aggettivi (cfr. anche Berruto, 1993).

Assume particolare rilievo, nel panorama italiano, la ristandardizzazione, vale a dire la progressiva accettazione nella lingua parlata e poi in quella scritta di fenomeni a lungo considerati scorretti. Rifacendoci alla terminologia utilizzata nel paragrafo 8.1, possiamo dire che in tale processo non abbiamo a che fare tanto con cambiamenti di sistema quanto con il mutato rapporto tra norma e uso[5]. Le forze determinanti sono perciò i cambiamenti nella norma interiorizzata dai parlanti (che abbiamo definito norma sociale) e, specularmente, l'atteggiamento dei grammatici di fronte ai casi di confine tra accettabilità e non accettabilità di un fenomeno.

In questi ultimi anni il processo di ristandardizzazione ha contribuito a delineare, almeno a livello morfosintattico, un italiano comune fruibile nella comunicazione orale e scritta, ma in sostanza possiamo dire che la situazione descritta da Telmon negli anni Ottanta è ancora valida, nel senso che, almeno a livello orale, è problematico individuare una varietà comune priva di caratterizzazioni geografiche, se non altro nella pronuncia e nell'intonazione[6].

In sintesi possiamo delineare il seguente quadro delle tendenze in atto nell'italiano contemporaneo:

1. persiste una dicotomia piuttosto marcata fra un polo di espressione formale (perlopiù, ma non solo, scritta) e un polo di espressione informale (perlopiù, ma non solo, orale);
2. la diffusione di un modello condiviso di lingua può ormai ritenersi soddisfacente, seppur limitato ai settori dell'ortografia, della morfologia e in misura appena minore della sintassi; il lessico, la fonologia e l'intonazione sono ancora piuttosto sensibili alla variazione geografica;
3. nella lingua parlata opera la tendenza alla semplificazione paradigmatica: «L'uso orale include solo un sottoinsieme delle possibilità pre-

---

5. Naturalmente il definitivo risolversi a favore della forma dell'italiano neostandard di alcune delle oscillazioni che presenteremo nei paragrafi 8.3.1-8.3.3 potrà dar luogo anche a un riassetto del sistema, ma questo è un altro discorso.

6. Sulle difficoltà nell'individuazione di uno standard condiviso, cfr. anche Cortelazzo (2001). Per un profilo dei possibili futuri scenari sociolinguistici dell'italiano, cfr. Berruto (1994).

viste dal sistema» e di conseguenza «singole forme vengono usate in una gamma di significati più ampia di quella prevista dallo standard» (Berretta, 1993, pp. 206-7);

4. sia nella lingua parlata che in quella scritta opera la tendenza alla ristandardizzazione, cioè la progressiva accettazione nella norma di tratti che ancora pochi decenni fa erano considerati estranei a essa.

Il processo di ristandardizzazione sta conducendo al progressivo avvicinamento tra l'italiano standard normativo, codificato dalle grammatiche, insegnato nelle scuole e usato come modello di riferimento per gli usi alti (scritto e orale formale), e un italiano comune, più vicino agli usi comunicativi quotidiani e in qualche modo prefigurante il futuro assetto della lingua italiana, perciò definito anche "italiano tendenziale"[7]. Le due varietà si sono progressivamente avvicinate per l'effetto combinato di due tendenze convergenti:
- una pressione "dall'alto", determinata dalla diminuzione del tasso di normatività delle grammatiche;
- una pressione "dal basso", frutto della maggiore tolleranza dei parlanti nei confronti di alcuni fenomeni del neostandard.

La diminuzione del tasso di normatività delle grammatiche è facilmente riscontrabile confrontando, in relazione a uno qualsiasi dei fenomeni che analizzeremo nei prossimi paragrafi, una grammatica di qualche decina di anni fa con una di recente pubblicazione. La mutata impostazione delle principali grammatiche in circolazione, scolastiche e non, ha contribuito a orientare il senso linguistico degli utenti, rendendoli consapevoli che è difficile immaginare il confine tra usi corretti e usi scorretti come una linea netta. Nella realtà tale linea assume piuttosto l'aspetto di un'area, una zona di transizione tra ciò che è interno alla norma e ciò che rimane estraneo a essa. Questa mutata sensibilità comporta per esempio il fatto che un determinato uso sia considerato accettabile in alcuni contesti, non accettabile in altri. Naturalmente il cammino da fare è ancora lungo. In genere l'utente non specialista, pur disposto ad accogliere in astratto l'idea di una norma

---

7. La formula "italiano comune" è stata introdotta da Mioni (1979) con riferimento alla varietà più alta del repertorio degli italiani da lui delineato. Nell'estrema varietà delle denominazioni proposte dagli studiosi per riferirsi a una varietà dell'uso comune, preferiamo adottare, seppur attribuendole un valore diverso, la formula di Mioni, sia per la sua semplicità sia perché evoca più di altre le idee di normalità, naturalità e neutralità suggerite dagli estensori del QCER. Per l'etichetta "italiano tendenziale", si rimanda invece a Mioni (1983).

8. QUALE ITALIANO INSEGNARE?

FIGURA 8.1
La ristandardizzazione dell'italiano contemporaneo

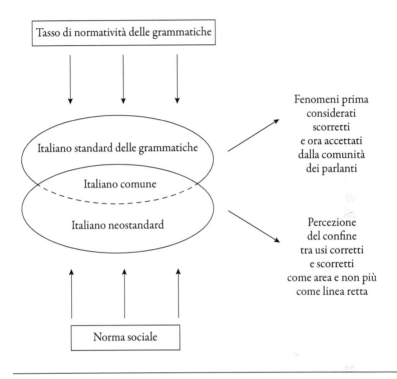

dinamica e aperta, nel momento del dubbio grammaticale esige risposte in bianco e nero, senza mezzetinte[8]. Come osserva Antonelli (2007, p. 44), «la percezione della norma rimane, nella coscienza dei parlanti, ancora monolitica. Ben lungi dall'averne accettato la natura problematica, elastica e dinamica, il parlante comune chiede alla norma risposte chiare e univoche, che distinguano sistematicamente e con nettezza ciò che è giusto da ciò che è sbagliato». Tale atteggiamento è all'origine dell'enorme successo commerciale di molte opere di "pronto soccorso" grammaticale.

L'insieme di queste circostanze ha determinato «un diverso rapporto di forza tra norma e uso» (Sabatini, 1990, p. 271) e, di con-

---

8. Per ulteriori riflessioni sul problema mi permetto di rinviare a Palermo (2010).

seguenza, un progressivo avvicinamento tra l'italiano delle grammatiche e quello dell'uso, dando luogo a una zona di intersezione sufficientemente ampia (l'italiano comune), la cui superficie è destinata ad aumentare nel prossimo futuro. In tale area possiamo al momento individuare un esempio concreto di quella varietà neutra, non marcata, che il QCER individua come fulcro dell'azione didattica. Il processo realizzatosi negli ultimi decenni può essere rappresentato dalla figura 8.1.

Nei prossimi paragrafi passeremo in rassegna i principali aspetti della ristandardizzazione in atto, con particolare riferimento ai livelli della morfologia e della sintassi.

8.3.1. IL SISTEMA PRONOMINALE

La semplificazione paradigmatica si riscontra con evidenza nell'ambito dei pronomi personali. La norma tradizionale dell'italiano prevede per i pronomi tonici l'impiego di forme differenziate a seconda della funzione logico-sintattica (soggetto o complemento). Tale distinzione, che rappresenta una delle poche tracce del sistema casuale del latino, si realizza soltanto per le prime tre persone singolari (*io/me, tu/te, egli/lui, ella/lei*) e per la terza plurale (*essi, esse/loro*). Nella lingua parlata si sta verificando la riduzione a un'unica serie di pronomi per effetto dell'espansione delle forme complemento a scapito di quelle soggetto. La distinzione tra forma soggetto e forma complemento rimane salda solo per la prima persona (una frase come *me sono molto contento*, possibile in alcune realizzazioni di italiano popolare o fortemente regionale, sarebbe inaccettabile in tutte le altre varietà). Per la terza persona il processo di riduzione a un'unica forma è quasi del tutto compiuto per il femminile singolare (*lei* ha soppiantato *ella*, ormai riservato a usi ultraformali o ironici), è assai avanzato per il maschile singolare (*lui* per *egli*) e per il plurale (*loro* per *essi/esse*), in cui le forme tradizionali continuano a essere utilizzate, seppure non sistematicamente, solo nello scritto e nel parlato sorvegliato. Per la seconda persona il processo di espansione di *te* in luogo di *tu* è a uno stadio più embrionale (*Te che sport fai?*; *Ci pensi te a dirglielo?*) ed è limitato al parlato delle regioni centro-settentrionali. Da notare inoltre che nel parlato *lui* e *lei* sono usati anche con riferimento ad animali e cose, mentre la norma tradizionale prevedrebbe in tali casi l'impiego di *esso/essa*.

8. QUALE ITALIANO INSEGNARE?

Fra i pronomi atoni si assiste all'espansione della forma dativale di terza persona maschile *gli* al plurale (*Ho parlato con i tuoi amici e gli ho detto di venirmi a trovare*) e al femminile (*Ho parlato con Giulia e gli ho detto di venirmi a trovare*). Il percorso compiuto verso la piena accettabilità è molto diverso: *gli* in luogo di **loro** è ormai prevalente nella maggior parte dei contesti, *gli* in luogo di *le* è utilizzato solo nel parlato informale.

> Nella comunicazione quotidiana costruzioni come *ho detto loro di non avvicinarsi* appaiono pesanti e innaturali. C'è una ragione strutturale che motiva questa impressione: **loro**, che è una forma bisillaba, non può condividere le regole posizionali delle altre forme atone, per esempio segue il verbo di modo finito anziché precederlo. La percezione dell'artificiosità del pronome pseudoatono *loro* non è una novità. Nelle grammatiche dei secoli scorsi possiamo trovare dei cenni in proposito: Raffaello Fornaciari, nella sua *Sintassi italiana dell'uso moderno* del 1881 (cap. VI, par. 9), giudicava questa forma, proprio a causa della sua lunghezza fonica, «pesante, ed in certi casi insopportabile».

Anche i pronomi relativi presentano in italiano standard un paradigma complesso: la forma *che*, usata in funzione di soggetto e oggetto diretto, convive con la forma preposizione + *cui*, usata per i casi indiretti, e con la forma (prep.) + art. + *quale*, usata in tutti i casi, con alcune restrizioni. A tale sistema, che prevede tre forme di pronome relativo, se ne contrappone uno semplificato che prevede l'unica forma *che*. Si tratta però di usi ancora relegati al substandard. L'uso del *che* relativo esteso ai casi indiretti è infatti accettabile solo quando il pronome ha valore temporale (*L'ultima volta che* [in cui] *l'ho vista*), mentre è relegato a contesti molto informali negli altri casi: *Questo è un argomento che* [di cui] *ne discutiamo spesso*; *Antonio è uno che* [a cui] *gli puoi parlare* ecc. Fra i dimostrativi appare ormai compiuto il processo di riduzione a due forme (*questo/quello*), una indicante vicinanza, l'altra lontananza dal parlante. La forma *codesto*, che indica vicinanza all'ascoltatore, vitale solo in Toscana, è nel resto d'Italia relegata agli impieghi burocratici o può essere usata, spesso con sfumatura ironica, per prendere le distanze dall'interlocutore (*Non sono d'accordo con codeste tue idee antiquate*).

8.3.2. IL SISTEMA VERBALE

Da uno studio di qualche anno fa basato su un corpus di testi rappresentativo del parlato ai vari livelli di formalità si ricava un dato interessante: quasi il 90% delle forme verbali usate in frase principale sono costituite da soli tre tempi dell'indicativo, vale a dire il presente (72,6%), il passato prossimo (9,5%) e l'imperfetto (5,3%) (Voghera, 1992, p. 213). Si tratta di un ulteriore esempio della tendenza alla semplificazione paradigmatica in atto nella lingua parlata. Ne consegue che le forme sovrautilizzate devono svolgere anche i compiti delle forme verbali che si usano poco o per nulla, che sono cioè sottoposte a sovraccarico funzionale.

Fra i tempi maggiormente sottoposti a sovraccarico funzionale vi è l'imperfetto indicativo, che viene spesso utilizzato per sostituire il congiuntivo e il condizionale. Ecco i principali usi modali dell'imperfetto:
- *imperfetto ipotetico*: esprime un'azione irreale o non realizzatasi nel passato, compare sia in frase principale (*Facevi meglio a stare zitto*; *Potevano anche dircelo prima*) sia nel periodo ipotetico dell'irrealtà (*Se ce lo dicevano prima, non venivamo*);
- *imperfetto attenuativo (o di cortesia)*: "*Che cosa desidera signora?*" "*Volevo due etti di formaggio*". Si usa per attenuare la perentorietà della richiesta formulata al presente indicativo (*Voglio due etti di formaggio*), considerata poco cortese, e sostituisce il condizionale (*Vorrei due etti di formaggio*);
- *imperfetto ludico*: *Allora, io ero il papà e tu la mamma*. È comune nelle affabulazioni dei bambini. In questo caso non sostituisce un congiuntivo o un condizionale, ma è accostabile agli altri impieghi modali perché segnala un allontanamento dalla realtà e la creazione di un universo fittizio. Per lo stesso motivo l'imperfetto può essere impiegato come tempo generico del passato, anche con valore perfettivo, nella narrazione dei sogni.

L'imperfetto si sta inoltre diffondendo in luogo del condizionale passato per esprimere il futuro nel passato: *aveva promesso che passava* (sarebbe passato) *a salutarmi*.

Nell'alternanza tra passato prossimo e passato remoto, che esprimono con diverse sfumature un'azione passata perfettiva, il parlato privilegia complessivamente l'uso del passato prossimo, più trasparente e regolare nella formazione, quindi più facile da gestire nella comunicazione spontanea. Occorre tuttavia ricordare che tale alternanza è ancora fortemente dipendente dalla variabile geografica: nell'Italia settentrionale il ricorso al passato remoto è oltremodo raro; nell'uso toscano i due tempi concorrenti tendono ad alternarsi secondo la differente valenza aspettuale (azione conclusa nel passato = passato remoto; azione conclusa ma con effetti sul presente = passato prossimo); in alcune varietà centromeridionali l'uso del passato remoto è ancora saldo, con punte di massima estensione nell'area meridionale estrema (Calabria meridionale, Sicilia).

Interessante il caso del futuro, che appare in regresso negli impieghi temporali, in espansione in quelli modali. Dal punto di vista temporale il futuro semplice tende a essere sostituito dal presente se accompagnato da un'espressione avverbiale che colloca l'azione nel futuro (*Stasera/Domani/La settimana prossima vado al cinema*), mentre l'anteriorità del futuro composto rispetto a quello semplice (*Quando avrò finito di lavorare passerò a prenderti*) può essere resa con la sequenza passato prossimo + presente (*Quando ho finito di lavorare passo a prenderti*). Fra gli usi modali del futuro segnaliamo quello *epistemico*, con cui si esprime un dubbio, una supposizione, un'ipotesi: *Hanno bussato alla porta: sarà Marco*; *Questa pizza peserà tre etti*; *Quando è iniziato lo spettacolo saranno state le nove*.

L'argomento della "morte" del congiuntivo, insieme alla preoccupazione per l'eccessiva presenza di anglicismi nel lessico contemporaneo, è uno dei più gettonati nelle discussioni linguistiche di non specialisti. Gli studi fondati su analisi di *corpora* di italiano parlato mostrano tuttavia che è improprio parlare in modo generalizzato di scomparsa del congiuntivo, che per esempio continua a essere vitale negli impieghi in frase indipendente (per esprimere richieste, inviti o ordini: *Abbia pazienza!*; desiderio o augurio: *Fosse la volta buona!* ecc.). È tuttavia innegabile che in alcuni tipi di frase subordinata il congiuntivo sia in forte regressione, in parte per gli stessi motivi che determinano la riduzione d'uso del passato remoto (anche nella coniugazione del congiuntivo si annidano irregolarità che possono dar luogo a incertezze): ciò avviene soprattutto con le relative e le interrogative indirette, mentre con le completive rette dai verbi di opinione (*penso, credo, ritengo, sostengo che* ecc.) l'alternanza è riconducibile anche a fattori semantici (a un'opinione presentata come certa tende a corrispondere l'impiego dell'indicativo). Comunque l'uso del congiuntivo è ancora piuttosto saldo, in particolare con le soggettive (*È preferibile che tu venga via*) e risulta addirittura obbligatorio in quanto unico indicatore di subordinazione nel caso di omissione del *che* (*Penso siano bravi*). Per le subordinate che

richiedono obbligatoriamente il congiuntivo si impiegano varie strategie di evitamento:
- attraverso la scelta di un connettivo che ammetta l'uso dell'indicativo: per esempio *anche se* in luogo di *sebbene/quantunque* per le congiunzioni concessive;
- attraverso il ricorso alla subordinazione implicita, per esempio nel caso delle finali: *L'edificio è stato isolato per consentire alla polizia di effettuare i necessari rilievi*, in cui la frase esplicita *affinché la polizia potesse effettuare i necessari rilievi* appare decisamente più adatta a usi scritti o formali.

Il condizionale risulta certamente più saldo nell'uso rispetto al congiuntivo, anche perché più diffuso in frase principale o indipendente o comunque in contesti che non prevedono alternanza con l'indicativo. In alcuni casi, come quelli esaminati sopra, vede erodere i propri spazi a favore dell'imperfetto indicativo, mentre risulta piuttosto vitale il condizionale di cortesia, che attenua a livello pragmatico la perentorietà della corrispondente richiesta formulata con l'indicativo: *Mi presteresti un libro?*

8.3.3. LA SINTASSI E L'ORDINE DEI COSTITUENTI

Probabilmente il settore in cui la ristandardizzazione ha agito con maggior forza, determinando lo sdoganamento di fenomeni e costruzioni prima caratteristici solo dell'oralità, è quello della sintassi e dell'**ordine dei costituenti**. Prima di esaminare nel dettaglio i fenomeni coinvolti è pertanto opportuno ricordare alcune caratteristiche generali che distinguono i testi orali da quelli scritti.

> Nella **disposizione dei costituenti** l'italiano presenta una maggiore libertà rispetto ad altre lingue, come l'inglese o il tedesco. Tale tendenza opera a tutti i livelli, dal sintagma alla frase complessa. Ciò significa che il parlante può mutare la collocazione di alcuni costituenti nel sintagma (per esempio l'ordine di successione nome + aggettivo qualificativo), di un sintagma circostanziale nella frase semplice (*Incontrerò Marco alle cinque e mezzo/Alle cinque e mezzo incontrerò Marco*), in alcuni casi la successione di frase principale e subordinata (*Quando verrai a trovarmi ti darò un regalo/Ti darò un regalo quando verrai a trovarmi*), dando luogo a enunciati grammaticali il cui significato fondamentale rimane nella sostanza inalterato.

8. QUALE ITALIANO INSEGNARE?

Si tratta in estrema sintesi di caratteristiche legate alle circostanze pragmatiche della comunicazione, al diverso livello di elaborazione formale e di progettazione del testo (generalmente minori nel parlato), alla preminenza nel parlato della necessità di segnalare il valore comunicativo di un costituente (tema/rema) piuttosto che il suo ruolo sintattico (soggetto/complemento). Inoltre nei testi orali l'organizzazione della sintassi è fortemente condizionata dal fatto che la lunghezza media della frase è notevolmente inferiore, e di conseguenza è alto il numero di frasi uniproposizionali.

Entro queste coordinate possiamo collocare qualche osservazione sulla sintassi dell'italiano parlato. A differenza di quanto riportato in alcune trattazioni manualistiche, lo scarto tra l'organizzazione dei testi orali e quella dei testi scritti non è da individuarsi soltanto nella maggiore tendenza dei primi a organizzare i rapporti interfrasali in senso paratattico (cioè con la prevalenza della coordinazione), quanto nella natura e nella varietà dei rapporti ipotattici (cioè subordinativi). In altre parole il parlato ricorre all'ipotassi, soltanto che i tipi subordinativi effettivamente utilizzati appaiono ridotti nel numero e perlopiù limitati al primo o, al massimo, al secondo grado di subordinazione. Sempre attingendo dai dati relativi al corpus studiato da Voghera (1992, p. 222), osserviamo che oltre i quattro quinti delle proposizioni subordinate esplicite di primo grado sono costituite da proposizioni relative (46,6%), da completive o altre subordinate introdotte dalla congiunzione *che* (26,3%), da ipotetiche introdotte da *se* (8,1%), da causali introdotte da *perché* (6,6%)[9]. Come si vede, rispetto al ventaglio teorico di possibili rapporti subordinativi offerto dal sistema, sono drasticamente ridotti i tipi e le congiunzioni effettivamente usati. Si manifesta anche in questo la tendenza alla semplificazione già ricordata altrove.

Venendo alle tendenze in atto nell'italiano contemporaneo, osserviamo che l'accettazione nello scritto di fenomeni propri del parlato ha comportato la maggior diffusione di costruzioni pragmaticamente marcate, spesso connesse a modifiche nella sintassi frasale e nell'ordine dei costituenti.

Soffermiamoci sulla frase semplice. Quando a essere modificato è un elemento nucleare della frase (cioè un argomento del verbo), gli effetti sul significato dell'enunciato sono più evidenti. Nelle frasi con

---

9. Per ulteriori riflessioni al riguardo, cfr. Berruto (1993, pp. 46-9).

verbo transitivo e due o più argomenti l'ordine non marcato è soggetto + verbo + oggetto (+ altri complementi). In questi casi di solito il soggetto sintattico della frase coincide con il tema, o punto di partenza della comunicazione, i complementi diretti o indiretti che seguono il verbo svolgono il ruolo di *rema*, o *focus*. Quando ruoli sintattici e ruoli pragmatici non coincidono si hanno frasi marcate, che a seconda dell'elemento posto in rilievo si possono distinguere in tematizzazioni (evidenziazioni del tema) e focalizzazioni (evidenziazioni del rema). Nell'italiano d'oggi le dislocazioni a sinistra sono lo strumento più diffuso per realizzare una tematizzazione, le topicalizzazioni e le frasi scisse quelli per realizzare una focalizzazione.

Nella frase *Marco ha perso il manuale di storia*, *Marco* svolge al contempo il ruolo sintattico di soggetto e quello pragmatico di tema. Il complemento oggetto ha invece valore di rema. Nella frase *Il manuale di storia l'ha perso Marco* i ruoli sintattici e quelli pragmatici entrano in conflitto: il tema è ora il complemento oggetto e per sottolineare ciò esso viene anticipato in posizione preverbale, separato dal resto della frase da una leggera pausa e ripreso dal pronome clitico *lo*. Si tratta di una *dislocazione a sinistra* e la sua funzione pragmatica è, come si diceva, quella di evidenziare il tema dell'enunciato.

Nelle frasi IL MANUALE DI STORIA *ha perso Marco*/MARCO *ha perso il manuale di storia*, pronunciate con accento contrastivo sugli elementi in maiuscoletto, si vuole enfatizzare un costituente attraverso l'intonazione marcata e/o lo spostamento, o per metterlo in rilievo o per stabilire un contrasto con un altro possibile predicato (per esempio in risposta alle domande: *Che cosa ha perso Marco?* oppure *Chi ha perso il manuale di storia?*). Si tratta di *topicalizzazioni contrastive*, che come abbiamo visto servono a focalizzare il rema. Più o meno lo stesso valore hanno le costruzioni *È il manuale di storia che ha perso Marco* e *È Marco che ha perso il manuale di storia*, che prendono il nome di *frasi scisse*. In questo caso l'evidenziazione è il risultato dello spezzettamento in due segmenti (scissione) della frase non marcata di partenza, in cui l'elemento è evidenziato intonativamente dall'accento e sintatticamente dalla collocazione tra la copula e il connettivo *che*.

Le dislocazioni a sinistra, per secoli condannate dai grammatici, hanno ormai acquisito piena cittadinanza anche nella lingua scritta. Rimangono invece ancora relegate all'oralità le **dislocazioni a destra**, in cui il pronome atono precede l'elemento a cui si riferisce (*L'ha perso Marco, il manuale di storia*). Tali costruzioni sono frequenti, in particolare nel parlato conversazionale, per esprimere atti di offerta (*Lo vuoi un caffè?*; *La prendi una birra?*).

> Le **dislocazioni a destra** sono caratterizzate da un valore pragmatico leggermente diverso rispetto a quelle a sinistra. Negli atti di richiesta o di offerta (*Me lo prepari un caffè?*; *La vuoi una birra?*) evidenziano anche intonativamente il verbo, in altri casi (*L'ha perso Marco, il manuale di storia*) possono essere il frutto di un ripensamento del parlante che, dopo una prima progettazione della frase senza l'elemento nominale (*L'ha perso Marco*), sente il bisogno di esplicitare il riferimento del pronome atono.

A un livello di accettabilità decisamente inferiore si collocano le cosiddette "costruzioni a tema sospeso": si tratta di dislocazioni a sinistra di complementi indiretti in cui l'elemento da evidenziare è anticipato a sinistra, ma a causa della progettazione debole dell'enunciato non viene preceduto dalla preposizione che dovrebbe segnalarne la funzione sintattica: *Medici ne ho consultati già troppi* in luogo della dislocazione "canonica" *Di medici ne ho consultati già troppi*. L'utilizzabilità di queste costruzioni è limitata a contesti informali.

Le frasi scisse, anch'esse a lungo contrastate dai grammatici perché considerate francesismi, sono ormai pienamente accettate nell'uso orale e scritto, sia nella versione esplicita sia in quella implicita. In quest'ultima, in luogo della successione verbo *essere* + elemento evidenziato + *che* + resto della frase con verbo di modo finito, si ha la successione verbo *essere* + elemento evidenziato + *a* + resto della frase con verbo all'infinito: *È stato lui che ha preso la decisione* → *È stato lui a prendere la decisione*.

Parte terza
Progettazione e realizzazione di percorsi didattici

Abbiamo visto che l'italiano L2 è ampiamente diffuso nel mondo e che esistono specificità legate alla sua storia e alle sue caratteristiche linguistiche. Abbiamo visto che esistono condizioni di acquisizione sia spontanea che guidata che caratterizzano i vari profili di apprendenti. Ci concentreremo ora sui tipi di interventi che sono specifici delle condizioni di apprendimento guidato, assumendo la prospettiva del docente di italiano L2 che tali interventi deve progettare e proporre ai propri destinatari.

Viste le sempre maggiori possibilità di contatti interlinguistici fra pari (in presenza o in rete) che favoriscono l'apprendimento spontaneo delle lingue non materne, è infatti urgente ridefinire e affinare le competenze specifiche dei docenti di lingue, in modo da rendere il contesto di apprendimento guidato un ambito ottimale e finalizzato agli scopi: senza illusioni miracolistiche, è pur vero che il docente di lingua, i materiali didattici, le tecnologie educative possono fare la differenza, se non altro accelerando i tempi di apprendimento, favorendo la riflessione metalinguistica, creando in ultima istanza le migliori condizioni per sviluppare la capacità di apprendere anche autonomamente.

Ma non basta. L'apprendimento di una seconda lingua è ormai divenuto parte integrante della vita di ogni individuo in una società complessa come quella attuale, specialmente in quelle aree del mondo in cui i contatti fra persone di lingua diversa sono più frequenti o le stesse politiche educative favoriscono la formazione di cittadini bilingui. Non è però sempre stato così: in certi periodi storici anche recenti l'idea stessa di un'identità bilingue e biculturale è stata guardata con sospetto (si pensi ai movimenti nazionalistici e alle conseguenti teorie di protezionismo anche culturale che si diffusero influenzandosi a vicenda all'inizio del XX secolo in Europa). Proprio l'Europa è invece oggi al centro di un movimento ideologico opposto, visti poi i recenti interventi di politica linguistica che intendono favorire lo sviluppo di un nuovo cittadino europeo, competente nella propria madrelingua, in una lingua veicolare comune e in almeno un'altra lingua scelta per i propri interessi e i propri bisogni comunicativi. Insegnare una lingua moderna in Europa oggi (e il discorso vale quindi pure per l'italiano L2) significa non solo creare per i propri studenti le condizioni migliori per favorire i loro processi di apprendimento, ma anche aiutarli a sviluppare delle competenze spendibili socialmente, finalizzate altresì al miglioramento delle condizioni di convivenza fra le persone e fra gli Stati stessi.

Questi nuovi obiettivi determinati dal contesto storico e sociale in cui avviene oggi l'apprendimento guidato delle lingue moderne ci spingono ad attribuire un ruolo di primaria importanza alle fasi della progettazione e della realizzazione didattica.

In questa *Parte terza* del volume metteremo dunque in relazione gli aspetti sociolinguistici e linguistici della didattica dell'italiano L2, illustrati nelle sezioni precedenti, con le questioni più tipicamente applicative, cercando di rispondere in particolare a queste domande:
- Quali sono le linee guida per la progettazione e la programmazione didattica?
- Quali sono i modelli operativi in uso, in riferimento all'italiano L2 e come adattarli alle nuove realtà di insegnamento misto, in cui tanta parte hanno anche le esperienze extrascolastiche, l'apprendimento autonomo e l'e-learning?
- In che modo la dimensione progettuale si può tradurre in azione e gestione della classe?
- Quali sono le caratteristiche dell'interazione docente-allievo nella classe di italiano L2?
- Quali strategie può adottare un docente per rendere il proprio parlato più funzionale agli obiettivi di apprendimento dei propri destinatari?

9
Progettazione e programmazione didattica

La progettazione dell'azione didattica costituisce una componente essenziale e integrante dell'insegnamento. È difficile pensare che un docente possa entrare in classe senza aver meditato su che cosa deve fare. Può aver ideato il proprio intervento in maniera frettolosa e sommaria, con poco rigore metodologico, facendo ricorso solo alla propria intuizione, ma un minimo grado di progettualità è sempre alla base dei materiali presentati e delle attività proposte.

Se si vogliono elaborare percorsi formativi efficaci, trasparenti e valutabili, l'attività di pianificazione deve però essere attuata secondo criteri metodologicamente fondati e condivisi, e non costituire solo il frutto dell'iniziativa e della sensibilità del singolo docente. Inoltre, l'insegnante non può limitarsi all'ideazione di una sola lezione o di qualche unità, ma deve estendersi all'intero percorso di insegnamento, di cui le singole sezioni, indipendentemente dal modello operativo di riferimento (cfr. CAP. 10), fanno organicamente parte.

L'esigenza di progettare l'azione didattica in modo da sottrarre l'insegnamento all'improvvisazione, alla casualità e all'intuizione individuale ha condotto quindi alla ricerca di metodi idonei per organizzare corsi e sistemi educativi[1], i quali hanno dato inizialmente vita a forme

---

1. La ricerca sistematica sui metodi di organizzare percorsi di apprendimento ha avuto inizio nel secondo dopoguerra negli Stati Uniti, soprattutto a opera di Ralph W. Tyler che tentò di individuare le componenti strutturali della progettazione curricolare. Negli anni Sessanta si svilupparono filoni di ricerca anche in Europa, mentre negli Stati Uniti studiosi come Jerome S. Bruner e David P. Ausubel approfondirono la relazione tra processi cognitivi, forme di apprendimento e percorsi istruttivi. Negli anni Settanta in entrambi i continenti fu sviluppata la ricerca sull'individuazione degli obiettivi educativi attraverso i contributi di Robert M. Gagnè, Robert F. Mager e Alan Davies. Nel 1975 Lawrence Stenhouse pubblicò a Londra l'opera *An Introduction to Curriculum Research and Development*, nella quale presentò principi e questioni metodologiche per la progettazione curricolare, che non può procedere solo

di programmazione centrate sulla selezione dei contenuti di apprendimento e, in tempi più recenti, a modelli di progettazione didattica sistematici e organici, in grado di tenere conto della molteplicità di fattori, che intervengono nel processo di insegnamento-apprendimento (Pellerey, 1994; cfr. riquadro 9.1).

La progettazione di un percorso di apprendimento linguistico rappresenta infatti un'attività complessa che richiede di prendere in considerazione una serie di variabili fondamentali (tempo, contesto e articolazione dell'intervento didattico, risorse disponibili, caratteristiche e scopi degli apprendenti), ma implica anche riflessioni sui fini della formazione e scelte sul piano metodologico.

La definizione del **sillabo**, cioè la specificazione e la sequenziazione dei contenuti di insegnamento, i cui criteri di realizzazione sono stati illustrati nel capitolo 7, costituisce solo una parte dell'attività di progettazione didattica, che comprende anche l'individuazione degli obiettivi, la scelta dei materiali, dei sussidi e delle procedure operative che ne permettono il conseguimento (Lavinio, 2000). In altre parole, progettare un percorso di apprendimento significa non solo stabilire che cosa insegnare, ma anche come farlo e a quale scopo.

Secondo gli studi glottodidattici italiani, il curricolo consiste nell'insieme delle decisioni prese per pianificare, organizzare, implementare e valutare un progetto di insegnamento, che comprende la definizione di un programma, cioè di mete e di obiettivi da conseguire, l'elaborazione di un **sillabo** e di indicazioni metodologiche per l'organizzazione di un piano didattico e per la verifica dei risultati (Balboni, 1994; 2002; Ciliberti, 1994; 2012). In ambito scolastico, per "curricolo" si intende il percorso seguito dallo studente in un ordine di scuola, stabilito in documenti programmatici ministeriali. In tale contesto si parla dunque di curricolo per la scuola primaria o per la scuola secondaria. Con il termine "curricolo" ci si riferisce anche al percorso formativo offerto da un'istituzione scolastica per una disciplina specifica (Bertocchi, 2000) o per un campo d'esperienza (MPI, 2007; MIUR, 2012), nell'ambito del proprio Piano dell'offerta formativa (POF).

attraverso obiettivi organizzati gerarchicamente e deve tenere conto delle variabili in gioco nel processo di insegnamento-apprendimento. Negli anni Ottanta e Novanta si svilupparono studi che, facendo riferimento a nuovi quadri teorici, condussero alla formulazione di modelli di progettazione che si distaccavano da quello per obiettivi, aprendo prospettive diverse nel campo della progettazione didattica.

RIQUADRO 9.1
Progettare e programmare l'azione didattica

I termini "progettare" e "programmare" vengono usati nella letteratura glottodidattica sia come sinonimi per indicare l'insieme delle scelte e delle operazioni di organizzazione di un percorso di apprendimento, sia per riferirsi ad aspetti diversi dell'azione progettuale.

Balboni (2002) considera componenti dell'attività curriculare l'individuazione dei fini e degli obiettivi di apprendimento, la selezione dei materiali e dei mezzi per realizzare l'insegnamento, ricorrendo al termine "programmazione" per indicare un secondo livello dell'attività di pianificazione centrata sul modo di organizzare i materiali. In altri termini, "programmare" significa strutturare il percorso di apprendimento in unità, moduli, o secondo altri modelli operativi. Altri autori si riferiscono a questo secondo livello di definizione del percorso didattico usando invece il termine "progettazione".

Al di là del ricorso a una terminologia non univoca, le posizioni dei diversi autori convergono nel riconoscere una duplice articolazione dell'attività di progettazione di un percorso di apprendimento. A un primo livello questa si centra sull'elaborazione di ipotesi relative all'organizzazione di un intervento didattico in un concreto contesto di insegnamento-apprendimento, definendo le competenze da sviluppare, i contenuti da presentare, i materiali e i sussidi a cui ricorrere. Nel tentativo di fare chiarezza terminologica, possiamo definire "macroprogettazione" (in inglese *planning*) questo primo livello di strutturazione dell'azione didattica e riservare il temine "programmazione" alla sola attività di definizione delle finalità formative e degli obiettivi di apprendimento.

Segue poi, nel processo di pianificazione, un livello di "microprogettazione" (in inglese *design*), in cui si scende nel dettaglio della definizione di come deve essere organizzato sul piano operativo l'insegnamento perché si promuova l'apprendimento. A questo livello vengono precisati, per ogni segmento di cui si compone il macropercorso ideato, le modalità di presentazione dei materiali, le tecniche da utilizzare per lo sviluppo delle diverse abilità e l'acquisizione delle conoscenze previste, le procedure da impiegare per promuovere l'interazione comunicativa in classe, secondo formati operativi messi a disposizione dalla ricerca glottodidattica (cfr. CAP. 10).

In ambito scolastico questi due livelli di articolazione dell'attività progettuale sono realizzati in tre momenti diversi.

Il primo è costituito dall'elaborazione da parte del collegio dei docenti del POF, attraverso cui viene definita l'identità dell'istituto scolastico, vengono delineate le scelte culturali, didattiche e organizzative, messe a fuoco le finalità formative e gli strumenti per conseguirle, indicati i criteri di monitoraggio e autovalutazione, tenendo conto dei bisogni e delle risorse del territorio e delle condizioni di attuazione dell'azione formativa.

La macroprogettazione del percorso didattico viene completata con un secondo momento progettuale in cui sono stabiliti, dal Consiglio di classe, di interclasse e di intersezione, gli obiettivi didattici trasversali, pluridisciplinari e disciplinari e in cui sono definiti i contenuti oggetto di apprendimento.

Il terzo momento, che nella scuola primaria è attuato con incontri periodici dagli insegnanti di classi parallele e da gruppi di lavoro, è dedicato alla microprogettazione della dimensione operativa dell'azione didattica.

I paragrafi che seguono approfondiscono dunque i diversi aspetti che entrano in gioco nella definizione di un percorso di apprendimento e illustrano i principali metodi e strumenti di programmazione elaborati dalla ricerca nel campo della progettazione didattica.

Alcune delle metodologie prese in esame sono essenzialmente impiegate per l'insegnamento delle lingue straniere (progettazione per compiti), mentre altre si rifanno a modelli pedagogici generali, utilizzati per la pianificazione didattica in più ambiti disciplinari, compreso quello linguistico (progettazione "per obiettivi" e "per sfondi integratori"). L'esigenza di prendere in considerazione questi modelli nasce dal fatto che l'italiano L2 oggi è insegnato in una pluralità di contesti, come è stato illustrato nella *Parte prima* di questo volume, e la pianificazione di interventi didattici si attua anche in ambito scolastico, dove tali modelli sono comunemente impiegati per la definizione dell'azione formativa.

9.1
Scopi e mete della progettazione didattica

L'elaborazione di un progetto didattico si realizza entro un quadro di riferimento teorico-metodologico, che fornisce criteri e strumenti per la strutturazione di itinerari congruenti con un modello di lingua e di apprendimento, rispondenti alle esigenze degli utenti e percorribili, ma anche entro un sistema di valori sociali, che cambiano nel tempo e definiscono le finalità dell'azione formativa. Si tratta di orientamenti di fondo, principi che guidano l'attività progettuale, indicando traguardi da conseguire a lungo termine, attraverso i quali possono essere soddisfatte esigenze, come il rapporto e la convivenza democratica tra popoli, la mobilità degli individui, lo sviluppo culturale ed economico, la formazione culturale delle nuove generazioni, proprie dei contesti socioculturali in cui si attua il percorso formativo.

Nell'insegnamento linguistico le finalità di un progetto didattico assumono una *valenza educativa* (riquadro 9.2). Chi apprende una lingua, infatti, trasforma non solo le proprie conoscenze relative a quel particolare sistema linguistico e le proprie competenze linguistico-comunicative, ma anche il proprio potenziale cognitivo, certi aspetti della personalità e atteggiamenti personali nei confronti del mondo. Come esplicita il QCER, facendo proprio il concetto di educazione linguistica[2], «le competenze linguistiche e culturali di ciascuna lingua vengono modificate dalla conoscenza dell'altra e contribuiscono alla consapevolezza interculturale, al saper essere e al saper fare. Aiutano l'individuo a sviluppare una personalità più ricca e complessa, potenziando le sue capacità di apprendere altre lingue e promuovono la sua apertura verso nuove esperienze culturali» (Consiglio d'Europa, 2002, p. 55).

Nella sua funzione di documento di politica linguistica[3], il QCER indica espressamente le mete da conseguire con l'insegnamento delle lingue, le quali consistono nello sviluppo del plurilinguismo e del pluriculturalismo del cittadino europeo, intesi non come la giustapposizione di più lingue e culture nel repertorio individuale o collettivo, ma come l'acquisizione di una competenza complessa e composita, che consenta interazioni sociali interculturali, favorendo la costruzione di una cittadinanza democratica, la cooperazione e l'integrazione a livello europeo:

Il plurilinguismo non coincide con il multilinguismo, che consiste nella conoscenza di un certo numero di lingue o nella coesistenza di diverse lingue

---

2. Per un approfondimento del concetto di educazione linguistica e della sue evoluzione, cfr. Lo Duca (2013).

3. Oltre a essere uno strumento di lavoro per amministratori scolastici, insegnanti, esaminatori, autori di materiali didattici e realizzatori di certificazioni, il QCER è anche un documento di politica linguistica, correlato alle Raccomandazioni R (82) 18 e R (93) 6 del Comitato dei ministri del Consiglio d'Europa, le quali suggeriscono il mantenimento del ricco patrimonio linguistico e culturale europeo attraverso la protezione delle diversità da perseguire con una decisa azione educativa da parte degli Stati membri (Consiglio d'Europa, 2002, pp. 2-4).

RIQUADRO 9.2
Educare, istruire, formare

La parola "educazione" viene dal latino *educe˘re*, che significa "condurre fuori", "trarre" ciò che l'apprendente elabora, cioè promuovere l'emergere di potenzialità che conducono allo sviluppo della sfera intellettiva, cognitiva, psicoaffettiva e sociale, incidendo sul modo di essere e di fare dell'individuo. Il processo educativo rende possibile il rapporto tra le generazioni poiché, attraverso l'elaborazione e la costruzione di conoscenza, i giovani mutuano significati e concezioni del rapporto con il mondo, acquisiscono comportamenti e modelli socioculturali che permettono loro l'ingresso in contesti di vita più ampi di quelli di appartenenza primaria (Semeraro, 1999).

L'educazione è distinta dall'"istruzione" (dal latino *instruĕre*, "costruire", "fabbricare", "addottrinare"), che mira all'acquisizione di un corpus di conoscenze articolato e di abilità pratiche, relative a un'area disciplinare, a un'arte o a un'attività. Il processo educativo comprende quello istruttivo, ma non si esaurisce con esso.

La distinzione tra i due processi (non operabile in inglese, dove il termine *education* si riferisce a entrambi) e la loro complementarità sono aspetti fondanti della scuola italiana dell'obbligo le cui finalità educative, da conseguire tramite l'istruzione, sono dichiarate in tutti i documenti programmatici elaborati dalla sua istituzione, dopo l'Unità d'Italia, a oggi.

"Formare" significa, invece, "dare forma", "modellare" e costituisce un termine più recentemente entrato nell'uso corrente. La formazione (in inglese *training*, dove ha anche il significato di "addestrare") è un processo che conduce all'acquisizione di competenze di base e specifiche consentendo l'inserimento culturale, sociale e produttivo dell'individuo. Da un lato la formazione presuppone l'educazione (spesso i due termini sono usati come sinonimi), dall'altro si integra con l'istruzione. Mirando infatti allo sviluppo di competenze specifiche, la formazione si avvale di percorsi istruttivi attraverso i quali vengono acquisite le conoscenze inerenti a campi definiti del sapere e le abilità operative per l'espletamento di compiti e funzioni, che in ambito professionale corrispondono a profili di attività.

---

in una determinata società [...]. L'approccio plurilingue mette l'accento sull'integrazione, cioè, man mano che l'esperienza linguistica di un individuo si estende dal linguaggio domestico del suo contesto culturale a quello più ampio della società e poi alle lingue di altri popoli [...] queste lingue e queste culture non vengono classificate in compartimenti mentali rigidamente separati; anzi, conoscenze ed esperienze linguistiche contribuiscono a formare la competenza comunicativa, in cui le lingue stabiliscono rapporti reciproci e interagiscono (Consiglio d'Europa, 2002, p. 5).

Ciò implica una revisione degli scopi dell'azione formativa, che non possono più consistere nello sviluppo della padronanza di una o più lingue straniere, avendo come modello il livello di competenza del parlante nativo, ma nello sviluppo a lungo termine di diverse abilità linguistiche, che corrispondano a percorsi opzionali da scegliere nell'ambito dell'offerta formativa, in considerazione del fatto che

la conoscenza di una lingua è comunque parziale, perfino quando si tratti della "lingua madre" o "nativa". In un individuo reale la conoscenza è sempre incompleta, non è mai sviluppata o perfetta come la si immagina nell'utopico "parlante nativo ideale". Nessuno, inoltre, ha una padronanza equilibrata delle diverse componenti della lingua (per esempio delle abilità orali piuttosto che di quelle scritte o di quelle di comprensione e interpretazione piuttosto che di produzione) (ivi, p. 207).

In ambito scolastico, alle finalità indicate dal QCER si affiancano quelle previste dai documenti ministeriali inerenti la programmazione nei vari ordini di scuola. Si tratta di finalità istituzionali, formulate centralmente, a livello ministeriale e non localmente da ogni singolo istituto, perché rispecchiano le necessità generali della società, che affida alla scuola il compito di formare le nuove generazioni di cittadini.

Nelle *Indicazioni nazionali per il curricolo della scuola dell'infanzia e del primo ciclo di istruzione* del ministero della Pubblica Istruzione (MPI, 2007; MIUR, 2012)[4] in linea con quanto affermato nei documenti europei e nella Costituzione italiana, considerano mete dell'apprendimento linguistico la crescita psicosociale dell'individuo, lo sviluppo di basi per l'esercizio di una cittadinanza attiva, l'integrazione delle culture e l'acquisizione della consapevolezza della funzione della lin-

---

4. Per un approfondimento delle nozioni di finalità, traguardi e obiettivi nelle *Indicazioni*, cfr. Colombo (2008). Si segnala inoltre che il ministero della Pubblica Istruzione ha cambiato più volte denominazione, assumendo in alcune legislature quella di ministero dell'Istruzione, dell'Università e della Ricerca (MIUR). In questo volume si utilizza l'abbreviazione MPI o MIUR a seconda della denominazione che il ministero aveva nel periodo a cui si fa riferimento.

gua come sistema simbolico per la categorizzazione del reale e per l'espressione di fatti culturali.

> Negli ultimi anni nella scuola italiana ai programmi, centralmente stabiliti dal ministero, si sono sostituite le *Indicazioni*, che non prescrivono più gli obiettivi da raggiungere e i contenuti oggetto di insegnamento. Dopo il D.P.R. 8 marzo 1999, n. 275, con il quale si è concluso l'iter normativo relativo all'autonomia scolastica, la progettazione curricolare ed extracurricolare è affidata ai singoli istituti che, nel rispetto delle finalità del sistema, degli obiettivi generali definiti al ministero, tenendo conto delle esigenze del contesto culturale, sociale ed economico della realtà locale, definiscono i percorsi formativi per i propri alunni.
> Attraverso le *Indicazioni* sono quindi fornite le coordinate entro le quali attuare la progettazione curricolare, lasciata alle scuole. In questo modo viene garantito il carattere unitario del sistema istruttivo, permettendo tuttavia alla comunità professionale dei docenti di attuare scelte sul piano dei contenuti, dei metodi e della valutazione, al fine di valorizzare le diversità individuali, il pluralismo culturale e territoriale.

9.1 In un contesto sociale sempre più multietnico e multiculturale, in cui la globalizzazione dei mercati e la riduzione delle frontiere intensificano i contatti tra persone con differenti lingue e culture, le *Indicazioni* individuano nella valorizzazione della diversità e dell'identità linguistico-culturale una delle finalità da perseguire con l'azione didattica, che deve mirare a fornire alle nuove generazioni le competenze necessarie per interagire nel contesto sociale in cui vivono e a «formare cittadini in grado di partecipare consapevolmente alla costruzione di collettività più ampie e composite, siano esse quella nazionale, quella europea o quella mondiale» (MIUR, 2012, p. 11).

In questo senso la presenza di alunni con cittadinanza non italiana nella scuola costituisce un'opportunità per tutti, che deve essere colta attraverso la realizzazione di progetti didattici volti a sostenere l'interazione linguistica e la dimensione interculturale dell'apprendimento. Il rispetto per l'identità di ognuno, la considerazione per l'unicità del singolo e la valorizzazione delle caratteristiche individuali rappresentano infatti scopi da cui la progettazione di percorsi di apprendimento con valenza educativa non può prescindere.

9. PROGETTAZIONE E PROGRAMMAZIONE DIDATTICA

La progettazione di interventi didattici, intesa come risposta articolata e di qualità a un'esigenza di formazione, sia nel caso in cui venga soddisfatta attraverso il sistema scolastico sia tramite un corso organizzato da altri enti pubblici o privati, non è riconducibile alla mera definizione della dimensione operativa dell'insegnamento, ma comporta scelte congruenti con una cornice valoriale delineata dal contesto sociale, culturale e politico entro il quale tale richiesta viene formulata.

9.2
Modelli di progettazione didattica

Nell'ambito della ricerca sui metodi per l'organizzazione di corsi e di sistemi educativi, è stata definita una pluralità di modelli per la progettazione di percorsi didattici. Al docente è offerta quindi una serie di possibilità per pianificare il proprio intervento, ciascuna delle quali presenta vantaggi e svantaggi, risulta maggiormente adatta a determinati contesti di insegnamento o a diverse aree disciplinari e può essere proficuamente impiegata con specifiche tipologie di apprendenti.

Sebbene ciascun modello si caratterizzi in base al quadro teorico al quale fa riferimento, da cui derivano i criteri per la definizione degli obiettivi didattici, la selezione dei contenuti, la scelta delle procedure operative e l'individuazione di strumenti per la verifica e la valutazione, è possibile ricondurre le diverse metodologie progettuali a due matrici: quella con andamento lineare e quella con struttura reticolare (Cicatelli, 2005).

La prima si fonda su una concezione dell'apprendimento come processo di accumulazione progressiva di conoscenze e abilità, da sviluppare attraverso il conseguimento di obiettivi tassonomici. Nella progettazione definita per obiettivi, il percorso didattico ha dunque una struttura sequenziale e segmentabile.

La seconda considera invece l'apprendimento quale processo di scoperta, costruzione personale della conoscenza e negoziazione di significati che si realizza percorrendo itinerari costellati da nodi interconnessi, raggiungibili da ciascun apprendente seguendo tragitti diversi. Rientrano in questa tipologia di modelli la progettazione per sfondi integratori e quella per compiti.

9.2.1. LA PROGETTAZIONE PER OBIETTIVI

La progettazione per **obiettivi** costituisce il modello di pianificazione dell'azione didattica maggiormente utilizzato, sia in abito scolastico che in corsi di lingua offerti da istituzioni pubbliche e private.

Qualsiasi modello di progettazione didattica non può prescindere dall'individuazione degli **obiettivi** che si intendono conseguire con l'azione formativa. Non è dunque l'identificazione di traguardi di apprendimento a caratterizzare la progettazione per obiettivi, ma la centralità che questi occupano nella definizione del percorso didattico e le modalità attraverso cui sono definiti.

Introdotta in Italia negli anni Settanta del secolo scorso, grazie anche alla normativa scolastica che ha accolto e diffuso questo modello[5], la progettazione per obiettivi è diventata sinonimo della progettazione didattica *tout court*.

Alla matrice comportamentista, nell'ambito della quale questo modello di progettazione è stato elaborato, è da attribuire la concezione lineare e cumulativa del percorso di apprendimento, che procede dal semplice al complesso, e l'insistenza sugli aspetti osservabili e misurabili degli obiettivi.

In questa prospettiva infatti l'azione progettuale consiste nella definizione e nella sequenziazione di obiettivi individuabili e isolabili, da raggiungere seguendo un itinerario didattico e da formulare in termini di comportamenti osservabili, in modo che il loro conseguimento possa essere verificato. Ogni obiettivo deve essere pertanto operazionalizzato, cioè descritto come una prestazione realizzabile a un determinato livello, che l'alunno deve essere in grado di esibire in certe condizioni e impiegando particolari contenuti. Mager (1978) precisa che la buona formulazione di un obiettivo deve dare risposta a tre domande:
– che cosa lo studente deve essere in grado di fare;

---

5. I programmi della scuola media del 1979, quelli della scuola elementare del 1985, gli *Orientamenti* della scuola dell'infanzia del 1991, le *Indicazioni nazionali per i piani di studio personalizzati* del 2003, le *Indicazioni nazionali per il curricolo della scuola dell'infanzia e del primo ciclo di istruzione* del 2007 e del 2012 sono tutti elaborati facendo riferimento alla progettazione per obiettivi.

9. PROGETTAZIONE E PROGRAMMAZIONE DIDATTICA

- avendo a disposizione che cosa;
- con quale grado di accuratezza.

Quest'ultimo aspetto dell'obiettivo rinvia all'adozione di un criterio di misurazione, che permetta di valutare se l'apprendimento ha avuto esiti positivi.

Gli obiettivi che descrivono il percorso didattico da realizzare devono inoltre essere disaggregabili in sotto-obiettivi, cioè in capacità parziali che consentono di acquisire abilità più complesse[6]. Sulla base di questa concezione gerarchica degli apprendimenti è possibile articolare il percorso di insegnamento in obiettivi generali, intermedi e finali. I primi costituiscono i traguardi, congruenti con le finalità dell'azione formativa, da conseguire al termine di un corso di studi (per esempio alla fine della scuola primaria). Dalla definizione degli obiettivi generali derivano quelli specifici di un segmento del percorso formativo (un anno scolastico, un ciclo o un singolo corso), che si articolano in obiettivi finali del percorso, conseguibili attraverso una sequenza di obiettivi intermedi, che possono corrispondere anche a quelli delle singole unità didattiche (cfr. CAP. 10).

Dalla definizione degli obiettivi dipendono le scelte relative alla selezione e alla progressione dei contenuti di insegnamento, cioè agli elementi linguistici da inserire nel sillabo e alla loro sequenziazione (cfr. CAP. 7).

Il progetto didattico non può essere considerato completo se non comprende indicazioni sulle strategie, sulle tecniche, sui materiali e sui sussidi didattici da utilizzare per la realizzazione del corso e un sistema di verifica, che consenta di accertare il conseguimento degli obiettivi fissati. Tale sistema, oltre a prevedere criteri di misurazione delle prestazioni, deve includere strumenti per l'accertamento dei risultati che forniscano informazioni utili per valutare l'apprendimento, ma anche per correggere gli errori, ridefinire gli obiettivi, modificare il metodo e le tecniche, cioè per procedere alla revisione del progetto formativo e all'elaborazione di strategie di recupero appropriate. Ogni progetto

---

6. La concezione dell'apprendimento come accumulazione progressiva di competenze e sottocompetenze ha condotto alla formulazione di tassonomie di obiettivi, tra cui la nota tassonomia di Bloom. Scopo delle tassonomie era quello di fornire classi di tipi di comportamento che gli studenti dovevano esibire come risultato dell'intervento formativo, in modo da poter giungere a una valutazione valida e affidabile.

FIGURA 9.1
Componenti del progetto didattico nella progettazione per obiettivi

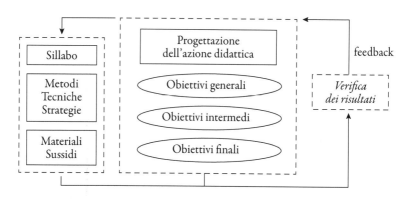

Fonte: modificata da Porcelli (1994).

didattico è infatti un'ipotesi di lavoro che, una volta elaborata, deve essere realizzata e ciò comporta un costante adattamento alle concrete condizioni di insegnamento. Il ruolo della verifica è dunque quello di raccogliere in modo sistematico informazioni su come procede il processo di insegnamento-apprendimento, cioè monitorare la realizzazione del progetto in modo da poter intervenire per ridurre la distanza tra ciò che è stato previsto e ciò che è stato ottenuto. Il feedback fornito, come mostra la figura 9.1, non è solo relativo all'apprendimento degli studenti, ma riguarda anche l'operato dell'insegnante, a cui si devono le scelte inerenti la progettazione del percorso didattico e la sua implementazione in classe (Porcelli, 1994).

Si deve alla visione sistemica del progetto di insegnamento, in cui le diverse componenti sono correlate e organizzate in una struttura ordinata e razionale, alla duttilità e alla linearità delle procedure da adottare per la sua elaborazione la diffusione della progettazione per obiettivi, che è sopravvissuta al superamento del quadro teorico di riferimento dal quale ha avuto origine ed è stata accolta, seppur con alcune rivisitazioni, da approcci, come quello cognitivista, che non considerano l'apprendimento un processo lineare e cumulativo.

Le revisioni subite negli anni da questo modello riguardano soprattutto l'individuazione degli obiettivi, che si è allontanata dalla logica comportamentista per giungere a una formulazione meno rigida e

RIQUADRO 9.3
La competenza linguistico-comunicativa nel QCER

Nell'approccio adottato dal QCER, l'uso di una lingua e il suo apprendimento sono concepiti come azioni compiute dagli individui che, in qualità di membri di una società, sviluppano una gamma di competenze generali e linguistico-comunicative, utilizzate in contesti e condizioni differenti per realizzare delle attività linguistiche. Queste attività implicano la capacità di gestire testi, sia sul piano ricettivo che produttivo, in domini d'uso, attivando strategie che consentono di compiere specifici compiti.

Ciascuna delle componenti di questo modello descrittivo può costituire il "punto focale" per la definizione degli obiettivi, che possono dunque essere formulati in termini di (Consiglio d'Europa, 2002, pp. 166-70):
- sviluppo delle competenze generali dell'apprendente, che in alcuni casi necessita di acquisire solo conoscenze di tipo dichiarativo (per esempio conoscenze grammaticali), in altri di sviluppare la propria personalità, per cui singoli aspetti delle competenze generali diventano obiettivi parziali per conseguire la complessa competenza plurilingue e pluriculturale;
- estensione e diversificazione della competenza linguistico-comunicativa, con lo sviluppo di uno o più aspetti di questa competenza;
- attività linguistiche specifiche, con l'attribuzione di maggiore importanza a una o più delle attività di produzione, ricezione, interazione e mediazione, il cui sviluppo viene assunto come obiettivo;
- operazioni funzionali a un dominio, con lo sviluppo di competenze che consentono di interagire in una particolare sfera d'azione come, per esempio, il lavoro o lo studio;
- compiti per la realizzazione dei quali è necessario sviluppare, arricchire e diversificare delle strategie di comunicazione e di apprendimento, che sono quindi promosse a obiettivo.

---

meno legata alla rilevabilità e alla misurabilità delle prestazioni. Nelle progettazioni realizzate oggi gli obiettivi sono definiti non più in termini di comportamenti osservabili, ma di *competenze*, cioè di capacità di usare consapevolmente ed efficacemente conoscenze, abilità, motivazioni e atteggiamenti per effettuare prestazioni orientate al conseguimento di uno scopo (Ambel, 2000)[7].

7. La definizione data da Ambel è simile a quella del QCER, in cui si afferma che «le competenze sono costituite dall'insieme di conoscenze, abilità e caratteristiche che permettono ad una persona di compiere delle azioni» (Consiglio d'Europa, 2002, p. 12).

Sebbene la nozione di competenza (riquadro 9.3) comprenda sempre l'idea di comportamenti direttamente osservabili, non si identifica con la sola performance, ma si estende alla padronanza dei processi mentali che sono alla base dell'esecuzione, realizzata con il ricorso a conoscenze sia dichiarative che procedurali (cfr. testo introduttivo alla *Parte seconda*). Inoltre la competenza implica accanto alla dimensione cognitiva anche quella affettiva, coinvolgendo atteggiamenti, motivazioni, disponibilità ad apprendere, cioè il "saper essere" dell'individuo.

La formulazione degli obiettivi di apprendimento in termini di competenza è ribadita dal QCER, che offre una serie di descrittori della competenza linguistico-comunicativa, articolati in livelli progressivi (cfr. CAP. 7), sulla base dei quali possono essere accertati e certificati i livelli di competenza, nonché formulati gli obiettivi di apprendimento, tenendo conto del fatto che «obiettivi adatti a un determinato stadio di apprendimento per un determinato apprendente, o per una classe di apprendenti di una determinata età, non possono essere dedotti, sulla base di una lettura lineare e analitica, dalle scale proposte per ciascun parametro» della competenza (Consiglio d'Europa, 2002, p. 163). Le decisioni relative agli obiettivi da includere nel programma di apprendimento non possono infatti prescindere da considerazioni sui bisogni degli apprendenti, dai quali derivano le attività linguistiche rilevanti che dovranno essere in grado di svolgere (cfr. PAR. 9.3.1).

9.2.2. LA PROGETTAZIONE PER SFONDI INTEGRATORI

Un modello di progettazione, diffusosi a partire dagli anni Ottanta, è quello definito per "sfondi integratori". Questo modello non è stato specificamente ideato per la pianificazione didattica nel campo dell'insegnamento delle lingue straniere ma, costituendo la metodologia di progettazione impiegata nella scuola dell'infanzia e in alcuni casi nei primi anni della scuola primaria, rappresenta una modalità di definizione dei percorsi formativi con cui chi insegna l'italiano come lingua di contatto si trova a confrontarsi.

La progettazione per sfondi integratori si fonda sul principio gestaltico, secondo il quale le nostre percezioni non costituiscono un aggregato frammentario di elementi, bensì un'unità strutturata, in cui il rapporto tra le diverse parti è colto unitariamente in relazione

FIGURA 9.2
Rapporto figura-sfondo (W. E. Hill, *Mia moglie e mia scuocera*, 1915)

a un contesto. Osservando, per esempio, la classica figura reversibile (FIG. 9.2) possiamo infatti vedere due soluzioni percettive, il volto di una vecchia signora o quello di una giovane donna, a seconda della relazione che stabiliamo tra l'insieme degli elementi in primo piano e lo sfondo (cfr. PAR. 10.1.2).

Analogamente, le diverse esperienze di apprendimento possono assumere significato all'interno di un quadro di riferimento unitario, uno sfondo che le configuri come un complesso strutturato di attività.

Lo sfondo integratore fornisce dunque un *contesto*, che permette di vedere la realtà esterna in una determinata prospettiva, di costruire un'immagine complessa e di metterla in relazione con la realtà interna al soggetto apprendente (Berlini, Canevaro, 1996). Oltre a costituire una cornice esperienziale, lo sfondo ha una valenza motivazionale, stimolando il bambino alla scoperta, promuove modalità cooperative e partecipative di apprendimento e favorisce il raccordo tra componente cognitiva e affettiva.

In base ai bisogni degli alunni e agli obiettivi da conseguire, nella progettazione per sfondi integratori si ricorre a tre tipi principali di sfondi, che orientano le attività didattiche e consentono la realizzazione di esperienze diverse:

– sfondo metaforico, che permette ai bambini di ristrutturare il significato di una situazione problematica, introducendo attraverso una metafora una prospettiva diversa di osservazione e promovendo la condivisione dell'esperienza;
– sfondo narrativo, ossia una storia entro la quale si collocano e acquisiscono significato i diversi compiti di apprendimento. Per la costruzione di questo tipo di sfondo, che rappresenta quello maggiormente utilizzato, si possono impiegare fiabe o testi narrativi, anche noti agli alunni;
– sfondo di simulazione di contesti, che consiste nella riproduzione in scala di un ambiente particolare, come per esempio la città, il bosco, il castello, la nave, attraverso cui stabilire connessioni tra le diverse attività, riconducendole a un quadro di riferimento spaziale.

La selezione del tipo di sfondo, ritenuto più utile al contesto di insegnamento-apprendimento in cui si opera, è affiancata nell'attività di progettazione dalla definizione dello sfondo istituzionale, cioè dalla specificazione dell'organizzazione degli spazi, delle modalità di esecuzione delle attività, dei tempi di attuazione dei compiti e degli strumenti da impiegare.

Nella progettazione per sfondi integratori gli obiettivi di apprendimento sono individuati in relazione a diversi campi di esperienza[8] e conseguiti attraverso percorsi esperienziali non lineari, che coinvolgono attivamente il bambino, lasciandolo libero di seguire i propri ritmi e di descrivere il proprio itinerario. L'insieme di percorsi intrecciati, che conducono a obiettivi inerenti uno o più campi di esperienza, costituisce un nucleo progettuale (FIG. 9.3). Si tratta di un segmento del percorso di lavoro che si configura come nodo di una rete che, attraversato da percorsi coerenti con lo sfondo, consente di sviluppare competenze in modo flessibile, tenendo conto delle caratteristiche individuali dell'apprendente.

La forma di verifica prevista da questo modello di progettazione didattica è l'osservazione sistematica dei bambini nel corso delle at-

8. I campi di esperienza sono settori di competenza che introducono sistemi simbolico-culturali e mediante i quali il bambino esplora e osserva la realtà, attribuisce significato alle attività che è chiamato a svolgere e attiva processi di simbolizzazione e formalizzazione. Nelle *Indicazioni* sono segnalati cinque campi fondamentali di esperienza, attraverso cui si articola il curriculum per la scuola dell'infanzia: il sé e l'altro; il corpo in movimento; linguaggi, creatività, espressione; i discorsi e le parole; la conoscenza del mondo (MPI, 2007).

FIGURA 9.3
Esempi di nuclei progettuali in una programmazione per sfondo integratore

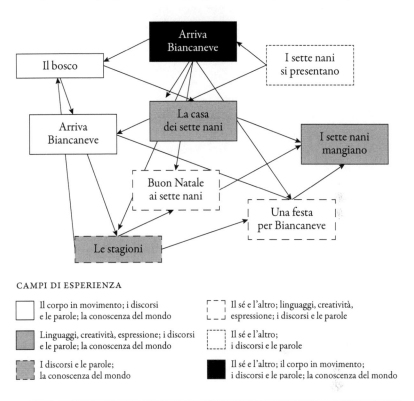

tività didattiche, in modo che si possa giungere alla riflessione e alla valutazione delle competenze sviluppate e del percorso realizzato, di cui anche gli alunni tengono traccia tramite la documentazione. Per comprendere e rievocare l'itinerario seguito, ogni bambino conserva infatti i materiali esemplificativi delle attività svolte e delle esperienze compiute, che possono così anche essere mostrate e comunicate ad altri.

9.2.3. LA PROGETTAZIONE PER COMPITI (TASK-BASED)

Un altro modello di progettazione, sviluppato per l'insegnamento delle lingue, che può essere considerato di tipo reticolare è quello basato sui **compiti**[9], cioè su attività che implicano l'uso della lingua come compilare una tabella in base alle informazioni contenute in un testo, usare una cartina per raggiungere un luogo o decidere quale appartamento prendere in affitto dopo aver letto una serie di annunci.

> Per **compito** (*task*) si intende un'attività da realizzare in classe, in cui la lingua oggetto di apprendimento è usata con uno scopo comunicativo per conseguire un esito e che presenta i seguenti aspetti:
> – il significato risulta preminente;
> – esiste una connessione con attività del mondo reale;
> – è presente un problema comunicativo da risolvere;
> – il completamento del compito costituisce una priorità;
> – la verifica consiste nell'esito del compito stesso.
> Può dunque essere considerato un compito "lasciare un messaggio in segreteria telefonica", ma non lo è "svolgere un esercizio basato sulla trasformazione di strutture" (Skehan, 1998).

Fondandosi sull'assunzione che l'apprendimento sia il risultato del ricorso a meccanismi naturali di acquisizione, attivati dall'apprendente nell'esecuzione di attività linguistiche, questo modello considera il compito l'unità di base delle scelte da operare sul piano pedagogico nella pianificazione di interventi didattici.

Un ruolo centrale nella progettazione è rivestito dunque dalla selezione dei compiti, che devono presentare un grado di complessità adeguato al livello di apprendimento degli studenti. Un compito troppo esigente richiede di prestare attenzione alla sua esecuzione, lasciando in secondo ordine la forma linguistica. La ristrutturazione dell'interlingua e il conseguente sviluppo della competenza si verificano però quando l'apprendente può svolgere un'attività linguistica con fluenza e accuratezza, cioè quando presta attenzione sia al piano del contenuto che a quello espressivo. Forma e negoziazione del si-

---

9. La nozione di compito nel QCER si sovrappone solo parzialmente a quella di compito pedagogico, intorno alla quale si articola questo modello. Il QCER considera infatti il compito, a un livello più generale, come l'insieme di azioni che una persona compie per giungere a uno scopo e può essere riferito anche ad azioni che non coinvolgono l'uso della lingua. Per un approfondimento della nozione di compito nel QCER, cfr. Zorzi (2006).

gnificato costituiscono quindi due componenti che devono risultare bilanciate nei compiti da proporre.

La complessità di un compito non può essere definita solo in base alla lingua richiesta per l'esecuzione, ma secondo Skehan (1998) è necessario che vengano presi in considerazione le condizioni in cui il compito deve essere eseguito (limiti temporali, velocità di svolgimento, lunghezza dei testi, grado di controllo dell'interazione ecc.) e il carico cognitivo richiesto (familiarità con l'argomento, organizzazione dell'informazione, quantità di elaborazione ecc.).

Sono individuabili tre orientamenti nella selezione di compiti al fine della costruzione di un percorso di apprendimento. Il primo ritiene che i compiti debbano essere scelti a partire dalle forme linguistiche, il cui impiego risulta indispensabile o naturale per il completamento del compito stesso (Fotos, Ellis, 1991). Questa prospettiva rende possibile pianificare quali strutture linguistiche saranno oggetto di apprendimento e di esercitazione nel corso dell'itinerario didattico[10]. Il secondo orientamento considera invece prioritaria per la selezione dei compiti la connessione con il modo reale, che consente l'attivazione della negoziazione dei significati, prendendo parte alla quale lo studente è indotto a riformulare le proprie produzioni, evolvendo la propria competenza linguistica tramite il supporto ottenuto nella comunicazione (Long, 1988). Il terzo orientamento sostiene l'importanza della naturalezza del compito, ma riconosce il ruolo svolto dal *focus on form*, cioè dall'attenzione rivolta alle forme linguistiche, nello sviluppo dell'interlingua (Willis, 1996; Skehan, 1998).

Secondo quest'ultima impostazione, la progettazione procede dall'individuazione di una gamma di strutture linguistiche, che creano la condizione per l'attivazione dei meccanismi naturali di acquisizione, e non che devono essere impiegate per portare a buon esito il compito come nel primo orientamento, dato che far convergere l'insegnamento su un'unica e precisa struttura non ne garantisce l'apprendimento. Segue poi la selezione dei compiti, che deve tenere conto della loro naturalezza e utilità, ma anche del fatto che l'attenzione non può essere

10. Secondo questo primo orientamento, la progettazione di un percorso didattico basato sui compiti si compone di fasi, una delle quali è dedicata all'individuazione delle forme linguistiche da utilizzare: *a)* selezione dei compiti in relazione al livello di apprendimento degli studenti; *b)* definizione degli argomenti oggetto dei compiti; *c)* graduazione dei compiti secondo il livello di difficoltà; *d)* specificazione dei generi di testo e delle strutture necessarie all'esecuzione dei compiti.

completamente assorbita dalla realizzazione della transazione. Un certo spazio deve essere infatti riservato al piano espressivo, alla riflessione linguistica e allo sviluppo della consapevolezza delle forme, in modo che le strutture impiegate per la realizzazione del compito possano essere processate e condurre all'evoluzione dell'interlingua. Progressi sistematici sono sostenuti però non solo dal *focus on form*, ma anche dalla mobilitazione delle risorse metacognitive dello studente, il quale deve assumersi la responsabilità del proprio apprendimento e «tenere traccia di ciò che è stato appreso e di quello che rimane da apprendere» (Skehan, 1998, p. 132).

La selezione e l'implementazione di singoli compiti non assicurano lo sviluppo bilanciato di fluenza, accuratezza e complessità, che rappresentano obiettivi di apprendimento fondamentali, i quali possono entrare tuttavia in conflitto fra loro, in quanto il conseguimento di uno può realizzarsi a scapito degli altri. Occorre quindi prevedere segmenti più ampi di progettazione costituiti da sequenze di compiti, attraverso cui può essere promosso il bilanciamento di queste tre componenti dell'esecuzione.

9.2
Una volta che i compiti sono stati selezionati ed è stata ideata una sequenza, è necessario volgere l'attenzione alle scelte operative, relative all'articolazione del compito. La progettazione dell'intervento didattico deve infatti dettagliare, oltre alle attività connesse all'esecuzione del *task*, anche quelle da svolgere nelle fasi che lo precedono (*pre-task*) e lo seguono (*post-task*).

Lo scopo delle attività di *pre-task* è di rendere il compito maggiormente produttivo, chiarendone il contenuto, facendo accrescere la consapevolezza delle strutture, sollecitando la pianificazione del compito, che potrà essere così eseguito con maggiore fluenza e accuratezza, inducendo lo studente a utilizzare strutture complesse. In questo modo viene stimolata la riorganizzazione delle regole dell'interlingua e viene reso accessibile materiale linguistico inattivo, immagazzinato dall'apprendente[11].

Un esempio di attività di *pre-task* è riportato nel riquadro 9.4.

---

11. Skehan (1998) sottolinea che gli aspetti linguistici non vengono inizialmente appresi in tutta la loro complessità, ma che il processo di sviluppo prevede apprendimenti parziali che possono essere completati mediante nuovi elementi in grado di determinare la riorganizzazione delle strutture presenti nel sistema. La presenza di una struttura nell'interlingua non implica però la sua accessibilità. Certo materiale linguistico può essere immagazzinato dall'apprendente ma rimanere inattivo se non ne viene sollecitato il recupero.

9. PROGETTAZIONE E PROGRAMMAZIONE DIDATTICA

RIQUADRO 9.4
Inviare qualcuno a spegnere il forno

È pomeriggio, sei a scuola e hai un importante esame da sostenere tra 15 minuti. Improvvisamente ti ricordi di non aver spento il forno dopo aver preparato il pranzo. Non hai tempo per ritornare a casa.
Spiega a un amico che vuole aiutarti:
- come arrivare a casa tua;
- come entrare in casa e raggiungere la cucina;
- come spegnere il forno.

Hai 10 minuti per prendere appunti, ma non potrai guardarli durante l'esecuzione del compito.
Ecco una lista di cose che puoi fare per prepararti al compito:
- pensa ai problemi che l'ascoltatore potrebbe avere e a come puoi aiutarlo;
- pensa a come il tuo ascoltatore può comprendere le istruzioni di ciò che deve fare;
- pensa come assicurarti che il tuo amico non si perda;
- pensa alle strutture grammaticali di cui hai bisogno per eseguire il compito;
- pensa alle parole di cui hai bisogno per eseguire il compito;
- pensa a come evitare le difficoltà e a come risolvere i problemi di grammatica e di vocabolario.

La fase di preparazione conduce gradualmente allo svolgimento del compito (*task cycle*), su cui influiscono le condizioni di esecuzione (tempo a disposizione, canale di comunicazione, supporto fornito), che si articola in tre stadi (Willis, 1996):
- esecuzione del compito a coppie o in gruppi;
- pianificazione, durante la quale lo studente organizza il resoconto, orale o scritto, di ciò che ha fatto, deciso o scoperto nel corso dell'esecuzione del compito;
- presentazione del resoconto alla classe, o tramite lo scambio di testi scritti, nel corso del quale sono confrontate le esperienze e i risultati dell'esecuzione del compito.

Le attività della fase di *post-task* hanno la funzione di guidare lo studente alla riflessione linguistica, in modo che le relazioni forma-funzione e le strutture impiegate nell'esecuzione del compito diventino oggetto di attenzione e si creino le condizioni perché possano essere integrate nell'interlingua. Possono essere utilizzate a questo

FIGURA 9.4
Articolazione della progettazione basata su compiti

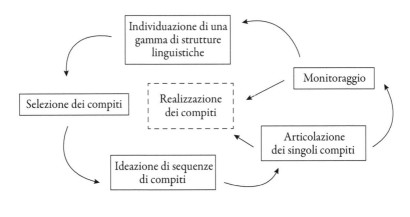

scopo attività di identificazione, classificazione, formulazione di ipotesi o testi che costituiscono la fonte per l'analisi di aspetti linguistici impiegati nell'esecuzione del compito (Willis, Willis, 1996a).

Dato che non tutte le strutture su cui è stata focalizzata l'attenzione sono interiorizzate dal discente, risulta importante attuare cicli di monitoraggio, che implicano l'autocontrollo e l'autovalutazione degli studenti e mirano a individuare gli apprendimenti effettivamente realizzati. Sulla base degli esiti dell'attività di verifica si apre una nuova fase di progettazione, attraverso cui vengono pianificate nuove sequenze di compiti e strutturati nuovi cicli di monitoraggio.

In sintesi, la progettazione di interventi didattici basati su compiti si articola nei momenti riportati nella figura 9.4.

9.3
Fasi della progettazione didattica

Qualunque sia il modello di progettazione didattica adottato, la pianificazione di un percorso di studi si articola in fasi che non si susseguono rigidamente nell'elaborazione progettuale, ma si intersecano, focalizzandosi sui seguenti aspetti:

9. PROGETTAZIONE E PROGRAMMAZIONE DIDATTICA

- la situazione in cui si realizza il corso, cioè le caratteristiche dei discenti, il luogo, i tempi, le modalità di svolgimento, le risorse disponibili;
- i bisogni degli apprendenti, dai quali derivano gli obiettivi di apprendimento da conseguire con l'azione didattica;
- la definizione del sillabo, sia esso inteso come l'insieme dei contenuti linguistici, pragmatici, sociolinguistici e culturali da affrontare nel corso, o come le esperienze di apprendimento da realizzare, oppure come l'insieme dei *task* da presentare;
- il sistema di verifica da adottare per monitorare il processo di apprendimento e accertare che gli obiettivi siano stati conseguiti.

Una volta terminata la pianificazione del percorso, si può volgere l'attenzione all'attività che abbiamo definito di microprogettazione, centrata sulla definizione delle modalità operative tramite cui conseguire gli obiettivi individuati, oggetto di trattazione nel capitolo 10. In altri termini, la fase conclusiva della progettazione è costituita dalla costruzione delle unità didattiche, dei nuclei progettuali, dei singoli *task* che devono essere presentati in classe o dei *Learning Object* (cfr. PAR. 10.1.5) da implementare su una piattaforma per la formazione a distanza, in cui vengono dettagliate le attività da svolgere, i tipi di interazione da sollecitare, le istruzioni da fornire, le modalità di riflessione linguistica da proporre secondo un modello organico di lavoro, in modo da poter concretamente realizzare l'ipotesi di percorso elaborata con la macroprogettazione.

9.3.1. L'ANALISI DELLA SITUAZIONE DI INSEGNAMENTO-APPRENDIMENTO

Un progetto didattico, per condurre a esiti positivi, deve comprendere un'analisi delle risorse, dei tempi, delle opportunità offerte all'apprendente e delle sue caratteristiche.

Sul piano del contesto operativo nel quale si realizza il corso di italiano, devono essere prese in esame variabili quali:
- specificità dell'istituzione in cui il corso viene tenuto (Istituto italiano di cultura, corso di lingua e cultura italiana, università, scuola ecc.), da cui derivano le finalità da attribuire all'azione formativa;
- durata complessiva dell'intervento didattico e scansione degli incontri (lezioni quotidiane, bisettimanali ecc., con quante ore per ciascun incontro);

– disponibilità di mezzi tecnologici come laboratori linguistici, lavagne luminose o elettroniche, aule multimediali, lettori di CD-ROM, materiali cartacei e librari;
– caratteristiche degli spazi in cui si tengono le lezioni (se adatti o meno all'interazione tra allievi).

Mentre queste variabili, entro una certa misura, possono essere modificate per consentire migliori opportunità operative in vista del conseguimento degli obiettivi del corso, quelle legate all'utente costituiscono precondizioni da cui la progettazione del percorso didattico deve muovere.

Si tratta di variabili come l'ambiente socioculturale degli studenti, sul quale si possono avere informazioni per conoscenza diretta da parte del docente, attraverso documenti in possesso o disponibili all'istituzione, o tramite strumenti di rilevazione quali questionari e interviste. Per la rilevazione in particolare della condizione sociolinguistica degli apprendenti, si può ricorre al Glotto-Kit per stranieri (Vedovelli, 1994; 1996; Villarini, 1995; Fragai, 2003), come già ricordato nei capitoli 2 e 4.

Accanto a questi fattori, l'analisi della situazione deve prendere in considerazione anche l'età degli allievi, il livello di competenza linguistico-comunicativa (rilevabile con test di ingresso), l'eventuale conoscenza di altre lingue straniere e la precedente esperienza di scolarizzazione.

Infine, nell'insegnamento a livello scolastico occorre considerare le conoscenze e le capacità in corso di acquisizione in altri ambiti dell'educazione linguistica. Dato che lo studio di tutte le lingue compresenti nell'itinerario formativo dell'allievo contribuiscono al suo sviluppo cognitivo (cfr. CAP. 4), non si può progettare il corso di italiano senza raccordarlo con quelli delle altre lingue.

A questo proposito il QCER raccomanda di non procedere a progettazioni separate per ciascuna lingua, né a una integrata per più lingue, ma che le decisioni relative alla definizione dei percorsi di apprendimento siano prese in relazione all'educazione linguistica nel suo complesso, in considerazione del fatto che «le conoscenze (sapere) e le abilità (saper fare) linguistiche, insieme con la capacità di apprendere (saper apprendere), non giocano solo un ruolo specifico nelle singole lingue, ma ne hanno anche uno trasversale e trasferibile attraverso le lingue» (Consiglio d'Europa, 2002, p. 207).

9.3.2. L'ANALISI DEI BISOGNI

Una delle variabili, considerata prioritaria nella progettazione di percorsi didattici, è il bisogno di chi apprende che, come già indicato nel capitolo 7, viene assunto quale punto di partenza per la specificazione degli obiettivi di apprendimento.

Sviluppatasi negli anni Settanta del secolo scorso nell'ambito del già ricordato *Progetto lingue moderne* promosso dal Consiglio d'Europa, l'analisi dei bisogni come ambito di ricerca considera il bisogno una nozione dinamica (Richterich, 1979), che cambia nel tempo e assume sfaccettature diverse a seconda del livello di apprendimento, delle caratteristiche degli apprendenti e degli usi linguistici nei vari contesti. Si distinguono inoltre due tipologie di bisogni:
- quelli soggettivi, intesi come le necessità relative ai singoli apprendenti e derivati dal grado di sviluppo cognitivo, dal livello di conoscenza linguistica e culturale, dalle modalità di apprendimento (stili cognitivi, preferenze ecc.);
- quelli oggettivi, cioè derivati dagli scopi e dalle mete per cui la lingua viene appresa.

Nella pianificazione di percorsi di apprendimento viene presa in considerazione questa seconda tipologia di bisogno, mettendola in relazione alle attività e ai compiti che il discente dovrà essere in grado di svolgere con la lingua nella realtà quotidiana interna ed esterna al corso, al fine di soddisfare le proprie esigenze[12].

L'identificazione dei bisogni può essere realizzata dall'insegnante facendo ricorso a semplici strumenti di rilevazione come questionari o interviste dirette, attraverso i quali sono rivolte domande sugli scopi per cui lo studente vuole apprendere la lingua, oppure basandosi su studi motivazionali relativi a profili di specifici apprendenti.

L'analisi dei bisogni rilevati può essere condotta a vari livelli di generalità (Tarone, Yule, 1989; Ciliberti, 1994; 2012; Consiglio d'Europa, 2002), al fine di:

---

12. Mentre i bisogni oggettivi vengono presi in considerazione nella fase di progettazione del precorso didattico rivolto all'intero gruppo classe o ad apprendenti di un segmento scolastico, i bisogni soggettivi diventano oggetto di attenzione nella fase di realizzazione del percorso, in cui le modalità di apprendimento e le caratteristiche del singolo costituiscono le variabili in base alle quali è organizzata la gestione delle attività e sono proposti percorsi individuali di apprendimento.

- circoscrivere i domini entro i quali l'apprendente userà la lingua per partecipare a situazioni di comunicazione;
- identificare i tipi di situazione a cui prenderanno parte, le attività linguistiche che svolgeranno e le conoscenze (dichiarative e procedurali) di cui necessitano nella comunicazione;
- individuare l'organizzazione dell'informazione e le forme linguistiche impiegate nei tipi di testi e discorsi che dovranno essere in grado di comprendere e produrre.

Applicando, per esempio, le indicazioni fornite dall'analisi dei bisogni alla progettazione di un percorso di apprendimento di livello B2, rivolto a discenti che partecipano a progetti di mobilità studentesca in ambito universitario[13], possiamo in primo luogo individuare nel dominio educativo l'area prevalente d'azione, entro la quale si realizzano le attività e i compiti che questo profilo di apprendenti è chiamato a svolgere in lingua italiana e le situazioni in cui si trova a interagire[14]. Queste sono costituite dalla partecipazione alle lezioni, dall'attività di studio, dall'interazione con i docenti e con i compagni di corso e dall'esame, a cui sono associate una serie di attività linguistiche che implicano competenze, sulla base delle quali possono essere formulati gli obiettivi riportati nella tabella 9.1[15].

I bisogni oggettivi dell'apprendente, oltre a essere messi in relazione alle capacità richieste per svolgere attività e compiti nella realtà esterna al corso di lingua, possono essere correlati alle mete e alle finalità dell'educazione linguistica. Nell'elaborazione di progetti didattici rivolti a bambini e adolescenti risulta infatti difficile definire il bisogno in termini di scopi per i quali si vuole apprendere la lingua, dato che i giovani apprendenti generalmente non hanno chiari

---

13. Sia per i livelli di apprendimento che per i parametri da prendere in considerazione nella formulazione di obiettivi in termini di competenze, si seguono nell'esempio le indicazioni del QCER.

14. Il QCER propone alcune categorie descrittive per definire le situazioni che possono presentarsi in ciascun dominio d'uso: *a*) i luoghi e i momenti in cui si verificano; *b*) le istituzioni, le organizzazioni e le persone coinvolte; *c*) gli oggetti che si trovano nell'ambiente; *d*) gli avvenimenti; *e*) le azioni svolte; *f*) i testi con i quali si ha a che fare (Consiglio d'Europa, 2002, p. 59). Queste categorie descrittive sono utili non solo per individuare gli obiettivi di apprendimento, ma anche per la compilazione del sillabo, come vedremo nel paragrafo 9.3.3.

15. Per una trattazione più approfondita dei bisogni linguistici degli studenti in mobilità studentesca e delle scelte progettuali relative a percorsi di apprendimento per l'italiano L2 a loro rivolti, cfr. Troncarelli (1994; 2003) e Lo Duca (2006).

TABELLA 9.1
Obiettivi di apprendimento formulati sulla base dell'analisi dei bisogni

Situazione	Attività	Competenza/obiettivo
Lezioni	– Ascoltare testi espositivi, del genere "lezione universitaria", riguardanti argomenti di specifici settori disciplinari	– Saper comprendere le principali informazioni di un testo espositivo orale, caratterizzato dalla presenza di tratti del linguaggio specialistico e organizzato strutturalmente in base a determinate convenzioni retoriche
	– Prendere appunti	– Saper prendere appunti ascoltando un testo espositivo in L2 e prendendo nota in L1 o in L2
	– Formulare domande	– Saper formulare domande su argomenti specifici, chiedendo chiarimenti o approfondimenti
Attività di studio	– Leggere testi espositivi, del genere "manuale di studio", riguardanti un argomento specifico	– Saper comprendere le principali informazioni di testi espositivi scritti di contenuto tecnico-specialistico, in cui compaiono tratti del linguaggio specialistico
	– Leggere dizionari specialistici	– Saper comprendere il significato di un termine specialistico leggendo la definizione di un dizionario
	– Prendere appunti	– Saper prendere appunti leggendo un testo espositivo in L2 e prendendo nota in L1 o in L2
	– Produrre testi espositivi scritto del genere riassunto e tesina	– Saper produrre un testo espositivo scritto in relazione a uno o più testi di partenza, realizzando una sintesi o una tesina e usando tratti del linguaggio specialistico
Interazione con i docenti e con i compagni di studio	Dialogare	Saper sostenere turni brevi di discorso dialogando con i propri insegnanti e compagni di corso ed esprimendo le proprie opinioni e le proprie necessità relative all'attività di studio
Esame	Produrre testi espositivi orali riguardanti argomenti specifici	Saper sostenere turni relativamente lunghi di discorso trattando argomenti specifici ed effettuando scelte linguistiche appropriate al genere e all'argomento

gli ambiti in cui vorranno o si troveranno ad agire in futuro usando la L2. I bisogni da soddisfare con l'intervento didattico riguardano dunque le competenze generali dell'individuo, il suo sviluppo cognitivo, la sua consapevolezza interculturale e la sua capacità di apprendere le lingue.

La necessità di intendere i bisogni degli apprendenti di una lingua seconda in questa duplice prospettiva è evidenziata anche dal QCER, nel quale si afferma che l'enfasi posta nell'individuazione degli obiettivi in termini di competenze generali e di componenti della competenza linguistico-comunicativa, per i percorsi elaborati per le scuole primaria e secondaria, e in termini di attività linguistiche e capacità funzionali in un dominio d'uso, per i percorsi rivolti all'apprendimento linguistico di adulti, «corrisponde indubbiamente alle diverse funzioni dell'educazione generale iniziale da un lato e dell'educazione settoriale e continua dall'altro» (Consiglio d'Europa, 2002, p. 206).

9.3.3. LA DEFINIZIONE DEL SILLABO

Per sviluppare le competenze che costituiscono gli obiettivi di apprendimento individuati tramite l'analisi dei bisogni, l'apprendente dovrà acquisire un insieme di conoscenze e abilità che consentiranno l'esecuzione di determinate prestazioni linguistiche. L'elenco di tali conoscenze e abilità, organizzato secondo criteri che stabiliscono l'ordine di presentazione dei diversi elementi lungo il percorso didattico, costituisce il sillabo del corso (Ciliberti, 1994; 2012; Cini, 2015; Benucci, 2007c; 2014).

La selezione delle forme linguistiche da far rientrare nel sillabo può essere operata sulla base delle indicazioni fornite dall'analisi dei bisogni che, oltre a permettere l'individuazione degli obiettivi, consentono anche di restringere gli elementi da includere come contenuti del corso. Le forme linguistiche oggetto di apprendimento saranno infatti quelle effettivamente impiegabili nelle attività e nei compiti che costituiranno la futura performance dello studente nei domini d'uso in cui dovrà interagire.

Riprendendo l'esempio della tabella 9.1, per "saper produrre un testo espositivo scritto in relazione a uno o più testi di partenza, realizzando una sintesi o una tesina e usando tratti del linguaggio specialistico", occorre sviluppare l'abilità di riassumere testi scritti,

acquisire conoscenze e competenze d'uso relative alle seguenti componenti linguistiche[16]:
- composti nome-nome, nome-aggettivo, aggettivo-nome;
- composti con suffissoidi e prefissoidi di origine greca o latina;
- procedimenti derivativi;
- congiuntivo in frasi subordinate introdotte da congiunzioni che indicano contrasto, scopo, modo e un limite;
- subordinate causali esplicite e implicite;
- subordinate concessive esplicite;
- subordinate temporali esplicite e implicite;
- subordinate implicite con il gerundio semplice;
- anafora ellittica;
- connettivi testuali con funzione avversativa, esplicativa, enumerativa.

Le forme sopra elencate costituiscono dunque una parte dell'inventario dei contenuti grammaticali del sillabo, al quale si aggiunge l'inventario lessicale e altri inventari che elencano gli aspetti della competenza linguistico-comunicativa su cui focalizzare l'attenzione. Nella proposta avanzata da Lo Duca (2006) per l'insegnamento dell'italiano a studenti universitari, che prendono parte a progetti europei di mobilità studentesca, sono per esempio considerati tre inventari:
- "compiti comunicativi e funzioni linguistiche", inventario relativo alla competenza pragmatica, in cui è contenuto l'elenco degli atti comunicativi che, a diversi livelli di apprendimento, gli studenti devono essere in grado di sostenere per soddisfare i bisogni di interazione sociale;
- "compiti e testi", inventario relativo alla competenza sociolinguistica e testuale, in cui sono elencati i tipi di compiti che gli studenti devono saper svolgere e i generi testuali attraverso cui i diversi compiti si realizzano;
- "forme, strutture e significati", inventario che rinvia alla competenza strettamente linguistica e contiene la lista degli elementi fonologici, morfosintattici, lessicali e testuali da apprendere a differenti livelli di competenza.

Dall'analisi dei bisogni possono essere tratte indicazioni anche per la sequenziazione dei contenuti. Come già indicato nel capitolo 7, l'ordine di presentazione dei diversi elementi inclusi negli inventari può

---

16. L'elenco è tratto, con qualche modifica, dall'inventario relativo al livello B2 del sillabo di Lo Duca (2006).

essere correlato agli obiettivi, stabilendo così una gradazione sulla base della loro utilità nella comunicazione e nella frequenza d'uso. In altri termini, viene introdotto prima ciò che risulta maggiormente funzionale ai fini comunicativi nei tipi di situazione a cui gli studenti intendono prendere parte. Ne consegue che la trattazione degli argomenti affrontati non si esaurisce nella loro prima presentazione, ma viene ripresa più volte ritornando su differenti aspetti connessi alle diverse attività e ai diversi compiti, conferendo al sillabo un andamento a spirale.

Nell'insegnamento a livello scolastico, in cui, come abbiamo visto nel paragrafo 9.3.2, i bisogni da soddisfare con l'intervento didattico non sono strettamente correlati ad attività e compiti linguistici da svolgere in situazioni extrascolastiche, la selezione e la sequenziazione dei contenuti del sillabo sono maggiormente guidate dagli obiettivi comunicativi, cognitivi e culturali che contribuiscono al conseguimento dei fini dell'educazione linguistica. Potranno essere utilizzati per l'organizzazione del sillabo anche criteri più formali, tenendo comunque presenti la maturità cognitiva degli apprendenti e le esperienze di apprendimento relative alle altre lingue che rientrano nell'itinerario formativo dell'alunno, variabile che è necessario considerare nella progettazione didattica, come già sottolineato nel paragrafo 9.3.1.

Le modalità di costruzione del sillabo fin qui descritte sono proprie dei cosiddetti "sillabi proposizionali" (Breeen, 1987; Ciliberti, 1994; 2012; Skehan, 1998). Nell'ambito di questa categoria si collocano i sillabi formali, organizzati secondo criteri linguistici e volti soprattutto al raggiungimento dell'accuratezza nella produzione, e i sillabi funzionali, che selezionano e sequenziano i contenuti in relazione alle esigenze linguistiche degli apprendenti, come è stato sopra illustrato.

Oltre a questi tipi di sillabo che si raccordano con la progettazione per obiettivi e per sfondo integratore, se ne hanno altri, la cui elaborazione si realizza nella progettazione per compiti: i sillabi procedurali e i sillabi processuali. I primi, sebbene considerino centrali le attività svolte dallo studente attraverso l'esecuzione di un compito pedagogico, sono costruiti secondo categorie linguistiche e le decisioni inerenti i contenuti e l'organizzazione sono comunque prese dall'insegnante, come per i sillabi proposizionali (Skehan, 1998). I sillabi processuali si discostano invece da tutti gli altri, perché l'apprendente è coinvolto nel processo decisionale relativo al corso di lingua. In questa prospettiva, la costruzione del sillabo consiste nella definizione di una struttura che guidi lo studente a prendere decisioni sul proprio apprendimento, fa-

TABELLA 9.2
Esempio di struttura per la negoziazione del sillabo processuale

Fase	Descrizione
Obiettivi	Studenti e insegnante devono discutere e concordare i fini da conseguire con il corso di lingua
Ruoli	Studenti e insegnante chiariscono cosa ciascuno si aspetta dall'altro
Piano	In alcuni aspetti questa fase è simile a quella relativa alla costruzione di sillabi in corsi di lingua tradizionali, dato che riguarda la forma generale delle lezioni e la sequenza di eventi che si dipanerà
Attività	L'aspetto di un sillabo processuale che è più vicino alla metodologia è l'individuazione delle attività di cui studenti e docenti faranno uso. Le attività usate devono riflettere i desideri degli studenti. Le decisioni devono inoltre riflettere cosa gli studenti, magari dopo essere stati consigliati dall'insegnante, ritengono che possa contribuire al loro progresso
Valutazione	Se si ritiene che gli studenti possano avere potere, questo dovrebbe manifestarsi in modo cruciale nelle decisioni relative al quadro di riferimento da adottare per la valutazione, ambito in cui le loro opinioni devono contare

Fonte: Breen (1987, p. 161).

cendolo diventare più autonomo, come osserva Skehan: «Syllabus, in other words, is a "shell" or general structure that facilitates the decision-making process for learners, helping them to become more effective, autonomous decision maker» (ivi, p. 262).

Un esempio delle fasi che conducono alla definizione di un sillabo processuale, basato sulla negoziazione tra docente e studenti delle decisioni relative al corso di lingua, è riportato nella tabella 9.2.

L'elaborazione del sillabo processuale, richiedendo la partecipazione attiva dello studente che, oltre a voler intervenire nel processo decisionale, deve anche avere capacità di negoziare soluzioni, non può essere realizzata con tutti i profili di apprendenti.

9.3.4. LA VERIFICA DEGLI APPRENDIMENTI

Come abbiamo visto, parlando dei tre modelli di progettazione didattica presi in esame in questo capitolo e in particolare della progettazione per obiettivi, la definizione di un sistema di verifica dei risultati costituisce un aspetto integrante della pianificazione dell'azione didattica. Ogni progetto didattico per essere completo deve infatti prevedere la definizione degli strumenti di verifica che saranno adottati, i criteri di valutazione ai quali si farà riferimento e gli indicatori di monitoraggio che saranno considerati rilevanti, in modo che possa essere accertata l'efficacia dell'intervento didattico ideato e attuati eventuali cambiamenti di rotta. Questi possono consistere nella riprogettazione del percorso in cui sono rivisitati obiettivi, sillabo, materiali, sussidi e scelte metodologiche, nella revisione dei percorsi che conducono ai diversi nuclei progettuali o nella pianificazione di nuove sequenze di compiti.

9.4

Le forme di verifica previste variano in relazione al quadro teorico al quale ciascun modello fa riferimento. Nella progettazione per obiettivi i tipi di prove da impiegare sono cambiati con l'evolversi delle nozioni relative alla lingua, al suo uso e al suo apprendimento, passando dal test standardizzato di matrice strutturalista a quello comunicativo. Nella progettazione per sfondi integratori la forma di verifica adottata è quella del test diffuso, cioè dell'osservazione sistematica dei bambini durante lo svolgimento delle attività didattiche. In questo modello di progettazione il ricorso a un tipo di verifica informale è motivato dall'età degli apprendenti, che non rende proficua l'adozione di modalità di controllo esplicite e dichiarate. La progettazione per compiti ricorre a cicli di monitoraggio, attraverso cui viene effettuata la valutazione di quali forme linguistiche, tra quelle presentate, sono diventate *intake* e quali invece devono costituire ancora oggetto di apprendimento.

Accanto alla verifica eterodiretta dall'insegnante, assume un ruolo sempre più preminente l'autovalutazione da parte dell'allievo, che diventa consapevole del proprio percorso di apprendimento, delle strategie impiegate e degli aspetti della lingua che ancora non sono padroneggiati e necessitano ulteriore attenzione, sviluppando autonomia e capacità di intervenire nel processo decisionale relativo alla progettazione del corso.

9.4
La progettazione di percorsi di apprendimento online

Se la progettazione dell'intervento didattico in modo consapevole e secondo criteri metodologicamente fondati è auspicabile nella formazione in presenza, in quella a distanza costituisce un requisito imprescindibile.

L'insegnamento della lingua online avviene in larga parte con l'ausilio di strumenti di comunicazione asincrona e questo implica che il docente non gestisca il più delle volte in tempo reale l'interazione con i suoi studenti e non possa scegliere sul momento i materiali o le attività da proporre, oppure "raddrizzare il tiro" secondo il feedback fornito dagli studenti. Tutto ciò che avviene in un ambiente di apprendimento virtuale deve quindi essere previsto e predisposto prima dell'erogazione del corso. Ciò non significa che non possono essere apportate modifiche in corso di svolgimento, ma che le correzioni devono essere ridotte al minimo perché esigono l'impiego di risorse, elevando i costi di produzione, e richiedono tempo per essere realizzate, rischiando di interrompere lo svolgimento del corso.

A livello di macroprogettazione, la pianificazione di percorsi di apprendimento linguistico da realizzare online non si discosta per molti aspetti da quella dell'azione didattica da svolgere in presenza. Anche nell'elaborazione di un progetto per un corso da svolgere totalmente a distanza o in modalità *blended* (cfr. riquadro 5.5), occorre analizzare i bisogni del pubblico al quale intendiamo rivolgerci al fine di individuare gli obiettivi di apprendimento, i contenuti del sillabo e la loro sequenziazione. È necessario inoltre indicare i materiali, gli strumenti, le risorse da impiegare e attuare scelte metodologiche secondo un quadro teorico di riferimento. Si può preferire di operare impiegando il modello per obiettivi e concependo il percorso come un susseguirsi di unità, implementate attraverso più *Learning Object* (cfr. PAR. 10.1.5), alle quali si aggiungono attività che rinviano a una dimensione sociale e collaborativa dell'apprendimento. Oppure si può ricorrere alla metodologia *task-based*, prevedendo cicli di compiti pedagogici che devono essere eseguiti individualmente o in gruppo.

Le specificità della progettazione inerente l'attività formativa mediata dalle tecnologie telematiche riguardano i seguenti punti:
– la scelta dell'infrastruttura tecnologica;
– le caratteristiche dell'ambiente di apprendimento che si vuole allestire;
– l'individuazione delle figure che intervengono nei processi di progettazione, produzione ed erogazione del corso e i compiti loro assegnati;
– il ruolo della verifica.

Nella formazione a distanza, all'analisi delle risorse e dei tempi a disposizione della progettazione di interventi didattici in presenza si affianca la scelta dell'infrastruttura tecnologica da utilizzare per la realizzazione del corso la quale, oltre a essere legata a questioni di disponibilità economica, è correlata anche alle caratteristiche che l'ambiente di apprendimento deve possedere (Calvani, Rotta, 2000; Troncarelli, 2010; 2011b). Sia che si ricorra a piattaforme strutturate e appositamente allestite per il corso sia a piattaforme *open source*[17], occorre individuare gli strumenti necessari per i tipi di interazione e di attività che si prevedono di svolgere. L'ambiente di apprendimento può infatti essere pensato con gradi diversi di interattività e possono essere privilegiate forme diverse di comunicazione che richiedono la disponibilità di specifici strumenti (videoconferenza, audioconferenza, chat, forum, scrittura collaborativa ecc.): la comunicazione "uno a uno" tra docente e studente, quella "uno a molti" del docente che si rivolge al gruppo o alla classe virtuale o quella "molti a molti" degli studenti che collaborano allo svolgimento di attività.

Mentre nella formazione in presenza la progettazione è prevalentemente un'attività individuale, eccetto che per le fasi in cui nella scuola si opera a livello di organi collegiali, quella a distanza è un lavoro di équipe, che coinvolge più figure professionali, il cui intervento deve essere previsto poiché legato alle modalità di erogazione del corso. Oltre allo staff di *webmaster* che collabora nella scelta dell'infrastruttura e predispone informaticamente l'ambiente di apprendimento, partecipano alla definizione e alla realizzazione di un progetto per l'e-learning:
– il progettista didattico, a cui è affidato il compito di stesura del progetto;
– i realizzatori di materiali didattici, che lavorano alla produzione del materiale fruibile online o scaricabile, da implementare nell'ambiente di apprendimento;
– l'*information broker*, che ricerca risorse di rete da collegare tramite link ai materiali del corso;
– il docente esperto di insegnamento dell'italiano, che collabora alle diverse fasi di progettazione e gestisce l'erogazione del corso;

---

17. Le piattaforme *open source* sono software specifici per la creazione di ambienti di apprendimento online il cui codice sorgente rimane aperto ed eventuali sviluppatori posso intervenire per modificarlo. Le piattaforme *open source* sono quindi software gratuiti, sviluppati con la collaborazione degli utilizzatori in modo che il prodotto finale possa raggiungere una complessità maggiore di quello ottenuto da un singolo gruppo di programmazione.

9. PROGETTAZIONE E PROGRAMMAZIONE DIDATTICA

- il tutor, che affianca il docente nell'erogazione del corso e svolge il ruolo di moderatore, animatore dell'attività e fornisce *scaffolding*[18] per l'apprendimento;
- il *personal trainer* che gestisce, quando è previsto, le interazioni "uno a uno" con gli studenti e svolge il ruolo del *mentor*[19].

Alcune di queste figure possono essere ricoperte da una stessa persona. Per esempio il docente di lingua può svolgere anche il ruolo del tutor e del *personal trainer*.

Un ultimo aspetto che discosta la progettazione della formazione a distanza da quella in presenza è il ruolo della verifica. Sebbene il sistema di verifica previsto dal progetto consenta di raccogliere dati sia sull'esito dell'apprendimento sia sull'efficacia dell'insegnamento, il feedback fornito può solo essere utilizzato in modo ridotto per la revisione del percorso didattico, a causa delle motivazioni legate alla difficoltà di procedere a correzioni durante l'erogazione, già menzionate all'inizio del paragrafo. La ridefinizione degli obiettivi, la variazione dei materiali, il cambiamento di aspetti metodologici possono essere attuati in modo consistente solo per una successiva edizione del corso.

---

18. Lo *scaffolding* è l'insieme di strategie e di supporti forniti in un ambiente didattico per favorire il processo di apprendimento.

19. Il processo di *mentoring* si differenzia da quello di *tutoring*, in quanto quest'ultimo è orientato a stimolare l'apprendimento, a favorirlo attraverso l'interazione con il gruppo, a incoraggiare ed essere attivi, mentre il primo favorisce la natura personale dell'apprendimento, sostiene la fiducia in sé stessi, rinforza la motivazione fornendo contemporaneamente, in qualità di esperto, un modello di soluzioni ai problemi di apprendimento e alle attività che lo studente è chiamato a svolgere.

10
Modelli operativi

Come abbiamo visto nel precedente capitolo, progettare un intervento didattico concretamente realizzabile significa, per il docente, abbracciare tutta una serie di variabili da ricondurre a uno specifico obiettivo, per uno o più apprendenti realmente esistenti, in un reale contesto didattico e con determinati limiti (di tempo, di spazio, di attrezzature, di conoscenze e competenze, sia del docente sia dei suoi destinatari): dalla macroprogettazione passiamo ora alla microprogettazione, cioè la pianificazione (mediante diversi modelli operativi) dei segmenti in cui si articola il macropercorso ideato dal docente.

L'interazione docente-allievo/i con fini di insegnamento-apprendimento delle diverse discipline fa parte della storia stessa dell'umanità e ci rimanda a epoche storiche anche lontane, con modelli di intervento a lungo utilizzati in passato. Fra questi ci piace ricordare *in primis* il "dialogo socratico", in cui alla base di tutto è la conversazione fra maestro e discepolo, secondo una prospettiva "maieutica" (da μαῖα, "nutrice", "levatrice"). Il maestro, infatti, si affianca al discepolo come una levatrice, cercando non di fornire sapienza, ma di "estrarre" ciò che è già presente nella mente dell'altro, per far maturare la sua autonomia cognitiva e il suo spirito critico. Alla base di tutto ci sono le domande dell'allievo: il maestro è lì solo per guidare le riflessioni che partono dall'allievo stesso, in una scoperta guidata ma fondamentalmente personale.

Il dialogo socratico, nato nella Grecia antica[1] e sopravvissuto in parte nella *lectio* medievale (che prevedeva la discussione fra maestro e allievi con una prospettiva euristica e non retorica), ha lasciato ben poche tracce nei modelli di interazione didattica di epoca contemporanea: può riemergere, nei casi più fortunati, nei seminari delle scuole

---

1. Il dialogo cosiddetto "socratico" si richiama all'insegnamento che il filosofo greco Socrate impartiva nelle strade e nelle piazze di Atene nel V secolo a.C.

di dottorato, in cui, dato il livello di specializzazione degli allievi e le loro ricerche in settori preferibilmente originali, è possibile un dialogo da pari a pari con i tutor e con i docenti delle discipline di riferimento. Molto più praticati sono altri modelli[2], alcuni dei quali di lunga tradizione (come la "lezione"), altri elaborati in tempi recenti come applicazione di discipline quali la linguistica, la neurolinguistica, la pedagogia, la sociolinguistica, la pragmatica (come l'"unità didattica" e l'"unità di apprendimento"), altri ancora messi in opera per rispondere ai cambiamenti della stessa realtà di apprendimento, sempre più complessa ed eterogenea (si pensi al "modulo", realizzato in primo luogo nell'istruzione della scuola secondaria di primo e di secondo grado, ma adottato anche per l'apprendimento in rete).

In questo momento di grande espansione delle attività legate all'apprendimento guidato, individuale o autonomo monitorato, in contesti istituzionali o extrascolastici, in presenza e a distanza, si sente la necessità di rivedere le diverse esperienze, integrandole e rendendole flessibili per un'applicazione a più ampio raggio. Si sente insomma, anche a livello terminologico, la necessità di trovare un quadro di riferimento capace di includere i modelli precedentemente elaborati, in modo da rendere conto senza esclusioni della grande complessità che fa da sfondo a ogni atto didattico. Per questa ragione proponiamo di indicare tale nuovo modello come "unità di lavoro" (termine già suggerito in Vedovelli, 2002a, pp. 133-4), intendendo con questo sia un iperonimo in grado di comprendere ogni forma di apprendimento guidato (la conversazione maieutica, la lezione, l'unità didattica), sia un nuovo concetto che metta a fuoco la condivisione degli sforzi da parte di entrambe le componenti dell'intervento (il lavoro del docente e dei suoi allievi, appunto).

10.1
Dalla lezione all'unità didattica

In questo paragrafo ripercorreremo le principali tappe dei modelli operativi adottati fino a oggi nel campo dell'insegnamento della seconda

---

2. Sulla dimensione progettuale e strategica dell'insegnamento linguistico, cfr. in particolare Calvani (2000), in cui sono riportati l'elenco di possibili strategie di intervento e i formati didattici, cioè le «sequenze di interventi istruttivi che normalmente mette in atto l'educatore nell'interazione con l'allievo nell'intento di facilitare l'apprendimento» (ivi, p. 143).

lingua, con particolare attenzione per le teorie sviluppatesi negli ultimi decenni in area italiana.

10.1.1. L'INCONTRO/LEZIONE

Il termine "lezione" (in inglese *lesson*, in francese *leçon*, in spagnolo *lección*) deriva dal verbo latino *legĕre* ("leggere") e rimanda alla lettura *ex cathedra*: lettura di testi "canonici" per una certa tradizione o *lectio magistralis* in ambito accademico. Il docente onnisciente legge, interpreta e trasmette il suo sapere a un pubblico indifferenziato. I ruoli degli interlocutori (docente/allievi) sono fortemente asimmetrici e la metafora implicita è quella del "vaso pieno" (la mente del docente che sa) e dei "vasi vuoti" (le menti degli allievi, ancora da riempire con le conoscenze del docente). Un bravo insegnante sarà dunque una persona dotta e capace di esprimere con chiarezza i contenuti della propria disciplina. Compito degli allievi sarà quello di ascoltare con attenzione, comprendere e memorizzare le informazioni.

I manuali di lingua straniera più direttamente derivati dal concetto di lezione presentano di solito un percorso a tappe di tipo deduttivo, che parte dalla regola grammaticale, ne mostra degli esempi e procede con esercizi e letture, per poi concentrarsi sul lessico.

Il formato della lezione, che nel campo della didattica delle lingue trova perfetta corrispondenza nel metodo grammaticale-traduttivo, è entrato in crisi (almeno a livello teorico) nel momento in cui si sono affermate nuove teorie sulla lingua e sull'apprendimento: dalle teorie neobehavioriste che negli anni Sessanta del secolo scorso hanno prodotto modelli glottodidattici di tipo audio-orale meccanicistico (che lasciavano poco spazio al ruolo privilegiato e dominante del docente), per poi passare alle correnti di pensiero di stampo sociolinguistico e pragmatico che, dagli anni Settanta, caratterizzano gli approcci comunicativi per l'insegnamento delle lingue moderne.

In realtà la lezione, basata sulla tipica asimmetria dei ruoli e dell'interazione sopra descritta, è ancora fortemente radicata in innumerevoli contesti di apprendimento guidato, anche perché è particolarmente congeniale, nell'insegnamento in presenza, quando:

a) la classe è composta da un gruppo numeroso di persone con competenze omogenee e obiettivi comuni (è quanto avviene per esempio nelle situazioni di insegnamento della lingua straniera come materia curriculare fuori dal paese in cui è diffusa);

b) l'insegnamento delle altre discipline adotta questo modello, che viene quindi a corrispondere alle aspettative degli apprendenti (secondo un'idea dell'insegnamento come trasmissione di saperi piuttosto che come guida alla scoperta);
c) il docente non di madrelingua non dispone della fluenza orale necessaria a coinvolgere la classe in attività realizzate esclusivamente nella lingua di apprendimento (questa limitazione del docente viene accentuata quando tutti nella classe condividono la stessa madrelingua e la stessa cultura: l'uso comunicativo della lingua obiettivo risulta in questo caso particolarmente artificioso e difficile da estendere oltre le poche frasi o battute di dialoghi letti nei testi, ascoltati da registrazioni, prodotti in attività di *role play*);
d) il docente (di madrelingua e non) si pone l'obiettivo di fornire spiegazioni in maniera strutturata, sintetica e ragionata (sulla lingua, sulla cultura, sugli errori degli studenti).

La dimensione frontale dell'insegnamento, che accentua l'intrinseca asimmetria dei ruoli e delle competenze, viene però a caratterizzare anche contesti di apprendimento guidato a distanza, essendo l'unica possibile o quella più semplice da realizzare quando:
a) l'insegnamento viene impartito in differita e si basa su videoregistrazioni da trasmettere in tempi e con modalità diverse, come avviene nella didattica per televisione (cfr. Losi, 2007, pp. 57 ss.);
b) l'insegnamento avviene in videoconferenza, quindi a distanza ma in contemporanea e con una limitata possibilità di intervenire da parte dei destinatari, di solito numerosi e composti da gruppi diversi, a cui si rivolge lo stesso messaggio dallo schermo (si tratta di un formato utilizzato per la didattica disciplinare o per la verifica finale delle competenze, come avviene per esempio nelle lezioni o nelle discussioni di tesi di laurea via Skype);
c) l'interazione online viene gestita da un tutor che fornisce soprattutto feedback collettivi sotto forma di interventi scritti rivolti a tutto il gruppo degli studenti che appartengono alla classe virtuale[3].

Sebbene ancora in uso in vari contesti e per ragioni diverse, il formato della lezione (inteso come intervento frontale, direttivo, con una ridotta partecipazione degli studenti all'interazione, dato il prevalere del parlato monologico del docente) presenta vari limiti: specialmente nella didat-

---

3. Diverso è il caso dei forum e di altre attività che prevedono il ricorso all'apprendimento cooperativo.

tica delle lingue moderne secondo un approccio comunicativo non può fornire, se generalizzato e adottato come formato unico, quell'input interattivo e "modificato" (cfr. Bettoni, 2001, pp. 34-40) fondamentale per lo sviluppo armonico delle competenze ricettive, produttive, interattive e di mediazione, così come vengono descritte nel QCER.

Inoltre, già a partire dagli anni Settanta, sono fiorite nuove riflessioni sui modelli operativi di progettazione didattica per le lingue moderne (che riassumeremo nei prossimi paragrafi, dedicati all'"unità didattica", al "modulo", all'"unità di apprendimento", ai *Learning Object* e all'"unità di lavoro"). Fatto sta che, nella letteratura specialistica del settore (soprattutto in ambito italiano), è quasi scomparso ogni riferimento alla lezione come formato didattico attuale e applicabile con successo alle lingue moderne in classe.

In realtà, si tratta di una questione terminologica: se per **lezione** si intende non una modalità di organizzazione della didattica ma un'unità di tempo (come un incontro con la classe in presenza), è possibile recuperare in un'accezione meno limitativa questo termine, particolarmente funzionale per indicare le scelte operative del docente in relazione alla gestione della classe, ai testi da proporre e alle tecniche didattiche per utilizzarli. In questo senso si usa infatti nella letteratura anglosassone e nei recenti documenti europei di politica linguistica, di cui parleremo nel capitolo 12. Per questa accezione più ristretta, noi proponiamo di utilizzare la definizione "incontro/lezione" (I/L).

La **lezione** (o "incontro/lezione", per specificare meglio l'unità di tempo in cui si svolge) indica l'incontro interattivo fra docente e allievi in classe, nell'ambito di un progetto formativo.

10.1.2. L'UNITÀ DIDATTICA

L'idea di lezione intesa come il modello operativo per realizzare un insegnamento linguistico ispirato al metodo grammaticale-traduttivo entra in crisi, come abbiamo detto, con l'emergere di nuove correnti di pensiero relative a tutto ciò che riguarda la lingua e il suo apprendimento. Negli anni Settanta si impone dunque una revisione anche dei modelli di insegnamento, specialmente nel campo delle lingue moderne. In particolare, la teoria della *Gestalt*, che descrive la

FIGURA 10.1
Illusioni ottiche

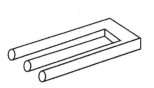 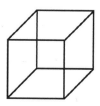 

a) Immagine impossibile di Escher   *b*) Cubo tridimensionale   *c*) Vaso di Rubin

percezione come globalità-analisi-sintesi, offre lo spunto per ripensare in questi termini anche l'atto didattico. Vediamo in breve di che cosa si tratta.

Alla fine dell'Ottocento il filosofo e psicologo tedesco Carl Stumpf (1848-1936) fonda a Berlino la prima scuola di psicologia sperimentale (nota come la Scuola di Berlino) ed elabora questa teoria a partire dal fenomeno della "percezione". Secondo Stumpf (seguito nel primo Novecento dagli psicologi Kurt Koffka, Max Wertheimer e Wolfgang Köhler), la mente umana interpreta la realtà sulla base di principi "olistici" (dal greco ὅλος, "l'intero", "il tutto"), determinati da leggi innate che permettono di percepire l'ambiente come un insieme. A differenza delle concezioni atomistiche o behavioriste, le teorie gestaltiche affermano l'esistenza di processi mentali innati che organizzano la percezione in unità coerenti che il soggetto individua in base alle loro caratteristiche comuni. Una "forma" (in tedesco *Gestalt*) viene dunque considerata un'organizzazione che non può essere ricondotta alla somma degli elementi che la costituiscono (cfr. PAR. 9.2.2). Una dimostrazione di come operi il nostro cervello, interpretando per esempio l'insieme a partire da singole linee e curve nella percezione visiva, ci viene dalle illusioni ottiche, come nell'immagine impossibile di Escher (FIG. 10.1*a*), nel cubo tridimensionale (FIG. 10.1*b*), o nel famoso "vaso di Rubin" (FIG. 10.1*c*), quest'ultimo proposto nel 1915 dallo psicologo danese Edgar Rubin, in cui si possono vedere alternativamente un vaso o due profili[4]. In tutti

---

4. Si veda anche la figura 9.2 riportata nel paragrafo 9.2.2 a proposito della progettazione per sfondi integratori.

questi casi l'interpretazione mentale non può basarsi solo sulle singole parti, ma deve considerare l'insieme, alternando così le diverse possibili interpretazioni visive.

Se la percezione umana segue dunque questo percorso, anche il contatto con i contenuti di una disciplina di studio (attraverso la mediazione del docente) potrò essere proposto in maniera più efficace utilizzando appunto un percorso che dalla globalità passi all'analisi e si concluda poi con la sintesi, ovvero con le fasi fondamentali del modello di "unità didattica" (UD) elaborato da Giovanni Freddi dagli anni Sessanta in avanti (Freddi, 1970; 1994; 1999), ripreso e approfondito da Marcel Danesi (1988; 1998) da un punto di vista neurolinguistico e da Paolo Balboni (1994; 2002; 2008).

Questa sequenza di fasi si articola in un periodo di 4-6 ore (che diventano 6-8 ore nel caso dell'UD per la scuola secondaria[5]) e comprende più I/L in classe, oltre allo studio individuale (i "compiti a casa"). Il tempo dedicato al raggiungimento degli scopi dell'UD (essenzialmente comunicativi e orientati allo sviluppo di una o più abilità comunicative) si dilata oltre l'incontro con il docente e va a coinvolgere anche le attività extrascolastiche, attraverso una serie di compiti da svolgere da soli, con i compagni, lavorando sui libri di testo o sulle attività assegnate in classe, ma altresì esplorando il contesto esterno in relazione agli argomenti trattati.

Nell'arco di queste 4-6/6-8 ore, il docente mette a fuoco uno o più obiettivi glottodidattici e insieme agli studenti punta al loro raggiungimento: al termine del percorso, se l'obiettivo è stato raggiunto, dovrebbe essere concretamente visibile una "trasformazione". Sia il docente che gli allievi dovrebbero quindi prendere consapevolezza del cambiamento avvenuto nel sistema di conoscenze e nelle performance degli studenti grazie all'intervento didattico.

L'UD si articolerà perciò nelle tre fasi fondamentali di un approccio

---

5. Questa valutazione temporale viene proposta, sulla base di sperimentazioni, da Freddi, che parla di « 4-6 ore di lezione circa a seconda degli obiettivi posti dall'unità stessa e dalla consistenza dei materiali da manipolare» (Freddi, 1994, p. 111). La durata aumenta invece a 6-8 ore nel caso di UD realizzate nella scuola secondaria (Freddi, 1999, p. 148). Secondo Balboni, questa scansione sarebbe «pari a due o tre settimane di lavoro nei sistemi scolastici in cui si hanno tre ore settimanali di insegnamento» (Balboni, 1994, p. 66). Altrove (Balboni, 2002, p. 103) si parla di una durata maggiore: 6-10 ore e anche di più, come nel caso di UD basate su testi letterari o tecnico-specialistici.

olistico e induttivo al testo e ai materiali didattici proposti dal docente alla classe:
- la globalità: incontro iniziale con il testo con un compito di comprensione generale dell'argomento, delle sue coordinate, anche grazie all'esplorazione del cotesto e del paratesto;
- l'*analisi*: con attività che portano all'esplorazione del testo nelle sue caratteristiche linguistiche, testuali, pragmatiche, culturali, eventualmente con attività di tipo euristico (per scoprire regolarità ed eccezioni, per verificare o confutare ipotesi sul funzionamento della lingua ecc.) e induttivo (dal caso particolare alla regola generale);
- la sintesi: con attività di reimpiego delle strutture e dei contenuti incontrati nel testo, allo scopo di fissare (per esempio con esercizi di manipolazione o ripetizione) o di riutilizzare creativamente i contenuti linguistici e culturali analizzati (per esempio con attività più orientate al messaggio che alla forma come giochi, discussioni ecc.).

Le tre fasi fondamentali individuate dal modello dell'UD sono precedute dalla fase iniziale della motivazione e seguite da quelle finali della riflessione e del controllo:
- nella motivazione si propongono attività di *brainstorming* per elicitare le conoscenze già possedute dagli allievi sul tema dell'UD, si forniscono le parole chiave, si prepara l'incontro con il testo fornendone le coordinate (emittente, destinatari, contesto);
- nella riflessione si sistematizzano i fenomeni (linguistici e culturali) incontrati nei testi e nelle attività in classe, in modo da passare in maniera induttiva dal caso particolare alla regola generale con le sue eccezioni;
- nel controllo il docente verifica se gli obiettivi glottodidattici prefissati sono stati raggiunti. In caso affermativo si passa alla UD successiva, altrimenti si propongono attività di rinforzo (su singoli punti o abilità, per singoli studenti) o di recupero generale: se tutta la classe non ha raggiunto gli obiettivi previsti, sarà utile riproporli con una nuova UD che li persegua con testi e modalità alternative.

Riepiloghiamo qui la sequenza di fasi dell'UD:

motivazione → globalità → analisi → sintesi → riflessione → controllo

L'italianista canadese Danesi giustifica questo percorso anche in base ai processi mentali legati alla comprensione e alla produzione del linguaggio (nel quadro dell'apprendimento guidato e formale della L2) e riprende i presupposti neurolinguistici di quella che viene da lui defini-

ta "UD bimodale". Secondo gli studi citati da Danesi (1998, pp. 152 ss.), gli esseri umani elaborano i messaggi utilizzando le diverse modalità che caratterizzano i due emisferi cerebrali:
- l'emisfero destro percepisce meglio il contesto del messaggio piuttosto che i singoli elementi al suo interno (con strategie cognitive "dipendenti dal campo", ovvero di tipo globale, olistico, spaziale, sintetico, simultaneo);
- l'emisfero sinistro percepisce meglio i singoli elementi (con strategie cognitive "indipendenti dal campo", ovvero di tipo analitico, verbale, logico, sequenziale).

Quando il soggetto entra in contatto con uno stimolo nuovo (visivo, melodico, verbale) attiva inizialmente le modalità dell'emisfero destro (M/DS), poi intervengono le modalità dell'emisfero sinistro (M/SN) nel momento dell'analisi degli elementi costitutivi dello stimolo; infine si attiva la fase "intermodale", in cui entrambi gli emisferi entrano in gioco per utilizzare in maniera autonoma le informazioni derivate dallo stimolo. Questa sequenza corrisponde al principio di "bidirezionalità emisferica" che, secondo Danesi, dovrebbe guidare anche le attività orientate all'apprendimento linguistico, essendo già innata nelle procedure mentali di elaborazione dei messaggi. Si giustifica così ulteriormente la sequenza di base dell'UD (globalità/analisi/sintesi):

M/DS	→	M/SN	→	M/DS-SN
globalità	→	analisi	→	sintesi

Anche secondo Balboni (1994, p. 52), l'UD «si basa su un armonico gioco di rimandi tra i due emisferi: dalla fase di motivazione che integra le emozioni e le curiosità del cervello destro con l'analisi dei bisogni di quello sinistro, si passa ad una fase di globalità (modalità destra) cui segue l'analisi della lingua (modalità sinistra) per approdare alla sintesi». La sequenza globalità-analisi-sintesi inoltre è «compatibile con quei processi induttivi che, di fronte a fenomeni nuovi, consentono all'uomo di scoprire le regole interne, per cui si ha un itinerario di apprendimento che, nel nostro caso, va dalla lingua alle regole» (Freddi, 1994, p. 113).

Questa impostazione è funzionale anche alle necessità dei docenti, poiché rispecchia l'esigenza di un ordine logico per le attività da realizzare in classe. Per questo l'UD si è rivelata subito un modello potente e di facile applicazione (come dimostra la sua immediata adozione nei

titoli dei capitoli dei manuali didattici pubblicati negli ultimi trent'anni in Italia). Tuttavia l'UD presenta anche dei limiti:
- sebbene si ispiri a principi legati ai processi mentali degli apprendenti, in realtà riflette soprattutto la prospettiva del docente, di cui mette in evidenza il potere progettuale e il ruolo cruciale nel gestire i flussi delle attività in classe;
- la realizzazione delle sue varie fasi si rivela spesso di rigida applicazione (quando finisce la fase di sintesi e inizia la riflessione? Come fare per rimandare a un momento dedicato la riflessione e la generalizzazione di un argomento incontrato nel testo, se sono gli studenti stessi a sollecitarle in un momento diverso?);
- non è applicabile facilmente nel caso di realtà di insegnamento caratterizzate dall'oscillazione delle presenze (per esempio nei corsi per lavoratori adulti e nei contesti di insegnamento del volontariato, in cui oltre alle presenze non regolari degli studenti sono anche i docenti che si alternano con lo stesso gruppo più o meno stabile).

Nonostante questi limiti, il modello dell'UD resta valido nella misura in cui:
- mette a fuoco la necessità di tenere conto dei processi mentali implicati nell'acquisizione/apprendimento della L2 e di orientare le attività proprio secondo la "bidirezionalità" del cervello umano (dalle forme di decodifica dei messaggi tipiche dell'emisfero destro a quelle tipiche dell'emisfero sinistro, cioè dal globale all'analitico);
- rende conto del fatto che l'acquisizione della L2 non avviene solo nell'incontro con il docente, ma ha bisogno anche di attività di lavoro autonomo o di attività da svolgere in contesto extrascolastico; tali attività vanno a influire sul lavoro in classe ed entrano a pieno diritto nell'arco di tempo necessario per raggiungere dei risultati, in termini di conoscenze e abilità linguistico-comunicative;
- contiene in sé l'idea cardine del "carico di lavoro documentabile", un'idea elaborata ancora prima che emergesse e venisse formalizzata nei "crediti formativi universitari" previsti dalla metà degli anni Novanta in seno al "processo di Bologna" per armonizzare il sistema educativo europeo e la trasparenza e la spendibilità dei saperi.

10.1.3. L'UNITÀ DIDATTICA CENTRATA SUL TESTO

Nel suo saggio sull'italiano L2 nella prospettiva del QCER, pubblicato nel 2002 immediatamente dopo l'uscita a stampa di questo documento in inglese e in traduzione italiana, Vedovelli parla anche di modelli operativi, in particolare rivede l'UD dando soprattutto rilievo alla funzione e alla centralità del testo (Vedovelli, 2002a, pp. 133-41). In questa prospettiva, si afferma il concetto di **unità didattica centrata sul testo** (UDT): orale o scritto, presentato dall'insegnante o affrontato creativamente e autonomamente dall'allievo, il testo rappresenta il nodo centrale dell'UDT finalizzata allo sviluppo di competenze linguistiche in L2.

> L'**unità didattica** «è l'unità di organizzazione del lavoro formativo. È articolata in momenti funzionali che ruotano intorno al testo, inteso come unità fondamentale della comunicazione, anche didattica. Lo schema dell'unità didattica serve come struttura categoriale per interpretare e orientare i flussi di interazione sociale e comunicativa entro il gruppo classe» (ivi, p. 141).

Il testo (o meglio l'"input testuale", se visto dalla prospettiva dello studente) offre modelli di lingua, esempi di usi comunicativi, di variabili sociolinguistiche e pragmatiche, di generi e tipologie testuali; trasmette informazioni e stimoli per la discussione; fornisce occasioni di analisi, esercitazione e riflessione di tipo metalinguistico e metaculturale; in ultima istanza, rappresenta l'ambito privilegiato su cui si innestano ulteriori forme di interazione orale e scritta, di produzione, ricezione e mediazione (così come suggerito appunto nel QCER).

Ma l'UDT non si risolve nell'incontro con il testo: secondo Vedovelli (ivi, p. 134), questo modello operativo di intervento didattico costituisce una «sequenza organicamente coesa di operazioni e funzioni, strutturata in flussi di interazioni sociali e comunicative fra studenti e docente». Questa interazione didattica è infatti lo sfondo su cui si inseriscono tutte le dinamiche più produttive che si possono attribuire all'apprendimento guidato. Ogni messaggio che si produce in classe (le domande e le spiegazioni del docente, i dialoghi fra gli allievi nelle attività a coppie, il filmato trasmesso da DVD, le parole scritte alla lavagna per focalizzare un'area semantica o un concetto ecc.) entra a far parte di una rete di interazioni orali e scritte che rappresentano per gli allievi terreno di coltura per lo sviluppo della propria interlingua, mentre per il docente costituiscono un continuo motivo di revisione del proprio agire didattico.

Se tutto ruota intorno al testo, è evidente che la fase iniziale del micropercorso definito UDT faccia riferimento alla necessità di fornire le coordinate indispensabili per l'interpretazione del testo stesso (si parlerà quindi di una fase iniziale di "contestualizzazione"), così come al testo rimanda la fase finale, che vede nella capacità di riutilizzazione dei "materiali linguistici e culturali" ("output comunicativo") l'esito auspicato delle attività svolte sul testo e attraverso il testo.

Dalla contestualizzazione dell'input alla realizzazione dell'output comunicativo[6]: l'UDT ha questi due punti fermi ma lascia ampia libertà per la realizzazione di quella rete logica di interazioni comunicative e sociali che, nel contesto formativo, danno vita alle buone pratiche didattiche (dall'analisi del testo alla verifica della comprensione, alla riflessione).

Si tratta di una prospettiva testuale e interattiva, che riflette la centralità del testo nel QCER, dà risalto all'input e all'interazione didattica, di cui gestisce l'imprevedibilità e l'indeterminatezza, considerando la classe un "microcosmo di socialità" in cui il lavoro formativo è articolato programmaticamente in momenti funzionali che ruotano intorno al testo.

10.1.4. L'UNITÀ DI APPRENDIMENTO

Nel 2002 Balboni ha rivisto la sua idea di UD (dal verbo greco διδάσκω, "insegno") in una nuova prospettiva (Balboni, 2002, p. 103), che comprende al suo interno una rete di più "**unità di apprendimento**" (UDA, o "unità matetiche", dal verbo greco μανθάνω, "apprendo").

> «L'apprendimento avviene attraverso delle "molecole", delle unità minime che chiameremo "**unità di apprendimento**" (pari spesso ad una seduta di studio, a un lavoro su un testo ecc.; da non confondere con le "unità didattiche" in cui sono articolati molti manuali e che sono composte spesso da varie unità di apprendimento); sono dei blocchi unitari di lavoro su un testo che viene percepito dapprima globalmente, affidando il lavoro all'emisfero destro, poi analiticamente nell'emisfero sinistro, per approdare alla sintesi e alla riflessione conclusiva che coinvolge l'intero cervello» (Balboni, 2008, pp. 16-7).

---

6. Per "contestualizzazione" si intende «l'insieme delle operazioni che suscitano attese e motivazioni negli apprendenti, creano lo scenario per la fruizione dei testi, indirizzano l'attenzione nel momento della fruizione del testo» (Vedovelli, 2002b, p. 137). Per "output comunicativo" si intende «l'uscita al di fuori del contesto comunicativo di tipo didattico, cioè la spinta a rimettere in azione fuori dal contesto didattico gli usi esperiti dall'apprendente nella comunicazione didattica» (ivi, p. 141).

In tal modo il punto di vista del docente cede spazio ai processi mentali degli allievi, che non si verificano in maniera sequenziale ma secondo percorsi "a rete". L'unità minima qui individuata non è tanto quella "didattica", quantificata nelle 4-5/6-8 ore dell'UD (ovvero la durata di tempo indispensabile perché il docente possa raggiungere certi obiettivi di insegnamento), quanto piuttosto quella "di apprendimento", che può durare da pochi minuti a un'ora (ivi, p. 103). Secondo Mezzadri (2003, p. 22), «il segmento unitario che dà luogo a un'unità di apprendimento è rappresentato dal lavoro svolto durante tutta la sessione di lavoro di 45, 50, 60 minuti».

Guardando i fenomeni dell'apprendimento della seconda lingua con la prospettiva dell'apprendente, dunque, sono rilevanti la dimensione neurolinguistica (i processi mentali legati all'età, la bimodalità e direzionalità emisferica, i fenomeni della memoria) e quella psicolinguistica (l'ansia e il filtro affettivo, gli stili di apprendimento, gli effetti dell'attenzione e della motivazione).

Gli studenti affrontano i nuovi testi e i nuovi compiti proposti dal docente nell'UD (nella fase di globalità) con la propria personalità, il proprio stile di apprendimento, le proprie esperienze, e con le competenze e conoscenze in L2 (ma anche in L1 e nelle altre lingue note, che fanno da sfondo ai nuovi processi che entreranno in gioco). Attraverso le attività in classe, nelle fasi di analisi-sintesi-riflessione (e parimenti al di fuori della classe, per esempio nei *Project Work* o nell'autoapprendimento) si attivano quelle UDA che costituiscono i fenomeni mentali del processo che ogni studente realizza a modo proprio, riorganizzando i saperi precedenti in base alle nuove conoscenze e competenze acquisite (anche temporaneamente). I fenomeni dell'interlingua mostrano appunto questi processi attraverso gli errori da interferenza, ipercorrettismo, ipergeneralizzazione ecc. Le attività di analisi-sintesi-riflessione (sulle abilità linguistiche, sui modelli linguistici e culturali) guideranno queste UDA (attivate o in attivazione) verso la trasformazione dell'input (a cui sono stati esposti gli studenti) in *intake* e quindi in nuova competenza.

Dal punto di vista del docente, invece, considerare le UDA vuole dire accettare il fatto che queste non sempre si attivano secondo la sequenza prevista dal docente o dal libro di testo: il docente può solo sollecitarle, collegandole tra loro o integrandole con altri elementi presenti nel contesto o creati *ad hoc* (cfr. Balboni, 2002, p. 105).

È evidente il cambiamento di prospettiva: la relativa rigidità e sequenzialità del modello dell'UD può essere superata se il docente tiene

TABELLA 10.1
Riepilogo delle fasi dell'unità didattica (UD), dell'UD come rete di unità di apprendimento (UDA) e dell'unità didattica centrata sul testo (UDT)

UD	UD come rete di UDA	UDT
Motivazione	*Introduzione*	*Contestualizzazione*
Globalità		Lavoro sull'input testuale: verifica della comprensione/attività di comunicazione/riflessione sulle attività di comunicazione/ attività di rinforzo
Analisi	Rete di UDA	
Sintesi		
Riflessione		
Controllo (rinforzo o recupero)	*Conclusione*	*Output comunicativo*

Fonte: per UD Freddi (1970; 1994; 1999), Danesi (1988; 1998) e Balboni (1994); per UD come rete di UDA Balboni (2002; 2008); per UDT Vedovelli (2002a).

conto dei processi che possono realizzarsi nella mente dei propri studenti sotto forma di UDA. Il modello fondamentalmente deterministico dell'UD (secondo il quale una corretta sequenza di attività progettate rispettando le varie fasi e la loro scansione dovrebbe produrre risultati positivi di apprendimento/acquisizione) viene sostituito dal modello non deterministico dell'UDA, in cui una serie di variabili è legata al docente (il suo input orale, la sua personalità, i contenuti che decide di proporre, le tecniche didattiche che decide di usare, il modo in cui gestisce la classe ecc.), ma in cui sono fondamentali anche i fattori individuali degli apprendenti. Si tratta di un modello che, pur nella sua indeterminatezza, può rivelarsi più flessibile, più adatto a spiegare la complessità dei processi che entrano in gioco nella classe in presenza come pure nella classe virtuale in rete, nelle attività guidate dal docente come in quelle fra pari (i lavori di gruppo o a coppie), nello studio individuale o nello studio autonomo monitorato, come anche nei contatti informali con la lingua e la cultura di apprendimento (si pensi poi all'autoapprendimento online, all'apprendimento per progetti, alla metodologia CLIL[7] ecc.).

7. Sulle metodologie CLIL, cioè dell'"apprendimento integrato di lingua e contenuti", tipico dell'educazione bilingue o dell'inserimento scolastico dei bambini immigrati, cfr. CAPP. 1, 2 e 4.

10. MODELLI OPERATIVI

L'insegnante non può riportare tutti i fenomeni dell'acquisizione della L2 dei propri studenti al proprio intervento in classe, alle proprie scelte e alle proprie competenze: molto altro accade nella loro mente, specialmente se non è solo la classe (in presenza o a distanza) il luogo fisico o virtuale in cui si realizzano le opportunità di acquisizione/apprendimento. Di questa parziale specularità cerca di rendere conto il binomio UD-UDA.

Riportiamo in sintesi nella tabella 10.1 le fasi delineate nei tre modelli sopra descritti (l'UD classica, l'UD come rete di UDA, l'UDT).

10.1.5. I *LEARNING OBJECT*

La diffusione dell'apprendimento autonomo (anche della L2) su supporto tecnologico (dovuta alle possibilità offerte dalle tecnologie dell'informazione e della comunicazione, TIC – *Information and Communication Technology*, ICT) ha messo recentemente in discussione i modelli più diffusi per l'apprendimento spontaneo e per l'apprendimento guidato (in presenza o a distanza), permettendo di esplorare le possibilità offerte dall'era digitale anche in termini di progettazione didattica, con risultati e tendenze che possono essere al tempo stesso entusiasmanti o inquietanti. Uno dei filoni di ricerca che collega i principi del costruttivismo pedagogico con le potenzialità della tecnologia riguarda il concetto di *Reusable Learning Object* (Wiley, 2000; Fratter, 2004, pp. 91-2): in questa nostra disamina dei modelli operativi per l'apprendimento della L2 ci sembra utile richiamarne a grandi linee le caratteristiche, trattandosi di un argomento che ha aperto ampi spazi di discussione.

L'idea e la definizione di ***Learning Object*** (LO) nasce nel campo della programmazione per il settore informatico, basata su componenti (*object*) indipendenti l'uno dall'altro, che possono essere riassemblati in modo diverso e riutilizzati in contesti nuovi, secondo nuove esigenze di apprendimento: in informatica un LO è un vero e proprio "oggetto riutilizzabile per l'apprendimento".

> La definizione ***Learning Object*** indica una risorsa online per l'apprendimento, purché autonoma, riutilizzabile, facilmente rintracciabile e condivisibile, composta da un certo numero di pagine web che combinano testi, immagini e altri media audiovisivi, utilizzabile in pochi minuti dall'utente/apprendente secondo gli scopi di apprendimento previsti (Wiley, 2000).

Dall'informatica, questo concetto si estende presto anche ad altri settori del sapere e dell'apprendimento con supporto tecnologico. Secondo il comitato internazionale che si occupa di standardizzazione delle tecnologie per l'apprendimento (Learning Technology Standard Committee), si definisce LO ogni «entità digitale o non digitale che può essere utilizzata, riutilizzata o indicata come riferimento durante l'apprendimento supportato dalle nuove tecnologie». Wiley (2000) restringe il campo, definendo LO ogni "risorsa digitale per l'apprendimento", composta da un certo numero di pagine web che combinano testi, immagini e altri media audiovisivi al fine di erogare contenuti formativi.

Si tratta di una risorsa didattica:
- modulare, cioè autonoma e indipendente;
- digitale, cioè erogabile anche a distanza;
- condivisibile, cioè utilizzabile su più piattaforme e in diversi formati (principio di "interoperabilità");
- facilmente reperibile o rintracciabile in rete;
- riutilizzabile, cioè con la possibilità, una volta archiviato l'oggetto di apprendimento, di riusarlo all'infinito, con grande risparmio di tempo e di denaro.

In altre parole, totalmente indipendenti l'uno dall'altro, i LO possono essere utilizzati in contesti diversi per scopi differenti, possono essere raggruppati in insiemi di contenuti più ampi fino ad arrivare a costituire le varie tappe di un percorso. Un LO deve: poter essere realizzato indipendentemente da altri LO; essere modellato sulle esigenze di chi lo utilizza; fornire solo ciò che serve; garantire un feedback in base alle risposte dell'utente; poter essere selezionato e impiegato da chiunque in contesti e momenti diversi; essere accessibile anche simultaneamente da più utenti via Internet; contenere informazioni descrittive tali da renderlo facilmente rintracciabile tramite motori di ricerca.

Dal punto di vista dei tempi di utilizzazione, un LO dovrebbe essere progettato per impegnare il soggetto per un'attività anche piuttosto breve (per esempio la lettura di un brano, che si può realizzare in pochi minuti, o lo svolgimento di un compito su cui concentrarsi al massimo per un quarto d'ora). Il grande vantaggio è che più LO, collegati fra loro secondo sequenze diverse, permettono di costruire percorsi di apprendimento personalizzati e di rispondere ai bisogni di ogni utente senza costi aggiuntivi.

Nel caso dell'apprendimento della L2, l'idea di poter scomporre le abilità linguistico-comunicative in elementi discreti, ciascuno perseguibile come obiettivo matetico mediante un LO, si presta a facili critiche: una rete infinita di LO non permetterà mai di ricostruire le competenze linguistico-comunicative in una L2, così come può avvenire invece nella costruzione di saperi disciplinari o di particolari competenze operative[8]. Tuttavia, disporre di una serie di LO può rappresentare un utile sussidio all'apprendimento spontaneo o guidato della L2[9]: può trattarsi di una serie di icone su cui cliccare per ottenere il nome o la descrizione dell'immagine (focalizzando la comprensione e l'apprendimento del lessico), di un filmato con trascrizione del dialogo e domande di comprensione (per esercitare la comprensione orale e l'abbinamento fra pronuncia e grafia), di un testo con attività specifiche per un determinato obiettivo di apprendimento. Un LO può quindi essere inteso anche come uno strumento adatto a trasformarsi in una UDA basata sulle risorse offerte dalla rete informatica.

10.2
Il modulo

Dalla fine del XX secolo in ambito scolastico emerge un nuovo principio teorico-operativo: quello del "modulo" (M; dal latino *modulus*, diminutivo di *modus*, "misura"), che in Italia assume un'accezione particolare anche a causa della riforma dei programmi delle scuole primarie, principale ambito di sperimentazione della "didattica modulare"[10].

---

8. Si pensi ai percorsi in autoapprendimento per la preparazione all'uso del computer e agli esami di certificazione di competenza informatica (ECDL – *European Computer Driving Licence*).
9. È possibile recuperare dei LO in rete attraverso i cosiddetti *repositories*. Uno di questi è MERLOT (*Multimedia Educational Resource for Learning and Online Teaching*; http://www.merlot.org), che fornisce LO anche per l'apprendimento dell'italiano L2 nella sezione *World Languages* (http://worldlanguages.merlot.org/). Qui si possono trovare «tutorials, simulations, animations, web quests, drills, realia and reference tools» e si possono fare proposte di LO, cioè «any digital entity designed to meet a specific learning outcome that can be reused to support learning» (MERLOT contiene attualmente 12.000 LO suddivisi in 15 discipline).
10. Il dibattito internazionale in ambito pedagogico sulla didattica modulare ha avuto inizio alla fine degli anni Ottanta. Cfr. in particolare Domenici (1998); Moon (1998); Quartapelle (1999); Margiotta (2003).

> «Il modulo è una parte significativa, altamente omogenea ed unitaria, di un più esteso percorso formativo, disciplinare o pluri, multi, interdisciplinare programmato, una parte del tutto, ma in grado di assolvere ben specifiche funzioni e di far perseguire ben precisi obiettivi cognitivi verificabili, documentabili e capitalizzabili [che garantiscano] la promozione di conoscenze e competenze talmente significative da modificare la mappa cognitiva e la rete dei saperi precedentemente posseduti» (Domenici, 1998, p. 117).

Per modulo si intende un percorso tematicamente organico che – per esempio in ambito storico, filosofico, artistico o letterario – può riguardare un periodo o una corrente di pensiero accomunati da determinati eventi o caratteristiche ("La storia medievale", "Il pensiero di Platone", "I pittori impressionisti", "Il Romanticismo" ecc.). Può anche riferirsi a un argomento visto in maniera interdisciplinare ("La donna nel mondo greco", "L'emigrazione italiana nel secondo dopoguerra", "Lingua e potere" ecc.). Ancora più facile individuare dei moduli tematici in ambito scientifico-professionale ("Il sistema nervoso umano", "La potatura degli olivi", "Tecniche di pasticceria", "Il ritratto a olio" ecc.).

Secondo Balboni (2002, pp. 106-9), che descrive il modulo nell'ambito dei modelli operativi comuni a tutte le situazioni glottodidattiche, «più arduo è definire il modulo in discipline non segmentabili, basate sulla progressione per cui nuovi elementi si accomodano accanto ai precedenti modificando continuamente la competenza, tornando a spirale più volte su quanto acquisito, in un percorso di continuo approfondimento, come nel caso della matematica, della fisica o delle lingue» (ivi, p. 106). Nonostante questo, l'esigenza di individuare percorsi relativamente brevi, compatti, raccordabili ad altri si applica anche all'insegnamento-apprendimento della lingua straniera, come vediamo per esempio nella realizzazione di moduli tematici focalizzati su aree semantiche ("L'italiano del diritto", "L'inglese per il turismo" ecc.), sugli interessi degli apprendenti ("Il cibo", "Il tempo libero", "Le tradizioni popolari" ecc.) o sui loro bisogni di apprendimento ("Italiano per badanti", "Inglese per operatori bancari" ecc.). La didattica per moduli (intesi come sezioni o sottoinsiemi di un corpus più ampio di contenuti tematici o lessicali) permette inoltre di richiamare nuovi e vecchi pubblici di apprendenti ed è ormai una componente essenziale dell'educazione permanente (*Lifelong Learning*).

Rispetto alla lezione e all'unità didattica, il modulo si distingue per alcune sue specificità:
- autonomia: si tratta infatti di una sezione autosufficiente di un insieme di contenuti (raccordabile con altri moduli, ma valutabile autonomamente);
- flessibilità: un modulo può essere composto da più UD (per esempio di linguaggi settoriali);
- raccordabilità: la successione fra moduli può essere obbligata o opzionale per consentire di organizzare percorsi reticolari alternativi;
- complessità: un modulo deve basarsi su ambiti comunicativi complessi. Così, un tema come "Il tempo libero" è adatto a un'organizzazione modulare, che si realizza in più UD, fra cui, per esempio alcune situazionali ("In discoteca", "Al ristorante", "All'agenzia di viaggi"), altre funzionali-nozionali ("Chiedere informazioni stradali", "Descrivere luoghi"), altre focalizzate su generi testuali ("La canzone", "La guida turistica", "Il colloquio telefonico formale"), altre ancora basate su compiti ("Progettare un viaggio", "Elaborare un percorso turistico per altri", "Realizzare un'audioguida per un museo").
- valutabilità: un modulo deve essere valutabile nel suo complesso o nelle sue parti, in modo da poter essere anche accreditato (secondo il principio della trasparenza dei saperi e delle competenze, nato dall'esigenza di rendere spendibili i titoli e i risultati raggiunti e certificati, anche fuori del contesto in cui sono stati ottenuti, per esempio nel caso della mobilità studentesca accademica in Europa).

10.3
L'unità di lavoro

Quali sono le novità nella progettazione di modelli teorico-operativi per la didattica della L2 rispetto ai tre riepilogati sopra? Indicazioni specifiche e concretamente applicabili non emergono da nessuno dei recenti documenti di politica linguistica europea destinati ai docenti di lingua, agli autori di materiali didattici e ai formatori di docenti, come il QCER (Consiglio d'Europa, 2002), il *Profilo* (Spinelli, Parizzi, 2010) o il PEFIL (Diadori, 2010), che forniscono piuttosto un "quadro" di riferimento, con alcuni punti fermi: lo sviluppo di abilità comunicative socialmente spendibili, descrivibili e certificabili; l'integrazione di obiettivi a breve e lungo termine; l'importanza dell'autovalutazione (dei docenti, degli studenti); l'integrazione fra sapere, saper fare, saper essere e saper apprendere (per la formazione didattica del docente e per quella linguistica degli studenti); l'impiego delle TIC.

A parte tutte le speculazioni teoriche sui concetti fondamentali di insegnamento-apprendimento linguistico, i docenti hanno comunque bisogno di tradurli in pratica per realizzare quello che nella letteratura anglosassone viene definito un *language learning unit plan*, suddividendo il sillabo in una serie di *lesson plans* capaci di realizzare il curricolo nel suo complesso, secondo le diverse variabili in gioco e il contesto in cui si colloca l'intera operazione formativa.

Jörg Roche, esperto di didattica del tedesco come L2, parla di una suddivisione della lezione di lingua (*Sprachunterricht*) o unità didattica (*Unterrichtseinheit*) in cinque momenti sequenziali (Roche, 2008, pp. 211 ss.):

1. "attivazione-organizzazione preventiva-introduzione" (*Aktivierung-Vorentlastung-Einführung*): si attivano le preconoscenze, si organizzano preventivamente i compiti e le attività successive, con interventi in sessione plenaria, a coppie o di gruppo: il docente fa da presentatore o da moderatore dell'interazione;
2. "differenziazione dei temi" (*thematische Differenzierung*): si affronta un tema, mediante testi orali o scritti o attraverso la conversazione mirata. Il docente guida gli studenti verso la scoperta individuale, lancia delle idee di ricerca, formula quesiti e invita a recuperare le informazioni nel testo. In questa fase euristica la lezione viene portata avanti in maniera attiva soprattutto dagli studenti;
3. "differenziazione delle strutture" (*strukturelle Differenzierung*): i risultati ottenuti dall'analisi del testo vengono recuperati e approfonditi in maniera sistematica. Il docente porta altri esempi, guida all'approfondimento degli aspetti grammaticali, lessicali o culturali emersi, propone attività che mettono in azione diverse strategie di apprendimento e di lavoro;
4. "ampliamento/espansione" (*Erweiterung/Expansion*): gli argomenti trattati vengono ripresi a partire da un testo più difficile o con compiti più complessi, per esempio nel lavoro per progetti. Gli elementi precedentemente elaborati devono essere sperimentati, rafforzati e ampliati, le attività linguistico-comunicative devono essere messe alla prova nell'interazione fra pari, mentre il docente fa un passo indietro e assume il ruolo di moderatore e consulente;
5. "integrazione/riflessione" (*Integration/Reflexion*): l'apprendente

integra gli elementi nuovi nella propria individuale rete di saperi, imparando a trasferirli in contesti nuovi. Il docente offre stimoli e occasioni di appropriazione individuale delle conoscenze, in qualità di tutor e interlocutore: se la lezione ha suscitato interesse, dovrebbero essere gli studenti stessi a sollecitarlo con le loro richieste.

Il quadro offerto da questo modello operativo, ispirato alla filosofia del QCER e a una didattica delle lingue orientata all'azione e all'autonomia degli apprendenti, dà lo spunto per una riflessione più ampia.

In primo luogo ci sembra il momento di fare il punto sulle nuove realtà di apprendimento guidato, visto che ormai il contesto classe è solo uno degli scenari possibili (si pensi alle comunità virtuali dell'e-learning).

In secondo luogo è importante trovare un modello operativo più potente e capace di spiegare i fenomeni e le modalità dell'apprendimento autonomo, informale, fra pari, in combinazione con quello guidato dal docente (apprendimento formale e informale).

Infine è necessario individuare un termine che permetta di indicare in maniera chiara il fatto che non è possibile scindere (almeno nell'apprendimento guidato) i fenomeni dell'insegnamento-apprendimento linguistico, a meno che non sia rilevante assumere il punto di vista del docente (dimensione didattica) o quello dell'apprendente (dimensione matetica).

Tutto quanto detto sopra ci porta a preferire l'idea di **unità di lavoro** (UDL; Diadori, 2006), che permette di indicare una pluralità di casi concreti (dalla lezione all'unità didattica, al modulo) e corrisponde meglio al concetto di una progettazione logica e finalizzata, compito imprescindibile dei professionisti della formazione[11].

10.1

> L'**unità di lavoro** è un micropercorso di apprendimento guidato, unitario, in sé concluso, valutabile e accreditabile. Può realizzarsi in un I/L, in una UD (organizzata in più I/L) o in un M (organizzato in più UD) e si sviluppa in tre fasi sequenziali: 1. introduzione; 2. svolgimento; 3. conclusione. La fase dello svolgimento prevede l'attivazione di in una rete di unità di apprendimento (o *Learning Object* nell'apprendimento online) che scardina il concetto di sequenzialità e favorisce il collegamento fra attività in classe e fuori.

---

11. Nella letteratura anglosassone si usa, in questo senso, la definizione *unit plan*, ovvero "piano unitario" (di lavoro).

L'espressione "unità di lavoro" non è nuova: Vedovelli (2002a, p. 133) la cita come sinonimo di UD, termine che «appare oggi un po' usurato e fortemente candidato alla sostituzione». In informatica si usa come calco dall'inglese *unit of work* per indicare una sequenza recuperabile di operazioni all'interno di un processo applicativo. Sia questa accezione, che rimanda a un rigore progettuale da sperimentare anche per percorsi complessi come quelli dell'insegnamento-apprendimento linguistico, sia l'idea di un "lavoro condiviso", che mette in evidenza come un'operazione di questo tipo non possa essere portata avanti se non da entrambi i principali soggetti interessati (l'apprendente e il docente), sia il fatto che il principio stesso del "lavoro" è sinonimo non solo di fatica e sforzo (dal latino *labor*, "fatica"), ma anche di soddisfazione nel raggiungimento degli obiettivi determinati dalla motivazione, tutti questi e altri motivi ci sembrano a favore dell'adozione di questa nuova definizione che ingloba e parzialmente rinnova quelle precedentemente descritte.

a) UDL come iperonimo. In primo luogo possiamo utilizzare UDL come iperonimo di "unità didattica", "unità didattica bimodale", "unità di apprendimento", "unità didattica centrata sul testo": ciascuna di queste definizioni mette a fuoco un aspetto del modello operativo ispirato alla teoria della *Gestalt*, che non viene messo in dubbio o sovvertito nei suoi principi fondanti. Il motivo per passare da una definizione di UD come rete di unità di apprendimento, centrata sul testo e sull'interazione a una di UDL come "micropercorso di apprendimento guidato" va ricercato direttamente nelle nuove realtà di apprendimento-insegnamento della L2 (si pensi alle UDL delle metodologie FICCS, alla figura del tutor o del tirocinante che fa da mediatore fra docente e studenti, alla didattica o all'autoapprendimento in rete, ai progetti di apprendimento fra pari in presenza e online). La complessificazione dei percorsi impone dunque una maggiore generalizzazione terminologica.

b) UDL come lavoro condiviso. Implicita nel concetto di UDL è l'idea di negoziazione degli obiettivi e dei modi per raggiungerli: docente e studenti insieme li definiscono preliminarmente e insieme lavorano per raggiungerli. In questo modo si sottolinea l'importanza dell'equilibrio fra il lavoro del docente e quello dell'apprendente, nel rispetto degli specifici ruoli e del comune coinvolgimento nel processo di insegnamento-apprendimento linguistico.

c) UDL come percorso unitario e in sé concluso. Si tratta di un dispositivo funzionale alla realizzazione di un'esperienza formativa auto-

consistente, significativa e documentabile, capace di consentire il riconoscimento, la certificazione e la capitalizzazione delle competenze acquisite.
d) UDL come realizzazione progettuale. Un'idea di UDL più generale dovrebbe servire a rendere conto del modo in cui i principi teorici sull'insegnamento-apprendimento della L2 si traducono in termini di progettazione e realizzazione delle attività. Il docente, in quanto professionista dell'educazione, dovrà selezionare fra le varie opzioni e scegliere quelle più adeguate al contesto, decidendo il modo in cui suddividere l'UDL o aggregarla ad altre. La dimensione progettuale è dunque fondamentale nell'UDL, visto che sono spesso le scelte operative che, al di là delle intenzioni teoriche, decretano il successo delle "buone pratiche". Di questa dimensione progettuale fanno parte, fra l'altro, le scelte relative a:
– formati didattici e gestione della classe;
– sfruttamento dei testi, con tecniche diverse secondo il metodo e l'approccio, finalizzate allo sviluppo di diverse abilità;
– organizzazione delle attività e dell'interazione;
– costruzione dei materiali didattici (cartacei e multimediali);
– progettazione e/o sfruttamento dei *Learning Object* per l'autoapprendimento;
– controllo delle attività per il raggiungimento degli obiettivi;
– input, feedback e gestione dei processi psicocognitivi.
e) UDL come valorizzazione dell'apprendimento guidato. L'UDL ha lo scopo di tradurre in pratica la differenza tra apprendimento spontaneo e guidato nell'accelerare i processi di apprendimento della L2 (Bettoni, 2001). Il docente, il tutor e gli studenti stessi sanno che un percorso di studio guidato, per giustificare il dispendio di energie che comporta per tutti i soggetti coinvolti, deve "fare la differenza" attraverso:
– l'incontro con il testo ottimizzato grazie a specifici strumenti linguistici e cognitivi per analizzarlo;
– un percorso induttivo guidato dal docente (dal funzionale al formale, dall'uso della lingua alla riflessione metalinguistica, dalla scoperta di regolarità ed eccezioni alla loro sistematizzazione ecc.) che sfrutti sia il contesto classe sia altri contesti di apprendimento informale;
– una progettazione gestita responsabilmente dal docente e orientata ai bisogni dei destinatari in termini di approccio glottodidattico, uso ragionato di testi, tecniche, compiti, modalità di verifica, formati didattici e gestione della classe;

- l'attenzione rivolta all'apprendente e alle sue caratteristiche individuali;
- una progettazione dell'UDL come tappa del macropercorso di apprendimento (curricolo), finalizzata al raggiungimento di competenze valutabili, accreditabili e spendibili sul lavoro o in altri contesti formativi.

10.3.1. UDL IN PIÙ FORMATI

Per rispondere alla varietà di tempi, contesti e modalità di fruizione in cui può realizzarsi il micropercorso di apprendimento-insegnamento che corrisponde al concetto di UDL (intesa come una tappa del macropercorso definito "curricolo"), è possibile prevedere la sua realizzazione almeno in tre formati basati sull'interazione (in presenza o a distanza) fra docente e allievi:

- il formato dell'incontro/lezione (I/L), cioè il singolo incontro fra docente e studenti;
- il formato dell'unità didattica (UD): 2-3 I/L raccordati da un progetto unico e da una serie logicamente organizzata di attività;
- il formato del modulo (M), autonomamente organizzato in più UD accomunate da un tema o da un obiettivo di apprendimento, secondo un progetto coerente e in sé concluso.

Il formato in cui si realizza l'UDL minima (intesa come incontro interattivo fra docente e allievi) è quello dell'I/L, come parte di un percorso di apprendimento strutturato in I/L (ciascuno a sé stante)[12] o in UD (ciascuna composta da più I/L raccordati fra loro). Può trattarsi della lezione di 1-3 ore consecutive in presenza, dell'incontro più breve con il tutor online nel forum di discussione, della videolezione registrata o della lezione in videoconferenza, con forme di apprendimento guidato, fra pari, collaborativo o spontaneo, in classe o fuori classe, in presenza o a distanza. Per dare senso a questa UDL minima, il docente/progettista dovrà porsi degli obiettivi limitati ma raggiungibili, capaci di attivare almeno alcune UDA (cfr. Balboni, 2002), con attività basate sul testo e sull'interazione (cfr. Vedovelli, 2002a). Dovrà inoltre

---

12. La necessità di progettare I/L a sé stanti si verifica, per esempio, nella didattica dell'italiano L2 a bambini (specialmente nelle scuole dell'infanzia) o a lavoratori immigrati stranieri (specialmente nel settore del volontariato, in cui i gruppi classe sono ogni volta diversi per la forte oscillazione delle presenze).

tenere presenti anche le diverse variabili che influiscono sui processi di apprendimento: la scena culturale, il luogo (fisico o virtuale); i partecipanti (con le loro caratteristiche, i loro bisogni e motivazioni); gli scopi (quelli generali o quelli specifici di apprendimento); i testi e i generi comunicativi proponibili; le "mosse comunicative" utilizzabili (cfr. CAP. 11); l'atteggiamento psicologico e le norme di interazione (i copioni interazionali in classe; la *nétiquette*, o "étiquette in rete", nell'interazione online). Dovrà poi realizzare preliminarmente un dettagliato "piano di lezione", così come raccomandato espressamente nei più recenti documenti di politica linguistica europea, quale il PEFIL (cfr. gli esempi nel CAP. 12).

Più I/L possono aggregarsi in una UD: si tratta in questo caso di una corrispondenza fra UD e UDL in termini di tempi e modalità di svolgimento, come parte di un percorso di apprendimento strutturato in UD o in M (realizzabili sia in classe che fuori, sotto la guida del docente, in collaborazione con i compagni o in autonomia). Più UD possono aggregarsi in un M: in questo caso l'unità progettuale si riferisce al modulo, che verrà a rappresentare l'UDL massima. Anche in questo caso l'unità è garantita dalla coerenza tematica e di realizzazione, nonché da una fase di controllo formale alla fine del modulo, con una conseguente attribuzione di crediti formativi, in caso di successo.

10.3.2. UDL IN TRE FASI

Indispensabile per garantire l'"unità logica" dell'UDL e la sua possibilità di valutazione e accreditamento è l'organizzazione in tre momenti sequenziali (o "fasi"):
– fase di introduzione: motivazione, attivazione, organizzazione preventiva (da realizzare all'inizio dell'I/L, dell'UD, del M);
– fase di svolgimento: incontro con i testi, differenziazione dei temi e delle strutture, attività di ampliamento, espansione, integrazione, riflessione (da realizzare durante l'I/L, l'UD, il M, in classe e/o fuori dalla classe, in presenza e/o a distanza), attivazione di una rete di unità di apprendimento (in classe e fuori), uso di LO specifici dell'apprendimento online;
– fase di conclusione: con attività basate sull'output comunicativo degli studenti in relazione ai contenuti e alle attività svolte, sotto forma di controllo informale o formale.
Questa sequenzialità temporale è legata alla scansione stessa di un

percorso di apprendimento determinato da un inizio e una fine, da un prima, un durante e un dopo: l'inizio e la fine della lezione in presenza, l'inizio e la fine dell'UD organizzata in due o tre I/L, l'inizio e la fine di un modulo tematico fatto di varie UD.

L'inizio di ognuno di questi percorsi ("introduzione") si realizzerà con tecniche per accentuare o creare motivazione, per elicitare le conoscenze pregresse, per preparare lo svolgimento delle attività successive basate sul testo.

La fine di ognuno di questi percorsi ("conclusione") sarà invece associata alle attività focalizzate sull'output comunicativo degli studenti (in relazione all'input fornito, agli obiettivi previsti e alle attività realizzate). Si tratterà di un controllo informale, anche sotto forma di attività per l'autovalutazione (da realizzare alla fine dell'I/L o dell'UD in presenza), o di un controllo formale (da realizzare alla fine del M), finalizzato alla verifica e alla valutazione dell'output in relazione all'accreditamento dei risultati raggiunti, alla prosecuzione del percorso o all'individuazione di attività di rinforzo (su singole abilità carenti) o di recupero generalizzato.

Questo *fil rouge* organizzativo, che caratterizza l'apprendimento guidato e le competenze progettuali del docente, del tutor, del manager didattico, non esclude però la dimensione non sequenziale dell'apprendimento, che si realizza in quelle "molecole" o "unità minime di apprendimento" attivate nei processi mentali degli studenti durante una seduta di studio, un'attività in gruppo, un lavoro su un testo (Balboni, 2008, pp. 16-7) o su un LO. Prendere atto di questa intrinseca "reticolarità" e variabilità dell'acquisizione della L2 porta a riconsiderare la fase intermedia dell'UDL ("svolgimento") con un'attenzione maggiore alla dimensione matetica rispetto a quella didattica. In altre parole, se l'inizio e la fine del percorso vedono in primo piano il docente (che dapprima crea le condizioni ottimali per dare inizio alle attività, poi ne controlla gli esiti e fornisce, se è il caso, la validazione dei risultati), il resto dell'UDL è in mano agli apprendenti, che seguono percorsi mentali ed esperienziali diversi, nonostante facciano tutti riferimento allo stesso docente, alla sua guida, ai testi e alle attività che propone.

Il docente sviluppa la sua "agenda nascosta", cioè il percorso che ha scelto di svolgere, tenendo conto di quello che accade (o dovrebbe accadere) nella mente del suo "apprendente modello", ma la realtà è molto diversa e non tutto può essere direttamente ricondotto al rapporto biunivoco "stimolo dato-risposta/e prevista/e". L'incontro con i testi (attraverso attività di contestualizzazione, decodifica globale, analisi e sintesi), i compiti didattici e pedagogici proposti dal docente (per la differenziazione dei temi e delle strutture, per l'ampliamento, l'espansione, l'integrazione e la riflessione) non possono non rimandare a modalità di acquisizione e apprendimento individuali, tanto più produttive quanto più rispondenti alle capacità, alle conoscenze, alle competenze, agli interessi, ai bisogni e alle motivazioni degli apprendenti.

Una revisione radicale del modello sequenziale di svolgimento del percorso di insegnamento-apprendimento, qualunque sia la sua durata, purché incorniciato dalle fasi introduttiva e conclusiva, è sollecitata anche dall'applicazione di nuove modalità di apprendimento guidato in presenza e online che scardinano la dimensione lineare a favore di una modalità didattica reticolare/ipertestuale, più conforme a quanto avviene naturalmente nei processi mentali che determinano l'apprendimento. Ci basti ricordare la didattica delle lingue straniere "per progetti" (*Project Work*)[13], l'insegnamento linguistico basato su "compiti comunicativi" (*Task-Based Language Teaching*)[14], l'apprendimento "collaborativo" (*Collaborative Learning*)[15], il lavoro anche online in "comunità che costruiscono conoscenza" (*Knowledge Building Communities*)[16] e, più in generale, l'apprendimento "orientato all'azione" (*Action Oriented Learning*) che rappresenta la via preferita dal QCER nell'ambito dell'approccio comunicativo.

Nonostante i limiti intrinseci a cui abbiamo accennato sopra, un LO può dunque essere considerato l'UDL minima per l'apprendimento con supporto tecnologico (anche della L2), costruita in formato digitale per uno specifico obiettivo matetico. Il formato digitale e l'assenza di interlocutori diretti consentono che il LO possa essere usato, riusato e consultato dall'apprendente nell'ambito delle diverse fasi di un percorso formativo orientato allo sviluppo dell'autonomia nell'apprendi-

---

13. Cfr. le teorie sul *Project Work* di Kilpatrik (1918), Prabhu (1987), Cangià (1998), descritte in Ridarelli (1998).

14. Cfr. Nunan (1989). Sull'insegnamento linguistico basato su compiti e progetti, cfr. anche Ciliberti (1994, pp. 151-7).

15. Cfr. Nunan (1992a).

16. Per una didattica orientata alla costruzione collaborativa di conoscenze (come avviene per esempio nella scrittura condivisa in rete), cfr. Scardamalia, Bereiter (1994); Cacciamani, Giannandrea (2004) e, in particolare sulla dimensione dell'e-learning, Bonaiuti (2006).

mento e determinato dai propri bisogni, stili e tempi di studio. I tempi consigliati per l'utilizzo (dai 2 ai 15 minuti) e il fatto di poter costituire una tappa di un percorso individuale di apprendimento (realizzato in autonomia, ma anche nella classe o in altri contesti extrascolastici)[17] ci portano a considerare il LO speculare rispetto alla UDA individuata da Balboni, rendendolo a pieno titolo parte di quella rete di attività individuali che rappresentano l'impalcatura a cui si aggancia (e da cui viene sostenuto) l'insegnamento-apprendimento interattivo e guidato.

17. Un LO può essere infatti utilizzato come dimostrazione per lo svolgimento di un'attività (in classe), come attività da svolgere a casa, come lavoro aggiuntivo, come attività per il laboratorio multimediale, come parte di un corso completo online.

11
Comunicazione didattica e gestione della classe

La classe di L2 si caratterizza, rispetto a quella di altre discipline, per la rilevanza dell'interazione sia fra docente e allievi sia fra gli allievi stessi o fra gli allievi e il tirocinante o il mediatore interculturale (due figure che, con ruoli e potere interazionale diverso, sempre più spesso sono oggi presenti nella scuola in contesti multiculturali). L'apprendimento guidato di una lingua non materna, infatti, non può ridursi alla sola trasmissione del sapere metalinguistico (che di solito avviene attraverso le spiegazioni del docente, in L2 o nella L1 degli studenti) o all'analisi consapevole del funzionamento della lingua e della cultura obiettivo: gli studenti, infatti, si aspettano di sviluppare anche quelle competenze linguistico-comunicative in lingua straniera che si riconducono alle fondamentali abilità individuate dal QCER (orali e scritte, di produzione, ricezione, interazione e mediazione, riferite al "sapere", al "saper fare", al "saper apprendere", al "saper essere"). Di tutto questo tiene conto il docente nella fase di macroprogettazione didattica e nella scelta dei modelli operativi, ma la realizzazione concreta degli obiettivi può fare emergere altre problematiche che cercheremo di illustrare in questo capitolo. Ci riferiamo in particolare alle reti di interazioni orali su cui si basa la comunicazione didattica nella classe in presenza[1]. Molto interessanti su questo argomento ci sembrano le riflessioni sul parlato istituzionale asimmetrico di Franca Orletti (1981; 1998; 2000), le osservazioni sulla comunicazione didattica nella sua dimensione semiotica fra lingua e cultura di Vedovelli (2002a, pp. 115 ss.)

---

1. Le osservazioni sulla comunicazione nella classe in presenza possono essere in parte riferibili anche al contesto della classe virtuale di L2 in e-learning, soprattutto per quanto riguarda i ruoli reciproci asimmetrici fra docente e allievi e le conseguenze che questi comportano. Per un'analisi più specifica della gestione delle comunità di apprendenti in rete, cfr. Bonaiuti (2006).

e le considerazioni sul parlato nella classe di lingua straniera, secondo una concezione del linguaggio come "azione sociale", di Piera Margutti (2004, pp. 79 ss.). A questi e ad altri studi (cfr. *infra*, nota 6) faremo riferimento per mettere in luce lo stretto legame fra la progettazione e la sua realizzazione nel contesto didattico.

II.1
La densità comunicativa nella classe

Le interazioni che avvengono nel contesto della **classe** non vanno intese come scambi comunicativi artificiosi e innaturali, ma rappresentano esse stesse un microcosmo di socialità con funzioni e regole di comportamento precise (come vedremo meglio nel PAR. 11.3).

> Con **classe** si può intendere il luogo fisico in cui avviene l'apprendimento guidato (aula, laboratorio) o il "gruppo classe", cioè il gruppo dei soggetti coinvolti nel processo di insegnamento-apprendimento (docente, studenti, tirocinanti, mediatori interculturali). Nel capitolo parleremo di "classe" in questa seconda accezione, intendendo con tale termine «un contesto di scambi sociali che i soggetti sviluppano in rapporto a un generale intento di apprendimento. Tale intento esiste come carattere intrinseco di una istituzione sociale, cioè il sistema formativo, che dalle società umane è stato creato come struttura finalizzata a gestire la trasmissione della conoscenza e delle competenze entro il sistema sociale» (Vedovelli, 2002a, pp. 116-7).

Una prima questione riguarda l'organizzazione dei flussi di parlato, che può rivelarsi più o meno favorevole all'intensificazione degli scambi comunicativi: si può infatti considerare l'interazione in classe come un insieme di "relazioni potenziali" (Cerri, 2007, pp. 117 ss.) che, secondo il formato di lezione prescelto, possono determinare una diversa "densità comunicativa" fra gli interlocutori (Castellani, 2000; Vedovelli, 2002a, pp. 119-20).

A livello qualitativo si possono alternare nella classe momenti in interazione asimmetrica (per esempio quando il docente spiega o interroga gli studenti, mostrando la propria superiorità legata al ruolo istituzionale che riveste o alla sua competenza nella lingua in cui avvie-

TABELLA 11.1
Strategie e modelli didattici

Lezione, presentazione (modello a stella)	Seminario (modello a isolotti)
Lezione euristica (dialogo socratico)	Apprendimento cooperativo di gruppo
Tutoriale	Scoperta di gruppo
Discussione (modello a reticolo)	Espressione libera individuale

Fonte: adattata da Calvani (2000, pp. 156-7).

ne l'interazione) e momenti di interazione fra pari o con tipi di asimmetria diversi (per esempio quando iznteragiscono fra loro studenti con ruoli diversi per età, competenze in L2, provenienza linguistica e culturale, interessi ecc.).

A livello quantitativo, invece, si possono verificare tempi diversi di gestione dei turni di parola: il docente può monopolizzare il tempo disponibile (fino al 70%, secondo le stime di Stubbs, 1990) oppure diventare un attento «gestore dei flussi della comunicazione, orientandoli verso l'intensificazione dei rapporti sociali finalizzati allo sviluppo della competenza in L2, riequilibrandoli in maniera tale che essi coinvolgano in maniera adeguata tutti i soggetti sociali, cioè tutti gli apprendenti» (Vedovelli, 2002a, p. 119).

Secondo Castellani (2000, cit. in Vedovelli, 2002a, pp. 120 ss.), il docente può organizzare la lezione in base a tre modelli, ciascuno con conseguenze diverse sulla densità comunicativa della classe:
- "a stella": lezione frontale, monologo del docente e intervento degli studenti con presa di parola non libera;
- "a reticolo": interazione collettiva con presa di parola libera da parte del docente e degli studenti (questi ultimi disposti spazialmente in circolo e con il docente che diventa il moderatore dei flussi, degli argomenti e dei turni di parola);
- "a isolotti": lavori di gruppo, con interazione fra pari e intervento del docente come risorsa solo su richiesta degli studenti.

La densità comunicativa dipende dunque anche dal formato didattico scelto dal docente in base ai compiti comunicativi e alle tecniche didattiche che intende proporre agli studenti. Nella sintesi che riportiamo nella tabella 11.1 vengono evidenziati i flussi comunicativi tipici di altri formati didattici, dal più strutturato e direttivo (lezione/presentazione) al più autonomo (espressione libera individuale), passando attraverso altre modalità organizzative (lezione euristica, tutoriale, discussione, seminario, apprendimento cooperativo di gruppo, scoperta di gruppo) in cui lo studente organizza il proprio apprendimento servendosi dell'interazione con l'insegnante in classe (o in e-learning), con il tutor, confrontandosi con i problemi e con le risorse disponibili.

11.2
L'interazione nella classe di L2 secondo i diversi approcci glottodidattici

Il formato didattico scelto dal docente comporta, come abbiamo visto, delle conseguenze sul piano delle relazioni potenziali fra i soggetti del gruppo classe e quindi sulla densità comunicativa, il cui ruolo è cruciale nell'acquisizione della L2. Ma il tipo di interazione in classe di L2 cambia anche in base all'approccio metodologico adottato dal docente[2].

Nel metodo grammaticale-traduttivo, per esempio, l'oralità è legata soprattutto alla lettura del testo scritto e alla traduzione dalla L1 alla L2, rimandando l'uso della L2 in classe al momento del completo possesso delle strutture della lingua da parte degli studenti. Al contrario, nel metodo diretto l'esposizione alla lingua orale è preponderante e caratterizzata da un input non modificato: il docente (preferibilmente di madrelingua) si rivolge agli studenti sempre in L2 e può servirsi solo di tecniche ostensive (e mai della L1) per facilitare la comprensione.

Il metodo audio-orale prevede un'iperesposizione degli studenti alla L2 orale (mediante l'input del docente ma anche mediante l'ascolto "martellante" di frasi audioregistrate da ripetere più volte fino alla memorizzazione). L'input orale quindi è fortemente modificato, ma manca l'interazione in L2.

Il parlato del docente ha ruoli diversi e talvolta opposti nei vari approcci definiti "umanistico-affettivi". Nel *Silent Way* il docente tende

2. Per una panoramica sugli approcci glottodidattici cfr. Serra Borneto (1998a); Balboni (2002); Diadori (2015a).

a restare in silenzio o a limitare al massimo il proprio input sonoro, in modo da favorire la produzione dello studente, che viene spinto a "rischiare" e fare ipotesi sul funzionamento della lingua. La Suggestopedia, al contrario, punta molto sul potere evocativo e suggestivo della voce del docente, fortemente modificata soprattutto a livello prosodico (per favorire il rilassamento e la memorizzazione in fase di ascolto). Il metodo *Total Physical Response* utilizza l'input sonoro del docente come *fil rouge* per l'apprendimento: gli ordini verbali in L2 (dai più semplici ai più complessi) si traducono infatti in azioni fisiche degli studenti; codici verbali e non verbali si legano così indissolubilmente in questa prassi definita anche "plurisensoriale". Nel *Community Language Learning* il docente assume le vesti del consulente che tiene conto in prima istanza dei bisogni dell'apprendente e ricorre, quindi, secondo la necessità, alla L1 o alla L2, anche in alternanza (*code switching*).

Il *Natural Approach* è forse l'approccio glottodidattico che più esplicitamente fa riferimento alla necessità di modificare l'input in L2 a cui è esposto l'apprendente, pena la sua totale inefficacia. La teoria dell'"input comprensibile" di Krashen mette in relazione l'evoluzione dell'interlingua dell'apprendente con il tipo di input a cui è esposto: sarà possibile un progresso nell'interlingua solo se questo input conterrà tutte le componenti comunicative (verbali e non verbali) che l'apprendente sa già decodificare, "+ 1" (cfr. PAR. 5.3). È chiaro che, pur nella sua vaghezza, questa ipotesi mette in primo piano l'importanza dell'input modificato dal docente in relazione alle competenze raggiunte fino a quel momento dagli apprendenti.

Nei metodi che si ispirano all'approccio comunicativo (situazionale, nozionale-funzionale, orientato all'azione, *Project Work*, *Strategic Interaction*, CLIL ecc.), il parlato del docente assume invece le diverse sfaccettature che corrispondono ai differenti ruoli che questi può rivestire nel contatto con gli studenti. Se la L1 può entrare in gioco quando si tratta di economizzare gli sforzi con una classe monolingue e dovendo affrontare una spiegazione metalinguistica, specialmente in un'ottica contrastiva, andrà invece evitata quando si tratta di stimolare l'uso della L2 nel *role play* o in un'attività di progettazione (come previsto per esempio nel *Project Work*). Le istruzioni per la realizzazione di un compito, le parafrasi di un brano letto o ascoltato, le correzioni e le spiegazioni degli errori rappresentano altrettanti casi in cui l'input del docente dovrà essere adeguatamente modificato e possibilmente negoziato grazie all'interazione con gli studenti. Si potrà inoltre distinguere, in una lezione ispirata all'approccio comunicativo, fra "interazione sociale" (che ha il fine di stabilire una relazione fra gli interlocutori) e "interazione pedagogica" (in cui predomina l'obiettivo didattico).

Qualunque sia il metodo o l'approccio didattico adottato, è innegabile l'importanza dell'interazione fra le componenti del processo didattico. A questo proposito Balboni (2002, pp. 78-88) esamina le variabili in gioco, sia nell'interazione in classe che nell'interazione a distanza, utilizzando il modello di analisi del discorso di Dell Hymes (1974), noto come SPEAKING Model. L'acronimo SPEAKING individua appunto tali variabili:
- S (*Setting and Scene*): la scena culturale in cui agisce il docente (aspettative del docente e degli studenti, atteggiamento più o meno direttivo, più o meno passivo dell'uno e degli altri, a seconda della cultura di appartenenza), ma anche il luogo fisico in cui avviene l'interazione (posizione dei banchi nell'aula, formato dell'interazione in presenza e a distanza);
- P (*Participants*): i partecipanti e i loro ruoli (docente, tirocinante, studenti in classe; docente, tutor, altri partecipanti esterni nell'e-learning);
- E (*Ends*): gli scopi e gli esiti dell'apprendimento, che il docente dovrebbe condividere e negoziare preliminarmente con gli allievi, specialmente se si tratta di adulti, in modo da renderli partecipi delle scelte didattiche;
- A (*Act Sequence*): gli atti comunicativi e il modo in cui danno forma all'interazione, tenendo conto soprattutto degli effetti che hanno sui destinatari;
- K (*Key*): la "chiave psicologica" del discorso (il tono e il modo discorsivo che caratterizza il docente: serio, ironico, distaccato), che può accentuare o neutralizzare in parte l'asimmetria dei ruoli; una novità nell'interazione didattica in rete riguarda l'adeguamento a uno stile discorsivo più rilassato, tipico di forum, chat, e-mail;
- I (*Instrumentalities*): gli strumenti didattici per la classe (libri, fotocopie, lavagna, lucidi per lavagna luminosa, presentazioni in Power Point, videoregistrazioni ecc.), che determinano anche i tipi di testo e i modelli linguistico-comunicativi che affiancano l'input del docente;
- N (*Norms*): le norme di interazione sociale che fanno da sfondo alle azioni e alle reazioni comunicative dei partecipanti: si tratta di

norme solo parzialmente condivise, nel caso che i partecipanti non appartengano tutti alla stessa comunità linguistico-culturale, come è spesso il caso nella classe plurilingue (in presenza o a distanza);
- G (*Genre*): il genere comunicativo che emerge nell'interazione in classe (il monologo del docente nella spiegazione frontale, le sue domande, le sue sollecitazioni a parlare, le sue correzioni, le domande degli studenti, l'interazione fra pari nei lavori a coppie o in gruppo ecc.).

11.3
Gli studi sull'interazione in classe

Soffermiamoci ora a riflettere sull'interazione che avviene in classe fra docente e studenti, cioè sul formato della lezione in presenza, intesa come scambio comunicativo orale in contesto pubblico e istituzionale.

I primi studi sull'interazione in classe risalgono alla seconda metà degli anni Quaranta del secolo scorso negli Stati Uniti (cfr. Anderson, Brewer, Reed, 1946): inizialmente l'interesse per l'analisi del comportamento di insegnanti e studenti durante le lezione aveva lo scopo prescrittivo di individuare i metodi e le tecniche di insegnamento più produttivi. La ricerca in questo settore si sviluppa poi soprattutto negli anni Settanta privilegiando un approccio oggettivo e quantitativo di analisi, basato su una serie di comportamenti predefiniti del docente, da rilevare e registrare mediante schede di osservazione direttamente riempite dal valutatore presente in classe. Questi metodi mettevano a fuoco innanzitutto il docente, prevedevano un osservatore nel contesto stesso dell'interazione e si servivano di griglie di valutazione per registrare la frequenza di singole azioni[3]: l'agire del docente veniva infatti suddiviso in una serie di "mosse" facilmente isolabili e quantificabili, cioè azioni e reazioni legate a specifiche intenzioni comunicative. Mediante le cate-

---

3. Un esempio è rappresentato dalla griglia di osservazione FLInt, *Foreign Language Interaction*, di Moskowitz (1976), basata sul sistema FIAC, *Flander's Interaction Analysis Categories*, ideato da Flanders (1970). Il sistema di osservazione FLInt era costituito da una scheda che definiva i diversi comportamenti comunicativi dell'insegnante e degli apprendenti e da una griglia che permetteva al rilevatore di annotare la frequenza totale dei singoli eventi in ogni lezione.

gorie individuate dagli studi ispirati all'"analisi del discorso" di Sinclair, Coulthard e Brazil (Sinclair, Coulthard, 1975; Sinclair, 1982; Sinclair, Brazil, 1982) si intendeva così "misurare" lo stile discorsivo del docente o l'orientamento della comunicazione didattica (centrata sul docente o sull'apprendente)[4].

L'analisi del parlato in classe fondata sulle teorie dell'"analisi del discorso" si rivela però poco adatta e troppo riduttiva rispetto alla pluralità di variabili in gioco. Dopo questa prima fase si affermano dunque negli anni Ottanta delle ricerche meno aprioristiche e più descrittive, che esaminano i diversi contesti di apprendimento attraverso accurate trascrizioni del parlato (analizzate a posteriori): si apre la strada per la prospettiva dell'"analisi della conversazione" di tipo etnometodologico, che parte dal presupposto che ogni interazione sia co-costruita dai partecipanti in base a norme interazionali implicite o esplicite, parzialmente o totalmente condivise (Cazden, 1988; Young, 1992). L'approccio qualitativo, utilizzato in questo caso per l'analisi, permette di evitare l'applicazione rigida di modelli prestabiliti e privilegia piuttosto la capacità dell'osservatore di mettere in relazione i diversi fattori che intervengono nel contesto, per esempio in quello didattico (studiando l'interazione fra docente e allievi e quella degli allievi fra loro). Si privilegia dunque l'osservazione dei dati spontanei raccolti *in loco* (preferibilmente videoregistrando l'interazione e analizzandola con attenzione a posteriori), in modo da poter interpretare le diverse variabili dell'evento, considerato come unico e irripetibile.

Secondo David Nunan (1992b, pp. 159 ss.), esistono forti divergenze fra l'"analisi del discorso" (*Discourse Analysis*), nata in seno alla linguistica, e l'analisi della conversazione (*Conversation Analysis*), che si richiama agli studi sociologici dell'etnometodologia; un metodo di ricerca intermedio che può conciliare i due punti di vista, prendendo in esame sia le routine retoriche che quelle sociali, sia gli aspetti linguistici che quelli non verbali, è quello che va sotto il nome di "analisi dell'interazione" (*Interaction Analysis*)[5].

---

4. Queste le intenzioni della griglia di osservazione COLT, *Communication Orientation of Language Teaching*, di Allen, Frölich, Spada (1984), che aveva lo scopo di individuare le caratteristiche dei programmi didattici centrati sullo studente e di quelli centrati sul docente nell'insegnamento delle lingue straniere in Canada.

5. Secondo Nunan (1992b, p. 161), «interaction analysts are concerned with both the linguistic and non-linguistic aspects of spoken language, and attempt to ar-

In Italia gli studi sull'interazione in classe iniziano alla metà degli anni Settanta (Titone, 1971; 1988; Lumbelli, 1974; Orletti, 1981) e proseguono negli anni seguenti con le ricerche focalizzate sul parlato istituzionale, sull'interazione asimmetrica e sul rapporto fra interazione in classe e processi di apprendimento degli allievi[6]. Si tratta di studi che comprendono «diversi approcci disciplinari, ma tutti caratterizzati da procedure naturalistiche di ricerca, fondati sull'osservazione etnografica del contesto, la ricerca delle relazioni tra i vari attori, tenendo conto delle caratteristiche sociali e istituzionali di questo micro-sistema» (Fele, Paoletti, 2003, pp. 8-9). A un approccio basato su una suddivisione a priori del discorso in categorie precostituite si preferisce un'analisi a posteriori, che permetta di ricostruire la prospettiva dei partecipanti, in relazione alle variabili del contesto ma anche tenendo conto delle norme interazionali intrinseche del parlato e specifiche dei **copioni interazionali** delle diverse culture. Questa impostazione sembra molto vicina anche alla prospettiva semiotica e sociolinguistica del QCER, che considera l'apprendente appunto come un "attore sociale" e rimanda quindi a un'idea di classe intesa come "universo di socialità" (Vedovelli, 2002a, p. 117).

> I **copioni interazionali** sono modelli di interazione sociale che vengono adottati tacitamente in base al contesto in cui avviene l'interazione, ai ruoli degli interlocutori e agli scopi comunicativi di ciascuno di loro. Non tutte le società adottano le stesse norme di comportamento (si pensi per esempio alle regole di cortesia, alla durata dei convenevoli, agli argomenti tabù). Nella classe multiculturale si scontrano anche i diversi copioni interazionali che i partecipanti associano al contesto classe, al ruolo del docente e degli allievi.

ticulate links between the linguistically focused rhetorical routines and social aspects of interaction».

6. Sugli aspetti sociolinguistici e interazionali, che comprendono in particolare i ruoli simmetrici e asimmetrici degli interlocutori, nonché l'impatto del contesto istituzionale, rimandiamo agli approfonditi studi di Orletti (1981; 1998; 2000); sugli aspetti pedagogici, psicologici, interlinguistici e interculturali cfr. Titone (1971; 1988); Lumbelli (1974); Pontecorvo, Ajello, Zucchermaglio, (1991); Piazza (1995); Carli (1996); Pallotti (1998); Castellani (2000); Bettoni (2001); Ciliberti, Pugliese, Anderson (2003); Fele, Paoletti (2003); Margutti (2004); Baraldi (2007); Cerri (2007); Grassi (2007); Monami (2013).

11.3.1. FORMATI DIDATTICI E GESTIONE DELLA CLASSE

La definizione "interazione in classe" si riferisce di solito a un contesto caratterizzato da determinati interlocutori (docente e studenti), da un luogo dedicato (l'aula) e da uno scopo condiviso (quello dell'insegnamento-apprendimento). I formati didattici in cui può realizzarsi non sempre (e anzi sempre meno) corrispondono alla situazione tradizionale della lezione che vede contrapposti faccia a faccia il docente e il gruppo classe. Basti pensare alla nuova realtà del docente-mentor affiancato dal tirocinante, o alla nuova figura del docente-tutor online che comunica per scritto a una classe virtuale di studenti (sia in simultanea nel forum di discussione sia in differita tramite e-mail, con o senza sonoro, con o senza video, ma sempre a distanza). Parlare di interazione didattica, dunque, ci porta a considerare i formati in cui si realizzano le possibili attività di insegnamento-apprendimento, due dimensioni speculari e inscindibili che proprio dall'interazione trovano la propria ragion d'essere. Un'ipotesi che dà particolarmente risalto a queste componenti è il cosiddetto "approccio interazionista" (Long, 1996), secondo il quale l'apprendimento è un processo sociale che avviene grazie all'interazione, in contesti specifici, con strumenti, artefatti e pratiche situate. La chiave dell'apprendimento sta infatti nell'essere coinvolti nella "costruzione di artefatti" (siano essi particolari oggetti fisici, concettuali, o più in generale attività progettuali) che stimolino la riflessione e il confronto (Bettoni, 2001).

Le modalità in cui si realizza oggi la didattica della L2 variano in base alle componenti che influenzano l'atto didattico:
- il canale comunicativo (in presenza o a distanza);
- le tecniche didattiche usate;
- il numero degli studenti coinvolti (lezione individuale, per piccoli gruppi, in plenaria);
- i ruoli degli interlocutori (docente, tirocinante, tutor, mentor, studente più esperto, consulente, mediatore interculturale ecc.);
- il formato e gli obiettivi (lezione frontale, seminario, attività fra pari, apprendimento individuale in base a un compito pedagogico o comunicativo assegnato dal docente ecc.).

Le diverse combinazioni fra queste componenti danno origine a una pluralità di interazioni possibili, molte delle quali poco esplorate rispetto alla tipica "lezione frontale in presenza".

Gli studi sull'interazione didattica e quelli sui formati didattici per-

TABELLA 11.2
Dimensioni dell'apprendimento-insegnamento guidato della lingua non materna

Dimensione didattica	– Organizzazione dello spazio e del tempo – Interrogazioni, spiegazioni, istruzioni, correzioni, feedback
Dimensione psicologica	– Tecniche direttive/non direttive, gestione dell'errore – Teoria del filtro affettivo, approcci umanistico-affettivi – Multimodalità dell'apprendimento e processi mentali
Dimensione sociolinguistica e interazionale	– Interazione fra pari (studente-studente) – Interazione asimmetrica (docente-classe, docente-studente)
Dimensione interlinguistica e interculturale	– Interazione in L2 fra parlanti non nativi (docente e studenti di lingua e cultura omogenea) – Interazione in L2 fra parlanti non nativi (studenti di lingue e culture diverse) – Interazione in L2 fra parlante nativo (docente) e parlanti non nativi (studenti) – Interazione in L2 fra parlanti non nativi che non condividono la stessa cultura – Interazione asimmetrica a livello di competenze linguistiche e/o culturali (docente-classe, studente-studente) – Interazione fra pari (per ruoli) ma asimmetrica a livello di competenze linguistiche e/o culturali (studente-studente in classi ad abilità differenziate o in classi multiculturali)

mettono di mettere a fuoco meglio le problematiche relative alla gestione della classe (definita *classroom management* nella letteratura anglosassone), un tema cruciale per la formazione dei docenti. In particolare, nella gestione della classe di L2 entrano in gioco varie dimensioni (didattica, psicologica, sociolinguistica e interazionale, interlinguistica e interculturale), di cui riassumiamo alcuni aspetti nella tabella 11.2[7].

11.3.2. L'INTERAZIONE ISTITUZIONALE ASIMMETRICA DELLA CLASSE DI L2

Gli studi sulle diverse componenti e prospettive dell'interazione didattica hanno individuato alcune caratteristiche generali di questa ti-

7. Sul tema dell'analisi conversazionale nel campo dell'acquisizione della seconda lingua (*Conversation Analysis for Second Language Acquisition* – CA for SLA) rimandiamo a Hellermann (2008); Wong, Waring (2010); Markee (2015); Sert (2015).

pica **interazione istituzionale** asimmetrica, riscontrabili (in tutto o in parte) nei vari formati in cui si realizza l'insegnamento linguistico (cfr. anche Margutti, 2004; Grassi, 2007, pp. 48-9):

> «Le **interazioni istituzionali**, oltre a presentare l'articolazione che caratterizza anche la conversazione quotidiana, cioè il fatto di avere una apertura ed una conclusione ed un corpo centrale, sono costituite da fasi con funzioni e struttura diversa, di cui alcune strettamente legate ai fini istituzionali, altre con caratteri che le avvicinano alla conversazione» (Orletti, 2000, p. 12). Contesti in cui si svolgono interazioni istituzionali sono la scuola, il tribunale, l'ospedale ecc.

11.1

a) separazione e fissità dei ruoli dei partecipanti (asimmetria istituzionale);

b) prevalenza di parlato referenziale (trasmissione di informazioni) a scapito di quello interazionale (in cui le domande, per esempio, hanno lo scopo di colmare un reale vuoto informativo degli interlocutori);

c) rigidità e strutturazione gerarchica della dislocazione spaziale (posizione del docente alla cattedra, posizione dei banchi o delle sedie in file o in cerchio);

d) tendenza alla non bidirezionalità dei flussi di parlato (monologo del docente, monologo dello studente durante l'interrogazione o l'esame);

e) sistematica violazione delle regole di cortesia (gli studenti si aspettano e accettano che il docente possa realizzare correzioni esplicite di loro errori, allo scopo di aiutarli a migliorare nell'apprendimento, o atti espliciti di minaccia nei loro confronti, in quanto figura dominante e con il potere gestionale della lezione);

f) presenza di un'"agenda nascosta" nota solo al docente (organizzazione delle fasi della lezione)[8];

g) dipendenza dalla lingua scritta anche nella lingua orale (lettura ad alta voce, ripetizione di frasi, modelli della lingua scritta nel parlato controllato ecc.);

---

8. Sul concetto di agenda nascosta, in base al quale il docente segue un suo filo logico ma riorienta la lezione a partire da quanto emerge via via nel discorso e nel contesto della classe, rimandiamo in particolare agli studi di Orletti (1981; 1998; 2000).

h) importanza della lingua in classe, utilizzata come mezzo e obiettivo di insegnamento, di controllo e di organizzazione sociale;
i) uso di microlingue (del contesto didattico, con il lessico specifico della scuola; della disciplina di insegnamento);
l) situazione comunicativa tendente al registro formale (selezione delle varietà della lingua, sanzioni sociali per le varietà substandard e per gli errori);
m) specifiche regole nella gestione dei turni da parte del docente (a cui si aggiungono i turni privati a bassa voce fra gli alunni e i turni autonomi nelle attività a coppie o in gruppo, che esulano dal flusso del parlato condiviso collettivamente);
n) strutturazione prevedibile in fasi (se il formato della lezione è ripetuto e noto agli studenti o se fa parte di un copione interazionale culturalmente specifico, come la lezione accademica a cui ogni cultura associa certi comportamenti e non altri);
o) correzioni esplicite introdotte dall'interlocutore (docente o altro allievo) e generalmente previste dal copione interazionale della lezione o del contatto online fra i partecipanti di una classe virtuale;
p) pause di silenzio prescritte agli studenti (per esempio nel momento in cui il docente spiega) o vietate (per esempio durante un'interrogazione o un esame orale);
q) intonazione marcata del docente, con tratti e funzioni simili a quelli del *baby talk* (il modo di parlare ai bambini da parte degli adulti);
r) ricchezza di glosse e parafrasi metatestuali nel parlato del docente, specialmente con allievi che hanno competenze limitate della disciplina di studio;
s) struttura interazionale in tre mosse ("tripletta") individuata da Sinclair e Coulthard (1975) come tipica dell'interazione docente-allievo (cfr. PAR. 11.3.3);
t) caratteri di artificiosità dell'interazione, con particolare frequenza di certi atti comunicativi, usati con valori specifici associati al contesto classe (correzioni, pause di silenzio, funzioni dell'intonazione, glosse e parafrasi, domande del docente) e con frequenti "domande di esibizione" che il docente pone agli studenti per valutarli, non per colmare un vuoto di informazioni (l'insegnante chiede allo studente ciò che già sa, solo per verificarne le conoscenze e le competenze).

Evidentemente la scelta del formato e dell'approccio didattico, oltre alla disciplina di insegnamento, influisce sui singoli tratti sopra riportati. In una classe di L2 in cui il docente impieghi il modello

dell'unità di lavoro (così come descritto nel CAP. 10) secondo l'approccio comunicativo orientato all'azione, saranno infatti meno rilevanti i primi sette punti della lista precedente, visto che il docente cercherà di:
- variare i propri ruoli, da docente a risorsa, organizzatore e regista delle attività, partecipante della conversazione con competenze parziali come i propri interlocutori ecc. (punto *a*);
- utilizzare anche il parlato interazionale nelle attività dedicate alla conversazione spontanea, nei dibattiti, nei giochi didattici o nei lavori per progetti (punto *b*);
- favorire flussi di parlato bidirezionale con presa di parola libera, alternando i momenti di interazione frontale e monologica a quelli in cui assume una funzione meno dominante e invasiva (punto *c*);
- variare la dislocazione spaziale della classe secondo le tecniche didattiche (lavoro a coppie, individuale, a gruppi) (punto *d*);
- gestire in modo equilibrato gli obiettivi didattici e le regole sociali di cortesia, tenendo conto anche delle diverse convenzioni culturali a cui fanno riferimento allievi di lingue e culture diverse (punto *e*);
- rendere la classe partecipe degli obiettivi e delle modalità per raggiungerli, negoziandoli preliminarmente e rendendone consapevoli gli allievi (punto *f*);
- promuovere momenti di interazione spontanea o mediamente controllata, orientati sul messaggio più che sulla forma e possibilmente indipendenti dalla lingua scritta (punto *g*).

Inoltre non bisogna dimenticare che alcuni tratti dell'interazione in classe definiti come ricorrenti sono in realtà culturalmente specifici. Gli studi di **pragmatica transculturale** hanno dimostrato infatti che eventi comunicativi analoghi (come l'interazione didattica) si svolgono in modi diversi, visto che da cultura a cultura, per esempio:
- cambia il significato pragmatico attribuito a determinate scelte (lo stesso atteggiamento può essere interpretato come cordialità o mancanza di rispetto, secondo le diverse norme sociali);
- cambiano le strategie comunicative (in certe culture vengono preferite delle strategie indirette, come compromesso fra l'esigenza di non "perdere la faccia" e la comprensibilità; non così in altre, che adottano comportamenti più diretti);
- cambia il modo di gestire la cortesia (nella tensione fra l'esigenza di dare ragione all'altro e l'inopportunità di accettare uno status superiore al proprio);

- il ruolo del docente può essere associato a un maggiore o un minore prestigio, a una figura maschile piuttosto che a una femminile (o viceversa), determinando negli studenti qualche difficoltà nell'accettare ruoli e atteggiamenti diversi da quelli più familiari.

> La pragmatica studia i fattori che nell'interazione sociale governano le scelte linguistiche e gli effetti di tali scelte sugli altri: è il livello di analisi che si occupa dell'uso della lingua e degli effetti su questa del contesto. La **pragmatica transculturale** (*cross-cultural pragmatics*) studia il modo in cui le modalità pragmatiche variano da cultura a cultura (approccio comparativo); la **pragmatica interculturale** (*intercultural pragmatics*) studia invece i fenomeni che si verificano quando membri appartenenti a culture diverse interagiscono fra loro (cfr. Orletti, 1998, pp. 42 ss.; Pallotti, 1998, pp. 136 ss.; Bettoni, 2006c).

II.3.3. ATTI, MOSSE E SCAMBI INTERAZIONALI

Ai britannici Sinclair e Coulthard (1975) si deve l'individuazione della struttura "a tripletta" (o "interazione triadica"), che caratterizza l'interazione docente-allievo e che prevede tre mosse fondamentali:
1. apertura dell'insegnante (*initiation*): mossa iniziale di elicitazione ("mossa *up*"), che mette in luce il ruolo dominante del docente; può essere una domanda o l'attribuzione del turno a uno studente o altro;
2. risposta dello studente (*response*): si definisce "mossa *down*", visto che lo studente risponde su sollecitazione dell'insegnante e mostra così il proprio ruolo subalterno; si tratta di solito di una risposta a una domanda di esibizione oppure di una realizzazione di un ordine impartito dall'insegnante, anche di tipo non verbale;
3. prosecuzione dell'insegnante (*feedback*): può essere un rinforzo positivo o negativo, un passaggio dei turni di parola o altro.

Vediamone un esempio tatto dal CLODIS[9] (esempio 1) che riguar-

---

9. Il *Corpus di lingua orale dei docenti di italiano per stranieri* (CLODIS, descritto in Diadori, 2004, e in Diadori, Peppoloni, 2013, i cui aggiornamenti si trovano sul sito http://www.unistrasi.it) comprende 170 brani di lezioni videoregistrate, di cinque minuti ciascuno, focalizzate sulla spiegazione, sulle istruzioni per lo svolgimento di attività, sulla correzione degli errori. Le lezioni sono state raccolte dal 2003 in classi di italiano per stranieri, in diversi contesti di insegnamento istituzionale (in Italia e all'estero, nella scuola dell'obbligo, all'università, presso enti

da una registrazione realizzata in una classe di italiano per immigrati adulti in un centro per il volontariato della provincia di Firenze (per i simboli di trascrizione del parlato rimandiamo ai materiali disponibili online sul sito della casa editrice).

Esempio 1. Due strutture a tripletta consecutive in una classe di italiano L2 per immigrati adulti in Italia.

1 \STUD3\ due camelieli
2 \INS\ camerieri (.) chiaro per tutti? Zong, Juliet, camerieri? (.) oh- come- **come è il tipo di contratto?** ecco, di questo non ne abbiamo parlato °prima°
3 \CLASSE\ °**part-time**°
4 \INS\ PART-TIME (.) **che vuol dire part-time?**
5 \CLASSE\ °**mezza giornata**°
6 \INS**esatto** eh? (.) chiaro Juliet?
7 \STUD6\ °sì°
8 \INS**part-time eh? giustamente**-

Le parti evidenziate in grassetto indicano le due triplette consecutive utilizzate in questa breve interazione:
- (1) domanda battuta 2 (*come è il tipo di contratto?*); (2) risposta: battuta 3 (*part-time*); (3) feedback: battuta 4 (*PART-TIME*: ripetizione a voce più alta della risposta, come conferma e con l'intenzione di renderne partecipe tutta la classe);
- (1) domanda (*che vuol dire part-time?*): battuta 4; (2) risposta (*mezza giornata*): battuta 5; (3) feedback doppio: battuta 6 (*esatto*), battuta 8 (*part-time eh? giustamente*).

A partire dagli studi di Sinclair e Coulthard, Jamila Boulima ha elaborato un modello di interazione didattica specifico per la classe di lingua straniera (FLIAS, *Foreign Language Interaction Analysis System*). Secondo Boulima (1999), la lezione può essere scomposta e ricomposta, a scopo di analisi, in una serie di atti, mosse e scambi interazionali fra docente e studenti. Un "atto" (*act*) interazionale è l'unità discorsiva minima dell'interazione didattica. Uno o più atti danno

pubblici e privati) e in diversi profili di destinatari (bambini e adolescenti stranieri inseriti nella scuola dell'obbligo in Italia e all'estero, giovani adulti che frequentano corsi presso l'università in Italia, adulti immigrati in Italia inseriti in corsi di alfabetizzazione per immigrati o agenzie di volontariato, Istituti italiani di cultura o altri enti fuori d'Italia).

luogo a una "mossa" (*move*) interazionale, che rappresenta un'azione o una reazione realizzata con uno scopo comunicativo preciso (come in una partita a scacchi, i partecipanti dell'interazione agiscono con una serie di mosse e contromosse finalizzate). Più mosse organizzate secondo un copione costituiscono uno "scambio" (*exchange*) comunicativo (per esempio le tre mosse *initiation-response-feedback* costituiscono uno "scambio didattico" o *teaching exchange*). Una serie di scambi (come la "tripletta" o lo "scambio direttivo" con cui il docente dà istruzioni alla classe, oppure lo "scambio informativo" con cui fornisce spiegazioni ecc.) formano una "sequenza" (*sequence*) interazionale. Più sequenze interazionali costruiscono una "transazione" (*transaction*) interazionale, cioè una delle parti di cui si compone una lezione, intesa come l'unità di tempo in cui si svolge l'incontro tra docente e allievi. Riepilogando:

atto → mossa → scambio → sequenza → transazione → lezione

Un caso interessante è quello della correzione orale degli errori nella classe di italiano L2, come nell'esempio 1 con la battuta 2 del docente che riformula l'espressione corretta (*camerieri*) come mossa correttiva di risposta alla battuta 1, in cui lo studente aveva pronunciato in maniera sbagliata (*camelieli*). Questo tipo di correzione viene definito "riformulazione" (o *recast*). Osserviamo ora l'esempio 2 (tratto da Monami, 2013, p. 72), che mostra una serie di mosse che fanno parte di una sequenza interazionale centrata proprio sulla correzione degli errori (indicata in grassetto nel testo trascritto).

Esempio 2. Due strutture a tripletta consecutive in una classe di italiano L2 per immigrati adulti in Italia.

1 \STUD\ sì e allora **i scultori**
2 \INS\ **gli scultori**
3 \STUD\ gli scultori
4 \INS\ bene quindi gli scultori:
5 \STUD\ **hanno scultato**
6 \INS\ **hanno scolpito**
7 \STUD\ scolpito ((scrive sul quaderno)) hanno scolpito ah:

Qui non si tratta del classico scambio a tripletta: piuttosto lo scambio viene iniziato dallo studente (battuta 1), provocando la mossa correttiva mediante *recast* del docente (battuta 2), a cui fa seguito la terza mossa riparativa dello studente che ripete la forma corretta (battuta 3). Un secondo scambio analogo costituito da "errore dello studente-riformulazione del docente-autocorrezione dello studente" si trova alle battute 5-7. Non sempre la correzione orale degli errori avviene così, visto che il docente può anche usare una correzione esplicita, sollecitare l'autocorrezione, chiedere chiarimenti, ripetere in maniera interrogativa la forma errata, fornire un feedback metalinguistico, usare tecniche di elicitazione più indirette, mediante messaggi non verbali, o perfino reagire con una valutazione negativa senza affrontare la soluzione del problema. Tuttavia, è rilevante che lo studente nell'esempio sopra riportato reagisca alla correzione del docente mostrando di avere percepito il proprio errore e, nel secondo caso, prendendo perfino nota della forma giusta. Si parla in questo caso di *uptake*, cioè della risposta dello studente a un feedback correttivo: una mossa che segnala un processo di autoriflessione che sta avvenendo nella mente dello studente.

II.4
Il parlato del docente nella classe di italiano L2

Quanto deve essere vario e qualitativamente articolato l'input scritto e sonoro a cui sono esposti gli studenti di lingua in situazioni di apprendimento guidato[10]? Dal punto di vista quantitativo dovrà essere ricco ma controllato e adatto al livello di competenza linguistica e culturale degli apprendenti a cui è rivolto; dal punto di vista qualitativo dovrà essere rappresentativo della ricchezza strutturale e funzionale dei testi che circolano nella comunicazione extradidattica. Ma come applicare concretamente queste indicazioni generalmente condivise? Come risolvere la tensione fra naturalezza e tendenza alla regolarizzazione, fra

---

10. Sull'input nell'apprendimento della L2 si sono avvicendate teorie opposte nel secolo scorso. Se il comportamentismo riservava troppa importanza ai fattori esterni (come l'input) trascurando i fattori interni all'individuo, il cognitivismo ne sottovalutava invece il ruolo, mettendo in rilievo soprattutto i processi mentali e universali dell'apprendimento linguistico. Un particolare rilievo all'input viene attribuito dal *Natural Approach* di Krashen, secondo il quale solo un input comprensibile può essere decodificato e interiorizzato dagli apprendenti (ipotesi dell'input comprensibile; cfr. PAR. 5.3).

uso comunicativo della lingua e uso della lingua con fini didattici? Il ruolo del docente, fulcro dell'apprendimento guidato (in presenza oppure online), è determinante sia nel selezionare i testi (scritti o orali) da utilizzare come nodo centrale dell'unità di lavoro (cfr. CAP. 10), sia nel promuovere la creazione di testi costruiti dagli allievi singolarmente o co-costruiti a coppie o in gruppo (si pensi alle attività orali di gruppo in classe o a quelle di scrittura condivisa nelle classi virtuali online). Un particolare controllo sarà poi esercitato dall'insegnante sul proprio modo di parlare alla classe, cioè una delle forme di input comunicativo a cui l'allievo è esposto: tale controllo può raggiungere alti livelli di raffinatezza e rigore se messo in atto su tutte le sue componenti (a livello di pronuncia, intonazione, codici non verbali, lessico, morfosintassi, testualità, pragmatica) e in stretto rapporto con le competenze (vere o presunte) degli allievi.

Nonostante tutto, non sembra esistere un rapporto deterministico fra quantità/qualità dell'input e successo dell'apprendimento: solo l'adozione di un modello di interazione didattica basato sull'esposizione a un input modificato e interattivo sembra offrire dei vantaggi, soprattutto in termini di accelerazione del passaggio da una fase a quella successiva all'interno della sequenza prevedibile di acquisizione della L2. Dalla negoziazione dell'input scaturirebbe dunque la specificità dell'apprendimento in contesto guidato rispetto al contesto spontaneo. Ecco come vengono descritte nel "modello integrato" di Susan Gass le fasi che caratterizzano la trasformazione dell'input in output nella classe di L2 (cfr. Gass, 1997, e il commento in Bettoni, 2001, pp. 224 ss.):

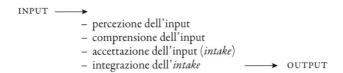

INPUT ⟶
- percezione dell'input
- comprensione dell'input
- accettazione dell'input (*intake*)
- integrazione dell'*intake* ⟶ OUTPUT

Il parlato del docente di L2 in classe è dunque particolarmente rilevante (soprattutto in contesti di apprendimento isolati e con scarsi contatti con la lingua e la cultura di apprendimento, con apprendenti a livelli iniziali di competenza), tanto da meritare un'attenta riflessione dal punto di vista sociolinguistico (come varietà influenzata dal canale comunicativo e dal contesto), interazionale (come esempio di comu-

11.2

nicazione istituzionale asimmetrica) ed educativo (come componente essenziale dell'interazione didattica).

11.4.1. CARATTERISTICHE DEL PARLATO

Il parlato è caratterizzato da due tratti fondamentali: fonicità e spontaneità (quando non sia direttamente basato su un testo scritto). A differenza dello scritto, è volatile, non permanente e, almeno in apparenza, meno compatto e coeso (frasi spezzate, cambiamenti di percorso, false partenze), dal momento che la sua coesione si basa su fattori non solo linguistici ma anche non verbali e pragmatici (contesto condiviso dagli interlocutori, presupposizioni e attese, tono di voce, sguardi, gesti, presenza dell'interlocutore).

Gli studi di tipo sociolinguistico si occupano del parlato mettendo in relazione le sue caratteristiche formali con il parametro di variazione diamesico, ovvero con il canale comunicativo orale (rispetto alla lingua scritta e trasmessa)[11]. In questa prospettiva il parlato risulta determinato da alcune modalità di codificazione del messaggio che si traducono in una serie di fenomeni (comuni a tutte le lingue d'uso), quali:
a) lo stretto legame con la situazione e il contesto extralinguistico:
– riferimento a impliciti e conoscenze condivise;
– codici non verbali che completano e a volte sostituiscono le parole;
– frequente uso di deittici (*questo, quello, qui, lì, laggiù* ecc.) e ricorso a elementi presenti nel contesto in sostituzione dei rispettivi lessemi;
– suoni non verbali (risate, colpi di tosse, mugugni) che integrano il linguaggio articolato fornendo significati aggiuntivi;
– modulazione della voce che, grazie al volume, al tono, all'intonazione, al ritmo, permette di variare lo stile comunicativo o connota il parlante dal punto di vista della sua provenienza geografica;
– fenomeni di messa in evidenza di parti del discorso mediante strategie verbali (dislocazioni e frasi scisse in italiano, inserimento di *do* in inglese) e paraverbali (innalzamento del tono, rallentamento del ritmo, intonazione);
– coesione affidata anche all'intonazione e al ritmo;

---

11. Sulle caratteristiche dell'italiano parlato rimandiamo a Sornicola (1981); Voghera (1992); Sobrero (1993a); Bazzanella (1994); De Mauro (1994); Coveri, Benucci, Diadori (1998); Sobrero, Miglietta (2006). Una sintesi sulle varie problematiche si trova in D'Achille (2003, pp. 165-76).

– fenomeni di "allegro" (legati al ritmo sostenuto del parlato spontaneo o alla variabilità diatopica, con elisioni, apocopi, alterazioni di suoni; cfr. Diadori, 2008);
b) la testualità meno coesa rispetto allo scritto, che si accompagna a una maggiore *frammentarietà* formale o tematica:
– false partenze, pause da esitazione, interruzioni e autocorrezioni, mutamenti di progetto, frasi lasciate a metà;
– prevalere della semantica sulla sintassi;
– temi sospesi (sintatticamente ma non semanticamente slegati dal resto della frase) che mettono in rilievo il centro di interesse del locutore e facilitano la ricezione (secondo l'ordine "elemento dato" + "informazioni nuove su quell'elemento"), ma indicano altresì la difficoltà di pianificare il discorso a breve gittata;
– ripetizione delle stesse parole, anche a distanza ravvicinata, per realizzare la coreferenza, cioè il riferimento al medesimo oggetto del discorso;
– ripetizioni e riformulazioni, che permettono di riempire le pause, rallentando il ritmo della produzione e dando il tempo a chi ascolta di pianificare il proprio intervento successivo;
– minore ricorso a sostituenti (come pronomi e sinonimi) rispetto allo scritto;
– ripresa e riformulazione (anche a distanza) degli stessi concetti;
– distribuzione delle informazioni meno lineare rispetto allo scritto (ma non per questo meno efficace a livello comunicativo);
– *code switching* (con slittamenti da una lingua all'altra, dallo standard al dialetto) con funzione intenzionale, espressiva o di adeguamento alle competenze dell'interlocutore;
– *code mixing* (con inserimento nel discorso di parole in un'altra lingua o in dialetto) come strategia intenzionale (per colmare vuoti di competenza del locutore) o non intenzionale (nel caso di conoscenze lacunose della lingua di comunicazione o come modalità espressiva tipica di certi parlanti bilingui);
c) il frequente ricorso a segnali discorsivi (appartenenti a categorie morfologiche diverse) per organizzare il testo o gestire l'interazione, per esempio:
– demarcativi che servono per indicare l'inizio del discorso (italiano *allora*, *beh*, *ecco*; inglese *well*, *so*; tedesco *also*; francese *et bien*, *alors*);
– segnali fatici che assicurano il contatto con l'interlocutore o solle-

citano pragmaticamente il suo assenso e la sua partecipazione (*guarda, senti, ho reso l'idea?*);
- connettivi diversi da quelli usati nello scritto (*fatto sta che*, per indicare un rapporto causale; *che poi*, per introdurre una digressione o una presa di turno; *comunque*, per riprendere il tema principale dopo un *excursus*);
- interiezioni e locuzioni con valore pragmatico (*wow*, per esprimere meraviglia; *ehi*, che sollecita una risposta dall'interlocutore; *ciao*, come saluto)[12].

11.4.2. CARATTERISTICHE DEL PARLATO DEL DOCENTE DI L2

Il parlato degli insegnanti, oltre a condividere molti tratti tipici dell'oralità, rappresenta una varietà di lingua orale fortemente condizionata dalle variabili diafasiche della comunicazione, legate al contesto comunicativo e ai reciproci ruoli degli interlocutori: docente-apprendente, esperto-inesperto (un tipico contesto asimmetrico istituzionale: cfr. Orletti, 2000).

Nel quadro convenzionale della lezione ricorrono alcune strategie comunicative (turni, pause, feedback, inserzioni, espressioni per interrompere ecc.) tipiche del contesto istituzionale scolastico, in cui docente e allievi realizzano varie forme di **interazione asimmetrica** che si traducono in modi diversi di gestire la conversazione. In particolare, il docente può dimostrare il suo potere interazionale quando:
- occupa nel parlato più tempo della controparte più debole;
- produce turni più lunghi;
- pone un numero maggiore di domande;
- apre e chiude l'interazione;
- introduce cambiamenti di tema;
- utilizza due tipiche interazioni pedagogiche: la "domanda di esibizione" (cioè una domanda che non vuole riempire in realtà un vuoto di informazioni, ma solo verificare la correttezza della risposta) e la tripletta (di cui abbiamo parlato nel PAR. 11.3.3).

---

12. Rispetto alla lingua scritta, il parlato è anche meno preciso (data la maggiore presenza di vocaboli più generici e a più alta frequenza), meno denso informativamente, caratterizzato da fenomeni di topicalizzazione e messa in rilievo, dall'uso di espressioni idiomatiche, dalla prevalenza di frasi relativamente brevi e paratattiche.

Le **interazioni asimmetriche** sono «interazioni comunicative in cui non si realizza fra gli interagenti una parità di diritti e doveri comunicativi, ma i partecipanti si differenziano per un accesso diseguale ai poteri di gestione dell'interazione» (Orletti, 2000, p. 12). Interazioni asimmetriche sono quella docente-allievo, medico-paziente, giudice-imputato, giornalista-intervistato ecc.

11.4.3. STRATEGIE DI TRASPARENZA DEL *FOREIGNER TALK*

Il *foreigner talk* (che indica la comunicazione fra nativo e non nativo, cioè la lingua con cui i nativi interagiscono con gli stranieri) può essere considerata una varietà diafasica, determinata dall'interlocutore e con caratteristiche comuni a ogni lingua[13]. Questo input, più o meno consapevolmente "modificato", presenta:
– un eloquio più enfatico;
– l'utilizzo di un vocabolario di base;
– l'utilizzo di frasi dalla struttura sintattica più trasparente (tema/rema);
– la tendenza a privilegiare concetti basilari rispetto a quelli maggiormente articolati e complessi.

Esistono delle strategie comunicative che accomunano il *foreigner talk* e altre varietà "marginali" della lingua (cfr. D'Achille, 2003, p. 187), quali l'italiano popolare (dei semicolti), le interlingue di apprendimento degli stranieri, il *baby talk* (detto anche *caretaker talk* o *motherese*, cioè il discorso orale con cui gli adulti si rivolgono ai bambini):
– omissione di elementi grammaticali (articoli, copula, preposizioni, congiunzioni);
– espansione di elementi grammaticali (uso ridondante dei pronomi nelle lingue in cui possono essere omessi);
– sostituzione/riorganizzazione delle forme linguistiche (in italiano, per esempio, sostituzione delle forme verbali flesse con l'infinito).

Secondo Pallotti (1998) e Bettoni (2001) tali strategie sono in certi casi riconducibili a fenomeni ora di semplificazione ora di elaborazione (cfr. riquadro 11.1, dove presentiamo una sintesi delle strategie "di trasparenza" utilizzate nel *foreigner talk*).

---

13. Una sintesi sulle caratteristiche del *foreigner talk* e sulla sua funzione di sanzione sociale nei confronti dell'interlocutore meno esperto (o almeno considerato tale) si trova in Sobrero, Miglietta (2006, pp. 179-83).

RIQUADRO 11.1
Stategie di "trasparenza" del *foreigner talk*

a) Fonologia:
- riduzione: nessuna;
- elaborazione: tono di voce più alto, pronuncia più accurata, ritmo rallentato; maggiore uso di pause, gamma di intonazioni più ampia; forme linguistiche complete e non contratte.

b) Morfologia e sintassi:
- riduzione: enunciati più brevi e meno complessi, più verbi al presente;
- elaborazione: più enunciati ben formati, più regolarità, ordine canonico delle parole, maggiore mantenimento dei costituenti opzionali (per esempio pronomi personali soggetto), relazioni grammaticali marcate più esplicitamente, enunciati *topic-comment*, più domande, più domande polari (sì/no), meno domande aperte.

c) Lessico:
- riduzione: uso di poche forme lessicali, meno espressioni idiomatiche, lessico ad alta frequenza, meno forme opache (sostantivi preferiti ai pronomi), parole più comuni, uso di termini più generici (iperonimi);
- elaborazione: uso di sinonimi, parafrasi, scomposizione di concetti di significato complesso in concetti più semplici, uso di parole in posizione saliente per inquadrare il resto dell'enunciato (parole chiave), ripetizione delle parole più importanti.

d) Pragmatica:
- riduzione: preferenza per l'allocutivo informale (italiano *tu*; tedesco *du*), ordini espressi più spesso con imperativi, scelta di argomenti ancorati al contesto;
- elaborazione: uso di codici cinetici (gesti) per accompagnare il discorso; maggiore ricorso a deittici.

11.4.4. IL DOCENTE DI L2 COME MODELLO COMUNICATIVO

Nella classe di L2 si sommano due dimensioni: quella del *foreigner talk* (la lingua usata dal parlante nativo o più esperto quando si rivolge a uno o più parlanti stranieri, meno esperti linguisticamente e pragmaticamente) e quella del ***teacher talk*** (la lingua usata dal docente quando si rivolge a uno o più apprendenti). Il *teacher talk* del docente di L2 accentua le due opposte tendenze (alla semplificazione e all'elaborazione del discorso) e si differenzia dal *foreigner talk* soprattutto nella misura in cui:

- evita le forme substandard volontarie;
- risulta meno grossolanamente calibrato sulle reali competenze degli ascoltatori;
- usa strategie e strumenti pedagogici (immagini, grafici, audiovisivi).

> Il *teacher talk* è una varietà di lingua semplificata impiegata dal docente verso gli allievi nell'intento di rendere il proprio discorso comprensibile e allo scopo di facilitare l'apprendimento della disciplina. Nel caso del docente di L2, l'obiettivo è anche quello di fungere da modello per la comunicazione orale e di favorire l'apprendimento.

Fondamentalmente, il *teacher talk* (come il *foreigner talk*) rispecchia la teoria dell'adattamento elaborata negli anni Settanta dallo psicologo sociale californiano Howard Giles e dai suoi collaboratori. Secondo lo studioso, «l'adattamento è un processo in atto in ogni tipo di interazione e consiste in una serie di modifiche stilistiche nella produzione orale degli individui nelle varie situazioni sociali» (cit. in Orletti, 2000, p. 111). Si può tendere alla "convergenza", mostrando una prossimità emotiva positiva (come nel *baby talk* quando si modifica a questo scopo la prosodia), oppure si può tendere alla "divergenza", per accentuare le differenze linguistiche e comunicative fra gli interlocutori. I motivi che spingono ad adattare il proprio comportamento comunicativo all'interlocutore possono essere di natura diversa: nel caso del docente di L2 lo scopo è quello di colmare il divario di competenza per risultare comprensibili e favorire lo sviluppo delle competenze comunicative degli apprendenti.

Il modo di esprimersi del docente nel momento in cui si rivolge o interagisce in italiano con i propri studenti stranieri rappresenta una variabile estremamente rilevante nel processo di apprendimento: spesso il parlato dell'insegnante è l'unico input orale a cui è esposto lo studente (specialmente nei primi livelli di apprendimento, ma anche in seguito, se si tratta di una situazione di apprendimento fuori dal paese in cui si parla la lingua obiettivo), o comunque è il più comprensibile, rispetto agli altri possibili input dell'ambiente acustico in lingua straniera, per molti versi "opachi" e impenetrabili (le voci della gente per strada, gli amici stranieri quando parlano fra loro, le canzoni, la radio, la TV, il cinema). Inoltre, un docente esperto sviluppa la capacità di orientare il proprio discorso in base ai destinatari e al loro livello di comprensio-

ne orale nella lingua obiettivo, adottando, come nota Carmel Coonan (2002, p. 145), «un livello di esplicitezza che sia adeguato a quello che gli studenti sanno e possono comprendere», fornendo «chiarimenti sui contenuti e i concetti attraverso riformulazioni, ripetizioni, esempi e analogie», riassumendo e adattando il discorso ai commenti degli studenti. Riportiamo di seguito un riepilogo delle strategie verbali che il docente di lingua straniera tende a usare con una certa frequenza e in maniera strategica e consapevole per facilitare la comprensione da parte dei propri studenti:
- uso chiaro di marcatori di discorso;
- ripetizioni di concetti più importanti;
- esempi concreti;
- riassunti;
- definizioni;
- spiegazioni di significati;
- riciclo del lessico;
- sinonimi;
- parafrasi;
- riformulazioni;
- richiesta di comande;
- rallentamento dell'eloquio;
- scansione chiara delle parole;
- enfasi sui punti più importanti del discorso mediante picchi intonativi.

Comprensibilità, ma non solo. Il parlato del docente rappresenta in molti casi anche il modello di parlato più familiare e affettivamente vicino all'apprendente, un modello a cui questi tenderà a uniformarsi nella sua interlingua (permeabile e instabile per definizione), ma che difficilmente riuscirà a imitare totalmente in tempi rapidi senza adeguati esercizi e attività aggiuntive: non basta infatti la semplice esposizione all'oralità in L2 per sviluppare l'abilità di produzione orale in L2.

Al tempo stesso, il parlato del docente veicola significati che riguardano conoscenze dichiarative (sulle strutture formali della lingua, sugli usi sociolinguistici, sugli aspetti socioculturali e pragmatici), capacità procedurali (consegne su un compito da svolgere, istruzioni sull'uso di strumenti per l'apprendimento, come il computer o il dizionario), competenze esistenziali (caratteristiche individuali, tratti della personalità, talvolta culturalmente specifici o legati alla metodologia didattica adottata). Oltre al carisma personale, varrà qui la capacità di trasmettere i contenuti, la chiarezza, la scelta del lessico, l'empatia e la disponibilità, così come la sicurezza e la competenza. L'esperienza di apprendimento in contesto guidato resterà nel tempo legata alla voce dell'insegnante (il tono, l'altezza, le curve intonative, i vocaboli e le formule ricorrenti): anche per questo la dimensione orale riveste un ruolo fondamentale nella formazione e nella valutazione dei docenti[14].

Nonostante l'asimmetria dei ruoli fra docente e studenti, è possibile per un docente esperto sviluppare tecniche didattiche capaci di favorire la partecipazione degli allievi, mediante interazioni a "struttura verticale", in cui l'enunciato si costruisce nell'arco di più "mosse linguistiche" che permettono loro di creare, in collaborazione con il docente, un testo da cui recuperare i "blocchi di lingua" (o routine) da riutilizzare subito o in altri contesti.

Mettendo in relazione la comprensibilità dell'input (cioè il parlato del docente considerato dal punto di vista dei suoi studenti) con le sue modifiche orientate in base alle competenze della classe e al tipo di interazioni possibili, è stata elaborata una scala con valori crescenti di comprensibilità (Bettoni, 2001):
- input non modificato e non interattivo;
- input modificato e non interattivo;
- input non modificato e interattivo;
- input modificato e interattivo.

Dall'analisi dei momenti dedicati alla spiegazione e alle istruzioni di attività contenuti nel CLODIS (Diadori, 2004; 2008), risulta che il tipo di input a cui sono esposti gli studenti nelle diverse realtà di insegnamento è caratterizzato da alcune tecniche didattiche e discorsive ricorrenti. Indipendentemente dal genere di discorso e dalle sue funzioni comunicative di fondo (espositive nella spiegazione, regolativo-strumentali nelle istruzioni per lo svolgimento di attività), emergono infatti alcuni tratti che qui riportiamo (cfr. Cotroneo, Diadori, Pallecchi, 2007):
1. uso di indicatori fatici tipici della lingua parlata, che danno una sembianza di interattività al formato fondamentalmente monologico

14. Una prova orale registrata su nastro è infatti parte integrante dell'esame DI-TALS di II livello in Didattica dell'italiano a stranieri dell'Università per stranieri di Siena: questa prova, introdotta nel 1996, intende verificare le competenze glottodidattiche orali dell'insegnante di italiano L2.

dell'intervento orale del docente, come macchie di colore con cui il docente mostra di voler verificare la comprensione degli studenti (*Capito?*), li incoraggia o li stimola (*Dai!*), li valuta confermando le loro risposte corrette (*Ok!*), ne richiama l'attenzione (*Adesso...*) e li orienta ricordando loro altri momenti della lezione o altri argomenti trattati (*Ve lo ricordate?*);

2. uso di mitigatori che rispecchiano una tipica caratteristica pragmatica dell'interazione faccia a faccia, che emerge quando il parlante evita gli atti comunicativi più direttivi o offensivi, lasciando all'interlocutore la possibilità di tirarsi indietro senza "perdere la faccia": nelle istruzioni del corpus, per esempio, si nota l'uso della prima persona plurale "noi" che mitiga l'uso dell'imperativo (più semplice da interpretare, trattandosi di interlocutori non italofoni, rispetto ad altre forme di ordini indiretti, come *vorrei che voi* + *condizionale, e se* + *condizionale* in una frase in forma interrogativa, *vi dispiacerebbe...?* ecc.). Troviamo pertanto *facciamo questo esercizio* al posto di *fate questo esercizio*, e altre forme simili che tradiscono il desiderio del docente di accorciare le distanze rendendo meno asimmetrica l'interazione e meno sgradevole la consegna (si parla in questo caso di un "noi" inclusivo);

3. uso di codici non verbali con finalità espressive e chiarificatrici, che accomuna sia le spiegazioni che le istruzioni presenti nel corpus. Si tratta di una caratteristica specifica del *teacher talk*, che lo differenzia in parte dal *foreigner talk*: i gesti, il tono della voce più alto, i picchi intonativi in corrispondenza delle parti del discorso da mettere in rilievo, ma anche le pause più frequenti e le sillabe più scandite ne sono solo alcuni esempi;

4. uso di strategie di trasparenza, a livello lessicale e pragmatico, basate su fenomeni di riduzione o di elaborazione del discorso: da una parte un numero limitato di forme lessicali, preferibilmente ad alta frequenza e a carattere generico, legate ad argomenti ancorati al contesto; dall'altra la sovrabbondanza di ripetizioni e parafrasi, la scomposizione di concetti di significato complesso in più concetti semplici, l'uso di nomi pieni invece dei pronomi corrispondenti, di deittici, di supporti visivi (immagini, gesti, parole scritte alla lavagna, filmati).

Il parlato del docente in classi di italiano L2 sembra dunque riflettere l'attenzione alla realizzazione di un input comprensibile, per quanto riguarda le modifiche formali operate a livello più o meno consapevole dai docenti (specialmente nei momenti più formali della lezione, dedicati alle spiegazioni e alle istruzioni). Al tempo stesso si notano le spinte pragmatiche che determinano quelle scelte linguistiche orientate verso un avvicinamento emotivo ai propri interlocutori, indipendentemente dall'effetto che queste possono avere sulla comprensione (indicatori fatici e mitigatori).

Resta da indagare il modo in cui gli apprendenti percepiscono tale input orale e l'influsso che questo ha sulla loro comprensione e sul loro apprendimento: per aiutare sia gli apprendenti che il docente ad acquisire la consapevolezza di queste problematiche si può sottoporre alla classe un questionario di rilevazione per mettere a fuoco la percezione dell'interazione didattica da parte degli studenti, in modo da rivederne, se è il caso, i tempi, gli atteggiamenti e le forme. Riflettere sul proprio modo di comunicare e di gestire la classe (così come su altri aspetti dell'insegnamento) è fondamentale per qualsiasi docente di L2, sia all'inizio della carriera sia in seguito: solo affrontando quotidianamente il proprio lavoro in una prospettiva "riflessiva" e di "ricerca-azione"[15] è infatti possibile "crescere" insieme ai propri studenti, migliorare la qualità della didattica e al tempo stesso promuovere la lingua e la cultura obiettivo in armonia con i bisogni linguistico-comunicativi dei propri destinatari.

---

15. Sulla "ricerca-azione" rimandiamo a Ciliberti (1994); sull'autovalutazione delle competenze didattiche cfr. in particolare il PEFIL, documento pubblicato dal Consiglio d'Europa e rivolto ai docenti di lingue in formazione (Newby *et al.*, 2010) (cfr. CAP. 12).

12
Verifica, (auto)valutazione, certificazione

12.1
Definizioni

Verifica, valutazione e certificazione sono concetti spesso utilizzati nel campo dell'insegnamento-apprendimento della L2. Nell'accezione comune, la "verifica" indica l'atto di accertare l'esistenza, l'autenticità e la validità di un fatto mediante opportune prove; la "valutazione" si realizza nell'atto di giudicare e attribuire valore a qualcuno o a qualcosa; per "certificazione" si intende invece l'atto del certificare mediante attestato ufficiale l'esistenza di certe condizioni. Vero, valido, certo: questi tre aggettivi, presenti nelle radici etimologiche delle tre parole chiave sopra citate, sono anche alla base dei significati specifici e aggiuntivi che esse assumono nell'ambito specialistico della didattica della L2.

12.2
La verifica e la valutazione delle competenze linguistico-comunicative in L2

La verifica e la valutazione in relazione all'apprendimento della L2 rappresentano un settore di studio e di ricerca specialistica ampiamente rappresentato sia nelle università sia nei centri che da tempo si occupano di certificazioni linguistiche. Per l'italiano, per esempio, rimandiamo ai numerosi saggi di Massimo Vedovelli e Monica Barni (Università per stranieri di Siena), di Anna Ciliberti, Giuliana Grego Bolli e Maria Grazia Spiti (Università per stranieri di Perugia), di Serena Ambrosa ed Elisabetta Bonvino (Università Roma Tre): queste sono appunto le tre università che dall'inizio degli anni Novanta si occupano della ricerca e della gestione delle certificazioni di italiano L2 diffuse in Italia e nel mondo (CILS, CELI, IT)[1].

Anche il QCER attribuisce un ruolo chiave alla valutazione, direttamente legata all'applicazione dei livelli e dei descrittori delle competenze linguistico-comunicative in L2. Inoltre, le recenti riforme del sistema universitario europeo (con il processo di Bologna inaugurato nel 1999) hanno dato un rilievo particolare alla verifica delle competenze, che diventa una fase cruciale per l'attribuzione di crediti formativi trasparenti e spendibili in ambito accademico e professionale.

12.2.1. VANTAGGI DELLA VERIFICA E DELLA VALUTAZIONE LINGUISTICA IN L2

12.2

Lo scopo primario delle operazioni legate alla verifica e alla valutazione linguistica in L2 (*language testing*), realizzate sia dal docente sia dall'apprendente o dall'apprendente insieme ai suoi pari, è quello di rendere conto di quali conoscenze o competenze in L2 possiede o ha acquisito un soggetto. Ecco dunque già delinearsi due prime dicotomie che associano a obiettivi diversi modalità differenti di verifica e valutazione, a seconda che si tratti di ciò che il soggetto:
- sa sulla L2 (le conoscenze) e/o che sa fare in L2 (le competenze);
- sa o sa fare in L2 (in un momento particolare e indipendente da uno specifico sillabo) e/o ha appreso durante un percorso guidato (facendo quindi riferimento ai contenuti del sillabo e alle caratteristiche del curricolo).

Dal punto di vista dell'apprendente, le operazioni di verifica e di valutazione permettono di acquisire consapevolezza, in modo da favorire il rinforzo della motivazione e la presa di coscienza dei propri punti di forza e di debolezza.

Per l'insegnante il vantaggio consiste nella possibilità di scoprire, nelle varie fasi del processo didattico, ciò che gli alunni hanno imparato mediante il monitoraggio dei risultati dell'apprendimento e dell'efficacia dell'insegnamento. Una volta accertate carenze e lacune si ap-

---

1. Per una trattazione più approfondita su questo tema, cfr. Porcelli (1992); Ambroso (1993); Barni (2000; 2015); Barni, Villarini (2001); Barki *et al.* (2003); Bonvino (2004); Vedovelli (2005c); Jafrancesco (2006).

12. VERIFICA, (AUTO)VALUTAZIONE, CERTIFICAZIONE

portano miglioramenti e correttivi sul piano educativo: il controllo serve, cioè a riprogrammare il percorso di apprendimento.

12.2.2. LIMITI DELLA VERIFICA E DELLA VALUTAZIONE LINGUISTICA IN L2

La storia recente degli studi sulla verifica e sulla valutazione linguistica in L2 mette in luce una progressiva complessificazione dei fenomeni in gioco, che permettono oggi di considerare, a fianco degli innegabili vantaggi, anche le varie problematiche.

Negli anni Sessanta del secolo scorso il *testing* di matrice strutturalista era costruito essenzialmente con prove basate su frasi e mirate ciascuna a verificare un aspetto particolare della lingua (test per punti discreti; Lado, 1961). La svolta si verifica un decennio dopo, con le teorie sociolinguistiche e psicolinguistiche degli anni Settanta, che promuovono l'avvento di un nuovo genere di *testing* pragmatico, con prove basate su testi, intesi come unità minime di comunicazione, per verificare le abilità linguistiche singole (saper ascoltare, parlare, leggere e scrivere) o integrate (dialogare, prendere appunti, tradurre; Oller, 1979). Questo tipo di test si evolverà poi, dagli anni Ottanta fino ai nostri giorni, nelle forme del *testing* comunicativo, in cui l'obiettivo è la misurazione delle competenze linguistico-comunicative, caratterizzate da una maggiore complessità e indeterminatezza (Davies, 1990).

Le novità del QCER riguarda non tanto la valutazione basata sul concetto di competenza linguistico-comunicativa, quanto la sua "graduabilità" in livelli, secondo criteri di tipo pragmatico-comunicativo che mettono in luce ciò che il soggetto sa fare anche sotto forma di competenze parziali: dai test si potranno così ricavare degli "indicatori" utili per rendere esplicita la capacità del soggetto di gestire differenti situazioni di comunicazione, in un'ottica di spendibilità sociale dei saperi.

Verificare, valutare e, di conseguenza, giudicare e misurare le competenze linguistico-comunicative in L2 sono operazioni che comportano di per sé una serie di tensioni e contrapposizioni: da una parte l'indeterminatezza dell'oggetto stesso della valutazione (la lingua, come sistema aperto anche se semioticamente coerente; le competenze linguistico-comunicative orali e scritte, ricettive e produttive, di interazione e di mediazione, basate su compiti e abilità – ancora lontane dall'essere chiaramente descritte e codificate), dall'altra la necessità di utilizzare parametri di valutazione abbastanza precisi ed espliciti, se non addirittura riconducibili a una scala di voti e giudizi sintetici e predefiniti. L'obiettivo più realistico consiste nel trovare un punto di equilibrio fra l'indeterminatezza dell'oggetto e l'esplicitezza delle forme della misurazione, fermo restando il fatto che non sarà possibile ottenere una misurazione precisa in assoluto, ma solo una più precisa rispetto ad altre. Come osserva Barni (2000, p. 157),

l'equilibrio ricercato nel *language testing* può essere ottenuto da una parte attraverso la ricerca dell'esplicitezza e dell'accuratezza nella descrizione dell'oggetto posto a verifica, cioè la lingua e la competenza e nella realizzazione dei mezzi attraverso i quali la competenza viene elicitata, cioè le prove e naturalmente i criteri utilizzati per valutare, e dall'altra attraverso il controllo dell'indeterminatezza attraverso una validazione statistica delle prove e dei risultati ottenuti.

12.2.3. LE DIVERSE MODALITÀ DI VERIFICA E VALUTAZIONE LINGUISTICA IN L2

I test linguistici possono essere classificati in base allo scopo, alla funzione, al momento della somministrazione, alle modalità di verifica, ad abilità e conoscenze da verificare e alle modalità di correzione e attribuzione del punteggio (Biotti, 2015).
a) Scopo:
– test di profitto (*achievement test* o *attainment test*): si riferiscono agli obiettivi e ai contenuti di un corso (può trattarsi di una verifica processuale o *in itinere*, o di una verifica finale), il cui scopo è verificare se l'input linguistico o il materiale didattico presentato siano stati capaci di attivare i processi di apprendimento previsti;
– test di livello (*placement test*): servono a individuare le competenze di un soggetto in vista del suo inserimento in un corso;
– test di competenza generale (*proficiency test*): hanno lo scopo di misurare il grado di autonomia comunicativa di un soggetto in relazione a particolari situazioni o contesti d'uso della lingua, indipendentemente dal percorso di apprendimento. Una serie di test di competenza generale, relativi a varie abilità e contesti d'uso della lingua, è l'elemento costitutivo delle prove di certificazione linguistica.
b) Funzione:
– test diagnostici: permettono di individuare i punti di forza e di debolezza nelle conoscenze e nelle competenze del soggetto, per decidere

le modalità di rinforzo da mettere in atto (nei test per punti discreti); si tratta dunque di test orientati verso il presente;
- test prognostici o di attitudine (*aptitude test*): misurano specifiche capacità di apprendimento di un soggetto, nella convinzione che esista la possibilità di prevedere il successo nell'apprendimento della L2 (per esempio in base all'età o alle altre lingue note; alle capacità di memoria, al riconoscimento e alla riproduzione di fonemi; alla sensibilità grammaticale che guida al riconoscimento della funzione delle parole nella frase ecc.); si tratta perciò di test orientati verso il futuro.

c) Momento della somministrazione rispetto a un corso:
- test di ingresso, relativi ai prerequisiti necessari per accedere a un corso;
- test *in itinere* (diffusi o periodici), relativi al sillabo e al programma svolto fino a quel momento nel corso, realizzati mediante forme diverse di valutazione (formale o informale, formativa o sommativa); essendo strettamente collegati ai processi dell'apprendimento guidato, si parla in questo caso anche di test di verifica dei progressi nei risultati dell'apprendimento (*progress achievement test*);
- test finali (o in uscita), relativi al sillabo e al programma svolto durante tutto un corso: di solito si tratta di una verifica formale, con modalità di somministrazione particolarmente ansiogene (esami).

d) Abilità e conoscenze da verificare:
- prove fattoriali ("per punti discreti"): partono dall'assunto che la competenza comunicativa sia frazionabile e che si possano valutare separatamente le varie componenti della lingua (lessico, morfologia, sintassi, prosodia), verificando, per esempio, la conoscenza delle regole di formazione del plurale dei sostantivi italiani;
- prove integrate ("pragmatiche") che testano il soggetto nella sua capacità di svolgere un compito attraverso le proprie competenze linguistico-comunicative, mettendole in relazione con le variabili contestuali per interpretare testi e contesti della lingua e della cultura obiettivo (interagire linguisticamente con altre persone, prendere appunti durante un ascolto, riassumere un testo ascoltato o letto; ricostruire un *cloze*, cioè un testo con alcune parti mancanti, grazie alle informazioni presenti; ricostruire un dialogo aperto; trascrivere un testo orale ecc.).

e) Formato:
- prove di riconoscimento: mettono in gioco le abilità di comprensione orale e scritta nella L2 (domande a scelta multipla, vero/falso;

abbinamenti; riordino di parole di una frase, di battute di un dialogo, di sequenze e parti di un testo; transcodificazioni; esercizi di completamento ecc.);
- prove di produzione: mettono in gioco le abilità di produzione orale e scritta nella L2 (risposta orale o scritta a un questionario, monologo guidato o libero; composizione guidata o libera);
- prove di interazione: mettono in gioco le abilità di interazione orale e scritta nella L2;
- prove di mediazione: mettono in gioco le abilità di mediazione orale e scritta nella L2 (riformulazioni da linguaggio settoriale a lingua comune, sintesi di testi da tecnici a divulgativi ecc.) o dalla L2 a un'altra lingua (traduzione e interpretariato), con adattamenti di tipo linguistico e culturale secondo i destinatari;
- prove dirette, che permettono di verificare, attraverso l'osservazione di una prestazione, una specifica abilità (è il caso delle abilità di produzione scritta e orale, che sono direttamente osservabili per esempio in un'intervista);
- prove indirette, che permettono di verificare indirettamente le abilità da testare (per esempio le abilità di comprensione orale e scritta, indagate attraverso una batteria di domande).

f) Interpretazione dei risultati:
- prove basate sull'esecuzione (simulazione di situazioni): la valutazione avviene facendo riferimento a una scala di competenze e a una serie di standard di riferimento (*benchmarks*), in modo da collocare la prestazione osservata in un punto del *continuum* fra uno standard e l'altro;
- prove basate sulla norma: la prestazione dello studente viene valutata in base a quelle di coloro a cui è stato somministrato lo stesso test (si usa di solito questo procedimento per formare le classi).

g) Modalità di correzione e assegnazione del punteggio:
- prove oggettive (a risposta chiusa, con attribuzione predefinita di un punteggio alle risposte corrette, sbagliate o non date): può trattarsi di domande vero/falso, di domande o completamenti a scelta multipla, di abbinamenti o riordini, di *cloze* o completamenti;
- prove soggettive (che richiedono una valutazione soggettiva del valutatore, anche se spesso la soggettività viene limitata dall'uso di criteri, scale o griglie predefinite): può trattarsi di abilità produttive (scritte e orali), di abilità di interazione e di mediazione (scritta e orale);
- prove semistrutturate (su compiti precisi, basate su elementi forniti

preliminarmente): può trattarsi di risposte brevi a domande aperte, di costruzione di frasi incomplete, di riassunto di un testo dato.

12.2.4. IL CONCETTO DI QUALITÀ DELLE PROVE DI VERIFICA

Le caratteristiche di una prova di verifica di qualità rimandano a una serie di requisiti fondamentali (validi sia per la verifica linguistica che per quella glottodidattica):
- validità e adeguatezza (*validity*);
- rappresentatività e appropriatezza (*appropriateness, appropriacy*);
- affidabilità o attendibilità (*reliability*);
- fattibilità (*feasability*);
- capacità di discriminazione (*discrimination, discriminability*).

Un test, per essere "valido", dovrebbe permettere di ricavare dei dati significativi, appropriati e utili allo scopo: se lo scopo è per esempio quello di valutare l'abilità di produzione scritta, una prova basata sulla sintesi scritta di un testo precedentemente letto non potrà essere valida, visto che il prodotto finale sarà determinato anche dall'abilità di comprensione scritta del soggetto. In questo caso, dunque, il contenuto della prova non è adeguato all'obiettivo, essendo falsato il rapporto tra la prova e ciò che essa deve misurare.

Un test deve essere anche "rappresentativo": un input troppo esiguo non permette di valutare adeguatamente la comprensione, così come una batteria di prove tutte dello stesso tipo non aiuta a verificare le competenze metalinguistiche o la capacità di interazione orale.

Un test, per essere "affidabile", deve poter fornire dati simili anche se somministrato in momenti diversi (deve cioè essere riproducibile senza perdere in attendibilità), per questo l'elaborazione delle prove deve essere particolarmente accurata nel suo aspetto grafico, nella chiarezza delle istruzioni, nelle condizioni di somministrazione, per evitare che i risultati siano influenzabili da fattori esterni (per esempio la necessità di ulteriori spiegazioni del somministratore).

Un test deve anche essere "fattibile", cioè ragionevolmente realizzabile, mettendo in relazione il rapporto fra costi e benefici per ciascuna delle fasi necessarie alla sua realizzazione (la progettazione, l'implementazione, la somministrazione, la correzione).

Un test, infine, deve essere "capace di discriminare", cioè individuare le capacità differenziate dei candidati a cui è stato somministrato: un test i cui esiti sono molto omogenei e concentrati quasi tutti verso il basso o verso l'alto è stato probabilmente tarato male sui destinatari a cui si rivolge, dal momento che statisticamente è poco probabile un esito di questo tipo.

In parte sovrapponibili ai criteri di qualità precedentemente esposti sono i quattro requisiti generali riassunti nell'acronimo PACE (Porcelli, 1992), riferiti in particolare ai test di profitto e di tipo formativo:
- pertinenza (P), se un test riesce a verificare tutti gli elementi che vuole veramente verificare, senza elementi collaterali o estranei, puntando agli aspetti più rappresentativi di quanto è stato oggetto di apprendimento;
- accettabilità (A), se il test è percepito come utile da entrambe le parti in gioco (somministratore/docente e destinatario/apprendente), anche perché coerente con la metodologia di insegnamento utilizzata nel percorso in cui il test si inserisce;
- comparabilità (C), se il test offre dati che permettono di paragonare le prestazioni fornite dallo studente in momenti diversi del suo apprendimento, o che possano essere confermati da più di un esaminatore;
- economicità (E), se il test offre un rapporto ottimale fra tempo di elaborazione, tempo di correzione e i tre parametri di valutazione precedentemente illustrati.

12.3
Le certificazioni linguistiche e glottodidattiche

La necessità di rendere trasparenti le abilità linguistico-comunicative che un soggetto possiede in una L2 è una delle esigenze più urgenti emerse nel mercato del lavoro contemporaneo, caratterizzato dalla mobilità internazionale delle persone. Sia i datori di lavoro sia coloro che cercano impiego hanno dunque interesse nel fare riferimento a un quadro comune che permetta di identificare in maniera sicura ciò che l'individuo sa e sa fare in L2: se da una parte chi offre un impiego deve essere in grado di indicare con chiarezza il tipo di competenze linguistico-comunicative richieste, dall'altra chi si offre per un impiego deve poter mettere in luce le proprie reali capacità e le future esigenze di formazione.

Analogamente, la trasparenza dei titoli e delle competenze linguistiche è fondamentale in un sistema universitario mondiale caratterizzato da una crescente mobilità accademica. Un destino analogo stanno vivendo i saperi informatici, che hanno portato in Europa all'ideazione di un sistema comune di certificazioni informatiche (ECDL) che attesta la capacità nell'uso del computer a vari livelli di competenza: generico, evoluto, specialistico[2].

Competenze linguistiche in L2 e competenze informatiche sono due settori in cui, oltre a percorsi formativi a livello scolastico e accademico, vengono offerte oggi anche possibilità di riconoscimento attraverso test certificatori, indipendenti da un percorso formativo e basati piuttosto su una batteria di prove che "fotografano" le conoscenze e le competenze di un individuo in un momento della sua vita. Questo tipo di certificazioni in certi casi ha validità limitata nel tempo e deve essere ripetuto dopo un certo periodo perché possa essere preso in considerazione dai datori di lavoro o da chi ne richiede l'attestazione. Tuttavia, sia le certificazioni che gli altri titoli ottenuti in seguito alla frequenza di corsi di studio e al superamento di esami di profitto finali possono essere inseriti nel PEL (Portfolio europeo delle lingue) che accompagna i cittadini della nuova società dell'"educazione permanente" (*Lifelong Learning*).

In campo linguistico esistono certificazioni relative alle competenze linguistico-comunicative in lingue diverse dalla lingua madre, basate su una serie di prove che servono ad attestare le abilità di lettura, comunicazione scritta, ascolto, comunicazione orale, oltre alla conoscenza delle regole d'uso della lingua, rilasciate da enti certificatori riconosciuti a livello internazionale.

Esistono anche delle certificazioni che permettono di valutare le competenze didattico-comunicative in riferimento a una lingua non materna indipendentemente da un percorso formativo specifico, anche se in questo campo prevalgono i corsi in presenza o a distanza che si concludono con un esame finale e un titolo (diploma, master, specializzazione).

Di seguito illustreremo brevemente le certificazioni linguistiche e quelle glottodidattiche relative all'italiano L2.

---

2. Il sistema di certificazioni ECDL fa capo al Council of European Professional Informatics Societies, l'ente che riunisce le associazioni europee di informatica. L'Italia è uno dei 17 paesi membri ed è rappresentata dall'Associazione italiana per l'informatica ed il calcolo automatico (AICA). Il test è organizzato in tre livelli: per l'utente generico (Core Level Program), per l'utente evoluto (Advanced Level Program) e per l'utente specialista (Specialized Level Program). Il formato e le prove sono identici in tutti i paesi (garanzia di uniformità) e possono essere effettuati su piattaforme diverse, non essendo legati a un particolare prodotto e fornitore (garanzia di neutralità); cfr. http://www.ecdl.it.

12.3.1. LE CERTIFICAZIONI LINGUISTICHE PER L'ITALIANO L2

L'esperienza nel campo della certificazione delle competenze linguistiche in L2 risale all'inizio del secolo scorso con i primi certificati di inglese L2 rilasciati dall'Università di Cambridge, seguita da altre esperienze per lo spagnolo, il tedesco e il francese. Alla fine degli anni Ottanta saranno le Università di Cambridge e Salamanca (già attive per le certificazioni linguistiche) a dare inizio a un'associazione di enti certificatori impegnati nell'elaborazione di prove per attestare le competenze linguistico-comunicative in lingua straniera: si tratta dell'*Association of Language Testers in Europe* (ALTE), fondata nel 1990, che conta oggi 31 membri per 26 lingue europee. Indipendentemente dall'appartenenza all'ALTE, esistono attualmente per ogni lingua europea degli enti formativi accreditati per l'elaborazione di test per la certificazione delle competenze linguistico-comunicative nella lingua parlata come lingua materna nel proprio territorio di appartenenza. Tali istituzioni si occupano di progettare, realizzare, somministrare e correggere le prove certificatorie, i cui risultati vengono valutati in base a una serie di descrittori di competenze e non agli standard attesi in relazione a un percorso formativo.

Nel 1992, in seguito al riordino delle Università per stranieri di Siena e di Perugia (gli unici due atenei italiani dedicati in particolare alla ricerca sull'italiano L2), furono varate le prime due certificazioni ufficiali di competenza in lingua italiana (CILS di Siena e CELI di Perugia). Alla fine dello stesso anno una convenzione analoga in merito agli esami certificatori di lingua venne firmata dalla Società Dante Alighieri e dal dipartimento di Italianistica della Terza Università di Roma: alle certificazioni di Siena e Perugia si affiancano dunque la certificazione IT di Roma Tre e la certificazione PLIDA della Società Dante Alighieri. Si è venuta così a creare anche per gli studenti di italiano L2 la possibilità di ottenere il riconoscimento delle proprie competenze linguistico-comunicative al di fuori di un particolare percorso formativo e tramite titoli riconosciuti a livello internazionale, trasparenti e spendibili nel mondo del lavoro[3].

---

3. Sulle quattro certificazioni riconosciute dal MAECI (CILS, CELI, PLIDA, IT) cfr. la sintesi di Barni (2011; 2015). Sulla certificazione PLIDA cfr. Patota, Pizzoli (2004). Sul quadro teorico di riferimento della certificazione per l'italiano L2, e in

12. VERIFICA, (AUTO)VALUTAZIONE, CERTIFICAZIONE

Nel 2013 il ministero degli Affari esteri italiano ha lanciato il progetto Certificazione lingua italiana di qualità (CLIQ), un sistema di certificazione unificato, realizzato dai quattro enti certificatori per l'italiano L2 (Università per stranieri di Siena, Università per stranieri di Perugia, Università Roma Tre e Società Dante Alighieri) al fine di permettere all'Italia di disporre di un marchio di qualità linguistica chiaramente identificabile dal pubblico straniero desideroso di studiare l'italiano.

A queste certificazioni se ne affiancano altre prodotte e diffuse per circuiti più ristretti a livello nazionale, come:
- il certificato CLIP (Conoscenza dell'italiano a livello professionale) realizzato per la Francia dalla Camera di commercio italiana con sede a Parigi;
- il certificato UNIcert di italiano, destinato agli studenti dei Centri linguistici delle università della Germania;

Alcune di queste certificazioni attestano una competenza generale, altre sono invece più mirate, in base all'età dei candidati (per esempio l'italiano per adolescenti) o in base ai loro bisogni comunicativi (per esempio l'italiano commerciale, l'italiano per docenti). Tutte si sono però via via uniformate all'organizzazione in sei livelli del QCER, di cui attestano le competenze linguistico-comunicative (scritte e orali, produttive, ricettive e di interazione).

12.4

12.3.2. LE CERTIFICAZIONI GLOTTODIDATTICHE PER L'ITALIANO L2

Le prime esperienze nel campo della certificazione delle competenze glottodidattiche nascono, come era avvenuto anche per la certificazione delle competenze linguistiche, in seno al *Local Examinations Syndicate* dell'Università di Cambridge (UCLES) che, somministratore di test linguistici di inglese L2 fin dal 1913, introduce nel 1988 i primi certificati di didattica dell'inglese (*Certificates and Diplomas for Teaching English as a Foreign Language*)[4], seguiti negli anni seguenti da altre sperimentazioni per il tedesco, lo spagnolo e il francese.

---

particolare sugli esami CILS, cfr. Vedovelli (2005a). Una panoramica sulla valutazione delle competenze linguistico-comunicative in italiano L2 e su CILS e CELI si trova in Jafrancesco (2007).

4. Il primo modello di certificazione glottodidattica risale in realtà agli anni Sessanta, a opera di John Haycraft (1926-1996), fondatore e direttore della rete di scuole private *International House* diffuse in tutto il mondo.

L'idea di una certificazione che verifichi le conoscenze sugli aspetti teorici relativi alla didattica dell'italiano L2 e al tempo stesso permetta di valutare le competenze metodologico-applicative in questo campo, indipendentemente da un percorso formativo specifico, nasce presso l'Università per stranieri di Siena all'inizio degli anni Novanta, sulla spinta delle esigenze dei numerosi docenti di italiano disseminati nel mondo, molti dei quali con lunga esperienza ma privi di titoli accademici in questo settore, e soprattutto che non avevano mai potuto riflettere in maniera rigorosa sul proprio operato. Nel 1994 nasce proprio a Siena la certificazione DITALS, sperimentata inizialmente all'estero e poi affermatasi anche in Italia, in seguito alla sempre più ampia richiesta di formazione per l'insegnamento dell'italiano a studenti in mobilità accademica, a lavoratori migranti e successivamente, in seguito ai ricongiungimenti familiari, anche ai bambini stranieri inseriti nelle scuole italiane. Nel 2003 anche l'Università Ca' Foscari di Venezia crea un proprio centro per la formazione dei docenti (Laboratorio ITALS), che elabora altre certificazioni glottodidattiche per l'italiano L2 (CEFILS e CEDILS), e successivamente anche l'Università per stranieri di Perugia (DILS-PG).

12.4
L'autovalutazione

Una delle parole chiave della nuova società della conoscenza che caratterizza le società complesse del nuovo millennio è "autonomia", intendendo con questo termine, applicato all'educazione linguistica, l'"autonomia di chi apprende e insegna una lingua straniera". Prerequisito indispensabile per l'autonomia è la "consapevolezza" (di ciò che si apprende o si insegna, di come si apprende o si insegna, di quelle che sono le proprie strategie di insegnamento-apprendimento e via dicendo). Solo chi sa riflettere sul proprio modo di apprendere o insegnare una lingua straniera può dirsi emancipato al punto di progettare autonomamente i propri percorsi formativi (linguistici o glottodidattici) e trarre insegnamento dallo stesso contesto i cui si trova a interagire e operare.

Una delle forme in cui si realizza l'autonomia nell'insegnamento-apprendimento della L2 è la capacità di "autovalutazione" (delle proprie competenze linguistiche o glottodidattiche), una capacità che sta particolarmente a cuore agli artefici della nuova Europa linguistica, come dimostrano i progetti varati in questo ambito dalla Commissione Europea e dagli organismi che contribuiscono alla messa in atto delle linee di politica linguistica[5].

12.4.1. L'AUTOVALUTAZIONE DELLE COMPETENZE LINGUISTICO-COMUNICATIVE: PEL E DIALANG

All'inizio degli anni Novanta parte in Svizzera un progetto sulla *Valutazione e autovalutazione delle competenze nelle lingue straniere*[6] che porterà all'elaborazione di una batteria di descrittori in base ai quali individuare, per un ampio ventaglio di livelli e di abilità, le competenze linguistico-comunicativa, strategica e (inter)culturale nella L2. I descrittori elaborati nell'ambito di questo progetto saranno poi inseriti nel QCER e permetteranno di delineare i sei livelli europei comuni di riferimento utilizzati anche per altri progetti orientati all'autovalutazione, come il PEL (Portfolio europeo per le lingue), promosso dalla Divisione per la politica linguistica del Consiglio d'Europa (Strasburgo). Fra l'autunno 1998 e l'estate 2000 sono state sperimentate diverse versioni del PEL (in tedesco, francese, inglese e italiano) da tre organizzazioni transnazionali in quindici paesi europei, prima di lanciare ufficialmente questo strumento insieme al QCER nel 2001, in occasione dell'apertura dell'"Anno europeo delle lingue".

L'obiettivo a lungo termine del PEL (Council of Europe, 2002) è quello di favorire lo sviluppo del plurilinguismo e del pluriculturalismo, nonché la trasparenza e la spendibilità dei titoli e delle competenze. Si tratta infatti di uno strumento paneuropeo, destinato a chi sta imparando o ha imparato una o più L2, con l'obiettivo di testimoniare in maniera logica e ordinata i propri saperi certificati e le proprie esperienze formative in ambito linguistico: le informazioni così registrate saranno riconoscibili e interpretabili a livello internazionale, visto che ogni PEL utilizza in Europa le stesse linee guida redazionali. Il fatto di registrare personalmente le competenze linguistiche e le qualifiche ot-

---

5. Sulla politica linguistica europea e sui suoi sviluppi (dalla diversità linguistica all'educazione plurilingue) cfr. Beacco, Byram (2003).
6. Realizzato da Günther Schneider (dell'Università di Friburgo), René Richterich (dell'Università di Losanna) e Brian North (della scuola Eurocentres di Zurigo), nel quadro del Programma nazionale di ricerca sull'efficacia dei sistemi di formazione svizzeri.

tenute dovrebbe altresì permettere di sviluppare la capacità personale di valutare le proprie competenze in L2, riflettendo criticamente sui propri apprendimenti, sui propri traguardi certificati e sulle proprie esperienze (viaggi, tirocini, corsi di formazione). Per fare questo il PEL si serve di tre documenti, corrispondenti alle tre sezioni che lo compongono:

1. il passaporto linguistico, che offre una panoramica aggiornabile delle competenze linguistiche raggiunte in una o più L2, con riferimento ai certificati ottenuti ma anche mediante descrittori che permettono l'autovalutazione. Per completare e aggiornare questa sezione il soggetto dovrà riflettere su questi punti: *a)* quali sono le mie lingue straniere; *b)* come valuto le mie competenze linguistico-comunicative per ogni lingua, in base a una griglia di riferimento per livelli e abilità; *c)* quali sono i certificati e i diplomi che attestano le mie competenze; *d)* quali sono le mie esperienze linguistiche più significative. Il "passaporto" mette a fuoco la dimensione sincronica del plurilinguismo di un soggetto, offrendo una sorta di "fotografia" delle competenze che il singolo dichiara di possedere in una rosa di L2 in un preciso momento della propria vita;

2. la biografia linguistica, che è invece uno strumento diacronico per l'archiviazione dei traguardi raggiunti da un individuo in merito alle competenze linguistiche in una o più lingue straniere; qui infatti il soggetto tiene nota della storia dei propri apprendimenti linguistici per una o più L2, imparando a valutare gli obiettivi di apprendimento via via raggiunti e a riflettere sui propri percorsi formativi e sulle proprie esperienze interculturali;

3. il dossier, che rappresenta infine un archivio in cui il soggetto inserisce (a propria discrezione) i certificati e gli attestati ottenuti e tutti quei documenti che dimostrano le competenze linguistiche e le esperienze interculturali accumulate nel tempo[7].

Un altro strumento per l'autovalutazione delle competenze linguistico-comunicative in L2 è quello che va sotto il nome di DIALANG (*Diagnosis of Foreign Language Skills*), realizzato con l'appoggio della Commissione Europea da oltre 20 istituzioni europee coordinate dall'Università di Jyvaskyla (Finlandia) allo scopo di sviluppare un sistema di valutazione di tipo diagnostico delle competenze linguistiche e di fornire un supporto online a chi sta imparando una lingua

---

7. Cfr. il sito ufficiale dell'European Language Portfolio, http://www.coe.int/t/dg4/education/elp/.

straniera. La prima fase di DIALANG si è conclusa nel 1999 e dal 2001 è possibile accedere online all'intero sistema diagnostico. Il progetto prevede attualmente 14 lingue, compreso l'italiano[8], per le quali sono previsti test e strumenti di autovalutazione relativi alle abilità di lettura, scrittura, comprensione orale, con approfondimenti su grammatica, lessico e ortografia. I materiali per l'autovalutazione delle competenze linguistiche sono realizzati sulla base dei sei livelli descritti dal QCER e offrono una serie di percorsi individualizzati. Dopo un test di piazzamento iniziale, basato sull'ampiezza del lessico posseduto in L2, sono previste tre modalità diverse e integrate di autovalutazione (cfr. Pavan De Gregorio, 1999):
- indicazione del livello della prestazione nelle varie abilità e sottoabilità;
- autovalutazione mediante riferimento a descrittori e a modelli di prestazioni tipo;
- feedback diagnostico attraverso la restituzione all'utente dei risultati delle prove, con suggerimenti per l'apprendimento autonomo.

Pensato per soggetti adolescenti o adulti appartenenti ai paesi della Comunità Europea, dotati di media cultura e spinti dal bisogno culturale di ampliare le proprie conoscenze linguistiche per esigenze occupazionali o per motivazioni intrinseche (desiderio di leggere testi originali, vedere film non doppiati, comunicare direttamente con altri cittadini europei), DIALANG ha l'obiettivo di sviluppare in questi soggetti la capacità di riconoscere le proprie competenze linguistiche anche parziali, i propri punti di forza e di debolezza in relazione a determinate soglie di competenza individuate dal QCER e alla sua dettagliata griglia di descrittori, favorendone in ultima istanza la consapevolezza linguistica e le strategie per imparare ad apprendere anche autonomamente.

12.4.2. L'AUTOVALUTAZIONE DELLE COMPETENZE GLOTTODIDATTICHE: DAL *PROFILO* AL PEFIL

Come gli anni Novanta sono stati dedicati ai vari progetti europei per l'elaborazione comune di descrittori delle competenze linguistiche in

---

8. Le 14 lingue di DIALANG sono: danese, finlandese, francese, greco, inglese, irlandese, islandese, italiano, norvegese, olandese, portoghese, spagnolo, svedese e tedesco. I materiali dialang sono accessibili attraverso il sito http://www.lancaster.ac.uk.

L2, così l'inizio del XXI secolo vede emergere l'interesse per un'operazione analoga sulle competenze dei docenti di lingue straniere, riconosciuti come figure chiave per l'attuazione di una politica linguistica europea a favore del plurilinguismo.

Nel 2004 la Commissione Europea rende pubblico il lavoro di un'équipe di studiosi che negli anni precedenti ha condotto ricerche sui docenti di lingue in Europa per arrivare a delineare le competenze in un quadro di riferimento dedicato alla formazione dei docenti, così come nel decennio precedente l'attenzione si era focalizzata sugli apprendenti delle lingue straniere. Si tratta del *Profilo* (*Profilo europeo per la formazione dei docenti di lingue. Un quadro di riferimento*), un documento realizzato per la Commissione Europea da Michael Kelly e Michael Grenfell (2004) e dai loro collaboratori dell'Università di Southampton; esso sintetizza in 40 punti chiave un quadro di riferimento per la realizzazione di percorsi e materiali per la formazione dei docenti di L2[9].

Contemporaneamente al *Profilo* (a cui si ispira per quanto riguarda gli obiettivi per la formazione continua e ricorrente dei docenti di lingue Europa), viene elaborato nel 2007 un documento per l'autovalutazione delle competenze glottodidattiche da utilizzare nel momento della formazione iniziale dei futuri docenti di lingua: il PEFIL – *Portfolio europeo per la formazione iniziale dei docenti di lingue. Uno strumento di riflessione*; Newby *et al.*, 2007)[10], realizzato da un gruppo di esperti dell'European Centre for Modern Languages (Graz) per il Consiglio d'Europa, coordinato da David Newby. È uno strumento per l'autovalutazione, destinato ai futuri docenti di lingue impegnati nella formazione iniziale, che tiene conto sia del QCER sia del *Profilo*, ma utilizzando un formato che riprende alcune caratteristiche del DIALANG e del PEL.

Come il DIALANG mette a fuoco le competenze linguistico-comunicative in L2 dell'apprendente, così il PEFIL permette al futuro docente di lingua di valutare le proprie competenze glottodidattiche attraverso una batteria di quesiti a cui l'interessato stesso è invitato a rispondere. Si tratta dunque di uno strumento diagnostico che favorisce la consapevolezza e l'individuazione dei propri punti di forza e di debolezza, la riflessione sulle conoscenze teoriche e sulle abilità necessarie per insegnare una L2, tenendo al tempo stesso sotto controllo i propri progressi e l'effetto delle esperienze di tirocinio e di formazione guidata.

9. La traduzione italiana è in Diadori (2010).
10. La traduzione italiana è in Diadori (2010).

FIGURA 12.1
Esempio di scheda di autovalutazione PEFIL dedicata alla capacità progettuale del docente

IL PIANO DELLA LEZIONE
Sono capace di:
1. dare inizio alla lezione in maniera coinvolgente

2. essere flessibile quando lavoro a partire da un piano di lezione, rispondendo agli interessi degli apprendenti nel corso della lezione

3. garantire un passaggio non troppo brusco fra un'attività e l'altra e fra compiti individuali, di gruppo e collettivi

4. adeguare i tempi della mia scaletta quando avvengono fatti imprevisti

5. decidere i tempi delle attività in classe in modo da riflettere i tempi di attenzione dei singoli apprendenti

6. concludere una lezione in maniera focalizzata

Fonte: Diadori (2010, p. 230).

D'altro lato, come il PEL rappresenta uno strumento per tenere conto dei propri progressi nell'apprendimento della L2, così il PEFIL aiuta il futuro docente a riflettere, prendere nota e aggiornare le esperienze, i progressi e gli attestati ottenuti durante la propria formazione iniziale. Come il PEL, inoltre, è suddiviso in tre sezioni: affermazioni personali, autovalutazione, dossier.

Specularmente rispetto a QCER, DIALANG e PEL (che si occupano di competenze linguistico-comunicative), il *Profilo* e il PEFIL[11] si

[11]. Una descrizione di questi due documenti si trova in Salvi (2007) e in Chini, Bosisio (2014).

FIGURA 12.2
Esempio di scheda di autovalutazione PEFIL dedicata alla capacità del docente di gestire la classe

LA GESTIONE DELLA CLASSE

Sono capace di:

1. assumere diversi ruoli secondo i bisogni degli apprendenti e le esigenze dell'attività (mediatore, supervisore, fonte di informazioni ecc.)

2. creare opportunità di lavoro individuale, a coppie, di gruppo e di classe, gestendole adeguatamente

3. creare e usare risorse in maniera efficace (*flashcards*, cartelloni, tabelle ecc.)

4. gestire e usare in maniera efficace i sussidi tecnici (lavagna luminosa, computer, lettore audiovideo ecc.)

5. sovraintendere e assistere all'uso di forme diverse di TIC da parte degli apprendenti

Fonte: Diadori (2010, p. 232).

occupano di competenze relative alla didattica della L2: il primo rivolgendosi ai formatori e ai progettisti di corsi per docenti, il secondo ai corsisti stessi, nel momento della loro formazione iniziale. Le linee guida sulle competenze glottodidattiche che dovrebbero caratterizzare il docente di lingue europeo sono sintetizzate nel PEFIL attraverso una batteria di quesiti rivolti direttamente al docente di lingue in formazione:
1. nella sezione "affermazioni personali" (*personal statements*) si propongono delle attività che dovrebbero aiutare il futuro docente a riflettere su aspetti generali dell'insegnamento e su questioni che possono essere rilevanti all'inizio della sua formazione (si chiede di riflettere, per esempio, sulle esperienze positive o negative vissute come apprendente di una lingua straniera, sulle proprie aspettative,

sulle abilità che si considerano più importanti per un docente di lingue ecc.);
2. nella sezione "autovalutazione" (*self-assessment*) si propongono delle batterie di quesiti organizzati per temi (contesto didattico, metodologia, risorse, programmazione didattica, gestione della classe, apprendimento autonomo, verifica dell'apprendimento) (cfr. FIGG. 12.1 e 12.2) e si fornisce una griglia per la riflessione sul proprio tirocinio;
3. nella sezione "dossier" si propone al futuro docente di raccogliere in maniera ordinata le documentazioni ricevute durante il proprio percorso formativo (dai formatori, dai mentor, dai tutor o dai colleghi) e quelle relative alle attività svolte (come tirocinio in classe, nell'osservazione di lezioni, nello studio di casi, nella ricerca-azione ecc.).

12.4.3. LA GRIGLIA DI DESCRITTORI EPG

Concludiamo questo capitolo con il progetto EPG (*European Profiling Grid*) una griglia di descrittori sulle competenze dei docenti di lingue (e dei professionisti dell'insegnamento linguistico più in generale), elaborata nella sua forma iniziale da Brian North e Galya Mateva dell'associazione EAQUALS e portata a compimento nel 2013 grazie a un cofinanziamento della Comunità Europea[12]. Ispirata al modello di descrizione delle competenze del QCER (di cui North è stato coautore), questa griglia si articola su tre fasi di sviluppo in crescendo: la prima è quella dell'utente "basico" (cioè il docente in formazione, non ancora qualificato ma che già lavora come insegnante di lingua), la seconda è quella dell'utente "indipendente" (cioè l'insegnante che ha ottenuto un titolo ma è relativamente inesperto), la terza è quella dell'utente "esperto" (cioè l'insegnante che ha seguito un ulteriore percorso formativo e professionalizzante, che sa assumere ruoli di responsabilità, comprese l'assistenza e la supervisione di altri docenti meno esperti). Ognuna di queste tre fasi è suddivisa ulteriormente, secondo lo stesso schema ad albero utilizzato nel QCER, in modo da coprire complessivamente sei livelli (1.1, 1.2, 2.1, 2.2, 3.1, 3.2). Se orizzontalmente la griglia individua progressivamente le fasi di sviluppo dei docenti di lingue, verticalmente permette di analizzare per ogni livello i diversi descrittori divisi in quattro aree:

12.7

12. La griglia è consultabile e utilizzabile da parte di docenti, formatori e manager all'indirizzo http://www.epg-project.eu/. Cfr. anche Diadori (2015), pp. 153-6.

1. formazione e qualifiche (*training and qualifications*);
2. competenze didattiche fondamentali (*key teaching competences*);
3. competenze generali (*enabling competences*);
4. professionalità (*professionalism*).

Ciascuna di queste aree si articola a sua volta in sottosettori, in modo da individuare tredici ambiti rilevanti in base ai quali è possibile la valutazione e l'autovalutazione delle competenze glottodidattiche.

L'area dedicata a formazione e qualifiche comprende:
- la competenza linguistica nella lingua obiettivo;
- la formazione (diplomi, certificazioni, lauree di primo o di secondo livello);
- l'insegnamento monitorato e valutato, documentato e svolto sotto la supervisione di un mentor;
- l'esperienza di insegnamento della lingua, per un numero di ore crescente e in contesti sempre più ampi e diversificati.

L'area dedicata alle competenze fondamentali comprende:
- la metodologia (conoscenze e abilità) relativa alle tecniche, agli approcci, alle teorie sulla lingua e sull'apprendimento;
- la verifica e la valutazione, cioè la capacità di gestire le operazioni legate alla valutazione delle competenze linguistiche degli allievi (anche in riferimento ai livelli e ai descrittori individuati dal QCER);
- la progettazione didattica, cioè la capacità di progettare lezioni e corsi (dalla semplice attuazione di piani già elaborati da altri alla creazione di percorsi rispondenti ai bisogni dei propri allievi);
- l'interazione, cioè la gestione e il monitoraggio della classe (dall'interazione docente-classe alla gestione dei lavori in gruppo e a coppie, con relativi feedback).

L'area dedicata alle competenze generali comprende:
- la competenza interculturale, che riguarda sia la sensibilità del docente verso le questioni legate allo stretto rapporto fra lingua e cultura, sia la sua capacità di promuovere, insieme allo studio della lingua, anche quello del confronto interculturale;
- la consapevolezza linguistica che, diversamente dalla competenza nella lingua obiettivo, riguarda la capacità di dare risposta agli studenti sul funzionamento della lingua, guidandoli anche alla scoperta di regolarità ed eccezioni;
- le competenze informatiche, che rivestono un ruolo importante per l'autoformazione dei docenti, per la preparazione dei materiali didattici, per l'apprendimento con il supporto delle tecnologie della comu-

nicazione e dell'informazione, per il reperimento in rete di materiali multimediali (scritti, audio e video) da didattizzare o da consigliare agli allievi come rinforzo e approfondimento.

L'area dedicata alla professionalità comprende:
- la condotta professionale, che riguarda l'impegno individuale nella formazione didattica, ovvero la capacità di promuovere la propria crescita professionale e quella dei colleghi meno esperti;
- la gestione amministrativa, relativa alla capacità di svolgere i propri doveri istituzionali e impegnarsi nel lavoro collaborativo con i colleghi e per l'istituzione.

La capacità di autovalutare le proprie competenze didattiche è un obiettivo che ogni docente di lingua dovrebbe perseguire durante tutto l'arco della propria carriera. La griglia EPG tenta di sintetizzare le numerose variabili, anche se l'operazione non potrà mai dirsi conclusa e dovrà anzi tenere conto dei mutamenti della società, del ruolo che in essa rivestono i docenti di lingua, degli strumenti a loro disposizione e delle opportunità di formazione che si apriranno via via nei vari contesti. Tutto questo risponde, del resto, a una tendenza più generale che va verso un costante monitoraggio nelle offerte formative di qualità, a tutto vantaggio delle diverse parti in gioco: gli allievi, i docenti, i formatori, i manager didattici e tutti coloro che ne saranno direttamente o indirettamente influenzati, in una società sempre più orientata verso il plurilinguismo, la mediazione e la reciproca comprensione.

Bibliografia

AA.VV. (1992), *L'insegnamento della lingua italiana all'estero. Francia, Gran Bretagna, Germania, Spagna, Canada, Stati Uniti, Argentina, Brasile, Australia*, Fondazione Agnelli, Torino.
AA.VV. (1983), *Scritti linguistici in onore di Giovan Battista Pellegrini*, vol. I, Pacini, Pisa.
AA.VV. (1995), *Curricolo di italiano per stranieri*, Bonacci, Roma.
AA.VV. (1997), *Milia Multimedia Italiano L2 (CD-ROM)*, Progetto 1993-2003 del Ministero della Pubblica Istruzione – Direzione generale degli Scambi culturali e della SMS Luca Cambiaso di Genova, Didael, Milano.
ALLEN J. R. B., CORDER S. P. (eds.) (1974), *Techniques in Applied Linguistics*, Oxford University Press, Oxford.
ALLEN P., FRÖLICH M., SPADA N. (1984), *The Communicative Orientation of Language Teacher: An Observation Scheme*, in Handscombe, Orem, Taylor (1984), pp. 231-52.
AMBEL M. (2000), *Definire la competenza in ambito (non solo) linguistico*, in "Progettare la Scuola", 1-3, pp. 32-3.
AMBROSO S. (1993), *Prove per la verifica dell'apprendimento*, Istituto della Enciclopedia Italiana, Roma.
ANDERSON H. H., BREWER H. M., REED. M. F. (1946), *Studies of Teachers' Classroom Personalities*, 3 voll., Stanford University Press, Stanford (CA).
ANDORNO C. (2003), *Linguistica testuale. Un'introduzione*, Carocci, Roma.
ID. (2009), *Grammatica e acquisizione dell'italiano L2*, in "Italiano LinguaDue", 1, pp. 1-15.
ID. (2010), *Lo sviluppo della morfosintassi in studenti cinesi*, in Rastelli (2010), pp. 89-121.
ID. (2011), *La grammatica per l'apprendente di L2. Apprendenti guidati e spontanei a confronto*, in Corrà, Paschetto (2011), pp. 36-48.
ANDORNO C., BOSC F., RIBOTTA A. (2003), *Grammatica: insegnarla e impararla*, Guerra, Perugia.
ANTINUCCI F., CASTELFRANCHI C. (a cura di) (1976), *Psicolinguistica. Percezione, memoria e apprendimento del linguaggio*, il Mulino, Bologna.

ANTONELLI G. (2007), *L'italiano nella società della comunicazione*, il Mulino, Bologna.
ANTONIETTI A., CANTOIA M. (2000), *La mente che impara. Percorsi metacognitivi di apprendimento*, La Nuova Italia, Firenze.
APRILE L. (2002), *Orientamento e promozione del successo formativo. Alcuni concetti base secondo certe prospettive della psicologia dell'educazione*, in Betti (2002), pp. 169-95.
ARCANGELI M. (2005), *Apprendere per insegnare italiano nella nuova società integrata*, in Peluffo, Serianni (2005), pp. 339-48.
ID. (a cura di) (2010), *L'italiano nella Chiesa tra passato e presente*, Allemandi, Torino.
AUER J. C. P. (1981), *Einige konversationsanalytische Aspekte der Organisation von "Code Switching" unter italienischen Immigrantenkinder*, in "Revue de Phonétique Appliquée", 58, pp. 126-48.
BAGNA C. (2011), *America Latina*, in Vedovelli (2011), pp. 305-58.
BAGNA C., BARNI M., VEDOVELLI M. (2007), *Italiano in contatto con lingue immigrate: nuovi modelli e metodi per il neoplurilinguismo in Italia*, in Consani, Desideri (2007), pp. 270-90.
BALBONI P. E. (1994), *Didattica dell'italiano a stranieri*, Bonacci, Roma.
ID. (1998), *Tecniche didattiche per l'educazione linguistica. Italiano, lingue straniere, lingue classiche*, UTET, Torino.
ID. (1999), *Dizionario di glottodidattica*, Guerra, Perugia.
ID. (2002), *Le sfide di Babele. Insegnare le lingue nelle società complesse*, UTET, Torino.
ID. (2008), *Imparare le lingue straniere*, Marsilio, Venezia.
BALBONI P., SANTIPOLO M. (2003), *L'italiano nel mondo. Mete e metodi dell'insegnamento dell'italiano nel mondo. Un'indagine qualitativa*, Bonacci, Roma.
BALDEGGER M. (1980), *Kontaktschwelle Deutsch als Fremdsprache*, Langenscheidt, Berlin.
BALDELLI I. (a cura di) (1987), *La lingua italiana nel mondo. Indagine sulle motivazioni allo studio dell'italiano*, Istituto della Enciclopedia Italiana, Roma.
BALMAS P., GELSOMINI F., TOMASSETTI R. (2014), *Come insegnare italiano ai religiosi cattolici? Un'introduzione*, in Diadori (2014), pp. 140-54.
BANDINI A., BARNI M., SPRUGNOLI L. (1999), CILS – *Certificazione di italiano come lingua straniera e i pubblici dell'italiano: tradizione e innovazione nella composizione e nei bisogni*, in Vedovelli (1999b), pp. 407-19.
BARALDI C. (a cura di) (2007), *Dialogare in classe. La relazione tra insegnanti e studenti*, Donzelli, Roma.
BARBERY M. (2008), *L'eleganza del riccio*, Edizioni e/o, Roma.
BARETTI G. (1837), *Lettere familiari*, presso Luigi De-Micheli, Cremona.

BARKI P. *et al.* (2003), *Valutare e certificare l'italiano di stranieri. I livelli iniziali*, Guerra, Perugia.
BARNI M. (2000), *La verifica e la valutazione*, in De Marco (2000), pp. 155-74.
ID. (2011), *Europa*, in Vedovelli (2011), pp. 203-304.
ID. (2015), *Le certificazioni di italiano*, in Diadori (2015a), pp. 277-87.
BARNI M., TRONCARELLI D., BAGNA C. (a cura di) (2008), *Lessico e apprendimenti. Il ruolo del lessico nella linguistica educativa*, Atti del XIV convegno GISCEL, Siena, 6-8 aprile 2006, FrancoAngeli, Milano.
BARNI M., VILLARINI A. (2001), *La questione della lingua per gli immigrati stranieri. Insegnare, valutare e certificare l'italiano L2*, FrancoAngeli, Milano.
BATTAGLIA S., PERNICONE V. (1972), *Grammatica italiana*, Loescher, Torino.
BAZZANELLA C. (1994), *Le facce del parlare. Un approccio pragmatico all'italiano parlato*, La Nuova Italia, Firenze.
ID. (2008), *Linguistica e pragmatica del linguaggio. Un'introduzione*, Laterza, Roma-Bari.
BEACCO J. C., BYRAM M. (2003), *De la diversité linguistique à l'éducation plurilingue. Guide pour l'élaboration des politiques linguistiques éducatives en Europe*, Conseil de l'Europe, Strasbourg.
BECCARIA G. L. (a cura di) (1989), *Dizionario di linguistica*, Einaudi, Torino.
BECCARIA G. L., SOLETTI E. (a cura di) (1994), *La storia della lingua italiana: percorsi e interpretazioni*, Istituto dell'atlante linguistico italiano, Torino.
BEEBE L. (ed.) (1988), *Issues in Second Language Acquisition: Multiple Perspective*, Newbury House, Rowley (MA).
BEGIONI L., BERNI CANANI L. (a cura di) (1996), *Italien et français comme langues étrangères: aspects théoriques et méthodologiques*, Actes du congrès international, Ambassade de France, Service culturel, Bureau linguistique-Università per stranieri di Perugia, 22-24 avril 1993, Anicia, Roma.
BENEDETTI M. (2003), *Italia: A Vector of Communication in European Meetings*, in Schena, Soliman (2003), pp. 35-42.
BENUCCI A. (1994), *La grammatica nell'insegnamento dell'italiano a stranieri*, Bonacci, Roma.
ID. (2007a), *Insegnare italiano L2 in carcere*, in Rossi, Scaglioso (2007), pp. 53-73.
ID. (2007b), *L'italiano libera-mente. L'insegnamento dell'italiano a stranieri in carcere*, Guerra, Perugia.
ID. (a cura di) (2007c), *Sillabo di italiano per stranieri. Una proposta del Centro Linguistico dell'Università per Stranieri di Siena*, Guerra, Perugia.
ID. (a cura di) (2014), *Italiano L2 e interazioni professionali*, UTET, Torino.
BERLINI M. G., CANEVARO A. (1996), *Potenziali individuali di apprendimento*, La Nuova Italia, Firenze.
BERNINI G. (2003), *Come si imparano le parole. Osservazioni sull'acquisizione del lessico in L2*, in "Itals", 1, 2, pp. 233-47.

ID. (2005), *L'apprendimento della componente lessicale nell'acquisizione della L2. Aspetti e problemi*, in Jafrancesco (2005), pp. 31-42.

ID. (2010), *Acquisizione dell'italiano come L2*, in R. Simone (diretta da), *Enciclopedia dell'italiano*, con la collaborazione di G. Berruto e P. d'Achille, Istituto della Enciclopedia Italiana, Roma, 2 voll., vol. I, p. XXX.

BERRETTA M. (1993), *Morfologia*, in Sobrero (1993b), pp. 193-245.

BERRUTO G. (1987), *Sociolinguistica dell'italiano contemporaneo*, Carocci, Roma.

ID. (1990), *Italiano regionale, commutazione di codice e enunciati mistilingui*, in Cortelazzo, Mioni (1990), pp. 105-30.

ID. (1993), *Le varietà del repertorio*, in Sobrero (1993a), pp. 3-92.

ID. (1994), *Scenari sociolinguistici per l'Italiano del Duemila*, in Holtus, Radtke (1994), pp. 23-45.

ID. (1995), *Fondamenti di sociolinguistica*, Laterza, Roma-Bari.

BERTINI MALGARINI P. (1994), *L'italiano fuori d'Italia*, in Serianni, Trifone (1994), pp. 883-922.

BERTOCCHI D. (2000), *Per un curricolo di educazione linguistica*, in Bertocchi *et al.* (2000), pp. 30-87.

BERTOCCHI D. *et al.* (2000), *Insegnare italiano. Un curricolo di educazione linguistica*, La Nuova Italia, Firenze.

BETTI C. (a cura di) (2002), *Adolescenti e società complessa. Proposte di intervento formativo e didattico*, Edizioni del Cerro, Tirrenia (PI).

BETTONI C. (1993), *Italiano fuori d'Italia*, in Sobrero (1993a), pp. 411-60.

ID. (2000), *La terza generazione italiana all'estero*, in "Italiano e Oltre", 1, pp. 50-4.

ID. (2001), *Imparare un'altra lingua*, Laterza, Roma-Bari.

ID. (2006a), *Gli Italiani e l'italiano in Australia*, in Santipolo (2006), pp. 287-311.

ID. (2006b), *Linguistica acquisizionale e pratiche didattiche*, in Russo (2006), pp. 71-91.

ID. (2006c), *Usare un'altra lingua*, Laterza, Roma-Bari.

BETTONI C., DI BIASE B. (2005), *Sviluppo obbligato e progresso morfosintattico: un caso di processabilità in italiano L2*, in "ITALS", III, 7, pp. 67-82.

BEVILACQUA P., DE CLEMENTI A., FRANZINA E. (a cura di) (2001), *Storia dell'emigrazione italiana*, Donzelli, Roma.

BIAGI F., BRACCI L., FILIPPONE A. (2009), *Come insegnare italiano agli studenti universitari? Esperienze di FICCS (Full Immersion: Culture, Content and Service)*, in Diadori (2009a), pp. 45-50.

BIALYSTOK E. (1988), *Psycholinguistic Dimensions of Second Language Proficiency*, in Rutherford, Sharwood Smith (1988), pp. 31-50.

BIOTTI F. (2015), *La verifica nella L2*, in Diadori (2015a), pp. 140-8.

BLEY-VROMAN R. W., FELIX S. W., IOUP G. L. (1988), *The Accessibility of Uni-*

versal Grammar in Adult Language Learning, in "Second Language Research", 4, 1, pp. 1-32.
BLOOMFIELD L. (1942), *Outline Guide for the Practical Study of Foreign Languages*, LSA, Baltimore (MD).
BONAIUTI G. (2006), *E-learning 2.0*, Erickson, Trento.
BONVINO E. (2004), *Valutazione e misurazione dell'apprendimento linguistico*, Consorzio ICON, in http://www.italicon.net.
BORELLO E. (a cura di) (1994), *L'incomunicabilità di massa. Linguaggi settoriali: funzionamento e apprendimento*, Edizioni dell'Orso, Alessandria.
BOULIMA J. (1999), *Negotiated Interaction in Target Language Classroom Discourse*, Benjamins, Amsterdam-Philadelphia (PA).
BREEN M. (1987), *Contemporary Paradigms in Syllabus Design*, in "Language Teaching", 20, pp. 91-2 e 157-74.
BRUNER J. (1987), *Il linguaggio del bambino. Come il bambino impara ad usare il linguaggio*, Armando, Roma.
CACCIAMANI S., GIANNANDREA L. (2004), *La classe come comunità di apprendimento*, Carocci, Roma.
CALVANI A. (2000), *Elementi di didattica. Problemi e strategie*, Carocci, Roma.
CALVANI A., ROTTA M. (2000), *Fare formazione in Internet*, Erickson, Trento.
CALVET L. J. (2002), *Le marché aux langues. Les effets linguistiques de la mondialisation*, Plon, Paris.
CANEVARO A. (1997), *Programmazione per sfondi integratori*, in "La Didattica", 3, pp. 22-7.
CANGIÀ C. (1998), *L'altra glottodidattica. Bambini e lingua straniera fra teatro e computer*, Giunti, Firenze.
CARDONA G. R. (1988), *Dizionario di linguistica*, Armando, Roma.
CARDONA M. (2004), *Apprendere il lessico di una lingua straniera. Aspetti linguistici, psicolinguistici e glottodidattici*, Adriatica, Bari.
CARITAS, MIGRANTES (2001), *Dossier statistico immigrazione 2001*, Anterem, Roma.
CARLI A. (a cura di) (1996), *Stili comunicativi in classe*, FrancoAngeli, Milano.
CASTELLANI M. C. (2000), *Organizzare la classe. Il sistema classe e l'interazione*, in Castellani, Bertocchi (2000).
CASTELLANI M. C., BERTOCCHI D. (a cura di) (2000), *Modulo di formazione. Progetto* Milia Multimedia, SAGEP, Genova.
CAZDEN C. B. (1988), *Classroom Discourse: The Language of Teaching and Learning*, Heinemann, Portsmouth (NH).
CERRI R. (a cura di) (2007), *L'evento didattico. Dinamiche e processi*, Carocci, Roma.
CHINI M. (2000), *Interlingua: modelli e processi di apprendimento*, in De Marco (2000), pp. 45-70.

ID. (2005), *Che cos'è la linguistica acquisizionale*, Carocci, Roma.
CHINI M., BOSISIO C. (a cura di) (2014), *Fondamenti di glottodidattica. Apprendere e insegnare le lingue oggi*, Carocci, Roma.
CHOMSKY N. (1957), *Syntactic Structures*, Mounton, The Hagues-Paris.
ID. (1959), *A Review of F. B. Skinner, Verbal Behaviour*, in "Language", 35, 1, pp. 26-58.
ID. (1975), *Problemi di teoria linguistica*, Boringhieri, Torino.
ID. (1989), *La conoscenza del linguaggio*, il Saggiatore, Milano.
CICATELLI I. (2005), *Programmazione per sfondo integratore*, in Notti, Marzano, Tammaro (2005), pp. 93-116.
CICUREL F. (1991), *Lectures interactives en langue étrangère*, Hachette, Paris.
CILIBERTI A. (1991), *Grammatica, pedagogia, discorso*, La Nuova Italia, Firenze.
ID. (1994), *Manuale di glottodidattica*, La Nuova Italia, Firenze.
ID. (2012), *Glottodidattica. Per una cultura dell'insegnamento linguistico*, Carocci, Roma.
CILIBERTI A., PUGLIESE R., ANDERSON L. (2003), *Le lingue in classe. Discorso, apprendimento, socializzazione*, Carocci, Roma.
CINI L. (2015), *"La programmazione"*, in Diadori (2015), pp. 129-39.
COLOMBO A. (a cura di) (1979), *Guida all'educazione linguistica. Fini, modelli, pratica didattica*, Zanichelli, Bologna.
ID. (a cura di) (2008), *Leggere le nuove indicazioni*, FrancoAngeli, Milano.
COLOMBO M., ONGINI V. (2014), *Alunni con cittadinanza non italiana. L'eterogeneità dei percorsi scolastici*, "Quaderni ISMU", 1, Fondazione ISMU, Milano.
COLOMBO A., ROMANI W. (a cura di) (1995), *La lingua che ci fa uguali. Lo svantaggio linguistico: problemi di definizione e di intervento*, La Nuova Italia, Firenze.
COMODI F., MINCIARELLI A. (2005), *Sillabo. Per i cinque gradi del corso di lingua e cultura italiana per stranieri*, Guerra, Perugia.
COMRIE B. (1983), *Universali del linguaggio e tipologia linguistica*, il Mulino, Bologna.
CONSANI C., DESIDERI P. (a cura di) (2007), *Minoranze linguistiche. Prospettive, strumenti, territori*, Carocci, Roma.
CONSIGLIO D'EUROPA (2002), *Quadro comune europeo di riferimento per le lingue: apprendimento, insegnamento, valutazione*, traduzione di F. Quartapelle e D. Bertocchi, La Nuova Italia, Firenze-Oxford.
COOK V. J. (1985), *Chomsky Universal Grammar and second language learning*, in "Applied Linguistics", 6, pp. 1-18.
COONAN C. M. (2002), *La lingua straniera veicolare*, UTET, Torino.
CORRÀ L., PASCHETTO W. (a cura di) (2011), *La grammatica a scuola*, FrancoAngeli, Milano.

CORDER P. (1983), *Introduzione alla linguistica applicata*, il Mulino, Bologna.
CORTELAZZO M. (2001), *L'italiano e le sue varietà: una situazione in movimento*, in "Lingua e Stile", 36, pp. 417-30.
ID. (2007), *Evoluzione della lingua, percezione del cambiamento, staticità della norma*, in Pistolesi (2007), pp. 47-55.
CORTELAZZO M., MIONI A. M. (a cura di) (1990), *L'italiano regionale*, Atti del XVIII congresso della SLI, Padova-Vicenza, 14-16 settembre 1984, Bulzoni, Roma.
CORTELAZZO M., ZOLLI P. (1999), *DELI – Dizionario Etimologico della Lingua Italiana*, Zanichelli, Bologna.
COSERIU E. (1952), *Sistema, norma y habla*, s.e., Montevideo.
ID. (1971), *Teoria del linguaggio e linguistica generale. Sette studi*, Laterza, Bari.
COSTABILE N. (1967), *Le strutture della lingua italiana: grammatica generativo-trasformativa*, Patron, Bologna.
COSTE D. *et al.* (1976), *Un niveau-seuil*, Hatier, Paris.
COTRONEO E., DIADORI P., PALLECCHI F. (2007), *Quali studi sul parlato del docente di italiano L2? Le spiegazioni e le istruzioni orali*, in Diadori (2007b), pp. 339-54.
COUNCIL OF EUROPE (2002), *European Language Portfolio: Higher Education*, BLMV, Berne.
COVERI L., BENUCCI A., DIADORI P. (1998), *Le varietà dell'italiano. Manuale di sociolinguistica italiana*, Bonacci, Roma.
COVINO BISACCIA M. A. (1989), *Motivazione allo studio dell'italiano nei discenti stranieri presso l'Università per Stranieri di Perugia nell'anno accademico 1988*, Guerra, Perugia.
CUMMINS J. (1976), *The Influence of Bilingualism on Cognitive Growth: A Synthesis of Research Findings and Explanatory Hypothesis*, in "Working Papers on Bilingualism", 9, pp. 1-43.
ID. (1979), *Cognitive/Academic Language Proficiency, Linguistic Interdependence, the Optimum Age Question and Some Other Matters*, in "Working Papers on Bilingualism", 19, pp. 121-9.
ID. (1984), *Bilingualism and Special Education: Issues in Assessment and Pedagogy*, Multilingual Matters, Clevedon.
D'ACHILLE P. (1990), *Sintassi del parlato e tradizione scritta della lingua italiana*, Bonacci, Roma.
ID. (2003), *L'italiano contemporaneo*, il Mulino, Bologna.
D'ADDIO COLOSIMO W. (a cura di) (1973), *I materiali linguistici nella didattica delle lingue*, Zanichelli, Bologna.
D'AGOSTINO M. (2007), *Sociolinguistica dell'Italia contemporanea*, il Mulino, Bologna.
DAL NEGRO S., MOLINELLI P. (a cura di) (2002), *Comunicare nella torre di Babele. Repertori plurilingui in Italia oggi*, Carocci, Roma.

DANESI M. (1988), *Neurolinguistica e glottodidattica*, Liviana, Padova.
ID. (1994), *The Neuroscientific Perspective in Second Language Acquisition Research: A Critical Synopsis*, in "IRAL", 32, pp. 201-28.
ID. (1998), *Il cervello in aula!*, Guerra, Perugia.
DAVIES A. (1990), *Principles of Language Testing*, Blackwell, Oxford-Cambridge (MA).
DE FINA A., BIZZONI F. (a cura di) (2003), *Italiano e italiani fuori d'Italia*, Guerra, Perugia.
DELLA CASA M. (1994), *Scrivere testi. Il processo, i problemi educativi, le tecniche*, La Nuova Italia, Firenze.
DE MARCO A. (a cura di) (2000), *Manuale di glottodidattica. Insegnare una lingua straniera*, Carocci, Roma.
DE MARCO A., WETTER M. (2000), *L'apprendimento di una prima e di una seconda lingua*, in De Marco (2000), pp. 21-44.
DE MAURO T. (1980), *Guida all'uso delle parole*, Editori Riuniti, Roma.
ID. (1983), *Storia linguistica dell'Italia unita*, Laterza, Roma-Bari (3ª ed.; 1ª ed. 1963).
ID. (a cura di) (1994), *Come parlano gli italiani*, La Nuova Italia, Firenze.
ID. (2000), *Il dizionario della lingua italiana*, Paravia, Torino.
ID. (2007), *Le Dieci tesi nel loro contesto storico: linguistica, pedagogia e politica tra gli anni Sessanta e Settanta*, in GISCEL (2007), pp. 42-55.
DE MAURO T., CHIARI I. (a cura di) (2005), *Parole e numeri. Analisi quantitative dei fatti di lingua*, Aracne, Roma.
DE MAURO T., FERRERI S. (2005), *Glottodidattica come linguistica educativa*, in Voghera, Basile, Guerriero (2005), pp. 17-28.
DE MAURO T. et al. (2002), *Italiano 2000. I pubblici e le motivazioni dell'italiano diffuso tra stranieri*, Bulzoni, Roma.
DESIDERI P. (a cura di) (1995), *L'universo delle lingue*, La Nuova Italia, Firenze.
ID. (2007), *Il romanés, ovvero la lingua come patria: riflessioni glottodidattiche*, in Consani, Desideri (2007), pp. 218-34.
DE SWAAN A. (2001), *Words of the World*, Bert Bakker, Amsterdam.
DIADORI P. (2000), *Bisogni, mete e obiettivi*, in De Marco (2000), pp. 87-115.
ID. (a cura di) (2001), *Insegnare italiano a stranieri*, Le Monnier, Firenze.
ID. (2004), *Teacher-talk/foreigner-talk nell'insegnamento dell'italiano L2: un'ipotesi di ricerca*, in Maddii (2004), pp. 71-99.
ID. (2005a), *Come prepararsi alla sezione D dell'esame DITALS di II livello? Il parlato dell'insegnante di italiano L2*, in Diadori (2005b), pp. 103-39.
ID. (a cura di) (2005b), *La DITALS risponde 3*, Guerra, Perugia.
ID. (a cura di) (2006), *La DITALS risponde 4*, Guerra, Perugia.
ID. (2007a), *Il sistema Italia e l'italiano come seconda lingua*, in Preite, Soliman, Vecchiato (2007), pp. 77-100.

ID. (a cura di) (2007b), *La DITALS risponde 5*, Guerra, Perugia.
ID. (2008), *Lessico di base e stile discorsivo "brillante" nel parlato del docente di italiano L2*, in Barni, Troncarelli, Bagna (2008), pp. 157-64.
ID. (a cura di) (2009a), *La DITALS risponde 6*, Guerra, Perugia.
ID. (2009b), *Quali modelli operativi per l'italiano L2? L'Unità di Lavoro*, in Diadori (2009a), pp. 103-12.
ID. (a cura di) (2010), *Formazione Qualità Certificazione per la didattica delle lingue moderne in Europa*, Le Monnier, Milano.
ID. (a cura di) (2015a), *Insegnare italiano L2 a religiosi cattolici. L'italiano lingua veicolare nella Chiesa e la formazione linguistica del clero*, Le Monnier, Milano.
ID. (a cura di) (2015b), *Insegnare l'italiano a stranieri*, L, Milano.
ID. (a cura di) (2014), *La DITALS risponde 9*, Guerra, Perugia.
DIADORI P., PEPPOLONI D. (2013), *Training Language Teachers through Multimodal Classroom Observation: The CLODIS Project*, in "INNOQUAL", 1, 2, pp. 35-51.
DIADORI P., RONZITTI M. (2005), *Chiesa Cattolica e italiano L2: quale politica linguistica?*, in Guardiano *et al*. (2005), pp. 95-127.
DITTMAR N., SOBRERO A. A. (1990), *L'italiano in Europa: dalla parte di chi emigra*, in Lo Cascio (1990), pp. 193-207.
DOMENICI G. (1998), *Manuale dell'orientamento e della didattica modulare*, Laterza, Roma-Bari.
DRESSLER W., DE BEAUGRANDE A. (1984), *Introduzione alla linguistica testuale*, il Mulino, Bologna.
ELLIS R. (1985), *Understanding Second Language Acquisition*, Oxford University Press, Oxford.
ID. (1990), *Instructed Second Language Acquisition: Learning in the Classroom*, Blackwell, Oxford-Cambridge (MA).
ID. (1994), *The Study of Second Language Acquisition*, Oxford University Press, Oxford.
ID. (1997), *Second Language Acquisition*, Oxford University Press, Oxford.
ID. (2004), *The Definition and Measurement of Explicit Knowledge*, in "Language Learning", 54, pp. 227-75.
ID. (2005), *Principles of Instructed Language Learning*, in "System", 33, pp. 209-24.
FAVARO G. (2002), *Insegnare l'italiano agli alunni stranieri*, La Nuova Italia, Firenze.
FELE G., PAOLETTI I. (2003), *L'interazione in classe*, il Mulino, Bologna.
FERRARI A. (2014), *Linguistica del testo. Principi, fenomeni, strutture*, Carocci, Roma.
FERRERI S. (2005), *L'alfabetizzazione lessicale. Studi di linguistica educativa*, Aracne, Roma.

FERRERI S., GUERRIERO A. R. (a cura di) (1998), *Educazione linguistica vent'anni dopo e oltre*, La Nuova Italia, Firenze.
FLANDERS N. A. (1970), *Analyzing Teaching Behavior*, Addison-Wesley, Reading (MA).
FLAVELL J. H. (1976), *Metacognitive Aspects of Problem Solving*, in Resnick (1976), pp. 231-5.
FONDAZIONE MIGRANTES (2007), *Rapporto italiani nel mondo*, Centro studi e ricerche IDOS, Roma.
ID. (2013), *Rapporto italiani nel mondo 2013*, Tau Editrice, Todi.
FOSTER P., SKEHAN P. (1996), *The Influence of Planning on Performance in Task-Based Learning*, in "Studies in Second Language Acquisition", 18, pp. 299-324.
FOTOS S., ELLIS R. (1991), *Communicating about Grammar: A Task-Based Approach*, in "TESOL Quarterly", 25, 4, pp. 608-28.
FRAGAI E. (2000), *La rilevazione della condizione linguistica e socioculturale degli alunni stranieri*, in "Studi Emigrazione", XXXVII, 140, pp. 963-80.
ID. (2001), *La programmazione didattica: il Glotto-Kit come strumento per valutare i livelli di entrata*, in Barni, Villarini (2001), pp. 191-208.
ID. (2003), *Valutare la competenza linguistico-comunicativa in italiano L2: il Glotto-Kit per bambini e adolescenti stranieri*, in "Didattica & Classe Plurilingue", 7, pp. 1-5.
FRANCESCATO G. (1993), *Sociolinguistica delle minoranze*, in Sobrero (1993a), pp. 311-40.
FRATTER I. (2004), *Tecnologie per l'insegnamento delle lingue*, Carocci, Roma.
FREDDI G. (1970), *Metodologia e didattica delle lingue straniere*, Minerva Italica, Bergamo.
ID. (a cura di) (1987), *L'insegnamento della lingua-cultura italiana all'estero. Aspetti glottodidattici*, Le Monnier, Firenze.
ID. (1994), *Glottodidattica. Fondamenti, metodi, tecniche*, UTET, Torino.
ID. (1999), *Psicolinguistica, sociolinguistica, glottodidattica*, UTET, Torino.
GALLI DE' PARATESI N. (1981), *Livello soglia per l'insegnamento dell'italiano come lingua straniera*, Consiglio d'Europa, Strasburgo.
GALLINA F. (2011), *Australia e Nuova Zelanda*, in Vedovelli (2011), pp. 429-75.
GAMBERINI S. (1970), *Lo studio dell'italiano in Inghilterra nel 1500 e nel 1600*, D'Anna, Messina-Firenze.
GASS S. M. (1997), *Input, interacting and the Second Language Learner*, Lawrence Erlbaum Associates, Mahwah (NJ).
GENNARI L., D'ORAZIO A. (a cura di) (1990), *Istituzioni scolastiche e culturali italiane all'estero. Guida operativa e normativa*, Valore Scuola, Roma.
GENSINI S. (2005), *Breve storia dell'educazione linguistica dall'Unità ad oggi*, Carocci, Roma.

GENSINI S., VEDOVELLI M. (a cura di) (1993), *Teoria e pratica del Glotto-Kit*, FrancoAngeli, Milano.

GHEZZI C., GRASSI R. (2002), *Interazione e plurilinguismo in classe*, in Dal Negro, Molinelli (2002), pp. 95-122.

GIACALONE RAMAT A. (1993), *Italiano di stranieri*, in Sobrero (1993a), pp. 341-410.

ID. (a cura di) (2003), *Verso l'italiano. Percorsi e strategie di acquisizione*, Carocci, Roma.

GIOVANARDI C., TRIFONE P. (2012), *L'italiano nel mondo*, Carocci, Roma.

GISCEL (a cura di) (2007), *Educazione linguistica democratica. A trent'anni dalle Dieci tesi*, FrancoAngeli, Milano.

GIUNCHI P. (a cura di) (1990), *Grammatica esplicita e grammatica implicita*, Zanichelli, Bologna.

ID. (1995), *Grammatica e apprendimento linguistico*, in Desideri (1995), pp. 27-41.

ID. (2000), *Teorie grammaticali e implicazioni pedagogiche*, Lombardo, Roma.

GIVÓN T. (1979), *On Understanding Grammar*, Academic Press, New York.

ID. (ed.) (2003), *Topic Continuity in Discourse: A Quantitative Cross-Language Study*, Benjamins, Amsterdam-Philadelphia (PA).

GOLINI A., AMATO F. (2001), *Uno sguardo ad un secolo e mezzo di emigrazione*, in Bevilacqua, De Clementi, Franzina (2001), pp. 343-51.

GORINI U. (1997), *Storia dei manuali per l'apprendimento dell'italiano in Germania (1500-1950). Un'analisi linguistica e socioculturale*, Peter Lang, Frankfurt am Main.

GRADIT – *Grande dizionario italiano dell'uso* (1999), ideato e diretto da T. De Mauro, UTET, Torino.

GRASSI R. (2007), *Parlare all'allievo straniero. Strategie di adattamento linguistico nella classe plurilingue*, Guerra, Perugia.

GUARDIANO C. *et al.* (a cura di) (2005), *Lingue Istituzioni Territori. Riflessioni teoriche, proposte metodologiche ed esperienze di politica Linguistica*, Atti del XXXVIII congresso internazionale di studi della Società di linguistica italiana, Modena, 23-25 settembre 2004, Bulzoni, Roma.

GUMPERZ J. J. (1982), *Discourse Strategies*, Cambridge University Press, Cambridge.

HALLER H. W. (1993), *Una lingua perduta e ritrovata*, La Nuova Italia, Firenze.

HAMMERLY H. 1975, *The Deduction/Induction Controversy*, in "Modern Language Journal", LIX, 1, pp. 15-18.

HANDSCOMBE J., OREM R. A., TAYLOR B. P. (eds.) (1984), *On TESOL '83: The Question of Control*, TESOL, Washington DC.

HELLERMANN J. (2008), *Social Actions for Classroom Language Learning*, Multilingual Matters, Clevedon.

HOLTUS G., RADTKE E. (hrsg.) (1985), *Gesprochenes Italienisch in Geschichte und Gegenwart*, Narr, Tübingen.

ID. (hrsg.) (1994), *Sprachprognostik und das "italiano di domani"*, Narr, Tübingen.

HYMES D. (1974), *Foundations of Sociolinguistics: An Ethnographic Approach*, University of Pennsylvania, Philadelphia (PA).

IDIOS (2013), *Immigrazioni. Dossier statistico 2013*, Edizioni IDIOS, Roma.

JAFRANCESCO E. (a cura di) (2004), *Le tendenze innovative del Quadro comune europeo di riferimento per le lingue e del Portfolio*, Atti del XII convegno ILSA, Firenze, 18 ottobre 2003, EdiLingua, Roma.

ID. (a cura di) (2005), *L'acquisizione dell'italiano L2 da parte di immigrati adulti*, Atti del XIII convegno ILSA, Firenze, 16 ottobre 2004, EdiLingua, Roma.

ID. (a cura di) (2006), *La valutazione delle competenze linguistico-comunicative in italiano L2*, Atti del XIV convegno ILSA, Firenze, 4-5 novembre 2005, EdiLingua, Roma.

ID. (a cura di) (2007), *La formazione degli insegnanti di italiano L2: ruolo e competenze nella classe di lingua*, Atti del XV convegno ILSA, Firenze, 10-11 novembre 2006, EdiLingua, Roma.

JONASSEN D. H. (1994), *Thinking Technology: Toward a Constructivist Design Model*, in "Educational Technology", 34, 4, pp. 34-7.

KELLY M., GRENFELL M. (2004), *European Profile for Language Teacher Education – A Frame of Reference*, University of Southampton, Southampton (http://www.lang.soton.ac.uk/profile) (trad. it. di P. Diadori, *Profilo europeo per la formazione dei docenti di lingue. Un quadro di riferimento*, in Diadori, 2010, pp. 257-301).

KENDALL J. et al. (1990), *Combining Service and Learning: A Resource Book for Community and Public Service*, 2 voll., National Society for Internships and Experiential Education, Raleigh (NC).

KILPATRIK W. (1918), *The Project Method*, in "Teacher's College Record", 19, 4, pp. 319-55.

KOLB D. (1984), *Experiential Learning: Experience as the Source of Learning and Development*, Prentice Hall, Englewood Cliffs (NJ).

KRASHEN S. (1981), *Second Language Acquisition and Second Language Learning*, Pergamon Press, Oxford.

ID. (1985), *The Input Hypothesis: Issues and Implications*, Longman, London.

KRASHEN S., LONG M., SCARCELLA R. (eds.) (1982), *Child-Adult Differences in Second Language Acquisition*, Newbury House, Rowley (MA).

LADO R. (1961), *Language Testing*, Longman, London.

LAUDANNA A., VOGHERA M. (2011), *Apprendimento e insegnamento implicito e esplicito della grammatica*, in Corrà, Paschetto (2011), pp. 23-35.

LAVINIO C. (1990), *Teoria e didattica dei testi*, La Nuova Italia, Firenze.

ID. (2000), *Programmazione e selezione dei contenuti*, in De Marco (2000), pp. 117-40.
ID. (2004), *Comunicazione e linguaggi disciplinari. Per un'educazione linguistica trasversale*, Carocci, Roma.
LAVINIO C., VEDOVELLI M. (1997), *Le parole di Milia. Glossario*, in AA.VV. (1997).
LEBANO E. (1999), *Survey on the Italian Language in the USA*, Soleil, Welland.
LENNEBERG E. (1967), *Biological Foundations of Language*, Wiley, New York.
LO CASCIO V. (a cura di) (1987), *L'italiano in America Latina*, Le Monnier, Firenze.
ID. (a cura di) (1990), *Lingua e cultura italiana in Europa*, Le Monnier, Firenze.
ID. (2001), *Il futuro dell'italiano come lingua seconda nel mondo della globalizzazione*, in Schena, Soliman (2001), pp. 201-14.
LO DUCA M. G. (1997), *Esperimenti grammaticali. Riflessioni e proposte sull'insegnamento della grammatica dell'italiano*, La Nuova Italia, Firenze (poi Carocci, Roma 2004).
ID. (2003), *Lingua italiana ed educazione linguistica. Tra storia, ricerca e didattica*, Carocci, Roma.
ID. (2006), *Sillabo di italiano L2. Per studenti universitari in scambio*, Carocci, Roma.
ID. (2007), *Quante e quali parole nell'insegnamento dell'italiano L2? Riflessioni in margine alla costruzione di un sillabo*, in Pistolesi (2007), pp. 135-50.
ID. (2013), *Lingua italiana ed educazione linguistica. Tra storia, ricerca e didattica*, Carocci, Roma.
LONG M. H. (1988), *Instructed Interlanguage Development*, in Beebe (1988), pp. 115-41.
ID. (1996), *The Role of the Linguistic Environment in Second Language Acquisition*, in Ritchie, Bhatia (1996), pp. 413-68.
LONGO I. (1998), *Natural Approach*, in Serra Borneto (1998a), pp. 253-66.
LORENZETTI L. (1994), *I movimenti migratori*, in Serianni, Trifone (1994), vol. III, pp. 627-68.
LOSI S. (2007), *La televisione delle lingue. Storia, modelli e aspetti cognitivi della didattica delle lingue straniere per televisione*, Guerra, Perugia.
LUMBELLI L. (a cura di) (1974), *Pedagogia della comunicazione verbale*, FrancoAngeli, Milano.
MACHETTI S. (2011), *America del Nord*, in Vedovelli (2011), pp. 387-428.
MADDII L. (a cura di) (2004), *Apprendimento e insegnamento dell'italiano L2*, IRRE Toscana, Firenze.
MAE – MINISTERO DEGLI AFFARI ESTERI (1981), *Indagine sulle motivazioni dell'apprendimento della lingua italiana nel mondo*, Istituto della Enciclopedia Italiana, Roma.

MAFFEI S. (2006), *Come insegnare italiano agli adulti e agli anziani? Caratteristiche e motivazioni dei destinatari*, in Diadori (2006), pp. 40-6.

MAGER R. F. (1978), *Gli obietti didattici*, Lisciani e Zampetti, Teramo.

MAGGINI M., PARIGI V. (1985), *Bisogni comunicativi e pubblico dei corsi della Scuola di Lingua e Cultura Italiana per Stranieri di Siena. Annuario Accademico 1982-1984*, Scuola di lingua e cultura italiana per stranieri di Siena, Siena.

ID. (1988), *Italiana per tutti*, in "Italiano & Oltre", 3, pp. 132-5.

MARAZZINI C. (2006), *Sulla norma dell'italiano moderno. Con una riflessione sull'origine e sulla legittimità delle "regole" secondo gli antichi grammatici*, in "Lid'O – Lingua Italiana d'Oggi", 3, pp. 85-101.

MARELLO C., CORDA A. (2004), *Lessico: insegnarlo e impararlo*, Guerra, Perugia.

MARELLO C., MONDELLI G. (a cura di) (1991), *Riflettere sulla lingua*, La Nuova Italia, Firenze.

MARGIOTTA U. (2003), *La scuola dei talenti. Modularità didattica e modulazione degli apprendimenti*, Armando, Roma.

MARGUTTI P. (2004), *Comunicare in una lingua straniera. Dalla teoria alla pratica*, Carocci, Roma.

MARKEE N. (2015), *The Handbook of Classroom Discourse and Interaction*, Wiley Blackwell, Oxford.

MATTARUCCO G. (2003), *Prime grammatiche d'italiano per francesi (secc. XVI-XVII)*, Accademia della Crusca, Firenze.

MAZZOTTA P. (a cura di) (2004), *Grammatica e grammatiche*, in "Scuola e Lingue Moderne", dossier monografico, nn. 4-6, pp. 4-37.

ID. (2006), *Dal Progetto Lingue Moderne al Quadro Comune Europeo*, in Mezzadri (2006), pp. 5-20.

MEDICI M., SIMONE R. (a cura di) (1971), *L'insegnamento dell'italiano in Italia e all'estero*, Bulzoni, Roma.

MEZZADRI M. (2003), *I ferri del mestiere*, Guerra, Perugia.

ID. (a cura di) (2006), *Integrazione linguistica in Europa. Il Quadro comune di riferimento per le lingue*, UTET, Torino.

MINERVA T., COLAZZO L. (a cura di) (2011), *Connessi! Scenari di innovazione nella formazione e nella comunicazione*, VIII Congresso nazionale della Società italiana di e-learning, Reggio Emilia, 14-16 settembre, Ledizioni, Milano.

MIONI A. (1979), *La situazione sociolinguistica italiana: lingua, dialetto, italiani regionali*, in Colombo (1979), pp. 101-14.

ID. (1983), *Italiano tendenziale: osservazioni su alcuni aspetti della standardizzazione*, in AA.VV. (1983), pp. 495-517.

MIUR – MINISTERO DELL'ISTRUZIONE, DELL'UNIVERSITÀ E DELLA RICERCA (2012), *Indicazioni nazionali per il curricolo della scuola dell'infan-*

zia e del primo ciclo di istruzione, in http://hubmiur.pubblica.istruzione.it/alfresco/d/d/workspace/SpacesStore/8afacbd3-04e7-4a65-9d75-cec3a38ec1aa/prot7734_12_all2.pdf.

ID. (2013), *Gli alunni stranieri nel sistema scolastico italiano*, a.s. 2012/2013, in http://www.istruzione.it/allegati/Notiziario_Stranieri_12_13.pdf.

MONAMI E. (2013), *Strategie di correzione orale dell'errore in classi di italiano L2*, Guerra, Perugia.

MOON B. (1998), *Modular Curriculum*, Paul Chapman, London.

MORTARA GARAVELLI B. (1988), *Textsorten*, in *Lexicon der romanistischen Linguistik*, Band IV: *Italienisch, Korsisch, Sardisch*, Niemeyer, Tübingen, pp. 157-68.

MOSKOWITZ G. (1976), *The Classroom Interaction of Outstanding Foreign Language Teachers*, in "Foreign Language Annals", 9, 2, pp. 135-43.

MPI – MINISTERO DELLA PUBBLICA ISTRUZIONE (2001), *Verso i nuovi curricoli. Sintesi*, in http://www.edscuola.it/archivio/norme/programmi/nuovicicli.pdf.

ID. (2007), *Indicazioni per il Curriculum della scuola dell'infanzia e del primo ciclo di istruzione*, Tecnodid, Napoli.

NASSAJI H., FOTOS S. (2004), *Current Developments in Research on the Teaching of Grammar*, in "International Journal of Applied Linguistics", 24, pp. 126-45.

NEMSER W. (1971), *Approximative Systems of Foreign Language Learners*, in "IRAL", 9, pp. 115-24.

NENCIONI G. (1989a), *Disperare dell'italiano?*, in Nencioni (1989b), pp. 227-34.

ID. (1989b), *Saggi di lingua antica e moderna*, Rosenberg & Sellier, Torino.

NEVILLE E., COLLINGE E. (eds.) (1990), *An Encyclopedia of Language*, Routledge, London.

NEWBY D. et al. (2007), *European Portfolio for Student Teachers of Languages: A Reflection Tool for Language Teacher Education (EPOSTL)*, Graz, Council of Europe Publishing, European Centre for Modern Languages (http://www.ecml.at/mtp2/FTE/) (trad. it. di P. Diadori, *Portfolio europeo per la formazione iniziale degli insegnanti di lingue. Uno strumento di riflessione [PEFIL]*, in Diadori, 2010, pp. 209-56).

NOBLITT J. S. (1973), *Grammatica pedagogica: verso una teoria della preparazione dei materiali nell'insegnamento delle lingue*, in D'Addio Colosimo (1973), pp. 150-70.

NOTTI A. M., MARZANO A., TAMMARO R. (2005), *Apprendere e progettare*, Anicia, Roma.

NUNAN D. (1989), *Designing Tasks for the Communicative Classroom*, Cambridge University Press, Cambridge.

ID. (ed.) (1992a), *Collaborative Language Learning and Teaching*, Cambridge University Press, Cambridge.

ID. (1992b), *Research Methods in Language Learning*, Cambridge University Press, Cambridge.
NUZZO E., RASTELLI S. (2011), *Glottodidattica sperimentale. Nozioni, rappresentazioni e processing nell'apprendimento della seconda lingua*, Carocci, Roma.
OLLER J. W. (1979), *Language Tests at School*, Longman, London.
ORLETTI F. (1981), *Classroom Verbal Interaction: A Conversational Analysis*, in Parret, Sbisà, Verschueren (1981), pp. 531-49.
ID. (a cura di) (1998), *Fra conversazione e discorso. L'analisi dell'interazione verbale*, Carocci, Roma.
ID. (2000), *La conversazione diseguale. Potere e interazione*, Carocci, Roma.
PALERMO M. (2010), *L'italiano giudicato dagli insegnanti*, in "Lid'O – Lingua Italiana d'Oggi", VII, pp. 241-51.
ID. (2013), *Linguistica testuale dell'italiano*, il Mulino, Bologna.
PALERMO M., POGGIOGALLI D. (2010), *Grammatiche di italiano per stranieri dal '500 a oggi. Profilo storico e antologia*, Pacini, Pisa.
PALERMO M., TRONCARELLI D., PETROCELLI E. (2010), *Le ricadute dell'input sull'output: aspetti della coesione nei libri di testo e nelle produzioni di apprendenti di Italiano L2 e L1*, in R. Grassi, M. Piantoni, C. Ghezzi (a cura di), *Interazione didattica e apprendimento linguistico*, Guerra, Perugia, pp. 35-58.
PALLOTTI G. (1998), *La seconda lingua*, Bompiani, Milano.
ID. (2005), *Le ricadute didattiche delle ricerche sull'interlingua*, in Jafrancesco (2005), pp. 43-59.
PALLOTTI G., ZEDDA A. G. (2006), *Le implicazioni didattiche della Teoria della Processabilità*, in "Revista de Italianística", 12, pp. 47-64.
PARADIS M. (1995), *When the Interpretation Does not Fit the Facts, not the Interpretation! A Comment on Pulvermüller and Schumann (1994)*, in "Language Learning", 45, pp. 725-7.
PARRET H., SBISÀ M., VERSCHUEREN J. (eds.) (1981), *Possibilities and Limitations of Pragmatics*, Benjamins, Amsterdam-Philadelphia (PA).
PATAT A. (2004), *L'italiano in Argentina*, Guerra, Perugia.
PATOTA G. (2003), *Grammatica di riferimento della lingua italiana per stranieri*, Le Monnier, Firenze.
ID. (2005), *Insegnare l'italiano a stranieri: dubbi e riflessioni di un grammatico*, in "DAF. Rivista Semestrale del Laboratorio di Didattica del Tedesco. Università di Siena-Arezzo", 5, pp. 84-92.
PATOTA G., PIZZOLI L. (2004), *La certificazione PLIDA (Progetto Lingua Italiana Dante Alighieri)*, Società Dante Alighieri-Le Monnier, Roma-Firenze.
PAVAN DE GREGORIO G. (1999), *DIALANG, un progetto europeo per diagnosticare via internet i livelli di competenza L2 nelle lingue comunitarie*, in "Cadmo", 19, pp. 51-8.
PELLEREY M. (1994), *Progettazione didattica*, SEI, Torino.

PELUFFO P., SERIANNI L. (a cura di) (2005), *Il mondo in italiano*, Società Dante Alighieri, Roma.
PENFIELD W., ROBERTS L. (1959), *Speech and Brain Mechanisms*, Athenaeum Press, New York.
PETROCELLI E. (2011), *Italiano e alunni stranieri nella scuola del secondo ciclo. Lo sviluppo della competenza testuale*, Pacini, Pisa.
PIAGET J. (1981), *L'equilibrazione delle strutture cognitive*, Boringhieri, Torino.
PIAZZA R. (1995), *Dietro il parlato. Conversazione e interazione verbale nella classe di lingua*, La Nuova Italia, Firenze.
PIENEMANN M. (1984), *Psychological Constraints on the Teachability of Languages*, in "Studies in Second Language Acquisition", 6, pp. 186-214.
ID. (1998), *Language Processing and Second Language Development: Processability Theory*, Benjamins, Amsterdam-Philadelphia (PA).
ID. (2007), *Processability Theory*, in Van Patten, Williams (2007), pp. 137-54.
PISCOPO G. (2006), *Come insegnare italiano agli adolescenti? Caratteristiche e motivazioni dei destinatari*, in Diadori (2006), pp. 33-40.
PISTOLESI E. (a cura di) (2007), *Lingua, scuola e società, i nuovi bisogni comunicativi nelle classi multiculturali*, Istituto Gramsci, Trieste.
PIZZOLI L. (2004), *Le grammatiche di italiano per inglesi (1550-1776). Un'analisi linguistica*, Accademia della Crusca, Firenze.
PIZZOLOTTO G. (1991), *Bilinguismo ed emigrazione in Svizzera. Italiano e commutazione di codice in un gruppo di giovani*, Peter Lang, Bern-Frankfurt am Main-New York-Paris.
PONTECORVO C., AJELLO C., ZUCCHERMAGLIO A. M. (1991), *Discutendo si impara. Interazione sociale e conoscenza a scuola*, Carocci, Roma.
PORCELLI G. (1992), *Educazione linguistica e valutazione*, Liviana-Petrini, Torino.
ID. (1994), *Principi di glottodidattica*, La Scuola, Brescia.
PRABHU N. (1987), *Second Language Pedagogy*, Oxford University Press, Oxford.
PRANDI M. (2006), *Le regole e le scelte. Introduzione alla grammatica italiana*, UTET, Torino.
PREITE C., SOLIMAN L., VECCHIATO S. (a cura di) (2007), *Esempi di multilinguismo in Europa. Inglese lingua franca e italiano lingua straniera*, Atti del XV incontro del Centro linguistico Bocconi, 25 novembre 2006, Egea, Milano.
PRESIDENZA DEL CONSIGLIO DEI MINISTRI (1983), *L'italiano come lingua seconda in Italia e all'estero*, Atti del convegno organizzato dai ministeri Affari esteri e Pubblica Istruzione, Roma, 1°-4 marzo 1982, Istituto Poligrafico e Zecca dello Stato, Roma.
PUGLIELLI A. (1970), *Strutture sintattiche del predicato in italiano*, Adriatica, Bari.

PULVERMÜLLER F., SCHUMANN J. H. (1994), *Neurobiological Mechanism of Language Acquisition*, in "Language Learning", 44, pp. 681-734.
QUARTAPELLE F. (a cura di) (1999), *Proposte per una didattica modulare*, FrancoAngeli, Milano.
RADTKE E. (a cura di) (1991), *Le nuove grammatiche italiane*, Narr, Tübingen.
RASTELLI S. (2009), *Che cos'è la didattica acquisizionale*, Carocci, Roma.
ID. (a cura di) (2010), *Italiano di cinesi, italiano per cinesi: dalla prospettiva della didattica acquisizionale*, Guerra, Perugia.
RASTELLI S., NUZZO E. (2011), *Glottodidattica sperimentale. Nozioni, rappresentazioni e processing nell'apprendimento della seconda lingua*, Carocci, Roma.
RENZI L., CORTELAZZO M. A. (a cura di) (1997), *La linguistica italiana fuori d'Italia: studi, istituzioni*, Bulzoni, Roma.
RENZI L., SALVI G., CARDINALETTI A. (a cura di) (1988-95), *Grande grammatica italiana di consultazione*, vol. I: *La frase. I sintagmi nominale e preposizionale* (1988), vol. II: *I sintagmi verbale, aggettivale, avverbiale. La subordinazione* (1991), vol. III: *Tipi di frase, deissi, formazione delle parole* (1995), il Mulino, Bologna.
RESNICK L. B. (ed.) (1976), *The Nature of Intelligence*, Lawrence Erlbaum Associates, Hillsdale (NJ)-New York.
RICHARDS J., ROGERS T. (1986), *Approaches and Methods in Language Teaching*, Cambridge University Press, Cambridge.
RICHTERICH R. (1979), *L'identification des besoins langagiers comme pratique pédagogique*, in "Le Français dans le Monde", 149, pp. 54-9.
RIDARELLI G. (1998), *Project Work*, in Serra Borneto (1998a), pp. 173-87.
RITCHIE W., BHATIA T. (eds.) (1996), *Handbook of Second Language Acquisition*, Academic Press, San Diego (CA).
ROCHE J. (2008), *Fremdsprachenerwerb, Fremdsprachendidaktik*, Francke, Tübingen-Basel.
ROSOLI G. (a cura di) (1978), *Un secolo di emigrazione italiana. 1876-1976*, Centro Studi Emigrazione, Roma.
ROSSI G., SCAGLIOSO C. (a cura di) (2007), *Insegnare italiano come lingua seconda in carcere e nei CTP*, IRRE Toscana, Firenze.
ROVERE G. (1991), *La grammatica di L. Serianni e A. Castelvecchi*, in Radtke (1991), pp. 115-31.
RUSSO D. (a cura di) (2006), *Questioni linguistiche e formazione degli insegnanti*, Atti del XI convegno nazionale GISCEL, Chieti-Pescara, 26-28 aprile 2001, FrancoAngeli, Milano.
RUTHERFORD W. (1987), *Second Language Grammar: Learning and Teaching*, Longman, New York.
RUTHERFORD W., SHARWOOD SMITH M. (eds.) (1988), *Grammar and Second Language Teaching*, Newbury House, New York.

SABATINI F. (1985), *L'italiano dell'uso medio: una realtà tra le varietà linguistiche italiane*, in Holtus, Radtke (1985), pp. 154-84.
ID. (1990), *Una lingua ritrovata: l'italiano parlato*, in Lo Cascio (1990), pp. 260-76.
SALTARELLI M. (1984), *L'italiano di emigrazione: descrizione, acquisizione ed evoluzione*, in Presidenza del Consiglio dei ministri (1984), pp. 401-10.
SALVADERI M. (a cura di) (1998a), *Grammatica e apprendimento linguistico*, Atti del VI convegno ILSA, Comune di Firenze, Firenze.
ID. (a cura di) (1998b), *Grammatica e apprendimento linguistico. Opinioni a confronto. Trascrizione dell'incontro con Anna Ciliberti e Maria G. Lo Duca con i partecipanti al convegno*, in Salvaderi (1998a), pp. 5-25.
SALVI C. (2007), *Il "Profilo Europeo" e il "Portfolio" per la formazione del docente di lingue*, in Jafrancesco (2007), pp. 115-31.
SANTIPOLO M. (2002), *Dalla sociolinguistica alla glottodidattica*, UTET, Torino.
ID. (a cura di) (2006), *L'italiano. Contesti di insegnamento in Italia e all'estero*, UTET, Torino.
SCALZO R. A. (1998), *L'approccio comunicativo*, in Serra Borneto (1998a), pp. 137-71.
SCAPARRO F., PIETROPOLLI CHARMET G. (1993), *Belletà. Adolescenza temuta, adolescenza sognata*, Bollati Boringhieri, Torino.
SCARDAMALIA M., BEREITER C. (1994), *Computer Support for Knowledge-Building Communities*, in "The Journal of the Learning Sciences", 3, 3, pp. 265-83.
SCHENA L., SOLIMAN L. T. (a cura di) (2001), *Prospettive linguistiche nella nuova Europa*, Egea, Milano.
ID. (a cura di) (2003), *L'italiano lingua utilitaria*, Egea, Milano.
SCHMID S. (1994), *L'italiano degli spagnoli. Interlingue di immigrati nella Svizzera tedesca*, FrancoAngeli, Milano.
SELINKER L. (1972), *Interlanguage*, in "IRAL", 10, pp. 209-31.
SELINKER L., LAMENDELLA J. T. (1979), *The Role of Extrinsic Feedback in Interlanguage Fossilization: A Discussion of "Rule Fossilization: A Tentative Model"*, in "Language Learning", 29, pp. 363-75.
SEMERARO R. (1999), *La progettazione didattica*, Giunti, Firenze.
SEMPLICI S., GENNAI C. (a cura di) (2003), *Lo stile didattico del lettore di italiano L2: come s.....*, Atti del corso di aggiornamento per lettori Siena (26 novembre-1-° dicembre 2001), Università per stranieri di Siena, Siena.
SERIANNI L. (1986), *Il problema della norma linguistica dell'italiano*, in "Annali dell'Università per Stranieri [di Perugia]", 7, pp. 47-69.
ID. (1988), *Grammatica italiana. Italiano comune e lingua letteraria*, con la collaborazione di A. Castelvecchi, UTET, Torino.

ID. (1991), *La lingua italiana tra norma e uso*, in Marello, Mondelli (1991), pp. 37-52.
ID. (1994), *Norma dei grammatici e norma degli utenti*, in Beccaria, Soletti (1994), pp. 49-55.
ID. (2004), *Il sentimento della norma linguistica nell'Italia di oggi*, in "Studi Linguistici Italiani", XXX, pp. 85-103.
ID. (2006), *Prima lezione di grammatica*, Laterza, Roma-Bari.
ID. (2007), *La norma sommersa*, in "Lingua e Stile", XLII, pp. 283-95.
SERIANNI L., TRIFONE P. (a cura di) (1994), *Storia della lingua italiana*, vol. III: *Le altre lingue*, Einaudi, Torino.
SERRA BORNETO C. (a cura di) (1998a), *C'era una volta il metodo. Tendenze attuali nella didattica delle lingue straniere*, Carocci, Roma.
ID. (1998b), *L'approccio lessicale*, in Serra Borneto (1998a), pp. 227-47.
SERRAGIOTTO G. (a cura di) (2004), *CEDILS – Certificazione in didattica dell'italiano a stranieri*, Bonacci, Roma.
SERT O. (2015), *Social Interaction and Classroom Discourse*, Edinburgh University Press, Edinburgh.
SHARWOOD SMITH M. (1985), *La presa di coscienza nell'apprendente di una seconda lingua*, in Giunchi (1990), pp. 105-15.
SHORTALL T. (1996), *Language Knowledge in Language Acquisition: Universal Grammar and Second Language Teaching*, in Willis, Willis (1996a), pp. 31-41.
SILVESTRI P. S. (2001), *Le grammatiche italiane per ispanofoni (secoli XVI-XIX)*, Edizioni dell'Orso, Alessandria.
SINCLAIR J. (1982), *Structure of Teacher Talk*, ELR, Birmingham.
SINCLAIR J., BRAZIL D. (1982), *Teacher Talk*, Oxford University Press, Oxford.
SINCLAIR J., COULTHARD M. (1975), *Towards an Analysis of Discourse: The English Used by Teachers and Pupils*, Oxford University Press, Oxford.
SINGLETON D. (1989), *Language Acquisition: The Age Factor*, Multilingual Matters, Clevedon.
SINGLETON D., LENGYEL Z. (eds.) (1995), *The Age Factor in Second Language Acquisistion*, Multilingual Matters, Clevedon.
SKEHAN P. (1998), *A Cognitive Approach to Language Learning*, Oxford University Press, Oxford.
SKINNER B. F. (1957), *Verbal Behavior*, Copley Publishing Group, Acton (MA).
SLAGTER P. J. (1979), *Un nivel umbral*, Consejo de Europa, Estrasburgo.
SOBRERO A. A. (1992), *L'elegante ipotesi*, in "Italiano & Oltre", 7, 1, p. 18.
ID. (a cura di) (1993a), *Introduzione all'italiano contemporaneo. La variazione e gli usi*, Laterza, Roma-Bari.
ID. (a cura di) (1993b), *Introduzione all'italiano contemporaneo. Le strutture*, Laterza, Roma-Bari.
ID. (2006), *L'italiano all'estero*, in Sobrero, Miglietta (2006), pp. 212-23.

SOBRERO A. A., MIGLIETTA A. (2006), *Introduzione alla linguistica italiana*, Laterza, Roma-Bari.
SORI E. (1979), *L'emigrazione italiana dall'Unità alla seconda guerra mondiale*, il Mulino, Bologna.
SORNICOLA R. (1981), *Sul parlato*, il Mulino, Bologna.
SOULAS P. (1616), *Grammaire et instruction pour comprendre en bref la langue italienne*, Poitiers.
SPINELLI B., PARIZZI F. (a cura di) (2010), *Profilo della lingua italiana. Livelli di riferimento del QCER A1, A2, B1, B2*, La Nuova Italia, Firenze.
STENHOUSE L. (1975), *An Introduction to Curriculum Research and Development*, Heinemann, London.
STERNBERG R. J. (2000), *Psicologia cognitiva*, Piccin, Padova.
STUBBS M. (1990), *Language in Education*, in Neville, Collinge (1990), pp. 551-89.
TARONE E., YULE G. (1989), *Focus on the Language Learner*, Oxford University Press, Oxford.
TERRELL T. D. (1991), *The Role of Grammar Instruction in a Communicative Approach*, in "The Modern Language Journal", 75, pp. 52-63.
TITONE R. (1971), *La comunicazione in classe*, in "RILA", II/III, pp. 171-7.
ID. (1988), *Il linguaggio dell'interazione in classe. Teorie e modelli di analisi*, Bulzoni, Roma.
ID. (2000), *Esperienze di educazione plurilingue e interculturale in vari paesi del mondo*, Guerra, Perugia.
TOSI A. (1991), *L'italiano d'oltremare. La lingua delle comunità italiane nei paesi anglofoni*, Giunti, Firenze.
ID. (1995), *Dalla madrelingua all'italiano*, La Nuova Italia, Firenze.
TRIFONE P. (a cura di) (2006), *Lingua e identità. Una storia sociale dell'italiano*, Carocci, Roma.
TRIFONE P., PALERMO M. (2014), *Grammatica italiana di base*, Zanichelli, Bologna (3ª ed.; 1ª ed. 2000).
TRONCARELLI D. (1994), *L'italiano per "scopi accademici": un percorso per l'insegnamento del discorso scientifico*, in Borello (1994), pp. 149-63.
ID. (2003), *Come si didattizza il materiale. L'italiano per scopi speciali*, in Semplici, Gennai (2003), pp. 48-56.
ID. (2010), *Progettare un corso per l'apprendimento dell'italiano L2 per scopi generali on line*, in Villarini (2010), pp. 31-51.
ID. (2011a), *Le grammatiche di consultazione per l'italiano L2: risorsa per l'apprendimento degli alunni stranieri?*, in Corrà, Paschetto (2011), pp. 308-20.
ID. (2011b), *Percorsi per l'apprendimento dell'italiano L2 on line*, in Minerva, Colazzo (2011), pp. 885-92.
ID. (2015), *Insegnare l'italiano L2 a oriundi italiani*, in Diadori (2015), pp. 232-47.

TURCHETTA B. (2005), *Il mondo in italiano. Varietà e usi internazionali della lingua*, Laterza, Roma-Bari.

VACCARINI V. (2009), *Come insegnare italiano agli adulti e agli anziani? Non-formal learning in contesto professionale*, in Diadori (2009a), pp. 38-44.

VAN EK J. A. (1975), *The Threshold Level in a European Unit/Credit System for Modern Language Learning by Adults*, Council of Europe, Strasbourg.

VANELLI L. (2008), *Quale grammatica per chi apprende l'italiano L2?*, in "Lingua Nostra e Oltre", I, pp. 16-22.

VAN PATTEN B., WILLIAMS J. (eds.) (2007), *Theories in Second Language Acquisition: An Introduction*, Lawrence Erlbaum Associates, Mahwah (NJ).

VARISCO B. M. (2002), *Costruttivismo socio-culturale. Genesi filosofiche, sviluppi psico-pedagogici, applicazioni didattiche*, Carocci, Roma.

VEDOVELLI M. (1994), *Aspetti dell'apprendimento spontaneo e guidato dell'italiano in contesto migratorio*, in "SILTA – Studi Italiani di Linguistica Teorica e Applicata", XXIII, 2, pp. 411-35.

ID. (1996), *La lingua degli immigrati stranieri in Italia: la sfida dell'acquisizione all'apprendimento*, in Begioni, Berni Canani (1996), pp. 59-84.

ID. (1999a), *Il parlato nella didattica della L2: le ragioni della naturalezza e dell'apprendimento*, in Vedovelli (1999b), pp. 225-38.

ID. (a cura di) (1999b), *Indagini sociolinguistiche nella scuola e nella società italiana in evoluzione*, FrancoAngeli, Milano.

ID. (2002a), *Guida all'italiano per stranieri. La prospettiva del* Quadro comune europeo per le lingue, Carocci, Roma.

ID. (2002b), *L'italiano degli stranieri. Storia, attualità, prospettive*, Carocci, Roma.

ID. (2003), *Nuove indagini sulle motivazioni e sui pubblici della lingua italiana parlata nel mondo: Italiano 2000*, in De Fina, Bizzoni (2003), pp. 229-74.

ID. (2005a), *La politica linguistica e il Quadro comune europeo di riferimento per le lingue: il caso delle certificazioni di competenza*, in Guardiano *et al.* (2005), pp. 77-91.

ID. (2005b), *L'italiano nel mondo da lingua straniera a lingua identitaria*, in Jafrancesco (2005), pp. 13-30.

ID. (a cura di) (2005c), *Manuale della certificazione*, Carocci, Roma.

ID. (2006a), *Il testo nel Quadro Comune Europeo per le lingue*, in Mezzadri (2006), pp. 120-42.

ID. (2006b), *Italiano in Italia, italiano nel mondo*, in "ILSA Italiano a Stranieri", 4, pp. 4-8.

ID. (2007), *L'italiano come L2 (1987-1997)*, in GISCEL (2007), pp. 295-320.

ID. (2010), *Guida all'italiano per stranieri. Dal* Quadro comune europeo per le lingue *alla* Sfida Salutare, Carocci, Roma.

ID. (a cura di) (2011), *Storia linguistica dell'emigrazione italiana nel mondo*, Carocci, Roma.

VEDOVELLI M., CARLONI F. (2005), *Il vocabolario di base dell'italiano degli stranieri*, in De Mauro, Chiari (2005), pp. 247-76.

VEDOVELLI M., VILLARINI A. (1995), *Il ruolo dell'attività metalinguistica nell'apprendimento dell'italiano L2 da parte di immigrati*, in Desideri (1995), pp. 89-113.

ID. (2001), *Lingue straniere immigrate in Italia*, in Caritas, Migrantes (2001), pp. 222-9.

ID. (2003), *Dalla linguistica acquisizionale alla didattica acquisizionale: le sequenze sintattiche nei materiali per l'italiano L2 destinati agli immigrati stranieri*, in Giacalone Ramat (2003), pp. 270-304.

VILLARINI A. (1995), *Nuovi svantaggi linguistici e culturali: figli di profughi bosniaci nelle scuole dell'obbligo*, in Colombo, Romani (1995), pp. 441-52.

ID. (2000), *Le caratteristiche dell'apprendente*, in De Marco (2000), pp. 71-86.

ID. (a cura di) (2010), *L'apprendimento a distanza dell'italiano come lingua straniera*, Mondadori Education, Milano.

VISCIOLA P. (1998), *Total Physical Response*, in Serra Borneto (1998a), pp. 65-82.

VOGHERA M. (1992), *Sintassi e intonazione nell'italiano parlato*, il Mulino, Bologna.

VOGHERA M., BASILE G., GUERRIERO A. R. (a cura di) (2005), *ELICA – Educazione linguistica e conoscenze per l'accesso*, Guerra, Perugia.

VYGOTSKIJ L. S. (1980), *Il processo cognitivo*, Boringhieri, Torino.

WEHRLICH E. (1975), *Typologie der Texte. Entwurf eines Textlinguistischen Modell zur Grundlegung einer Textgrammatik*, Quelle & Meyer, Heidelberg.

WEINREICH U. (1974), *Lingue in contatto*, Boringhieri, Torino (ed. or. 1953).

WIERZBICKA A. (1991), *Cross-Cultural Pragmatics: The Semantics of Human Interaction*, de Gruyter, Berlin.

WILEY D. A. (ed.) (2000), *The Instructional Use of Learning Objects*, Association for Educational Communications and Technology, Bloomington.

WILLIS D., WILLIS J. (1996a), *Challenge and Change in Language Teaching*, Heinemann, London.

ID. (1996b), *Consciousness-Raising Activities*, in Willis, Willis (1996a), pp. 63-76.

WILLIS J. (1996), *A Framework for Task-Based Learning*, Longman, London.

WONG J., WARING H. Z. (2010), *Conversation Analysis and Second Language Pedagogy*, Routledge, New York.

YOUNG R. (1992), *Critical Theory and Classroom Talk*, Multilingual Matters, Clevedon.

ZORZI D. (2006), *Il compito nel Quadro Comune Europeo*, in Mezzadri (2006), pp. 193-205.

Sitografia

I siti qui indicati e quelli riportati nel testo sono stati consultati nel mese di maggio 2015.

http://cultura-italiana.it-schools.com/, sito che informa sulle scuole private di lingua italiana in Italia e nel mondo

http://demo.istat.it/, sito attraverso il quale l'ISTAT mette a disposizione i dati ufficiali sulla popolazione residente nei Comuni italiani e in cui è possibile trovare anche informazioni sui principali fenomeni demografici, come i tassi di natalità e mortalità, le previsioni della popolazione residente, l'indice di vecchiaia, l'età media

http://ec.europa.eu/education/index_en.html, Commissione europea, pagina dedicata all'educazione e alla formazione

http://edscuola.it/archivio/norme/programmi/nuovicicli.pdf, ministero della Pubblica Istruzione (MPI); pagina in cui sono archiviati i lavori della Commissione di studio per il programma di riordino dei cicli di istruzione. "Verso i nuovi curricoli", Sintesi dei gruppi di lavoro

http://fra.europa.eu/fra/material/pub/ROMA/EUMC_2006_00350001_IT_REV.pdf, pagina in cui si trova la relazione del 2006 *Rom e travellers nella pubblica istruzione* dell'European Union Crisis Management (EUCM)

http://reusability.org/read/chapters/wiley.doc, pagina in cui è possibile scaricare l'articolo di D. A. Wiley II (Utah State University – Digital Learning Environments Research Group), *Connecting Learning Objects to Instructional Design Theory: A Definition, a Metaphor, and a Taxonomy*

http://web.unife.it/centro/cla/tandem.html, Tandem Learning, progetto di scambio linguistico proposto dal Centro linguistico dell'Università di Ferrara

http://www.aacupi.org, Association of American College and University Programs in Italy (AACUP)

http://www.accademiadellacrusca.it, Accademia della Crusca

http://www.cislscuola.it/node/16042, CISL scuola; pagina in cui sono contenuti i link al Decreto interministeriale 28 luglio 2008, n. 4747, con il quale sono state indette le prove di accertamento della conoscenza delle lingue straniere per l'aggiornamento delle graduatorie permanenti per la destinazione presso le istituzioni scolastiche e le università all'estero del personale docente

http://www.coe.int, Consiglio d'Europa

http://www.coe.int/T//DG4/*Portfolio*/?L=E&M=/main_pages/levels.html, pagina del sito del Consiglio d'Europa dedicata al Portfolio europeo delle lingue

BIBLIOGRAFIA

http://www.coe.int/T/DG4/Portfolio/documents/Framework_EN.pdf, pagina del sito del Consiglio d'Europa in cui è possibile scaricare il *Common European Framework of Reference for Languages* (QCE)

http://www.eaquals.org/, European Association for Quality Language Services (EAQUALS)

http://www.ecml.at/, Centro europeo per le lingue moderne di Graz (ECML) (Austria)

http://www.ecml.at/mtp2/FTE/, European Centre for Modern Languages (ECML) (Graz, Austria)

http://www.enit.it, Ente nazionale italiano per il turismo (ENIT); nel sito è possibile trovare in più lingue informazioni concernenti la natura, l'arte, la cucina e molti altri aspetti della cultura italiana

http://www.esteri.it/MAE/IT, ministero degli Affari esteri e della cooperazione internazionale (MAECI); nel sito si trovano le informazioni aggiornate sulla politica di promozione della lingua italiana all'estero

http://www.esteri.it/mae/it/politica_estera/cultura/promozionelinguaitaliana/corsilinguaculturaitaliana, pagina del sito MAECI in cui possono essere reperite informazioni sui corsi di lingua italiana (ex legge 153/1971)

http://www.esteri.it/MAE/IT/Politica_Estera/Cultura/scuoleitalianeallestero/, pagina del sito MAECI in cui possono essere reperite informazioni sulle scuole italiane all'estero

http://www.europa.eu.int, Unione Europea

http://www.intercultura.it, Intercultura, associazione italiana che promuove e organizza scambi ed esperienze interculturali per ragazzi e opera nel settore educativo e scolastico

http://www.interno.it/mininterno/export/sites/default/it/assets/files/15/0673_Rapporto_immigrazione_BARBAGLI.pdf, ministero dell'Interno; pagina in cui è reperibile il *Primo rapporto sugli immigrati in Italia* del ministero dell'Interno, datato dicembre 2007

http://www.italychina.org, Fondazione Italia Cina

http://www.lang.soton.ac.uk/profile, Università di Southampton, pagina dedicata al Profile Project (European Profile for Language Teacher Education)

http://www.merlot.org, MERLOT – Multimedia Educational Resource for Learning and Online Teaching; repository di *Learning Object* anche per l'apprendimento dell'italiano L2

http://www.pubblica.istruzione.it/mpi/pubblicazioni/2008/allegati/alunni_n_ita_08.pdf, pagina del sito MPI in cui è reperibile il rapporto annuale sugli alunni con cittadinanza non italiana, realizzato dal MPI e relativo all'anno scolastico 2006-07

http://www.quiltnetwork.org, sito della rete europea per il progetto *Quality in Language Teaching/Learning* (QUILT), centrato sullo sviluppo della qualità nell'insegnamento e apprendimento delle lingue straniere

http://www.rapportoitalianinelmondo.it, sito in cui si trova l'illustrazione dei dati sulle indagini della Fondazione Migrantes relative alla presenza dei cittadini italiani nel mondo

http://www.gruppocrc.net/IMG/pdf/70_rapporto_CRC.pdf, pagina in cui è reperibile il 7° *Rapporto di aggiornamento sul monitoraggio della Convenzione sui diritti dell'infanzia e dell'adolescenza in Italia 2013-2014*

http://images.savethechildren.it/IT/f/img_pubblicazioni/img81_b.pdf, dossier sulla condizione dei minori stranieri non accompagnati in Italia

http://www.slf.ruhr-uni-bochum.de/bochum-ita.html, Tandem on-line, portale per attività gestito dall'Università di Bochum

http://www.uni.com, Ente nazionale italiano di unificazione (UNI) che si occupa di norme di qualità